本著作的出版得到了
教育部哲学社会科学研究后期资助项目
(项目编号:18JHQ063)资助

企业人本资本会计理论创新研究

丁胜红 著

南京大学出版社

图书在版编目(CIP)数据

企业人本资本会计理论创新研究/丁胜红著. —南京：南京大学出版社，2021.9
ISBN 978-7-305-24802-3

Ⅰ.①企… Ⅱ.①丁… Ⅲ.①企业管理－财务管理－研究 Ⅳ.①F275

中国版本图书馆 CIP 数据核字(2021)第 146355 号

出版发行	南京大学出版社	
社　　址	南京市汉口路 22 号　　邮编 210093	
出 版 人	金鑫荣	
书　　名	企业人本资本会计理论创新研究	
著　　者	丁胜红	
责任编辑	苗庆松	
照　　排	南京开卷文化传媒有限公司	
印　　刷	江苏凤凰数码印务有限公司	
开　　本	787×1092　1/16　印张 16.75　字数 410 千	
版　　次	2021 年 9 月第 1 版　2021 年 9 月第 1 次印刷	
ISBN	978-7-305-24802-3	
定　　价	59.80 元	
网　　址	http://www.njupco.com	
官方微博	http://weibo.com/njupco	
微信服务	njupress	
销售热线	025-83594756	

* 版权所有，侵权必究
* 凡购买南大版图书，如有印装质量问题，请与所购
　图书销售部门联系调换

前　言

在人类社会的"第三次工业革命"的现代基础制造技术和"第四次工业革命"的现代基础信息技术分别促进人类社会经济进入信息非对称的人本经济阶段和信息对称的人本经济阶段后,指导人类社会经济发展的物本经济发展观转入人本经济发展观。作为对人类经济发展起基础作用的会计也相应地由企业物本资本会计转变为企业人本资本会计。目前人类社会已经进入"互联网＋"时代,然而,会计理论却仍滞留在物本经济发展观指导的中心化信任结构下企业物本资本会计理论阶段。在信息非对称的人本经济阶段,买方市场马斯洛层序需求驱动企业采取以顾客为导向的经营战略,企业需要破除传统会计的通用会计报告模式,构建个性化会计报告,以满足顾客对个性化会计信息的需求。因此,需要奉行人本经济发展观指导中心化信任结构下企业人本资本会计理论。

在信息对称的人本经济阶段,买方市场体验需求驱动企业采取以用户为导向的经营战略。在"互联网＋"的"去中心化""去媒介化"和"去信用化"促使"互联网＋"企业演变为平台化企业的过程中,网络平台的虹吸效应集聚对等关系的企业员工与参与用户形成各自网络社群。随着参与用户网络社群加盟企业员工社群在平台化企业共创共享共赢的产品或服务,他们改变了中心化信任结构下企业产品或服务的成本结构。截至目前,在平台化企业共创过程中,会计无权限确认计量市场用户参与产品制造或服务提供的成本。在平台化企业共享过程中消费者消费商品或服务的同时,目前会计也无方法确认计量随之消费商品或服务所依存环境的成本。对于习惯于中心化信任结构下独享结构化数据盈余的会计核算而言,在平台化企业共赢过程中去中心化信任结构下分享结构化＋非结构化数据盈余,目前会计更无能力核算。因此,需要奉行人本经济发展观指导的去中心化信任结构下企业人本资本会计理论。

为了创新构建人本经济阶段企业人本资本会计理论,本书各部分采用如下研究方法:第一部分,采用规范研究法,研究物本经济阶段生产导向型企业物本资本会计的经济理论,即生产导向型企业物本资本价值定理与生产导向型企业物本资源配置定理,以及研究人本经济阶段顾客/用户导向型企业人本资本会计的经济理论,即顾客/用户导向型企业人本资本价值定理与顾客/用户导向型企业人本资源配置定理;采用实证研究法,检验顾客导向型企业人本资本价值定理与顾客导向型企业人本资源配置定理,以及采用案例分析法,检验用户导向型企业人本资本价值定理与用户导向型企业人本资源配置定理;采用规范研究法中的归纳法总结本部分的研究结论。第二部分,采用规范研究法,研究信息非对称的人本经济阶段顾客导向型企业人本资本会计的管理理论,即人本管理理论;以及研究信息对称的人本经济阶段用户导向型企业人本资本会计的管理理论,即全社会人本管理理论。第三部分,采用归纳法,研究企业人本资本会计渊源于簿记理论、会计理论;采用演绎法,研究人本经济阶段顾客/用户导向型企业人本资本理论。第四部分,采用演绎法,研究顾客/用户导向型企业人本资本会计理论架构;采用归纳法,研究顾客/用户导向型企业人本资本会计模式。第五部分,采用转移嫁接法与规范研究法,研究企业"+互联网"人本资本会计报告模式。第六部分,采用比较分析法与规范研究法,研究顾客/用户导向型企业人本资本会计报告。

根据上述的研究方法研究企业人本资本会计理论创新。首先,一方面,人本经济阶段企业人本资本会计研究的经济理论基础。根据信息对称的物本经济阶段生产导向型企业物本资本价值函数,即柯布-道格拉斯生产函数,推论出信息非对称的物本经济阶段生产导向型企业物本资本价值函数。在此基础上分别推论出信息非对称的人本经济阶段的顾客导向型企业人本资本价值函数、顾客导向型企业人本资本价值定理及其人本资源配置定理,以及信息对称的人本经济阶段的用户导向型企业人本资本价值函数、用户导向型企业人本资本价值定理及其人本资源配置定理。另一方面,人本经济阶段人本资本会计研究的管理基础。根据物本经济阶段生产导向型企业本质最终演化为非完备性综合契约所决定的全社会责任管理理论,对比分析信息非对称的人本经济阶段顾客导向型企业非完备超契约所决定的人本管理理论,以及信息对称的人本经济阶段用户导向型企业超契约所决定的全社会人本管理理论。由此分别构建顾客导向型企业人本资本理论:顾客导向型企业人本资本价值定理、顾客导向型企业人本资源配置定理和人本管理理论;以及用户导向型企业人本资本理论:用户导向型企业人本资本价值定理、用户导向型企业人本资源配置定理和全社会人本管理理论。

其次,根据在人与物的关系上所形成的自然性人本主义经济发展观,梳理企业人本资本会计理论,缘起于企业物本资本会计理论,即簿记理论、会计理论,揭示企业人本资本会计是人类社会人本经济发展产物之一。

然后,基于信息非对称的物本经济阶段企业物本会计基础理论架构,即会计假设、会计本质、会计目标、会计范围、会计职能、会计对象、会计要素以及会计等式,及其蕴含的企业人本资本会计理论的渊源,结合顾客/用户导向型企业人本资本理论,分别创新构建顾客/用户导向型企业人本资本会计理论架构。

最后,以顾客/用户导向型企业人本资本会计理论架构为基础,分别构造顾客/用户导向型企业人本资本会计模式,以及研究顾客导向型企业人本资本会计报告模式与用户导向型企业人本资本会计模式之间的过渡产物,即企业"+互联网"人本资本会计模式。结合顾客/用户导向型企业人本资本会计信任功能,基于人工智能构建顾客/用户导向型企业人本资本会计信息系统,以及结合顾客/用户导向型企业人本资本会计模式,创新构建顾客/用户导向型企业人本资本会计报告。

上述研究内容属于中国著名会计学家郭道扬教授研究会计学史得出的人类社会会计思想演进的第三次起点,即以人为本的会计思想的产物。它是人本经济发展产物之一。因此,研究内容的前沿性:一方面,"第三次工业革命"的现代基础制造技术广泛推广应用,促进信息非对称的人本经济替代信息非对称的物本经济,人本经济发展观替代物本经济发展观。至此,奉行资本与劳动和谐观的顾客导向型企业人本资本会计理论替代奉行资本雇佣劳动观的生产导向型企业物本资本会计理论。另一方面,方兴未艾的"第四次工业革命"的现代基础信息技术广泛推广应用,促进信息对称的人本经济替代信息非对称的人本经济,至此,去中心化信任结构下用户导向型企业人本资本会计理论替代中心化信任结构下顾客导向型企业人本资本会计理论。研究内容的创新性:就价值观层面而言,相比于物本经济阶段生产导向型企业物本资本会计奉行物本经济发展观,无论是信息非对称的人本经济阶段顾客导向型企业人本资本会计,还是信息对称的人本经济阶段用户导向型企业人本资本会计,它们都是奉行人本经济发展观;就企业会计理论层面而言,无论是顾客导向型企业人本资本会计理论,还是用户导向型企业人本资本会计理论,它们都是人权会计范畴的理论产物;就方法论层面而言,相比于物本经济阶段生产导向型企业物本资本会计的还原论隔离法,基于信息非对称的买方市场马斯洛层序需求假设的顾客导向型企业人本资本会计选择体系论分层法、基于信息对称的买方市场超需求假设的选择用户导向型企业人本资本会计选择系统论整体法。正是基于本书研究内容的前沿性和创新性，中国著名产权学派奠基人、中国财政部会计名家伍中信教授对本书的评价是，《企业人本资本会计理论创新研究》是人权会计领域内奠基作品之一，为会计人员就业方式的转变提供了参考，以及为传统会计学科改革创新提供了重要理论依据。

作　者

2021 年 5 月

目录

第1章 绪 论 ··· 001
  1.1 研究背景 ··· 001
  1.2 研究目标与研究内容 ··· 003
  1.3 研究方法 ··· 007
  1.4 创新之处 ··· 008
  1.5 研究思路与技术路线图 ··· 008

第2章 企业人本资本会计研究的经济基础 ································ 010
  2.1 微观经济主体的演变 ··· 011
  2.2 企业价值函数的演化 ··· 014
  2.3 企业资本价值函数要素的关系 ······································· 018
  2.4 关于顾客导向型企业人本资本构成的争论 ····························· 021
  2.5 顾客导向型企业人本资本价值定理的实证分析 ························· 023
  2.6 用户导向型企业人本资本价值定理的案例分析 ························· 027
  2.7 本章小结 ··· 029

第3章 企业人本资本会计研究的管理基础 ································ 031
  3.1 基于需求理论认知会计研究的管理基础 ······························· 031

3.2　基于三域耦合模型认知企业人本资本会计研究的管理基础 …………… 040

3.3　企业人本资本会计研究的管理变革 …………………………………… 044

3.4　本章小结 ………………………………………………………………… 050

第 4 章　企业人本资本会计是会计历史演化的产物 ……………………… 052

4.1　企业人本资本会计渊源于簿记理论 …………………………………… 052

4.2　企业人本资本会计渊源于会计理论 …………………………………… 056

4.3　企业人本资本理论的缘起与形成 ……………………………………… 058

4.4　本章小结 ………………………………………………………………… 065

第 5 章　顾客导向型企业人本资本会计基础理论架构研究 ……………… 066

5.1　会计产权范式向会计人权范式转变之缘起 …………………………… 067

5.2　顾客导向型企业人本资本会计基础理论架构：人权范式 …………… 068

5.3　顾客导向型企业人本资本会计应用理论架构：人权范式 …………… 075

5.4　本章小结 ………………………………………………………………… 083

第 6 章　顾客导向型企业人本资本会计模式研究 ………………………… 085

6.1　顾客导向型企业人本资本内涵的界定 ………………………………… 085

6.2　顾客导向型企业人本资本人权主体行为研究 ………………………… 087

6.3　基于人权行为的顾客导向型企业人本资本会计模式构建 …………… 090

6.4　顾客导向型企业人本资本会计报表模式设计 ………………………… 097

6.5　本章小结 ………………………………………………………………… 114

第 7 章　顾客导向型企业人本资本会计报告研究 ………………………… 115

7.1　顾客导向型企业人本资本会计报表列报："讨论稿" ………………… 116

7.2　顾客导向型企业人本资本会计报表列报：人本价值管理 …………… 124

7.3　顾客导向型企业人本资本会计报告模式构造：人本价值管理 ……… 125

7.4　顾客导向型企业人本资本会计信息披露研究 …………………………… 131
　7.5　本章小结 ……………………………………………………………………… 138

第8章　企业"＋互联网"人本资本会计模式研究 ……………………………… 140
　8.1　"互联网＋"对人本经济主体发展的影响研究 …………………………… 141
　8.2　"互联网＋"对人类会计发展的影响研究 ………………………………… 147
　8.3　企业"＋互联网"人本资本会计模式构造 ………………………………… 150
　8.4　本章小结 ……………………………………………………………………… 157

第9章　用户导向型企业人本资本会计基础理论架构研究 ……………………… 159
　9.1　会计核算理论扫描研究 ……………………………………………………… 159
　9.2　用户导向型企业人本资本会计基础理论架构构建 ………………………… 161
　9.3　用户导向型企业人本资本会计方法论分析 ………………………………… 172
　9.4　本章小结 ……………………………………………………………………… 181

第10章　用户导向型企业人本资本会计应用理论架构研究 …………………… 182
　10.1　用户导向型企业人本资本会计应用理论之缘起：关系治理 …………… 182
　10.2　用户导向型企业人本资本会计应用理论：区域会计准则 ……………… 194
　10.3　用户导向型企业人本资本会计应用理论：大数据应用的基本原则 …… 200
　10.4　本章小结 …………………………………………………………………… 204

第11章　用户导向型企业人本资本会计模式研究 ……………………………… 206
　11.1　用户导向型企业人本资本概念的界定 …………………………………… 206
　11.2　用户导向型企业人本资本会计账户的设计 ……………………………… 208
　11.3　用户导向型企业人本资本会计核算的云端化流程构建 ………………… 211
　11.4　"区块链＋"用户导向型企业人本资本会计应用模式构建 …………… 216
　11.5　本章小结 …………………………………………………………………… 223

第 12 章　用户导向型企业人本资本会计报告研究 ······ 224
12.1　用户导向型企业会计信任功能内涵的形成 ······ 225
12.2　用户导向型企业会计信任功能的形成 ······ 226
12.3　企业会计制度的演变 ······ 228
12.4　用户导向型企业人本资本会计制度的顶层设计 ······ 232
12.5　基于人工智能的企业会计信息系统构建 ······ 235
12.6　用户导向型企业人本资本会计报告分析模式构建 ······ 241
12.7　本章小结 ······ 245

参考文献 ······ 247

第 1 章

绪 论

1.1 研究背景

纵观人类社会经济发展所经历的不同阶段,由此而形成了促进不同阶段经济发展的不同会计理论。针对不同的人类社会经济发展阶段,不同经济学家对此作出了不同的判断标准,而产生了不同的阶段划分:一种是根据工业制造技术划分为前工业经济阶段与后工业经济阶段;另一种是根据价值状态在社会经济结构中所处的主导地位的不同,划分为使用价值在人类社会经济结构中处于主导地位的农耕经济(或自给自足经济)阶段、交易价值在人类社会经济结构中处于主导地位的工业经济阶段、共享价值在人类社会经济结构中处于主导地位的网络经济阶段。虽然上述的人类社会阶段划分不同,但它们存在一个共性,即以人类社会生产力发展水平的高低作为划分人类社会经济阶段的根本性判断依据。因此,本文根据代表人类社会经济发展基本看法的不同经济发展观、人类社会生产力水平高低的工业制造技术革命以及不同类型的市场,来划分影响和促进人类社会不同经济发展阶段所产生的不同会计理论。

人类社会生产力水平经历了欠发达阶段和发达阶段。其中,以供给小于需求的人类社会创造社会财富的能力作为人类社会欠发达生产力水平的判断标准,供给成为一种稀缺资源,卖方市场处于主导地位。因此,这种供需状况集中形成了人类社会的卖方市场。由于适应卖方市场的微观经济主体追求人类价值归于物类价值,因而逐渐形成了物本经济阶段的物本经济发展观,进而在物本经济发展观的指导下逐渐形成了生产导向型企业物本资本会计理论体系。以供给大于需求的人类社会创造社会财富的能力作为人类社会发达生产力水平的判断标准,需求成为一种稀缺资源,买方市场处于主导地位。因此,这种供需状况集中形成了人类社会的买方市场。由于适应买方市场的微观经济主体追求物类价值归于人类价值,因而逐渐形成了人本经济阶段的人本经济发展观,进而在人本经济发展观的指导下逐渐形成了顾客/用户导向型企业人本资本会计理论体系。

鉴于此类标准,人类社会经济的发展可以划分为物本经济阶段和人本经济阶段。在物本经济阶段中,卖方市场的微观经济主体发展经历了由所有权与经营权合一的农耕经济主体的小作坊与庄园,以及前工业经济独资企业和合伙制企业等向所有权与经营权分离的现代制度企业的转变。这种转变的动因在于,企业所有权与经营权分离以及卖方市场供需分离造成信息非对称的卖方市场的形成。它标志着自给自足的农耕经济转变为(前)工业经济。无论是自给自足的农耕经济,还是(前)工业经济,它们都是追求"物性第一""人性第二"

的社会经济发展。对此阶段人类社会经济发展的普遍看法为物本经济发展观。因此,将物本经济发展观指导的人类社会经济发展阶段划分为信息对称的物本经济阶段和信息非对称的物本经济阶段。在信息对称的物本经济阶段,其信息对称性的卖方市场中形成了微观经济主体本质为完备经济性的契约;在信息非对称的物本经济阶段,其信息非对称性的卖方市场中形成了微观经济主体本质为非完备经济性的契约。

随着"第一次工业革命""第二次工业革命"的相继爆发,人类社会改造自然、征服自然的能力日趋强大,由此也引发日趋恶化的世界环境问题,以及由此产生极为复杂的社会性问题。对此,信息非对称的物本经济阶段的微观经济主体对此承担责任。于是在信息非对称性的卖方市场中,微观经济主体本质由非完备经济性契约演变为非完备综合性契约(非完备经济、社会以及环境的三类契约之综合)。随着"第三次工业革命"的爆发,改变了人类社会的供给能力:由供给小于需求转变为供给大于需求,这标志着人类社会生产力水平由欠发达水平转变为发达水平,进而人类社会追求目标也相应地发生演变:由"物性第一""人性第二"转变为"人性第一""物性第二"。在人类社会追求目标的引导下,逐渐形成人们对人类社会经济发展的一般看法,于是人本经济发展观逐渐替代物本经济发展观。在人本经济发展观指导信息非对称的人本经济发展的过程中,人本经济主体以资本与劳动的和谐关系来体现人本经济发展观。因此,在信息非对称的人本经济阶段中,微观经济主体发展经历了由所有权与经营权分离的寄生式经营关系企业向所有权与经营权合一的合作式经营关系企业的转变。

笔者认为,由于资源本身具有多物理属性,由此衍生出多价值属性(如经济属性、社会属性和资源环境属性等)。作为资源"捆绑"形式的综合契约,在同一资源基础上实现契约由综合上升为融合,于是微观经济主体综合契约在合作式经营关系中实现融合,形成了超大契约,简称之为超契约。在信息非对称性的买方市场中形成了微观经济主体本质由非完备综合性契约演变为非完备超契约。随着"第四次工业革命"的爆发,现代基础信息技术在"第三次工业革命"现代基础制造技术的基础上不断地创新融合,实现了免费互联网模式打造出信息对称的网络世界。在信息对称性的买方市场中形成了微观经济主体本质由非完备超契约演变为完备智能超契约。

由于代表人类社会生产力水平的不同等级技术在人类社会经济发展中不断推广应用,逐渐地改变人们的日常生活习惯、风俗,进而改变人们对世界发展的普遍看法。在欠发达社会生产力水平转变为发达水平的过程中,伴随着人们对人类社会经济发展变化普遍看法的一般性认知,即由物本经济发展观向人本经济发展观的演变。因此,在信息非对称的买方市场中逐渐形成集中体现人本经济发展观的非完备经济性超契约经济主体的本质,替代在信息非对称的卖方市场中逐渐形成集中体现物本经济发展观的非完备综合性契约经济主体的本质。前者非完备经济性超契约强调在资源多用途的基础上完成各种权力合作的自由配置,它表现出不同资源配置主体之间的共生生态关系,体现出经济主体信奉"资本与劳动和谐观";而后者非完备综合性契约强调经济、社会以及环境的义务履行,它表达了履行不同义务主体之间的寄生关系,体现出经济主体信奉"资本雇佣劳动观"。

在信息对称的买方市场中逐渐形成集中体现人本经济发展观的完备经济性超契约经济主体的本质,替代在信息非对称的买方市场中逐渐形成集中体现人本经济发展观的非完备经济性超契约经济主体的本质。前者完备经济性超契约强调经济主体与市场交互适应,经济主体奉行以用户为导向的经营战略;后者非完备经济性超契约强调经济主体适应市场,经济主体奉行以顾客为本的经营战略。尽管它们都是以人本经济发展观指导人本经济发展的不同产物,但是它们表现出利用现代基础信息技术整合"第三次工业革命"的现代基础制造技术而逐渐形成新的合力,实现现代基础制造技术质的飞跃,开启了人类社会"第四次工业革命"的爆发,致使人类社会生产力的发达水平更高。由此导致信息非对称的人本经济发展阶段向信息对称的人本经济发展阶段演变。

因此,人本经济发展的演变促使人们对人本经济发展差异产生一种不同的理解与感悟。前者由"第三次工业革命"的现代基础制造技术所引致买方市场的马斯洛层序需求成为信息非对称的人本经济阶段人类社会的主流需求,由此形成了信息非对称的买方市场;而后者由"第四次工业革命"的现代信息技术所引致买方市场的超需求(体验化需求)成为信息对称的人本经济阶段人类社会的主流需求,由此形成了信息对称的买方市场。前者因信息非对称性制约买方市场中顾客导向型企业人本资源配置范围的有限性,在其有限范围内追求顾客导向型企业人本经济发展,国内外学者论证了它适应于人本管理;而后者因信息对称性激发买方市场中用户导向型企业人本资源配置范围的无限性,在其无限范围内追求用户导向型企业人本经济发展,笔者将在后文论述它适应于全社会人本管理。

总而言之,会计理论体系的创新先后经历了信息对称的物本经济阶段、信息非对称的物本经济阶段、信息非对称的人本经济阶段以及信息对称的人本经济阶段。为了区分不同经济阶段中不同经济发展观所指导和促进的不同经济发展,且发挥的不同基础性经济管理作用的产物——会计,笔者将物本经济阶段的物本经济发展观所指导和促进的物本经济发展,且发挥的基础性经济管理作用的产物——会计,称之为企业物本资本会计;将人本经济阶段的人本经济发展观所指导和促进的人本经济发展,且发挥的基础性经济管理作用的产物——会计,称之为企业人本资本会计。关于物本经济阶段的企业物本资本会计理论的研究相对比较成熟,而人本经济阶段的企业人本资本会计理论的研究尚处在启蒙探索阶段。为此,本文集中研究人本经济阶段的企业人本资本会计理论的创新。作为人本经济阶段促进企业人本经济发展的基础性学科——企业人本资本会计,它对促进进入人本经济阶段的人类社会人本经济有效地发展,显得尤为迫切,且意义重大。

1.2 研究目标与研究内容

1.2.1 研究目标

1. 构建企业人本资本会计理论架构

在信息非对称的人本经济阶段,根据顾客导向型企业人本资本价值定理与顾客导向型企业人本资源配置定理,结合人本管理理论构建顾客导向型企业人本资本理论。在此理论的直接指导下,结合信息非对称的物本经济阶段成熟的生产导向型企业物本资本会计基础理论架构逻辑,构建顾客导向型企业人本资本会计基础理论架构和顾客导向型企业人本资本会计应用理论架构。在信息对称的人本经济阶段,根据用户导向型企业人本资本价值定理与用户导向型企业人本资源配置定理,结合全社会人本管理理论构建用户导向型企业人本资本理论。在此理论的直接指导下,结合信息非对称的人本经济阶段顾客导向型企业人本资本会计基础理论架构逻辑,构建用户导向型企业人本资本会计基础理论架构和用户导向型企业人本资本会计应用理论架构。

2. 构建企业人本资本会计模式

在信息非对称的人本经济阶段,根据顾客导向型企业人本资本会计理论架构,构建顾客导向型企业人本资本会计模式;在信息对称的人本经济阶段,根据用户导向型企业人本资本会计理论架构,构建用户导向型企业人本资本会计模式。

3. 构建企业人本资本会计报告模式

在信息非对称的人本经济阶段,根据顾客导向型企业人本资本会计模式,构建顾客导向型企业人本资本会计报告模式;在信息对称的人本经济阶段,根据用户导向型企业人本资本会计模式,构建用户导向型企业人本资本会计报告模式。

4. 构建企业人本资本会计报告分析模式

在信息非对称的人本经济阶段,根据顾客导向型企业人本资本会计报告模式,依据顾客导向型企业人本资本理论,构建顾客导向型企业人本资本会计报告分析模式;在信息对称的人本经济阶段,根据用户导向型企业人本资本会计报告模式,依据用户导向型企业人本资本理论,构建用户导向型企业人本资本会计报告分析模式。

1.2.2 研究内容

根据上述研究目标设计如下研究内容:

第一部分,企业人本资本会计研究的经济基础

主要研究内容:根据物本经济阶段信息对称的卖方市场中生产导向型企业物本资本价值函数,即道格拉斯生产函数,推论出信息非对称的物本经济阶段生产导向型企业物本资本价值函数;在此函数的基础上,结合信息非对称的人本经济发展规律,推论出此阶段的顾客导向型企业人本资本价值函数;在此函数的基础上,结合拉格朗日函数求解顾客导向型企业人本资本价值最大化,由此推导出顾客导向型企业人本资本价值定理以及顾客导向型企业人本资源配置定理;在此基础上,结合信息对称的人本经济发展规律,推论出信息对称的人本经济阶段用户导向型企业人本资本价值函数,结合拉格朗日函数求解用户导向型企业人本资本价值最大化,由此推导出用户导向型企业人本资本价值定理以及用户导向型企业人本资源配置定理,并对人本经济阶段的企业人本资本价值定理作实证检验。至此,总结出人本经济阶段的企业人本资本会计研究的经济基础。

第二部分,企业人本资本会计研究的管理基础

主要研究内容:根据物本经济阶段信息对称的卖方市场中生产导向型企业完备经济性契约本质、信息非对称的卖方市场中生产导向型企业非完备经济性契约本质、非完备综合性契约本质,以及人本经济阶段信息非对称的买方市场中顾客导向型企业非完备经济性超契约本质、信息对称的买方市场中用户导向型企业完备经济性超契约本质,结合它们所属不同经济阶段的不同经济发展观,对比分析终极物本经济阶段信息非对称的卖方市场中生产导

向型企业全社会责任管理理论、人本经济阶段信息非对称的买方市场中顾客导向型企业人本管理理论、信息对称的买方市场中用户导向型企业全社会人本管理理论。至此,总结出人本经济阶段的企业人本资本会计研究的管理基础。

第三部分,企业人本资本会计是会计历史演化的产物

主要研究内容:根据物本经济阶段所体现的物本经济发展观的簿记理论、会计理论,探索承袭物本经济领域中人与物关系上体现自然性的人本主义经济发展观的企业人本资本会计理论渊源。在物本经济阶段体现物本经济发展观的物本资本演变为人本经济阶段体现人本经济发展观的人本资本。结合第一部分和第二部分的研究结论,构建人本经济阶段的企业人本资本理论,进而揭示出依据企业人本资本理论所构建的企业人本资本会计理论是人本经济阶段人本经济发展观的产物之一。

第四部分,顾客导向型企业人本资本会计理论架构研究

主要研究内容:借鉴在信息非对称的物本经济阶段传统(物本)会计基础理论架构的逻辑,即会计假设、会计本质、会计目标、会计范围、会计职能、会计对象、会计要素以及会计等式,结合顾客导向型企业人本资本理论,从人权范式的视角构建信息非对称的人本经济阶段顾客导向型企业人本资本会计基础理论架构。借鉴在信息非对称的物本经济阶段传统(物本)会计应用理论架构的逻辑,即会计准则理论和会计行为理论,结合顾客导向型企业人本资本理论,从人权范式的视角构建信息非对称的人本经济阶段顾客导向型企业人本资本会计应用理论架构,即企业人本资本会计规则理论和企业人本资本会计行为理论。

第五部分,顾客导向型企业人本资本会计模式构造研究

主要研究内容:依据顾客导向型企业人本资本价值定理对顾客导向型企业人本资本概念及其构成的界定,即物力资本、人力资本、关系资本以及组织资本。按照顾客导向型企业人本资本会计理论架构,结合人本管理理论分析人权行为的运作形式及运作结果,以此构造顾客导向型企业人本资本会计架构。在经济利润基础之上设置顾客导向型企业人本资本会计架构下的顾客导向型企业人本资本会计核算体系,分析顾客导向型企业人本资本会计账户内容,并根据顾客导向型企业人本资本会计账户内容及其会计等式设计顾客导向型企业人本资本会计报表。

第六部分,顾客导向型企业人本资本会计报告模式研究

主要研究内容:选择2008年国际会计准则委员会的"讨论稿"所提出的财务报表列报的目标与原则,根据其目标与原则来构建具有内在一致性的顾客导向型企业人本资本会计报表列报。选择人本价值管理理论,结合罗伯特·卡普兰和大卫·诺顿提出的"平衡计分卡"模式,根据企业所依存的外部环境和内部经营要素,按照以人类价值为本的企业人本价值管理目标来设计并落实"物类价值归于人类价值"的动态企业人本价值管理的权益。根据专业化劳动分工与合作的逻辑,结合顾客导向型企业人本资本会计报表列报的内容,运用财务指标和非财务指标综合设计并体现以人类价值为本的企业人本价值管理目标的企业人本价值管理指标体系,构造体现顾客导向型企业人本资本定理与顾客导向型企业人本资源配置定理的顾客导向型企业人本资本会计价值管理过程报告模式,结合顾客导向型企业人本资本会计报告内容,对顾客导向型企业人本资本会计信息披露作深入研究。

第七部分,企业"＋互联网"人本资本会计模式研究

主要研究内容:首先,分析"互联网＋"对人本经济主体发展的影响,即"互联网＋"对企业经营战略影响分析、"互联网＋"对企业创新生态系统影响分析和企业"＋互联网"组织结构影响分析;其次,分析"互联网＋"对人类会计发展的影响研究,即"互联网＋"的尊重人性特征、"互联网＋"的开放生态特征、"互联网＋"的连接一切特征、"互联网＋"的跨界融合特征、"互联网＋"的重塑结构特征和"互联网＋"的创新驱动特征;最后,构建企业"＋互联网"人本资本会计模式,即企业"＋互联网"人力资本会计模式、企业"＋互联网"物力资本会计模式、企业"＋互联网"组织资本会计模式和企业"＋互联网"关系资本会计模式。

第八部分,用户导向型企业人本资本会计基础理论架构研究

主要研究内容:通过对物本经济阶段生产导向型企业物本资本基础会计理论的扫描分析,结合信息非对称的人本经济阶段顾客导向型企业人本资本会计基础理论的架构逻辑,基于用户导向型企业人本资本理论构建信息对称的人本经济阶段用户导向型企业人本资本会计基础理论架构,即会计假设、会计本质、会计目标、会计范围、会计职能、会计对象、会计要素、会计等式以及会计方法论。着力对比分析物本经济阶段生产导向型企业物本资本会计的还原论隔离法、信息非对称的人本经济阶段顾客导向型企业人本资本会计的体系论分层法,推论出信息对称的人本经济阶段用户导向型企业人本资本会计的系统论整体法。根据用户导向型企业人本资本价值定理以及人本资源配置定理,探析面向信息对称的买方市场中用户导向型企业人本资本会计应用理论的缘起——关系治理。借助中国"一带一路"倡议下的区域关系治理,探索与信息对称的买方市场融为一体的用户导向型企业人本资本会计应用理论架构,即区域人本资本会计准则体系/规则/制度与区域人本资本会计应用原则。

第九部分,用户导向型企业人本资本会计模式研究

主要研究内容:在"互联网＋"的现代信息技术所打造出信息对称的虚实相融网络买方市场中,分析所有权与经营权合一的专业化劳动分工与合作方式所形成的用户导向型企业人本资本的概念内涵的界定,结合用户导向型企业人本资本理论,设计用户导向型企业人本资本会计账户,即人力资本会计账户、物力资本会计账户。根据用户导向型企业人本资本会计人本资本存量等式与用户导向型企业人本资本会计人本资本流量等式,构建反映信息对称的买方市场中超需求人权价值变化的用户导向型企业人本资本会计报告。并在用户导向型企业人本资本会计智能化核算的基础上,结合用户导向型企业人本资本会计报告的形成过程,构建用户导向型企业人本资本会计核算云端化流程。在此云端化流程中,结合区块链计算机应用技术,构建"区块链＋"用户导向型企业人本资本会计应用模式。

第十部分,用户导向型企业人本资本会计报告模式研究

主要研究内容:根据用户导向型企业人本资本理论,结合用户导向型企业人本资本会计等式,构建用户导向型企业人本资本报告,即生产型物力资本数据库与生产型人力资本数据库、参与性生产型物力资本数据库与参与性生产型人力资本数据库、服务型物力资本数据库与服务型人力资本数据库,以及由它们构成的体现以人类价值为本的用户导向型企业人本资本会计数据库。根据用户导向型企业人本资本会计智能化核算模式,对用户导向型企业人本资本会计个性化信息披露作深入研究。

第十一部分,企业人本资本会计报告分析模式研究

主要研究内容:人类科学技术创新进步推动了人类社会进步,促进了维系人类社会秩序之一的信任功能的演变。首先,论述不同经济阶段企业信任功能决定企业会计信任功能的演变,即信息非对称的人本经济阶段企业会计信任功能演变为信息对称的人本经济阶段企业智能会计信任功能;其次,依据其会计信任的演进逻辑,选择演进理性主义、工具理性主义以及历史唯物主义,探析不同经济阶段社会信任功能形塑不同社会制度、企业会计信任功能形塑不同企业会计制度,以及根据企业会计技术信任功能设计顶层智能会计制度;再次,根据顾客导向型企业会计理论与用户导向型企业会计理论,结合"第三次工业革命""第四次工业革命"的人工智能,创新构建展现不同类型企业会计信任功能的会计信息系统;最后,根据顾客导向型企业人本资本会计理论和用户导向型企业人本资本会计理论,结合企业人本经济发展规律与展现不同类型企业会计信任功能的会计信息系统,创新构建顾客导向型企业人本资本会计报告分析模式和用户导向型企业人本资本会计报告分析模式,并对此研究结论作总结。

1.3 研究方法

本文主要采用规范研究法、实证研究法、案例分析法、历史研究法以及对比分析法。具体研究方法如下:

第一部分,采用规范研究法,推理分析物本经济阶段生产导向型企业物本资本价值定理及其物本资源配置定理,并推理分析人本经济阶段顾客/用户导向型企业人本资本价值定理及其人本资源配置定理;采用实证研究法,检验顾客导向型企业人本资本价值定理及其人本资源配置定理;采用案例分析法,检验用户导向型企业人本资本价值定理及其人本资源配置定理。采用归纳法总结本部分的研究结论。

第二部分,采用规范研究法中的演绎法研究信息非对称的人本经济阶段顾客导向型企业人本管理,以及信息对称的人本经济阶段用户导向型企业全社会人本管理;采用规范研究法中的归纳法总结出顾客导向型企业人本资本会计的管理基础——人本管理理论,以及用户导向型企业人本资本会计的管理基础——全社会人本管理理论。

第三部分,采用规范研究法中的归纳法研究企业人本资本会计渊源于簿记理论、会计理论;采用规范研究法中的演绎法总结指导信息非对称的人本经济阶段顾客导向型企业人本资本理论,即顾客导向型企业人本资本定理、顾客导向型企业人本资源配置定理与人本管理理论;以及信息对称的人本经济阶段用户导向型企业人本资本理论,即用户导向型企业人本资本价值定理、用户导向型企业人本资源配置定理与全社会人本管理理论。

第四部分,采用规范研究法中的演绎法研究顾客导向型企业人本资本会计基础理论架构与应用理论架构;采用规范研究法中的归纳法总结适用于构建顾客导向型企业人本资本会计模式的顾客导向型企业人本资本会计理论架构。

第五部分的顾客导向型企业人本资本会计模式研究、第六部分的顾客导向型企业人本资本会计报告模式研究、第七部分的企业"+互联网"人本资本会计模式,均采用规范研究法

中的演绎法与归纳法进行研究。

第八部分,采用比较分析法与规范研究法来研究信息非对称的物本经济阶段生产导向型企业物本资本会计基础理论架构、信息非对称的人本经济阶段顾客导向型企业人本资本会计基础理论架构、信息对称的人本经济阶段用户导向型企业人本资本会计基础理论架构。采用历史研究法探析"一带一路"区域关系治理模式作为探索构建用户导向型企业人本资本会计应用理论架构的缘起。采用规范研究法构建用户导向型企业人本资本会计应用理论的架构。

第九部分的用户导向型企业人本资本会计模式研究与第十部分的用户导向型企业人本资本会计报告模式研究,均采用规范研究法中的演绎法与归纳法进行研究。

第十一部分,采用比较分析法与规范研究法来研究顾客导向型企业人本资本会计报告分析模式与用户导向型企业人本资本会计报告分析模式。

1.4　创新之处

1. 价值观创新

在物本经济阶段,生产导向型企业物本资本会计奉行物本经济发展观。然而,无论是信息非对称的人本经济阶段的顾客导向型企业人本资本会计,还是信息对称的人本经济阶段的用户导向型企业人本资本会计,以及作为人本经济阶段由信息非对称向信息对称转变过程中的企业"＋互联网"人本资本会计,它们都是奉行人本经济发展观。

2. 理论创新

构建新的企业人本资本会计理论,包括顾客导向型企业人本资本会计理论与用户导向型企业人本资本会计理论。前者包括由顾客导向型企业人本资本价值定理、顾客导向型企业人本资源配置定理与人本管理理论所构成的顾客导向型企业人本资本理论,以此理论创新构建顾客导向型企业人本资本会计理论;而后者包括由用户导向型企业人本资本价值定理、用户导向型企业人本资源配置定理与全社会人本管理理论所构成的用户导向型企业人本资本理论,以此理论创新构建用户导向型企业人本资本会计理论。

3. 方法论创新

在物本经济阶段,生产导向型企业物本资本会计采用还原论隔离法。然而,鉴于信息非对称的买方市场马斯洛层序需求假设,它决定了顾客导向型企业人本资本会计应该采用体系论分层法;鉴于信息对称的买方市场超需求假设,它决定了用户导向型企业人本资本会计应该采用系统论整体法。作为人本经济阶段由信息非对称向信息对称转变过程中的过渡性人本经济主体——企业"＋互联网"人本资本会计,应该采用体系论分层法＋系统论整体法。

1.5　研究思路与技术路线图

1. 研究思路

首先,论述企业人本资本会计研究的经济理论基础:顾客/用户导向型企业人本资本价值定理及其人本资源配置定理;并论述企业人本资本会计形成的管理理论基础:顾客导向型企业人本管理理论以及用户导向型企业全社会人本管理理论。其次,论述顾客/用户导向型企业人本资本会计形成的历史渊源。再次,论述人本顾客/用户导向型企业资本会计理论架构、模式与报告。最后,论述顾客/用户导向型企业人本资本会计报告分析模式。

2. 技术路线图(见图1-1)

```
┌─────────────────────┐  ┌─────────────────────┐
│人本资本会计研究的经济基础│  │企业人本资本会计研究的管理基础│
└──────────┬──────────┘  └──────────┬──────────┘
           └──────────┬─────────────┘
              ┌──────▼──────────┐
              │企业人本资本会计基础理论│
              └──────┬──────────┘
   ┌─────────────────┼─────────────────┐
┌──▼──────────────┐ ┌▼──────────┐ ┌──▼──────────────┐
│顾客导向型企业人本资本│ │企业"互联│ │用户导向型企业人本资本│
│会计理论架构研究   │ │网"人本  │ │会计理论架构研究   │
└──┬──────────────┘ │资本会计  │ └──┬──────────────┘
┌──▼──────────────┐ │模式     │ ┌──▼──────────────┐
│顾客导向型企业人本资本│ │         │ │用户导向型企业人本资本│
│会计模式研究      │ │         │ │会计模式研究      │
└──┬──────────────┘ └─────────┘ └──┬──────────────┘
┌──▼──────────────┐             ┌──▼──────────────┐
│顾客导向型企业人本资本│             │用户导向型企业人本资本│
│会计报告模式研究   │             │会计报告模式研究   │
└──┬──────────────┘             └──┬──────────────┘
   └─────────────────┬─────────────────┘
              ┌──────▼──────────────────┐
              │顾客导向型/用户导向型企业人本资本│
              │会计报告分析模式研究       │
              └─────────────────────────┘
```

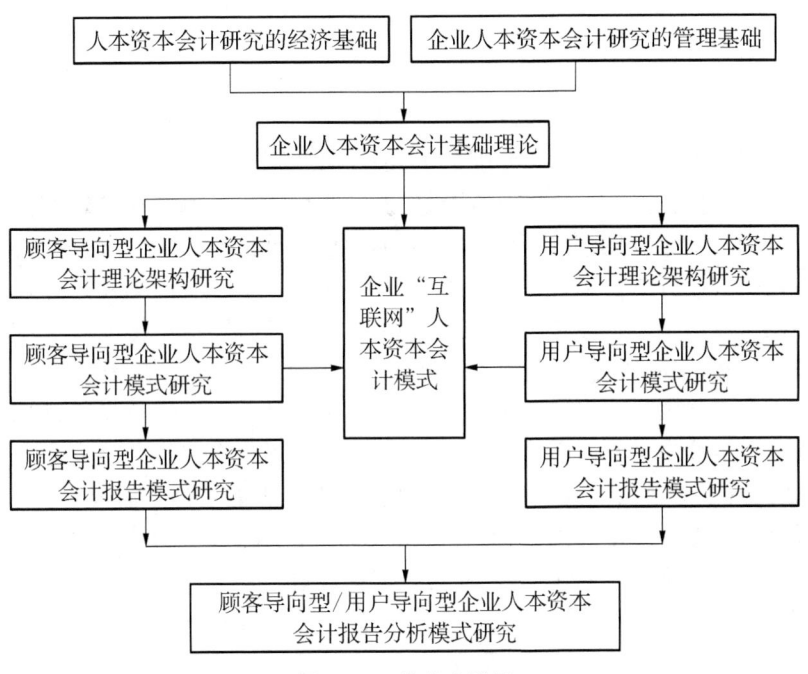

图1-1 技术路线图

第2章 企业人本资本会计研究的经济基础

纵观人类社会,科学技术创新进步促进人类社会经济的发展,人类社会经历了由欠发达社会生产力水平所决定的物本经济发展阶段向发达社会生产力水平所决定的人本经济发展阶段的演变。根源于人类追求自由和幸福的本性,缘起于人类社会生产力解放全人类的根本,促进了人类社会经济由物本经济演变为人本经济。由此逐渐形成人们对人类社会经济演变的一般看法,即指导人本经济发展的人本经济发展观取代指导物本经济发展的物本经济发展观。在以物为中心的物本经济阶段,将人类价值归于物类价值,注重自我价值而忽视他人价值,在经济发展中强调仅仅将人类当作手段,而非目的,由此形成"拟物学说"的物本资本会计理论体系,抑或目前人们称之为"只见物不见人"的产权会计理论体系。在以人为中心的人本经济阶段,将物类价值归于人类价值,注重人类的价值,在经济发展中强调不仅仅将人类当作手段,更是当作目的,由此应该形成"拟人学说"的人本资本会计理论体系,抑或目前人们称之为"既见物又见人"的人权会计理论体系。

随着人类社会创新进步的科学技术得以广泛地应用,逐渐改变了人们日常的生活习惯、生活习俗、生活规则以及生活方式,进而改变了人们对社会发展的普遍看法。因此,作为欠发达社会生产力水平所代表的人类社会科学技术,它所决定的供给小于需求的卖方市场在人类社会物本经济发展中处于主导地位。此时,决定人们活下来的生存与健康需求,成为人类社会的主流需求。按照马斯洛层序需求理论,人们的生存与健康的需求为人类社会的主流需求,即基本需求,或完全低层次需求。也即物本经济阶段卖方市场的基本需求。因此,对为了满足人们基本需求而驱动人们追求以物类价值为本的物本经济发展的普遍看法为物本经济发展观。

以"第三次工业革命"的现代基础制造技术代表人类社会生产力发达水平的科学技术在人类社会得以广泛应用,它所决定的供给大于需求的买方市场在人类社会人本经济发展中处于主导地位。此时,人们除了追求生存与健康之外,也有能力追求使自己活得更好的个人尊严、情感归属以及自我价值实现等高层次的人类需求。按照马斯洛层序需求理论,马斯洛层序需求成为人类社会的主流需求,即完全低层次需求+高层次需求。因此,对满足人们的马斯洛层序需求而驱动人们追求以人类价值为本的人本经济发展的普遍看法为人本经济发展观。

以"第四次工业革命"的现代基础信息技术代表人类社会生产力更发达水平的科学技术,在"第三次工业革命"现代基础制造技术的基础上得以广泛地创新融合应用,它所决定的供给大于需求的大数据买方市场在人类社会人本经济发展中处于主导地位。人们借助于网络平台追求体验需求成为"互联网+"时代人们生活的"新常态"。按照马斯洛层序需求理论,体验需求(抑或超需求)逐渐成为人类社会的主流需求,即完全低层次需求＋高层次需求。之所以将体验需求称之为超需求,是因为它表达了将马斯洛不同层次需求融为一体,形成超大需求,简称为超需求。

只有人类社会生产力达到充分发达水平,才有人们追求体验需求的可能。同样,信息对称的买方市场的体验需求驱动人本经济主体追求以人类价值为本的人本经济发展,人们对此人本经济发展的普遍看法仍为人本经济发展观。但是,前者形成人本经济发展观是人们对信息非对称的人本经济发展普遍规律的认知;而后者形成人本经济发展观是人们对信息对称的人本经济发展普遍规律的认知。它们均表达了对"人与物"之间关系、"人与人"之间关系的一致看法。对人与物之间关系的基本看法,无论是物本经济发展观,还是人本经济发展观,它们都表达了自然观的人本主义哲学,或者自然性的人本主义哲学观,当然,也都包含着自然性人本主义。对人与人之间关系的基本看法,一种是基于抽象的经济人(资本人)假设而形成了社会性的物本经济发展观,它包含着社会性的功利主义;另一种是基于具体的社会人(劳动人)假设而形成了社会性的人本经济发展观,它包含着社会性人本主义。

人们鉴于科学技术水平和市场类别来判断物本经济与人本经济的发展阶段。判断物本经济阶段时,科学技术水平选择以"蒸汽机"为现代基础制造技术代表的"第一次工业革命"和以"福特式"流水线为现代基础制造技术代表的"第二次工业革命"为标志;市场类别选择以适应于"少品种,大批量"标准化制造方式的卖方市场为标志。纵观其卖方市场中的不同经济主体,均贯穿着以物利为本的方向、以物效为本的方针、以物权为本的方式和以物力为本的方法,追求达到以物类价值为本的经济发展规律,对此经济发展规律所持续的经济发展过程,被称为物本经济阶段。判断人本经济阶段时,科学技术水平选择以人工智能、数字制造、3D打印和添加制造等为现代基础制造技术代表的"第三次工业革命"和以现代信息技术整体提升基础制造技术水平为代表的"第四次工业革命"为标志;市场类别选择以适应于"多品种,多种批量"定制化制造方式的买方市场为标志。纵观其买方市场中的不同经济主体,均贯穿着以人类幸福为本的方向、以人类满意为本的方针、以人权为本的方式和以人力为本的方法,追求达到以人类价值为本的经济发展规律,对此经济发展规律所持续的经济发展过程,被称为人本经济阶段。

在人本经济阶段,人们追求以人本经济发展观指导的人本资本会计理论促进人本经济基础管理不断地改进。随着人类社会"第三次工业革命"和方兴未艾的"第四次工业革命"的科学技术创新进步,以及由此科学技术创新进步所驱动的信息非对称的买方市场向信息对称的买方市场演变。这种演变促使人本经济发展的微观经济主体经济管理产物——企业人本资本会计,也相应地经历了由信息非对称的人本经济阶段顾客导向型企业人本资本会计,向信息对称的人本经济阶段用户导向型企业人本资本会计演变。因此,纵观会计演变的历史,发现人类社会所经历的不同经济阶段的经济主体也在发生演变。

2.1　微观经济主体的演变

技术创新与制度演进从来都是社会经济主体演变的两条并行的主线。就技术层面而言,社会经济主体先后经历了"手工化""自动化""智能化"的生产技术创新的演变,其主导社会经济价值经历了"使用价值""交易价值""共享价值"的演变。就制度层面而言,社会经济主体先后经历了"所有权与经营权合一静态合伙人制度""所有权与经营权分离委托代理制度"和"所有权与经营权合一动态合伙人制度"的经济主体契约制度创新的演变,其主导经济体价值经历了财产价值、产权价值和人权价值的演变(郭道扬,2009)[1]。就技术和制度共同作用的层面而言,人类社会经济经历了由物本经济向人本经济的演变,其主导社会经济经历了由供给小于需求的"卖方市场"向供给大于需求的"买方市场"的演变,其市场需求本身也经历了由完全低层次需求向马斯洛层序需求、超需求的演变(丁胜红、何丹、周红霞,2017)[2]。上述的演变规律是源于人类社会追求自我解放与自身价值的必然结果。

鉴于本课题主要是研究人本经济阶段企业人本资本会计理论创新的需要,考量当前科学技术发展的概况和买方市场发育的现状,得出判断微观经济主体的人本经济演变标志:① 以数据制造、人工智能、现代工业机器人和添加制造(Additive Manufacturing)等现代基础制造技术为代表的"第三次工业革命"和信息非对称买方市场;② 以大数据、云计算、人工智能以及物联网等现代基础信息技术为代表的"第四次工业革命",以及由现代基础信息技术所打造的信息对称的买方市场。

判断微观经济主体的人本经济演变的本质区别在于:① 前者在人本经济阶段的信息非对称的买方市场中,企业追求以顾客为本的企业经营战略目标;而后者在人本经济阶段的信息对称的买方市场中,企业追求以用户为本的企业经营战略目标。② 前者人本经济发展观在人类社会经济发展中所发挥的主导作用日趋显著,而物本经济发展观在人类社会经济发展中所发挥的作用逐渐消退,经济主体信奉资本与劳动和谐观;后者人本经济发展观在人类社会经济发展中发挥全面主导作用,而物本经济发展观在人类社会经济发展中不再发挥作用,经济主体信奉资本与劳动共享观。

究其产生这样的本质区别的缘由在于"第三次工业革命"的现代基础制造技术得以广泛的应用,促进了信息非对称的买方市场的形成,适应信息非对称的买方市场马斯洛层序需求驱动企业以顾客为导向的经营战略目标的形成。通过定制化供给来满足顾客对信息非对称的买方市场马斯洛层序需求,促进企业生产者与管理者了解顾客需求偏好,促使人力资本崛起,同时逐渐打破了企业与市场二分法所产生的各种"信息孤岛",降低了供需主体之间的信息非对称程度,为实现供需主体之间的双赢价值提供机会。也就是微观经济主体通过降低信息非对称程度来提高微观经济主体人本资源配置效率,进而实现以人类价值为本的人本价值最大化目标。

"第四次工业革命"的现代信息基础技术改变了买方市场的信息非对称性,免费的互联网平台模式打造出信息对称的虚实相融的买方市场。至此,信息对称的买方市场体验需求驱动"互联网+"企业选择所有权与经营权合一的专业化劳动分工,来实现扁平化与碎片化的组织自我解构变革,实现"互联网+"企业的全社会人本管理,彻底颠覆了信息非对称的物本经济阶段的企业物本管理以及替代信息非对称的人本经济阶段的企业人本管理。其具体颠覆内容归纳为"三化"与"三制"。企业平台化颠覆了企业科层制,确立了生态制;用户个性化颠覆了产销分离制,确立了产销融合制;员工创客化颠覆了雇佣制,确立了自主制。其具体颠覆内涵如下:

1. 企业平台化的颠覆内涵

就企业而言,组织是从科层制的串联流程颠覆成柔性的并联生态圈;营销是从一次性交易的顾客颠覆成全流程最佳体验的用户；管理就是从职能管控部门颠覆成"去两化"——去中心化、去中介化——的两个平台，即共享平台和驱动平台，每个人都可以成为中心，一定要和用户零距离。就企业目标而言，一是由科层管控转变为创客平台自治；二是由追求利润独享的科层制企业股东价值最大化改变为追求利润共享的动态合伙人制的众小微企业共享价值最大化。就企业转型路径而言，在科层制、现代官僚制企业里，谁的资源比别人多，边界就比别人广，就此推论出企业与市场之间是有边界的。而"互联网+"企业的资源是无限的，"互联网+"所具有的跨界与连接一切功能，消除了企业与市场之间的"隔阂"。其转型企业里仅存在三类人，即服务型平台主、创业型小微主和创客型员工，他们没有职位高低之分，只有掌握、创造用户资源之别，在追求用户最佳体验过程中驱动企业并联生态圈和用户圈融合为一体。

2. 用户个性化的颠覆内涵

就用户个性化而言，一方面，"互联网"+人工智能、数字制造以及现代工业机器人和添加制造等基础制造技术成就了满足用户"体验化"消费的"互联网工厂"；另一方面，在追求信息对称的买方市场体验消费的过程中，完成了由"销量经济"的顾客转变为"体验经济"的用户，再到由网络聚焦用户群体而形成网络用户社群生态圈。就用户个性化目标而言，由小作坊的自产自销、大规模生产的产销分离到"互联网工厂"的自产自销，最终实现产销合一，在用户个性化目标实现的过程中完成了由交易价值所决定的销量经济转变为由共享价值所决定的体验经济。就用户个性化转型路径而言，大规模批量制造下的产销分离路径是工厂生产出来的产品分销到批发商，批发商分销到商店，商店再到顾客。其产销分离路径中的顾客消费是非交互的、非透明化的、非可视化的。大规模定制化制造的互联工厂，首先，互联工厂可以跟用户交互；其次，互联工厂是透明的；最后，"端到端"信息化决定了互联工厂具有可视性，其所制造的产品均具有物理件、智能件和连接件。因此，在产销合一路径中的用户体验是交互化、透明化、可视化的。

3. 员工创客化的颠覆内涵

就员工创客而言，由原来的岗位执行人转变为拥有决策权、人事权以及分配权的创业者；由被雇佣者转变成动态合伙人；由企业提供岗位薪酬转变为自己从创造的用户价值中索取。就员工创客目标而言，利用企业平台"让每个人成为自己的CEO"。就员工创客转型路径而言，由原来的被雇佣者、执行者，变成创业者、合伙人；原来是被动的，现在是主动的，最终演化为自创业→自组织→自驱动。因此，在"互联网+"时代信息对称的人本经济阶段，人类社会追求以人类价值为本成为人本经济的"新常态"。

方兴未艾的"第四次工业革命"的现代基础信息技术广泛应用于"第三次工业革命"的现代基础制造技术智能化的整合与优化，不仅开启了"互联网+"时代信息对称的人本经济，即共享经济，而且通过"互联网+"的现代基础制造技术对企业人本资源进行有效配置，逐渐形成了全球资源配置的"互联网工厂"，其"互联网工厂"智能整合与优化全球制造技术成就了全球供给能力，促成全球供给大于需求的买方市场发育日趋成熟，其追求体验化的超需求逐渐成为人类社会的主流需求（丁胜红、韦鹏，2015）[3]。从某种意义上讲，"第三次工业革命"是人类社会经济与市场转型过渡的关键阶段，它结束了物本经济时代而开启人本经济时代，揭示出人类社会经济转型的规律。随着人类社会生产力由欠发达水平进入发达水平之后，由生产力水平所决定的商品市场由卖方市场转入买方市场。适应市场转变的企业战略也由生产导向型向顾客导向型转变(Nosoohi I、Nookabadi A S,2014)[4]。

在"第四次工业革命"开启"互联网+"时代,企业借助大数据、云计算、人工智能、物联网等现代基础信息技术搭建互联网平台,并借助互联网平台的整合能力,一方面,无限拓展企业边界的同时,不断地获取不同属性的资源;另一方面,不断升级、整合、跨界链接等不同单元生产技术的同时,企业自身因不断适应生产技术的变化而促进自身组织架构的"碎片化"、扁平化。从契约的角度来看,人本经济阶段的企业本质由非完备经济性超契约演化为完备经济性超契约①(丁胜红、韦鹏,2016)[5]。从商业模式的角度来看,在以人为出发点的"互联网"时代下,在信息非对称的物本经济阶段,企业价值链中追求以供给为导向的商业模式正在走向消亡,以需求为导向的互联网商业模式正在涌现(罗珉、李亮宇,2015)[6]。因此,适应商业模式变化的企业,其价值函数也将随之发生根本性的演化。

2.2 企业价值函数的演化

2.2.1 企业物本资本价值函数

在物本经济阶段,企业物本资本是指以人类价值归于物类价值的企业资源有效配置过程,在此过程中不断地实现企业财富增值最大化,进而实现适应卖方市场企业以生产为导向的企业经营战略目标。在物本经济初级阶段,企业是员工之间以"师徒"关系形成信息对称的完备经济性契约关系。由此形成了完备性的生产导向型企业制度(内部制度),为此,可以将生产导向型企业制度看作外生变量,其生产导向型企业物本资本价值函数可概括为"柯布-道格拉斯生产函数"(Cobb-Douglas production function)(Cobb C W、Douglas P H,1928)[7]。该生产函数经过国内外学者的大量验证,它的基本形式为 $Y(t) = A(t)L(t)^{\alpha}K(t)^{\beta}\mu(t)$。其中,$Y(t)$ 代表一定期间内所有生产导向型企业物本资本价值汇总的工业总产值;$A(t)$ 代表一定期间内创造企业物本资本价值的综合生产技术水平;$L(t)$ 代表一定期间内生产导向型企业投入人力资源要素的人力资本价值;$K(t)$ 代表一定期间内生产导向型企业投入物力资源要素的物力资本价值②;α 代表生产导向型企业生产领域人力资本产出的弹性系数;β 代表生产导向型企业生产领域物力资本产出的弹性系数;μ 表示随机干扰的影响,且 $\mu \leqslant 1$。

形成生产导向型企业"柯布-道格拉斯生产函数"的前提条件是,企业本质为完备性经济契约。它的经济契约完备性取决于以下几个方面:① 生产导向型企业资源存量的有限性。在物本经济初级阶段,由于卖方市场大量基本需求的驱动,促使创造社会财富的生产导向型企业不断地产生。局限于当时科学技术的欠发达水平,决定了生产导向型企业有效配置资

---

① 超契约是指资源多属性、多功能的基础上将经济契约、社会契约以及环境契约连接在一起形成超大契约,简称超契约。鉴于非对称性信息的微观经济主体各个利益相关方缔结成非完备经济性超契约,而鉴于对称信息的微观经济主体各个利益相关方缔结成完备经济性超契约。

② 物力资本价值通常是指固定资产净值。它的价值单位与投入劳动力数的价值单位相对应。

源的能力极其有限,进而决定了生产导向型企业获取企业资源存量也极其有限。② 生产导向型企业资源流量的精确性。生产导向型企业资源流量的精确性,取决于以机械化为中心的企业标准化作业要求企业的有限存量生产资源应该得到精准化配制的同时,也要求与生产资源精准化配制相适应的企业制度正规化。在物本经济阶段初期,生产导向型企业主要以"师徒关系"为纽带,致使企业以所有权与经营权合一的方式获得生产导向型企业内部对称信息。卖方市场的基本需求(完全低层次需求)已成为所有生产导向型企业所获取的外部对称的需求信息,由其内外信息对称信息所制定的生产导向型企业制度,其制度的本质具有完备经济性契约本质。

因此,正是具有完备经济性契约的以生产为导向的企业制度决定生产导向型企业制度资源配置的弹性系数为0。为此,在柯布-道格拉斯生产函数中将其视为不变的常量。当然,以生产为导向的企业经营战略决定了企业正规化制度为企业内部制度,即使有所谓的企业外部制度,那也是企业内部制度的延伸部分。在一定条件下,企业为了服务生产劳动的需要将这种外部制度进行内部化。因为,基于生产导向型企业物本资源的存量有限性和流量精确性,决定了"捆绑"企业物本资源的经济性契约具有完备性。因此,在信息对称的物本经济阶段,生产导向型企业物本资源有效配置所形成的生产导向型企业物本资本价值函数为:

$$Y(t)=A(t)\times L(t)^\alpha \times K(t)^\beta \times S(t)^0 \times \mu(t)$$

其中,S代表契约完备性生产导向型企业正规化制度资源要素;$S(t)$为生产导向型企业制度资源在时间t内的有效配置,由于其制度资源有效配置的弹性系数为0,所以它表现为常数1。

随着人类社会生产力水平不断地提高,促进人类社会经济不断转型升级,导致生产导向型企业自身规模不断扩大。原来的生产导向型企业以"师徒"关系难以维持生产导向型企业自身规模扩大的需要,生产导向型企业所有权与经营权分离不断加剧,以至成为信息非对称的物本经济发展的"新常态"。这也就表明人类社会的物本经济发展进入了一个新阶段。由于所有权与经营权不断分离加剧了所有权与经营权之间信息非对称的程度。至此,信息非对称成为新的物本经济的基本特征。为此,人类社会经济发展进入了信息非对称的物本经济阶段。

为了克服信息非对称对生产导向型企业物本资源配置的低效或失效,生产导向型企业试图以委托代理契约加以改变,具有双方约束的委托代理契约成为生产导向型企业的基本选择。基于非对称信息缔结的生产导向型企业的委托代理契约,具有非完备性特征。当这种非完备性经济契约成为生产导向型企业的本质时,它也就成为信息非对称的物本经济阶段物本经济发展的"新常态"。

由此人类社会的经济发展完成了由信息对称的物本经济阶段转变为信息非对称的物本经济阶段。信息对称的物本经济阶段生产导向型企业物本资本价值函数$Y(t)=A(t)\times L(t)^\alpha \times K(t)^\beta \times S(t)^0 \times \mu(t)$,转变为信息非对称的物本经济阶段生产导向型企业物本资本价值函数$Y(t)=A(t)\times L(t)^\alpha \times K(t)^\beta \times S(t)^\chi \times \mu(t)$,其中,$S$代表生产导向型企业准正规化制度资源要素;$S(t)$为生产导向型企业准正规化制度资源在时间$t$内的有效配置,由于其制度资源有效配置的弹性系数为$\chi$,且$0<\chi<1$。

2.2.2 企业人本资本价值函数

在人本经济阶段,顾客/用户导向型企业人本资本是指以物类价值归于人类价值的顾客/用户导向型企业人本资源有效配置过程,在该过程中实现了顾客/用户导向型企业人类价值最大化,进而实现适应买方市场的顾客/用户导向型企业经营战略目标。其中,实现适应买方市场企业以顾客为导向的企业经营战略目标,称之为顾客导向型企业;实现适应买方市场企业以用户为导向的企业经营战略目标,称之为用户导向型企业。顾客导向型企业人本资本价值函数表达信息非对称的人本经济阶段的企业人本经济发展规律;而用户导向型企业人本资本价值函数表达信息对称的人本经济阶段的企业人本经济发展规律。为了实现以顾客为导向的企业经营战略目标,适应"少品种,大批量"的生产导向型企业制造范式的机械化集成生产方式转变为适应"多品种,多批量"的顾客导向型企业制造范式的数据化、信息化、智能化分散生产方式。其生产导向型企业员工的劳动标准化、非人性化也转变为顾客导向型企业员工的劳动个性化、人性化。在其转变过程中劳动者的人格得到极大的尊重,劳动者的价值得到充分的认可。

为了迎合顾客导向型企业战略经营目标,一方面,顾客导向型企业为适应数据化、信息化、智能化生产方式而革新顾客导向型企业的内部制度;另一方面,顾客导向型企业为了满足顾客个性化需求而创新顾客导向型企业的外部制度。无论是"革新",还是"创新",都是为了实现买方市场中顾客导向型企业的战略经营目标。为此,促使顾客导向型企业人本资源有效配置方式的基础发生了如下革命性的变化:① "第三次工业革命"的现代基础制造技术为顾客导向型企业实现满足顾客个性化需求的定制化供给的专业化劳动分工奠定了技术基础;② 为了达到对买方市场顾客个性化需求偏好的了解而使顾客导向型企业更好地适应买方市场规则,买方市场促使顾客导向型企业人力资本不断崛起,从而使得企业资本雇佣劳动观演变为企业资本与劳动和谐观;③ 为了适应买方市场顾客个性化需求,顾客导向型企业由仅仅注重企业少品种且大批量化生产的内部管理,转变为既要满足多品种多批量的定制化生产的企业内部有效管理,又要满足顾客个性化需求的企业外部市场有效管理。

为此,顾客导向型企业形成了内部制度和外部制度,它体现了由生产导向型企业内部管理重心转变为顾客导向型企业内部管理重心与外部管理重心并重,且顾客导向型企业内、外制度相互作用,才能完成顾客导向型企业的战略经营目标。

因此,信息非对称的物本经济阶段生产导向型企业物本资本价值函数 $Y(t) = A(t) \times L(t)^\alpha \times K(t)^\beta \times S(t)^\chi \times \mu(t)$,演变为信息非对称的人本经济阶段顾客导向型企业人本资本价值函数 $Y(t) = A(t) \times L(t)^\eta \times K(t)^\sigma \times IS(t)^\varphi \times ES(t)^\phi \times \mu(t)$。

在信息非对称的物本经济阶段,生产导向型企业物本资本价值函数中的人力资源要素 L 与物力资源要素 K,代表生产导向型企业委托代理的资源配置格局,体现了资本雇佣劳动观。在信息非对称的人本经济阶段,它们的内涵演变为代表着企业生产领域内劳动的专业化分工,即转移价值物力劳动与创造价值人力劳动。在信息非对称的物本经济阶段,生产导向型企业物本资本价值函数中隐含着非完备经济性契约本质的企业准正规化制度资源要素 S。在信息非对称的人本经济阶段,它的内涵演变为服务于企业内部生产的专业化服务劳动 IS,其本质为非完备经济性契约的企业内部制度变量 IS;与服务于企业外部市场的专业化服务劳动 ES,其本质为非完备经济性契约的企业外部制度变量 ES。其顾客导向型企业内、外部制度的非完备性主要是由信息非对称的买方市场顾客个性化需求所驱动的企业定制化供给的不确定性,以及买方市场的非对称信息所造成的。顾客导向型企业定制化供给是随着买方市场顾客个性化需求的变化而变化的。

鉴于企业内部制度非完备性决定 IS 产出的弹性系数 $0 \leqslant \varphi \leqslant 1$,且企业外部制度非完备性决定 ES 产出的弹性系数 $0 \leqslant \varphi \leqslant 1$。其中,K、L、IS、ES 分别代表企业生产领域物力劳动所消耗的物力资源、人力劳动所消耗的人力资源、服务企业劳动所消耗的内部制度资源、服务企业市场劳动所消耗的外部制度资源。之所以称之为企业人本资本价值函数,它表达了人本经济发展观指导信息非对称的人本经济发展而集中体现企业人本经济的发展规律。它是追求劳动解放为本或人类价值最大化的价值函数。其中,劳动专业化分工与合作体现人类追求劳动自由和劳动幸福的本质,促进人类生产力的不断发展。而马克思广义劳动价值论成为劳动专业化分工与合作的理论依据,它体现了马克思的人本主义价值观。由 L、K、IS、ES 构成企业人本资源,而企业人本资源的人权有效配置形成企业人本资本。根据体现人本主义价值观的马克思生产力与生产关系学说,就企业而言,企业生产领域内物力技术和人力技能代表企业的生产力水平,企业服务领域内内部制度和外部制度代表企业的生产关系,企业生产力决定企业生产关系,而企业生产关系反作用于企业生产力。它们相互作用是为了实现企业劳动者的劳动自由和对劳动幸福的期望。因此,以劳动专业化分工与合作方式实现企业人类价值最大化或以追求劳动解放为本的物力资本、人力资本、组织资本以及关系资本有机融合形成企业人本资本(丁胜红,盛明泉,2008)[8]。

在信息对称的人本经济阶段,大数据、云计算、互联网、物联网等技术及其搭建的互联网平台,实现了"互联网+"的现代化制造技术成就了全球资源配置的"互联网工厂",其全球供给能力加速了全球买方市场的发育日趋成熟。"第四次工业革命"的现代基础信息技术改变了买方市场的信息非对称性,造就了具有交互、可视、透明的"互联网工厂",促使体验化的超需求逐渐成为人类社会的主流需求。在虚实相融的信息对称的买方市场中,企业追求双赢或多赢的共享价值成为"互联网+"时代的人本经济"新常态",促使企业战略目标由顾客导向型转向用户导向型。企业战略目标转型是在由信息非对称下的企业所有权与经营权分离的专业化劳动分工与整合,向信息对称下的企业所有权与经营权合一的专业化劳动分工与合作的转变过程中得以实现。

在"互联网+"企业战略目标"落地"的过程中,以所有权与经营权合一的专业化劳动分工与合作方式推动企业扁平化、碎片化以及"产""销"融合,逐渐实现企业与买方市场融为一体的共生关系的生态体系。其中寄生式的企业不同主体转变为共生式的企业三类人,即管理者(网络平台)、生产者以及参与用户。这三类人之间的共生关系在现实中常常表现为"动态合伙制",他们既拥有所有权身份,又拥有经营权的职业。从用户导向型企业融于买方市场的角度来看待参与用户,他们是具有生产与销售双重功能的企业主体。不断升级的网络跨界与连接技术在多属性、多功能的网络资源基础上"孵化"出非完备经济性超契约企业。

在信息对称的买方市场中,"互联网+"用户导向型企业通过所有权与经营权合一的专业化劳动分工与合作方式将顾客导向型企业人本资本价值函数 $Y(t) = A(t) \times L(t)^\eta \times K(t)^\sigma \times IS(t)^\varphi \times ES(t)^\varphi \times \mu(t)$ 演变为用户导向型企业人本价值函数 $Y(t) = A(t) \times K(t)^\alpha \times P(t)^\beta \times M(t)^\rho \times U(t)^\vartheta \times \mu(t)$。在信息非对称的环境下形成企业具有非完备经济性契约本质的 IS(弹性系数 $\varphi > 0$)和 ES(弹性系数 $\varphi > 0$),它们在信息对称的环境下,

在与买方市场融为一体的"互联网+"用户导向型企业中演变为完备经济性市场契约,因此,$\varphi=0$。基于所有权与经营权合一的专业化劳动分工,形成了智慧化劳动的三类人力资本与智能化劳动的物力资本,它们构成了"互联网+"时代的人本经济阶段的用户导向型企业人本资本价值函数 $Y=A(t)\times K(t)^{\alpha}\times P(t)^{\beta}\times M(t)^{\rho}\times U(t)^{\vartheta}\times\mu(t)$。其中,$K(t)$代表智能化劳动的物力资本;$P(t)$代表智慧化劳动的生产型人力资本;$M(t)$代表智慧化劳动的管理型人力资本;$U(t)$代表智慧化劳动的用户型人力资本。在信息对称的人本经济阶段,人本经济发展观指导信息对称的人本经济发展,其人性假设为具体社会人假设,这种人性假设具有有限理性,因此,它们形成的各自人力资本的贡献弹性系数分别为 $0<\beta<1$、$0<\rho<1$、$0<\vartheta<1$。

2.3 企业资本价值函数要素的关系

根据人类社会生产力发展水平所决定的主导经济发展的市场类型与信息对称与否来判定经济发展阶段。企业价值函数分为信息对称的物本经济阶段卖方市场中生产导向型企业物本资本价值函数及其要素之间的关系、信息非对称的物本经济阶段卖方市场中生产导向型企业物本资本价值函数及其要素之间的关系、信息非对称的人本经济阶段买方市场中顾客导向型企业人本资本价值函数及其要素之间的关系与信息对称的人本经济阶段买方市场中用户导向型企业人本资本价值函数及其要素之间的关系。

2.3.1 生产导向型企业物本资本价值函数要素的关系

1. 信息对称下生产导向型企业物本资本价值函数要素之间的关系

在信息对称的物本经济阶段,生产导向型企业物本资本价值函数的表达式为 $Y(t)=A(t)\times L(t)^{\alpha}\times K(t)^{\beta}\times S(t)^{0}\times\mu(t)$。其中,物力资本 $K(t)$ 具有边际效率递减规律(Keynes J M,1936)[9];人力资本[$L(t)$]具有边际效率递增规律(Schultz T W,1961;King E M、Montenegro C E、Orazem P F,2012)[10][11]。因此,以时间 t 为变量,它们的效率规律分别表征为 $L(t)'>0$ 且 $L(t)''<0$,$K(t)'<0$ 且 $K(t)''>0$、$S(t)^{0}=1$。当企业物本资源在一定范围内,根据拉格朗日定理,可求得 $\eta/L(t)=\sigma/K(t)$。此时,企业物本资本价值最大,企业物本资本结构最优。由此等式得出如下推论:

推论1:生产导向型企业物本资本价值定理,即信息对称的生产导向型企业物本资本结构优化的程度决定企业物本经济发展的程度。

推论2:生产导向型企业物本资源配置定理,即信息对称的生产导向型企业物本资源与有效物本资源配置系数的比值恒等。

2. 信息非对称下生产导向型企业物本资本价值函数及其要素之间的关系

在信息非对称的物本经济阶段,生产导向型企业物本资本价值函数的表达式为 $Y(t)=A(t)\times L(t)^{\alpha}\times K(t)^{\beta}\times S(t)^{\chi}\times\mu(t)$。其中,物力资本 $K(t)$ 具有边际效率递减规律(Keynes J M,1936)[9];人力资本 $L(t)$ 具有边际效率递增规律(Schultz T W,1961;King E

M、Montenegro C E、Orazem P F,2012)[10][11];组织资本①$S(t)$ 具有边际效率递减规律(黄少安,1998)[12]。因此,以时间 t 为变量,它们的效率规律分别表征为 $L(t)'>0$ 且 $L(t)''<0$、$K(t)'<0$ 且 $K(t)''>0$、$S(t)'>0$ 且 $S(t)''<0$。当企业物本资源在一定范围内,根据拉格朗日定理,可求得 $\eta/L(t)=\sigma/K(t)=\chi/S(t)$。此时,企业物本资本价值最大,企业物本资本结构最优。由此等式得出如下推论:

推论 1:生产导向型企业物本资本价值定理,即信息非对称的生产导向型企业物本资本结构优化的程度决定企业物本经济发展的程度。

推论 2:生产导向型企业物本资源配置定理,即信息非对称的生产导向型企业物本资源与有效物本资源配置系数的比值恒等。

2.3.2 顾客导向型企业人本资本价值函数要素的关系

在信息非对称的人本经济阶段,顾客导向型企业人本资本价值函数的表达式为 $Y(t)=A(t)\times L(t)^{\eta}\times K(t)^{\sigma}\times IS(t)^{\varphi}\times ES(t)^{\varphi}\times \mu(t)$。其中,物力资本 $K(t)$ 具有边际效率递减规律(Keynes J M,1936)[9];人力资本 $L(t)$ 具有边际效率递增规律(Schultz T W,1961;King E M、Montenegro C E、Orazem P F,2012)[10][11],以及以企业内、外制度的边际效率递减性(黄少安,1998)[12]决定其内、外制度资源有效配置形成的组织资本 $IS(t)$、关系资本 $ES(t)$ 具有边际效率递减规律。因此,以时间 t 为变量,它们的效率规律分别表征为 $L(t)'>0$ 且 $L(t)''<0$、$K(t)'<0$ 且 $K(t)''>0$、$IS(t)'>0$ 且 $IS(t)''<0$、$ES(t)'>0$ 且 $ES(t)''<0$。当顾客导向型企业人本资源在一定范围内,根据拉格朗日定理,可求得 $\eta/L(t)=\sigma/K(t)=\varphi/IS(t)=\varphi/ES(t)$。此时,企业顾客导向型人本资本价值最大,顾客导向型企业人本资本结构最优。由此等式得出如下推论:

推论 1:顾客导向型企业人本资本价值定理,即企业人本资本结构优化的程度决定企业经济发展的程度(丁胜红、吴应宇、周红霞,2011)[13]。它的意义在于:① 信息非对称的人本经济阶段顾客导向型企业人本资本价值定理是对信息非对称的物本经济阶段的 MM 定理(Modigliani F、Miller M H,1959)[14]替代;② 代表顾客导向型企业所有权结构的人本资本结构是代表顾客导向型企业经营权结构的人本治理结构核心,其顾客导向型企业所有权与经营权的对称性决定顾客导向型企业最优人本资本结构与公司最优人本治理结构之间具有同步性;③ 信息非对称的人本经济阶段资本与劳动和谐观下顾客导向型企业人本资本结构结束了信息非对称的物本经济阶段资本雇佣劳动观下生产导向型企业财务资本结构替代生产导向型企业资本结构②的历史使命,开创了决定企业价值创造的企业资本结构回归。

推论 2:顾客导向型企业人本资源配置定理:企业人本资源与其有效人本资源配置系数(弹性系数)的比值恒等。它的意义在于:① 它揭示了资源基础理论中(Resource-Based View)(Wernerfelt B,1984)[15],企业的竞争优势根源于企业的特殊资源之一的人本资源,探索具有竞争优势的可持续发展企业之间互相模仿的规律在于,按照企业人本资源与其有效

---

① 组织资本是指在物本经济阶段,信息非对称的卖方市场中以生产为导向的企业注重内部管理,尽管涉及企业市场管理,也是基于内部管理的延伸。因信息非对称性决定企业制度具有非完备经济性契约本质,因此,企业制度资源有效产权配置形式被称为组织资本。

② 企业资本结构是指直接体现或者表征企业价值创造的资本结构。

资源配置系数之比存在恒等性。按照这种恒等比例有效配置企业人本资源可使企业获得可持续性租金。② 它证明了资源依赖理论的四个重要假设①（Salancik G R，Pfeffer J，1978）[16]，其论证的核心要点是指通过企业内部制度资源与外部制度资源之间的相互转化，为企业的生存和发展源源不断地提供所需的环境中的各种资源。

从顾客导向型企业人本资本价值函数来看，顾客导向型企业人本资源配置的有效程度决定顾客导向型企业人本经济的发展水平，根据其有效配置系数（弹性系数）划分企业经济发展水平：① $\eta+\sigma+\varphi+\phi>1$，称为递增报酬型，表明按企业扩大人本资源规模（生产规模与管理规模）来增加顾客导向型企业人本资本价值产出是有利的；② $\eta+\sigma+\varphi+\phi<1$，称为递减报酬型，表明按企业扩大人本资源规模来增加顾客导向型企业人本资本价值产出是得不偿失的；③ $\eta+\sigma+\varphi+\phi=1$，称为不变报酬型，所谓不变报酬型，是指无论是扩大企业人本资源规模，还是缩小企业人本资源规模，它们都不会改变顾客导向型企业人本资本价值的效益。

2.3.3 用户导向型企业人本资本价值函数要素的关系

在信息对称的人本经济阶段，用户导向型企业人本资本价值函数的表达式为 $Y(t)=A(t)\times K(t)^\alpha\times P(t)^\beta\times M(t)^\rho\times U(t)^\vartheta\times\mu(t)$。根据物力资本具有边际效率递减规律（Keynes J M，1936）[9]和人力资本具有边际效率递增规律（Schultz T W，1961；King E M、Montenegro C E、Orazem P F，2012；Giziene V、Simanaviciene Z、Palekiene O，2012）[10][11][17]。因此，以时间 t 为变量，它们的效率规律分别表征为 $P(t)'>0$ 且 $P(t)''<0$、$K(t)'<0$ 且 $K(t)''>0$、$M(t)'>0$ 且 $M(t)''<0$、$U(t)'>0$ 且 $U(t)''<0$。当企业人本资源在一定范围内，根据拉格朗日定理，可求得 $\beta/P=\alpha/K=\rho/M=\vartheta/U$。此时，用户导向型企业人本资本价值最大，企业人本资本结构最优。由此等式得出如下推论：

推论1：用户导向型企业人本资本价值定理，即用户导向型企业人本资本结构优化的程度决定企业经济发展的程度。它的意义在于：① 信息对称的人本经济阶段用户导向型企业人本资本价值定理是对信息非对称的人本经济阶段顾客导向型企业人本资本价值定理替代；② 体现信息对称的用户导向型企业人本资本结构替代信息非对称的顾客导向型企业人本资本结构。

推论2：用户导向型企业人本资源配置定理，即企业人本资源与其有效人本资源配置系数（弹性系数）的比值恒等。它的意义在于：① 遵循所有权与经营权合一的专业化劳动分工与合作是用户导向型企业达到人尽其才、才尽其用的最佳效果；② 在信息对称的买方市场中，用户导向型企业人本资源的计划配置资源方式等于于市场人本资源的市场配置资源方式。用户导向型企业与买方市场均全面地贯彻以人类幸福为本的方向、人类满意为本的方针、人类人权为本的方式和人类人力为本的方法。

从用户导向型企业人本资本价值函数来看，用户导向型企业人本资源配置的有效程度决定用户导向型企业的经济发展水平。根据其有效配置系数（弹性系数）来划分用户导向型

---

① 资源依赖理论提出了四个重要假设：组织最重要的是关心生存；为了生存，组织需要资源，而组织自己通常不能生产这些资源；组织必须与它所依赖的环境中的因素互动，这些因素通常包含其他组织；组织生存建立在一个控制它与其他组织关系的能力基础之上。

企业的经济发展水平：①$\beta+\alpha+\rho+\vartheta>1$，称为递增报酬型，表明按用户导向型企业扩大人本资源规模（生产规模与管理规模）来增加用户导向型企业人本资本价值产出是有利的；②$\beta+\alpha+\rho+\vartheta<1$，称为递减报酬型，表明按用户导向型企业扩大人本资源规模来增加用户导向型企业人本资本价值产出是得不偿失的；③$\beta+\alpha+\rho+\vartheta=1$，称为不变报酬型，所谓用户导向型企业不变报酬，是指无论是扩大用户导向型企业人本资源规模，还是缩小用户导向型企业人本资源规模，它们都不会改变用户导向型企业人本资本价值的效益。

通过对顾客导向型企业与用户导向型企业的人本资本价值函数，以及它们各自函数中要素关系的分析，均求解出满足顾客/用户导向型企业人本资本价值最大化的顾客/用户导向型企业最优人本资本结构等式。由此推论出人本经济阶段买方市场中顾客/用户导向型企业人本资本价值定理与顾客/用户导向型企业人本资源配置定理。但在不同的人本经济阶段，顾客/用户导向型企业人本资本的构成不同。在信息对称的人本经济阶段，用户导向型企业人本资本结构是由物力资本$K(t)$、生产型人力资本$P(t)$、管理型人力资本$M(t)$与参与型用户人力资本$U(t)$共同构成的；在信息非对称的人本经济阶段，顾客导向型企业人本资本结构是由人力资本$L(t)$、物力资本$K(t)$、组织资本$IS(t)$与关系资本$ES(t)$共同构成的。鉴于某些学者对智力资本结构的划分与笔者对顾客导向型企业人本资本结构的划分存在一定形式上的相似性，导致很多学者质疑企业人本资本就是智力资本。然而，依照信息对称的人本经济阶段人本经济发展规律来论述用户导向型企业人本资本结构的形成，以帮助人们理解信息非对称的人本经济阶段顾客导向型企业人本资本结构的形成，进而澄清顾客导向型企业人本资本结构与智力资本结构之间本质的区别。

2.4 关于顾客导向型企业人本资本构成的争论

国外学者关于人力资本、组织资本以及关系资本的划分主要是针对智力资本的外延以及智力资本与人力资本之间的关系。国外大部分学者认为智力资本由人力资本、组织资本和关系资本三部分组成，如 Brennan N 和 Connell B(2000)[18]以及 Mouritsen J、Larsen H T 和 Hansen A(2002)[19]等；另一部分学者如 Bontis N、Dragonetti N C、Jacobsen K et al (1999)[20]等，则认为智力资本是人力资本与结构资本的耦合，其中结构资本是由组织资本和关系资本两部分构成的(Maslow、Abraham，1970)[21]。显然，他们是针对智力资本的本身来拓展其资本能力极限，而很少涉及其所依存的环境因素。

国内关于国外学者对智力资本的划分也存在一些争议：李冬琴(2005)[22]认为，智力资本由人力资本、组织资本和关系资本三部分构成，但它们各自资本组成部分的产权属性有所不同，人力资本的所有权不属于企业，组织资本的所有权属于企业，关系资本的所有权部分属于企业；徐鸣(2004)[23]认为，智力资本是人力资本创造的，智力资本应该与人力资本并列成为企业的主要生产要素，而不能凌驾于人力资本之上；张文贤(2004)[24]认为，智力资本的存在主要源于智力因素，而智力则是人力资本的一个组成要素，因此，智力资本应该纳入人力资本的范围之中；谭劲松(2001)[25]等则认为，智力资本是人力资本的核心，是一种高级的人力资本。显然，他们论证的智力资本的划分并不妥当，但仍局限在国外学者所研究的"智力资本或人力资本"的范畴内(丁胜红、盛明泉，2008)[8]。人本资本价值观是马克思的人本经济发展观而非"智力资本"的物本经济发展观。当然人本资本中所包含的组织资本和关系资本不是智力资本自身的拓展,而是人力资本依赖"环境"的划分(丁胜红、盛明泉,2011)[26]。

作为一种新的理论体系或研究范式,人本资本的概念及其分析方法自从产生之后就一直面临着不少的批评,并引起了各种争论。最初的批评更多的是将企业组合资本的人本资本混同于企业人力资本,也有许多学者加以泛化认知,认为企业组合的人本资本为企业广义人力资本。人力资本研究范式是一种产权范式,它就是将人力资本的概念运用于人而形成的一种新的研究方法,它的硬核就是物本经济发展观,利用承袭主流经济的理性经济人假设描述人力资本概念及其人力资本投资与收益的基本思想。其保护带则将此种核心思想运用来分析诸如教育、家庭、收入分配、增长等等问题而得出一些可检验的假说(张凤林,2006)[27]。

而人本资本研究范式是一种人权范式,它将人本资本的概念①运用于人力要素以及人所依存的各种"环境要素②",由此形成企业组合资本而实现共同创造价值,进而形成另一种新的研究方法。它的内核是人本经济发展观,采用具体社会人假设,分析人与人以及人与物之间的"纽带"关系而形成属于组合资本的人本资本。通过体现人类价值为本的人本资本投资,实现物类价值归于人类价值的组合资本运作,获得人本资本的规模与范围效益,拓展组织资本的有效使用范围,促进共创共享共赢价值最大化,实现人本资源的最有效配置。其保护带则将此种核心思想运用来分析不同经济组织、不同区域经济与其相融市场之间以及各自范围内的问题等而得出一些可检验的假说。

当然人本资本理论与人力资本理论的区别也是基于对人力资本理论的批评才得以体现的。制度经济学家曾批评过人力资本理论,其核心思想认为人力资本方法缺乏制度分析的内容,特别是忽视了工会以及其他企业制度(如内部劳动力市场等)对人力资本投资的影响③。而人本资本的构成不仅考虑人与他人所依存的制度的关系,而且包括影响人的人情世故、社会关系以及时间等。它很好地解决了人力资本在新古典经济学中忽略经济运行赖以存在的重要基础——制度的问题。来自新古典范式内部的一些学者针对舒尔茨于1961年发表在《美国经济评论》上的《论人力资本投资》一文提出批评:第一,无法明确地将花费在人身上的支出区分为消费支出与投资支出两部分;第二,无法严格地将特定的收入部分归属于特定的支出;第三,无法完全依据人力资本的概念导出增进公共福利的政策④,至今这仍然是分析人力资本时尚未解决的难题。

引起这种问题的根源在于,他们利用还原论隔离法来度量人力资本价值,而忽视人本身的能动性。譬如,在20世纪70年代以斯彭斯、阿罗等人为代表的筛选假设派认为,个人收入水平之所以与教育水平保持正相关关系,并不是因为教育提高了受教育者的生产力,而是教育具有发现和筛选受教育者所具有的不同能力的作用。因此,文凭实际上成为一种发现和筛选有关具有不同能力的"信号",在信息不对称的劳动力市场上,雇主对"信号"的理性反

---

① 人本资本的概念:在知识经济时代,由于种种原因在一定范围内出现的经济活动的向心聚合。这些不同等级、不同类型的资本主体及其发展有关的各种机构组织等行为主体通过某种经济性和社会性的契约联系在一起而形成组合资本,它代表着有利于发挥规模资本经济效率的一种新资本形式。
② 人所依存的环境要素包括制度、规则、人情世故、社会关系等空间要素与时间要素。
③ P.G. Chapman. The Economics of Training, 1993, PP.17 - 30.
④ H.G. Shaffer. Investment in Human Capital: Comment, American Economic review, 1961, PP.1026 - 1035.

应导致了资源的有效配置。

在现实社会中,人力资本价值的创造不仅取决于人的本身能力,而且离不开他自身所依存的环境。譬如,梭罗(Thurow)与卢卡斯(Lucas)等人提出的工作竞争模式的观点认为,教育与培训具有某种相互替代的关系,教育程度越高的人接受职业培训越容易,从而培训成本越低(饶淑华,2005)[28]。因此,把原来意义上人员相互匹配的劳动人市场看作准备接受培训的人员与不同培训机会相互匹配的市场。于是学历成为就业门槛也就不奇怪了①。拉齐尔(Lazear)②、夏皮罗与斯蒂格利茨(Shapiro 和 Stigligtz)③、青木昌彦(M. Aoki)等人④的效率工资模型主要从激励理论的角度认为,向上倾斜的工资曲线可以加大工人的偷懒成本,增强激励效果,这将有助于降低监督成本。工资的增长并不能反映在经验与生产力之间存在着内在联系。避开人所依存的环境来计算人的投资与产出,当然,更谈不上对人力资本所依存的制度等的研究,这必然扭曲人力资本创造的价值。

在信息非对称的人本经济阶段,人力资本不断地崛起,忽视人力资本创造价值本身的能动性是无法体现以人类价值为本的人本经济发展观。笔者认为对人力资本创造价值的度量应该采用系统论的整体法。因此,具有多元属性的组合资本形式的人本资本显然很容易克服人力资本所遇到的上述问题。鉴于上述人本资本与智力资本、人本资本与人力资本区别的认知,下面对信息非对称的人本经济阶段买方市场中顾客导向型企业人本资本价值定理进行实证检验。

2.5 顾客导向型企业人本资本价值定理的实证分析

2.5.1 研究假设提出

在信息非对称的人本经济阶段,信息非对称的买方市场马斯洛层序需求驱动顾客导向型企业人本经济的发展,体现顾客导向型企业人本经济发展规律的顾客导向型企业人本资本价值定理及其人本资源配置定理,可得出如下总体假设:顾客导向型企业人本资本结构优化程度与顾客导向型企业价值呈显著正相关。由此得出如下五个推论假设:① 顾客导向型企业生产领域的物力资本、人力资本分别与顾客导向型企业服务领域的组织资本与关系资本之间存在一定相关性;② 顾客导向型企业物力资本价值与顾客导向型企业价值显著正相关;③ 顾客导向型企业人力资本价值与顾客导向型企业价值显著正相关;④ 顾客导向型企业组织资本价值与顾客导向型企业价值显著正相关;⑤ 顾客导向型企业关系资本价值与顾客导向型企业价值显著正相关。

---

① 辛奇利夹(K. Hinchliff):"教育与劳动力市场",载卡努亚(M. Carnay)主编《教育经济学国际百科全书》,北京:高等教育出版社,2000,25-26。

② E.P. Lazear, Personnel Economic, 1995, PP. 39-45.

③ Shapiro and Stiglitz, Eguilibrium Employment as a worker discipline device, American Economic Review, 1984, PP. 433-444.

④ M. Aoki and M. Okuno-Fujiwara, Comparative Institutional Analysis: Anew Approach to Economic Systems, 1996, chap. 5.

2.5.2 样本数据选择

在信息非对称的人本经济阶段,买方市场中选择顾客导向型企业为样本,它存在如下基本特征:① 信息非对称性决定顾客导向型企业资本与劳动和谐的专业化劳动分工,也就是说,企业存在利益相关者行为;② 顾客导向型企业要在买方市场生存,就得满足顾客个性化需求,也就决定了企业需要既懂市场又懂生产的人才,因此企业人力资本不断崛起,这是顾客导向型企业逐渐形成资本与劳动和谐的根本原因;③ 为了迎合顾客个性化需求而不断采取定制化供给的制造方式,因此,顾客导向型企业以所有权与经营权合一的专业化劳动分工与合作方式践行资本与劳动和谐观。基于上述三个基本特征,选择信息非对称的人本经济阶段兴起的"软件和信息技术服务"行业为样本对象,选择 2010—2015 年"软件和信息技术服务"行业 68 家上市公司。样本数据来源于国泰安数据库,剔除数据缺失样本,最终选取 48 家上市公司为研究样本,利用 STATA12.0 软件进行面板分析。

2.5.3 实证检验

1. 实证检验模型设计

根据顾客导向型企业人本资本价值函数为 $Y(t) = A(t) \times L(t)^\eta \times K(t)^\sigma \times IS(t)^\varphi \times ES(t)^\varphi \times \mu(t)$。对此函数两边取自然对数,即 $\ln Y(t) = \ln A(t) + \ln L(t)^\eta + \ln K(t)^\sigma + \ln IS(t)^\varphi + \ln ES(t)^\varphi + \ln \mu(t)$,其中 $\ln \mu(t)$ 服从 $N(0,1)$ 正态分布。设定 $\ln L(t)$、$\ln K(t)$、$\ln IS(t)$、$\ln ES(t)$、$\ln Y(t)$、$\ln A(t)$、$\ln \mu(t)$ 的变量分别为 $matcap$、$humcap$、$orgcap$、$relcap$、$humanismcap$、α、ε,其中,α 为常数项;ε 为随机扰动项。由顾客导向型企业人本资本价值函数得出实证检验模型为:

$$humanismcap = \alpha + \eta matcap + \sigma humcap + \varphi orgcap + \varphi relcap + \varepsilon \quad (2-1)$$

2. 变量设计

根据顾客导向型企业人本资本价值函数不同要素的经济含义,对实证检验模型中的变量作如表 2-1 所示的设计。

表 2-1 顾客导向型企业人本资本价值实证检验变量的设计

变量	变量的含义	测量指标的来源	指标的计算
$humncap$	生产人员绩效工薪报酬率	饶淑华(2005)[28];丁胜红,吴应宇,周红霞(2011)[13]	生产员工绩效薪资÷总营业务收入
$matcap$	物力资产周转率	Prowse S D(1990)[29]	(存货+折旧)÷总销售收入
$orgcap$	生产管理人员绩效工薪报酬率	徐笑君(2004)[30];原毅军,孙晓华,柏丹(2005)[31]	生产管理人员绩效工薪÷总营业务收入
$relcap$	对外管理人员绩效工薪报酬率	Titman S, Wessels R(1988)[32];王志强,洪艺珣(2009)[33]	对外管理人员绩效工薪÷总营业务收入
$humanismcap$	企业总资产利润率	徐莉萍,辛宇,陈工孟(2006)[34]	总利润÷总资产

3. 描述性统计分析

根据表 2-1 中所设计的实证检验模型变量进行描述性统计分析,利用 STATA12.0 软件对 2010—2015 年软件和信息技术服务业 48 家上市公司作描述性统计分析,其结果如表 2-2 所示。

表 2-2 变量统计性描述

变 量	观测数	均 值	标准差	最小值	最大值
matcap	288	21.405 7	9.081 5	0.123 3	37.429 2
humcap	288	20.164 4	0.949 2	3.182 6	36.237 4
orgcap	288	0.518 5	1.496 3	0.139 6	1.243 8
relcap	288	0.285 0	0.162 0	0.044 3	0.678 4
humanismcap	288	60.641 2	1.567 3	48.320 0	176.440 0

如表 2-2 所示,变量的最大值与最小值之间差距比较大,因此,上述变量样本数据可能存在不稳定性,因此,对此进行面板单位根检验。

4. 序列的单位根检验

为了避免出现伪回归现象,必须对经济变量是否平稳进行检验。下面对 *matcap*、*humcap*、*orgcap*、*humanismcap* 变量的样本数据进行 ADF 检验,检验结果如表 2-3 所示。

表 2-3 ADF 检验结果

变量名称	类 型	ADF 检验统计量	临界值 1%	临界值 5%	临界值 10%
humanismcap	(c,t,0)	−5.100 0	−4.052 1	−3.454 8	−3.152 8
matcap	(c,0,2)	−9.724 8	−4.051 2	−3.453 4	−3.152 6
humcap	(c,0,2)	−4.556 7	−3.495 9	−2.890 0	−2.851 8
orgcap	(c,t,2)	−5.678 3	−4.050 3	−3.536 8	−3.152 3
relcap	(c,t,2)	−11.673 2	−4.051 2	−3.537 6	−3.152 4

注:括号内的数值表示序列类型,c 表示存在截距,t 表示存在时间趋势项,而最后一位数值表示单整阶数。

从表 2-3 中的 ADF 检验结果可以得出,*matcaprat*、*humcaprat*、*orgcaprat*、*relcaprat* 均为 I(2),即二阶单整变量。*humanismcap* 不含单位根,即平稳序列。因此,选择上述变量进行面板模型估计可能会存在虚假回归现象,因此也需要协整分析。

5. 基于 VAR 的协整分析

根据面板单位根检验,发现 *matcap*、*humcap*、*orgcap*、*relcap* 存在二级单整。因此,根据 Johansen 在 1990 年提出的自向量回归的协整分析方法来分析它们之间是否存在协整关系,进而验证假设 1。根据上面面板单位根检验发现 *matcap*、*humcap*、*orgcap*、*relcap* 存在二级单整,将 *humanismcap* 作为自向量回归的外生变量,建立如(2-2)式的自向量回归模型。

$$(matcap, humcap, orgcap, relcap)'_t = C_1 + A_1 (matcap, humcap, orgcap, relcap)'_{t-1} +$$

$$A_2(matcap,humcap,orgcap,relcap)'_{t-2}+B_1humanismcap \qquad (2-2)$$

根据 Johansen 在 1998 年基于特征值的似然比方法,对(2-2)式进行自向量回归检验,得出如表 2-4 所示的 Johansen 协整检验结果。

表 2-4　Johansen 协整检验结果

特征根	LR 似然比	5%的临界值	1%的临界值	假设(没有协整关系)
0.615 34	98.342 1	94.15	103.18	None*
0.148 56	38.473 8	47.21	54.46	Amost 1
0.101 36	22.345 2	29.68	35.65	Amost 2
0.061 28	10.345 2	15.41	20.04	Amost 3
0.034 25	3.156 3	3.76	6.65	Amost 4

注:*代表 10%显著水平。

表 2-4 表示软件和信息技术服务业 LS-公司人本资本结构的 Johansen 协整检验,发现 $matcap$、$humcap$、$orgcap$、$relcap$ 之间存在协整关系。由此得出 LS-公司中表征生产力变量 $matcap$、$humcap$ 与表征生产关系变量 $orgcap$、$relcap$ 之间存在着相互作用,因此,推论假设①得到检验。

6. 向量误差矫正模型

Johansen 协整检验结果表明,$matcap$、$humcap$、$orgcap$、$relcap$ 之间存在协整关系,所以根据 VAR 方程(2-2)可以得到如下的向量误差矫正模型:

$$(\Delta humanismcap,\Delta humcap,\Delta orgcap.\Delta relcap)'_t=C'_1+$$
$$A'_1(\Delta humanismcap,\Delta matcap,\Delta humcap,\Delta orgcap,\Delta relcap)'_{t-1}+$$
$$A'_2(\Delta humanism \Delta matcap,\Delta humcap,\Delta orgcap,\Delta relcap)'_{t-2}+A'_3 vecm_{t-1t} \qquad (2-3)$$

其中,$vecm$ 为在 AIC 和 SC 信息准则下将方程最后滞后二阶的协整关系的数据表达式。具体的系数矩阵如下:

$$A'_1=\begin{bmatrix} 0.052\ 2 & 0.057\ 4 & -1.008 & 0.741\ 8 & 0.133\ 4 \\ (0.485\ 7) & (0.597\ 8) & (-1.118\ 3) & (0.633\ 1) & (1.312\ 7) \\ 0.068\ 7 & -0.061\ 1 & -2.109\ 8 & -1.484\ 0 & 0.091\ 2 \\ (0.844\ 3) & (-0.821\ 6) & (-3.137\ 1) & (-1.637\ 3) & (1.159\ 9) \\ (0.844\ 3) & (-0.821\ 6) & (-3.137\ 1) & (-1.637\ 3) & (1.159\ 9) \\ -0.005\ 1 & 0.010\ 8 & -0.212\ 4 & 0.002\ 3 & 0.011\ 6 \\ (-0.341\ 7) & (0.787\ 9) & (-1.708\ 8) & (0.013\ 8) & (0.807\ 6) \\ -0.005\ 3 & 0.002\ 7 & -0.081\ 9 & -0.480\ 6 & -0.001\ 2 \\ (-0.547\ 8) & (0.328\ 3) & (-1.101\ 7) & (-0.389\ 7) & (-0.119\ 7) \\ -0.077\ 6 & -0.024\ 9 & 0.605\ 9 & -0.084\ 3 & 0.138\ 7 \\ (0.110\ 7) & (-0.246\ 6) & (0.637\ 4) & (-0.623\ 4) & (1.297\ 0) \end{bmatrix}$$

$$A'_2 = \begin{bmatrix} 0.057\,1 & -0.076\,9 & -0.526\,9 & 0.507\,9 & -0.039\,4 \\ (0.554\,3) & (-0.868\,7) & (-0.549\,6) & (0.443\,2) & (-0.385\,4) \\ 0.048\,7 & -0.007\,5 & -1.272\,8 & -1.956\,0 & -0.020\,8 \\ (0.612\,1) & (-0.107\,6) & (-1.708\,8) & (-2.206\,9) & (-0.261\,8) \\ -0.012\,6 & -0.016\,2 & -0.325\,7 & 0.088\,7 & -0.026\,5 \\ (-0.867\,8) & (-1.298\,5) & (-2.408\,7) & (0.550\,8) & (-1.823\,4) \\ -0.004\,6 & 0.001\,9 & 0.064\,5 & -0.039\,1 & 0.009\,8 \\ (-0.491\,6) & (0.216\,8) & (0.730\,6) & (-0.301\,9) & (1.076\,5) \\ 0.001\,4 & 0.113\,4 & 0.242\,4 & 2.118\,5 & -0.154\,3 \\ (0.109\,6) & (1.214\,5) & (0.238\,8) & (1.753\,2) & (-1.438\,7) \end{bmatrix}$$

$$A'_3 = \begin{bmatrix} 0.008\,6 & -0.156\,9 & 0.003\,4 & 0.002\,7 & 0.010\,9 \\ 0.477\,9 & -12.400\,1 & 1.210\,9 & 1.341\,8 & 0.580\,1 \end{bmatrix}$$

$$C' = \begin{bmatrix} 0.129\,3 & -1.456\,4 & 0.031\,2 & 0.018\,6 & 0.048\,9 \\ 0.813\,9 & -12.890\,1 & 1.470\,1 & 1.287\,9 & 0.286\,7 \end{bmatrix}$$

从实证检验结果得出修正误差项 $vecm$ 对 $\Delta humanism$ 构成显著影响，这也说明人本资本价值函数各个要素的关系是真实存在的，间接检验了人本资本价值定理。

7. 固定效应的面板回归检验

由于 $matcap$、$humcap$、$orgcap$、$relcap$ 存在二级单整，传统面板模型分析已经失去意义。因此，先通过自向量误差矫正模型矫正，后选择固定效应的面板回归分析，得到如下实证检验的结果：

$$\ln humanismcap_{it} = \gamma_0 + \alpha \ln humcap_{it} + \beta \ln matcap_{it} + \phi \ln orgcap_{it} + \varphi \ln relcap_{it} + \omega_{it}$$

| 0.132 5 | 0.504 1 | 0.391 0 | 0.409 2 | 0.304 3 |
| (0.089 1) | (0.000 0) | (0.003) | (0.000 1) | (0.043 2) |

因此，从上述检验结果可以看出，推论假设②～⑤得到了检验。从检验结果来看，可以得出企业人本资本结构之间存在线性相关性，存在一定共线性，但它的显著性小于它们与被解释变量人本资本价值贡献率的相关性，从而验证总体假设。

2.6 用户导向型企业人本资本价值定理的案例分析

前文采用实证研究法对信息非对称的人本经济阶段顾客导向型企业人本资本价值定理进行实证检验。下面对信息对称下人本经济阶段用户导向型企业人本资本价值定理进行案例检验。

2.6.1 研究假设提出

根据信息对称的人本经济阶段用户导向型企业人本资本价值定理及其人本资源配置定理，可得出如下总体假设：用户导向型企业人本资本结构优化程度与用户导向型企业价值呈显著正相关。由此得出以下五个推论假设：① 用户导向型企业生产领域的物力资本、人力资本与用户导向型企业服务领域的人力资本之间存在一定相关性；② 用户导向型企业物力资本价值与用户导向型企业价值显著正相关；③ 用户导向型企业生产型人力资本价值与用户导向型企业价值显著正相关；④ 用户导向型企业参与型用户人力资本价值与用户导向型企业价值显著正相关；⑤ 用户导向型企业管理型人力资本价值与用户导向型企业价值显著正相关。

2.6.2 案例选择

在"互联网+"时代，人类社会经济处于信息对称的人本经济阶段，免费互联网模式却打造出信息对称的虚实相融的买方市场。选择用户导向型企业为案例，它存在以下基本特征：① 用户导向型企业以人类价值为本的人本经济发展观指导企业经济发展；② 信息对称的买方市场决定所有权与经营权合一的专业化劳动分工与合作方式是用户导向型企业才能更好赢得用户体验化需求的生存机会；③ 扁平化、碎片化成为用户导向型企业的基本特征，它适应于"产""销"融合的企业与买方市场一体化的用户导向型企业生存方式；④ 为了迎合用户体验化需求而促使用户参与企业生产员工共创共赢共享价值的定制化供给制造方式产生。

在信息对称的买方市场中，体验需求驱动企业为了最先获得用户体验需求而必须快速响应，并定制化供给。"互联网+"企业以所有权与经营权合一的专业化劳动分工与合作方式，替代传统企业的所有权与经营权分离的专业化劳动分工与整合方式，成为它们获得生存机会的唯一选择。在买方市场的选择过程中产生了用户导向型企业替代顾客导向型企业。截至目前，很难获得满足上述三个基本特征的大样本数据，因此选择海尔的"人单合一"双赢管理模式进行案例检验性分析。

2.6.3 案例检验性分析

海尔奉行人本经济发展观，借助于"互联网+"海尔的"土壤"孕育出海尔无边界、海尔管理无领导、海尔供应链无尺度的海尔"三无"理念。由于互联网跨界和连接一切的功能促成网络平台将互联网其他功能融为一体，促成海尔具有超强整合能力，促成"互联网+"海尔很快形成"海尔世界制造工厂"。而互联网本身的无限延展功能促成"海尔世界制造工厂"具有边界无限性，互联网的连接一切的功能促成"海尔世界制造工厂"供应链具有无尺度性，结合大数据技术成就了海尔获取支撑决策的"海量"信息。

"互联网+"的"去中介化、去中心化"促成海尔打造独有的网络化资源、网络化组织以及网络化用户的三大网络化体系，构建以人为中心的一流物单自生产、人单自推动和单筹自推动的"三个自机制"，"三个自机制"＋"海量"信息成就了信息对称的网络买方市场。2014年，海尔提出"三化"（企业平台化、员工创客化、用户个性化）的网络化战略落地目标，员工与海尔由寄生生态的雇佣关系转变成共生生态的动态合伙人关系，自主经营体组织升级为小微组织。"互联网+"的"去两化"促成海尔形成2 000多个独立核算、自主经营的专业化劳动分工小微主体，这些专业化分工的小微主体接受海尔平台的专业化劳动分工合作，贯彻执行海尔人单合一的双赢管理模式。其以人为本（以劳动为本）已经在海尔战略损益表、日清表、人单酬表、共赢增值表中得到了很好的贯彻。

鉴于对人单合一双赢模式的理解，可以从专业化劳动分工的视角来审视它的内涵，无论是员工之"人"，还是用户之"单"，都是所有权与经营权合一的专业化劳动分工的需要。"合一"且"双赢"的模式则是所有权与经营权合一的专业化劳动分工合作的结果。这里所说的"单"，其表面意思是"订单"，其实质一方面指的是"参与用户"；另一方面指的是"任务"，即以所有权与经营权合一的专业化劳动分工合作方式来完成海尔的共创共享共赢目标。而这种目标(单)是建立在企业生产型人力资本价值、参与型用户人力资本价值均与企业价值显著正相关假设的基础上。

在信息对称的买方市场中，企业无论是生产型员工，还是参与者的用户，他们只有选择"合一"且"双赢"，才有生存机会。这种选择"合一"且"双赢"的模式，则是对信息对称世界的一种基本看法，即"人人为我，我为人人"的马克思人本经济发展观。

截至目前，海尔的战略损益表、日清表、人单酬表、共赢增值表集中体现为：战略损益表中的第一项"人"、第二项"用户"以及第四项"酬"均与第三项"流程——专业化劳动分工"相匹配。战略损益表中以第一项"人"、第二项"用户"与第三项"流程——专业化劳动分工"之间的匹配性直接验证假设①，同时也间接验证假设②；战略损益表中以第一项"人"、第二项"用户"与第四项"酬"之间的匹配性验证假设③、④。日清表上接战略损益表，下接人单酬表，验证假设⑤。管理型人力资本的价值在于让员工能及时了解到每日工作实际与计划的偏差，以此来纠正并不断提高价值创造的能力，其本质是提高劳动专业化分工的精准水平。无论是人单酬表、日清表，还是共赢增值表、战略损益表，它们无不承载着以人类价值为本的马克思人本经济发展观，见证用户导向型企业人本资本价值定理。

2.7 本章小结

根据人类社会经济发展的规律，即欠发达社会生产力水平所决定的信息非对称的物本经济向发达社会生产力水平所决定的人本经济转变，社会生产力欠发达水平所决定的社会经济主体创造财富的供给不能完全满足信息非对称的卖方市场消费者的基本需求。这种供需状况所孕育出的物本经济发展观，即以物类价值为本，在经济发展中仅仅将人类当作手段，而非目的，从根本上否定了人的主观能动性。

上述分析了信息对称的物本经济阶段选择体现以资本增值为本的生产导向型企业物本资本价值函数——柯布-道格拉斯生产函数。以此为参照系分析信息对称的物本经济阶段生产导向型企业物本资本价值函数、信息非对称的人本经济阶段顾客导向型企业人本资本价值函数，以及信息对称的人本经济阶段用户导向型企业人本资本价值函数及其所有函数要素之间的关系，推论出不同经济阶段企业资本价值定理及其资源配置定理。鉴于本文研究人本经济阶段企业人本资本会计理论创新，侧重于论述顾客导向型企业人本资本价值定理及其人本资源配置定理、用户导向型企业人本资本价值定理及其人本资源配置定理。它们为后文研究企业人本资本会计理论创新奠定了经济理论基础。

之所以研究顾客/用户导向型人本资本会计理论，究其原因如下：① 在物本经济阶段，生产导向型企业物本资本会计理论无法满足人本经济阶段顾客导向型企业人本经济管理或用户导向型企业人本经济管理的需要。② 尽管"第三次工业革命"的现代基础制造技术所决定的基本供给大于基本需求的信息非对称买方市场日趋成熟，但是高层次需求已经成为买方市场消费者追求需求的"新常态"。鉴于完全低层次需求假设来建立企业物本资本会计理论已经过时了。相比较而言,"第四次工业革命"的现代基础信息技术优化整合"第三次工业革命"的现代基础制造技术所形成的信息对称的"网络世界工厂",它所决定的基本供给大于基本需求的信息对称买方市场已发育成熟,超需求替代马斯洛层序需求成为人类社会的主流需求,信息非对称的人本经济阶段顾客导向型企业人本资本会计理论已然不适合信息对称的人本经济阶段用户导向型企业人本经济管理的需要,从而更谈不上物本经济阶段生产导向型企业物本资本会计理论了。

就整个社会生态而言,"第三次工业革命"的现代基础制造技术广泛应用,促进人本经济发展观形成,从而逐渐成为人类社会的主流价值观。信息非对称的买方市场马斯洛层序需求成为人类社会的主流需求,顾客导向型企业人本资本替代生产导向型企业物本资本,因此,前文所研究的顾客导向型企业人本资本会计理论,它成为人本经济发展观指导信息非对称的人本经济发展的必然理论产物之一。随着方兴未艾的"第四工业革命"的现代基础信息技术广泛应用于"第三次工业革命"的现代基础制造技术,使得人类社会生产力水平产生了质的飞跃。它促进信息对称的人本经济形成。至此信息对称的买方市场体验需求(即超需求)逐渐成为人类社会的主流需求。

信息非对称的人本经济阶段买方市场马斯洛层序需求被信息对称的人本经济阶段买方市场超需求所替代,进而驱动用户导向型企业人本资本替代顾客导向型企业人本资本。因此,研究用户导向型企业人本资本会计理论将成为人本经济发展观指导信息对称的人本经济发展的必然理论产物之一。

第 3 章
企业人本资本会计研究的管理基础

"一切关于经济发展的理论学说,归根到底,其实都是关于人类自身发展这个根本问题"(李宝元,2006)[35]。在人本经济阶段,从人本价值透视企业的本质、运行和功能是企业新模式理论研究的核心。对企业人本价值的不同需求层次的认知与理论假定,深刻影响着企业管理的理论与实践,决定了人本经济阶段现实企业管理模式的选择与演进。在古典经济学的视野下,企业经济理论完全建立于完全低层次需求的假设下,从满足物质需要方面初步论证了各种生产要素提供者应根据边际生产率来获得各自的收益,根本没有考虑人的高层次需求或超需求(体验化需求)(Abraham H Maslow,1965)[36]。在这种理论假定下,教科书一直奉行股东或利益相关者的"企业利润最大化"的企业管理模式。

全社会人本管理,作为一种全新企业管理理论的人本主义管理理论,在人本经济阶段,它是一种可以让全体个体互相认同,使全体个体融合在一起的一门微妙的人文艺术,这种人文艺术是建立在对员工和他们的动机、担心和恐惧、希望和渴望、爱好和厌恶以及人性美好与丑陋的理解能力的基础上,去聚焦他们的共同美好愿景和人类价值为本的人本价值观。该理论对企业本质作出了完全不同的解读,认为企业是整体"俘获"不同社会主体享受超需求的社会化平台。全社会人本管理理论作为研究社会化平台的企业人本经济管理理论主要来源之一的理论。本章在研究全社会人本管理(Total Humanism Management,THM)理论的假定下,对构建信息对称的人本经济发展阶段用户导向型企业人本资本会计理论以及从根本上探析第四次变革的企业管理模式。

3.1 基于需求理论认知会计研究的管理基础

人类社会的经济发展经历了由物本经济向人本经济的转变,由信息对称与信息非对称的卖方市场向信息非对称与信息对称的买方市场的转变,由完全低层次需求的人类社会主流需求向马斯洛层序需求、超需求的转变。适应于卖方市场的企业选择以生产为导向的企业经营战略目标,因此,生产导向型企业代表物本经济阶段物本经济主体的共同特征。适应于买方市场的企业选择以顾客/用户为导向的企业经营战略目标,因此,顾客/用户导向型企业代表人本经济阶段人本经济主体的共同特征。

作为经济管理基础学科的会计,它的形成与演变也经历了物本经济阶段生产导向型企业物本管理模式变革与人本经济阶段顾客/用户导向型企业人本管理模式变革。从特定经济阶段的企业管理理念出发,围绕满足不同市场需求层次状况来实现特定目标,组织资源、信息、知识,开展运营活动的基本框架、规则和方式。从具体的管理理念和管理手段维度来概括,企业管理模式可谓"仁者见仁,智者见智",类型各异,且始终处于动态变化之中,但如果从需求层次和适应不同层次需求的管理理念维度来概括,千姿百态的企业管理模式可归纳为四个阶段。

3.1.1　利润目标企业管理模式

在物本经济阶段,欠发达社会生产力水平决定社会供给能力小于社会需求能力,由此形成卖方市场中完全低层次需求成为人类社会的主流需求。基于完全低层次需求主体的不同,可归纳为股东企业利润目标管理模式与利益相关者企业利润目标管理模式。前者生产导向型企业管理框架以股东价值为导向,管理目标追求股东财务价值最大化,管理方式谋求市场垄断地位;把生产导向型企业视为实现股东利润的生产"黑匣子",是支撑股东利润目标管理模式的基本理念。后者生产导向型企业管理框架以生产导向型企业利益相关者价值为导向,管理目标追求利益相关者价值最大化,管理方式谋求市场竞争优势或均衡;把生产导向型企业视为不同社会主体实现其各自低层次需求价值的社会化平台,是支撑利益相关方利润目标管理模式的基本理念。

该管理模式仍着眼于追求所有者的盈利目标,都或明或暗地将实现利润价值最大化作为生产导向型企业的管理的核心目标,生产导向型企业的治理机制、发展战略、管理制度、管理流程、管理方法和生产导向型企业文化都直接或间接地服务于此,生产导向型企业对其他利益相关方的关注也仅仅是实现这一管理目标的手段而已(李伟阳、肖红军,2010)[37]。因此,从这一意义上讲,它与股东利润目标管理模式在本质上具有一致性。在物本经济阶段适应于股东生产导向型企业利润目标管理模式与利益相关者生产导向型企业利润目标管理模式,在完全低层次需求假设下,选择产权范式可分别构建生产导向型企业物本资本会计。

3.1.2　社会综合价值目标企业全社会责任管理模式

在物本经济阶段,社会生产力发达水平逐渐提升决定了创新社会财富的供给能力日趋接近满足人类社会基本需求的能力。人类社会即将摆脱被卖方市场基本需求所"俘获"的命运。也就是说,即将由卖方市场转型为买方市场,其中人类社会进入了被买方市场高层次需求所"俘获"的新阶段。管理框架以社会综合价值为主导,管理目标追求经济、社会和环境的综合价值最大化,管理方式注重管理技术让利益相关各方共同创造综合价值;把生产导向型企业视为不同的社会主体实现多元化共享价值追求的社会平台,是支撑该管理模式的基本管理理念(李伟阳、肖红军,2010)[37]。该管理模式以被高层次需求所"俘获"的行为方式来应对社会责任的人本价值追求为动力,以尽可能满足生产导向型企业不同需求的经济、社会、环境的功能为内容,促进利益相关各方最大限度地对经济、社会和环境的综合人本价值管理。

这种用物本经济发展观的思维模式来研究人本价值管理,集中体现了人类社会中人们看待物本经济转型为人本经济过程中的矛盾心理与困惑。与教科书所倡导的利润目标管理模式相比,除了李伟阳和肖红军(2010)[37]从管理框架、管理目标、管理对象、管理价值以及管理机制分析全面社会责任管理作为社会价值目标管理模式所具有的相关本质差异外,本节还将增添由完全低层次需求的利润目标管理模式向高层次需求被动攀升的全面社会责任管理模式的本质差异分析。

在信息非对称的物本经济阶段,卖方市场中完全低层次需求成为人类社会的主流需求。利润目标管理模式完全承袭(新)古典经济学理论完全建立于低层次的基本需求的假设上,根本没有考虑到高层次需求,甚至超需求,该理论假设所有事物都可以相互替换。换个方式来说,就是所有物件品质和特质的计算,都可以转换成主权货币的运算。这揭示出完全低层次需求价值具有主权货币量化价值的特征。在此假设下,生产导向型企业管理正如Druker(1999)[38]所论述的"以提高体力劳动者的生产率为管理中心任务",追求"战略—结构—系统"管理结构体系,其目的就是要肯定本人价值、否定他人价值,其结果是物奴役人、人控制人。由此管理理论指导生产导向型企业形成"见物不见人"的物本资本会计。从生产导向型企业的发展来看,这种观点不仅已经过时,而且毫无道理可言,因为在更为富裕和自由的社会里,人们除了低层次需求外,更重要的是需要获取更高层次需求的满足,这也意味着生产导向型企业物本资本会计不适应人本经济阶段顾客导向型企业人本经济管理发展的需要。

在信息非对称的人本经济阶段,买方市场中高层次需求也正成为人们所追求的消费。根据人本主义经济学的观点:需求是判断价值的唯一标准。社会综合价值全面社会责任管理模式,充分关注人的多元价值追求和社会福利的多重价值属性。通过被高层次需求所"俘获"的方式来表征利益相关各方受托经济、社会、环境的责任,并利用经济、社会、环境所具有的功能进行顾客导向型企业责任的履行,同时借助于受托责任管理方式来统筹平衡利益相关各方的多重价值、长期价值,谋求顾客导向型企业经济、社会和环境的综合价值创造,提升顾客导向型企业社会福利,促进顾客导向型企业与社会的可持续发展。显然,该管理模式迎合了当前人们对更高需求层次的追求,但为了应对社会责任的科层制管理制度束缚了人们的手脚,其组织自身仍然站在阻碍其成员发挥潜能的立场上。

尽管从技术层面将管理的普适性分析方法从"个体选择"层面机械地延伸到整个"社会选择"领域,去研究被高层次需求所"俘获"的追求科学与人性整合的顾客导向型企业社会责任管理目标。但基于"社会责任"的假设,实际上隐含了"每个人都是成熟的人"这样一个心理学命题,这是违背人的基本特征的,显然不符合现实社会人的真实意愿。顾客导向型企业全社会责任管理仍继承了物本经济发展观的理性人的假设。尽管中间夹杂一些人本价值管理思想,但终究服从物本经济发展观的理论假设。因此,全社会责任管理理论指导的顾客导向型企业物本资本会计报告中体现了环境责任价值和社会责任价值的部分诉求。

在信息对称的人本经济阶段,买方市场中超需求成为人类社会的主流需求。根据人本主义经济学观点:需求是判断价值的唯一标准。以人类价值为本的全社会人本管理模式,以物类价值归于人类价值,且管理注重人类价值胜过物类价值,珍视人类的自由和幸福。在用户导向型企业经济管理中不仅将人类当作手段,而且也当作目的。为充分发挥每个人的能动性而汇集体现以劳动解放为本或以人类增值为本的人本经济发展观。通过体验化方式享受超需求价值,谋求用户导向型企业共享价值创造,以提升用户导向型企业社会福利为本,促进用户导向型企业与社会的可持续发展。显然,该管理模式迎合买方市场中超需求成为人类社会主流需求,将人看作社会人(劳动人),自愿追求劳动解放(人类解放),"把用户导向型企业的发展可以看作扩展人们享有的真实自由的一个过程",实现人本经济发展观完全取代信息非对称的物本经济阶段物本经济发展观。

从技术层面将管理的普适性分析方法从还原论隔离法转变到系统论整体法,去研究超需求所"俘获"的追求科学与人性融合的用户导向型企业全社会人本管理目标。基于具体社会人（劳动人）的假设，研究用户导向型企业社会权利的有效配置，显然符合"互联网＋"时代现实社会人的真实意愿。因此，全社会人本管理理论成为构建信息对称的人本经济阶段用户导向型企业人本资本会计的基础理论之一。

3.1.3　人本价值目标企业人本管理模式

在信息非对称的人本经济阶段，顾客导向型企业管理框架以人本价值为主导，管理体系目标追求满足多元个体不同层次需求的人本价值最大化，管理方式注重从人性论出发，认可人的价值和维护人之尊严，把人看作衡量一切的尺度，强调人性的积极向善，强调社会、环境应该促进人性潜能的实现。人本管理更多的是需要一种人文艺术。正如马斯洛认为的在高度综合效应的社会里，社会准则使个人的行为同时有利于自己与社会，人们之所以会这样，不是因为大公无私，也不是因为社会职责高于个人欲望，而是在信息非对称的环境里，通过社会综合效益管理原则的人本管理使两者得到统一。

人本管理理论假设"人人都想成为完整的人（the whole person），而不是支离破碎的人"，说明人的多维属性迎合了不同层次的需求偏好。人本管理本质上是体系论的分层方法论，强调从体系上把脉研究对象，主张把事物作为一个完整、有机的体系来进行分层分析。因此，把顾客导向型企业视为不同利益相关方"俘获"并实现满足各自不同层次需求组合的社会化平台，是支撑信息非对称的人本经济阶段该顾客导向型企业人本管理模式的基本理念。

3.1.4　社会人本价值目标企业全社会人本管理模式

在信息对称的人本经济阶段，买方市场中超需求成为人类社会的主流需求。用户导向型企业管理框架以全社会人本价值为主导，管理目标追求"超自我实现"的同一性需求或汇集"自我实现"的超需求的社会人本价值最大化，管理方式注重基于个性化设计。强调让每个员工用用户导向型企业的价值观指导自己的行动，通过如操作平台设计、工艺技术运用等应当体现满足体验化需求的人文关怀，通过"无"中含"有"的方式来体现"主体"的存在性，将人性寓于整体之中。

全社会人本管理本质上是系统论整体法的方法论，强调从整体上把脉研究对象，主张把事物作为一个完整、有机的整体来进行系统分析。因此，把用户导向型企业视为不同利益相关各方整体"俘获"并实现满足各自"自我实现"需求的社会化平台，是支撑信息对称的人本经济阶段用户导向型企业全社会人本管理模式的基本理念。

与生产导向型企业全社会责任管理模式相比，人本价值目标的顾客导向型企业人本管理模式与社会人本价值目标的用户导向型企业全社会人本管理模式，具有以下几个方面的本质差别：

1. 管理框架转变：社会综合价值主导→人本价值主导→全社会人本价值主导

其核心表现为企业治理结构的转变：利益相关各方综合治理模式→利益相关各方协同治理模式→利益相关各方共同治理模式；决策权力配置的转变：多元综合治理→多元协同治理→多元共同治理。基于上述管理框架的转变逻辑，分析全社会责任管理模式、人本价值目标人本管理模式与社会人本价值目标全社会人本管理模式的本质区别。

在信息非对称的物本经济阶段,追求以物类价值为本的生产导向型企业在不同资源属性所赋予的不同属性权力的基础上,利用经济性契约、社会性契约以及环境性契约汇集而成的综合契约生产导向型企业本质,借助于生产导向型企业不同层次的需求以及也完全有可能发现利益相关各方对合作创造社会综合(社会、经济和环境)价值有着不同的相对优势(资源、信息、能力、意愿以及潜能),能够让具有相对优势的各方通过多维委托代理方式授权其他利益相关各方承担并履行的经济、社会和环境的应尽责任,以迎合被不同层次需求所"俘获"的需求偏好,并希望借助于综合契约的社会平台来实现包括股东在内的利益相关各方的多元价值追求。

因此,生产导向型企业治理不再仅仅适用于被完全低层次需求所"俘获"的股东利润最大化,而是要着眼于被不同层次需求所"俘获"的不同主体所追求的多元价值创造优势,创建有效的利益相关各方多维委托代理合作机制,实现经济、社会和环境的综合价值最大化。生产导向型企业治理主体不再局限于资本所有者,其他拥有社会、环境相对优势的多维利益相关各方也都可以成为生产导向型企业委托方与其相应的受托方在生产导向型企业治理中发挥综合治理作用。这本质上是一种多元价值(社会、经济和环境)的生产导向型企业多边综合治理模式。与生产导向型企业多边综合治理模式相对应的是,全社会责任管理理论认为决策权力配置应遵循生产导向型企业综合契约的多维委托代理逻辑,按照利益相关各方所拥有的相对优势和社会综合价值贡献程度的不同来分配委托代理的决策权力,以充分发挥利益相关各方的社会综合价值创造潜能,最大限度地实现经济、社会和环境的综合价值。

在信息非对称的人本经济阶段,买方市场的高层次需求成为顾客导向型企业利益相关者追求消费的主要目标。马斯洛层序需求逐渐成为社会的主流需求,且在完全低层需求的基础上正在富集高层次需求。人本管理强调"理性生物之所以叫作人,是因为他们的本质属性突出了他们作为目的的自身"(Kant,1964)[39],其目的性体现于个体主动获取纵向攀升需求动机的机会,而且也允许获取横向不同层次需求动机并存的可能。当然他们通常借助于正式制度(正式组织)的效率和非正式制度(非正式组织)的情感逻辑,在"高综效特征"的组织环境中通过追求"高峰体验"而"俘获"人类不同层次的需求,在开发和利用人的潜能的过程中,通常借助"民主集中制方式"来协同实现组织利益相关各方的人本价值追求。因此,顾客导向型企业治理着眼于个体"俘获"不同层次需求的多元价值创造优势或潜能,建构有效的满足利益相关各方需求偏好的协同机制,实现组织利益相关各方的人本价值最大化。

顾客导向型企业治理主体不仅包括股东、债权人、经营管理者等企业内部利益相关者以及政府、社区、供应商和销售商等外部利益相关各方,而且包括由不完备契约部分所决定的顾客导向型企业自身也成为该企业社会平台另一利益相关方。基于一方面受稀缺资源环境约束,另一方面受不同利益相关方满足各自需求的偏好和目标函数驱使,这样的个体理性选择在微观上集中表现为一种多边协同的多元价值的顾客导向型企业治理模式。与多边协同多元价值顾客导向型企业治理模式相对应,全社会人本管理认为决策权力配置应遵循人本价值创造逻辑,按照尽可能满足利益相关各方不同层次的需求偏好,以及充分承认和利用体质与性格中的个体差异来协同顾客导向型企业多重决策权,以充分维护人的尊严,尊重人的价值,激发人的潜力,最大限度地实现顾客导向型企业利益相关各方的人本价值。

在信息对称的人本经济阶段,买方市场中超需求(体验化需求)成为用户导向型企业利益相关者追求体验化消费的唯一目标。超需求已成为人类社会的主流需求。全社会人本管理强调用户导向型企业本质是"不仅仅因为制造更好的产品,使得工作本身更为员工们(生产人员与用户)共同所接受,更重要的是,它协助员工们成为更优秀的公民、丈夫或妻子,对全人类而言,是一项宝贵的资产或利益,就好比校舍、学院、医院或治疗机构给人们的贡献"(Abraham H Maslow,1965)[36]。因此,在用户导向型企业及其管理系统之中所追求的科学主义的本身也普遍具有内在的人本主义精神,用户导向型企业内生的伙伴关系和信任机制取代科学规则与人性的对立、管理者与被管理者之间的对立,体现以人类价值为本的人性与科学相互融合。

通过维护多元化的存在价值观以及它们的一体性,可以透过任何一项存在价值达到一体性。只要我们抱定信念并穷尽心力追求存在的价值真相或存在的正义,就可以真正在"必然"的自然秩序框架下,凭借自己天然的"理性",经过艰难曲折的努力,在积极奋争中采用因势利导、相互扶持、共同追求、共同进步等人文艺术,就可以达到共同"俘获"满足"超自我实现"的人类社会最高需求的境界,从而获得"优心态群体"的理想社会环境。也就是说,在超需求成为人类社会主流需求之际,在具体社会人(或劳动人)追求劳动解放和人类增值的基础上,形成了以自然性人本经济发展观为基础的社会性人本经济发展观。在该环境中,用户导向型企业治理不再是为了实现个人"俘获"人类各层次需求的人本价值最大化,而是着眼于基于人类社会不同主体的共同价值创造优势,创建有效的利益相关各方共赢机制,实现企业全社会人本价值最大化。

用户导向型企业治理的主体是整体"俘获"满足"超自我实现"的人类最高需求境界的利益共生体,他们在用户导向型企业治理中发挥着与买方市场融为一体的"同舟共济"的主导作用。这本质上是一种人类社会利益相关各方认知的共同价值的用户导向型企业治理模式。与人类社会利益相关各方共同治理模式相对应,全社会人本管理认为决策权力配置应遵循全社会人本价值创造逻辑,按照共生伙伴关系的人类社会利益相关各方所认知的共同优势,以及社会共赢价值规模贡献程度来共同分享用户导向型企业决策权,以充分发挥共生集体的社会共赢价值创造潜能,超值实现用户导向型企业的全社会人本价值。

2. 管理目标的转变:追求经济、社会和环境的综合价值最大化→追求人本价值最大化→追求全社会人本价值最大化

在信息非对称的物本经济阶段,相比于 Porter 提出的战略性生产导向型企业责任和 Drucker 提出的"行善赚钱"的管理目标,李伟阳和肖红军(2010)[37]提出的"全面社会责任管理"具有一定的历史进步性。他们是从现实中的"人"出发,立足于对人的多元价值需求的深刻认识,深入考察内嵌于生产导向型企业运营过程中的人与人的社会交际关系,从社会价值本位考虑企业的社会功能,坚持以人为本,把实现生产导向型企业发展的经济、社会和环境的综合价值最大化作为生产导向型企业管理的核心目标,并以此为导向对生产导向型企业的使命、治理机制、发展战略、管理制度、管理流程、管理方法和企业文化等进行重构。

但是他们从社会责任(义务)的角度谈管理,其实是将生产导向型企业不同利益相关方置于被不同层次需求所"俘获"的位置上,应负社会责任的科层式组织仍然没有完全脱离束缚其成员潜能发挥的桎梏,因此很难主动地驾驭和履行生产导向型企业的社会功能,限制人潜质发挥的主动性。换句话说,生产导向型企业很难公允地坚持以人为本,但是他们相

对于适应完全低层次需求的企业传统管理模式而言,已作彻底的变革。

在信息非对称的人本经济阶段,新的经济形势和国际环境以及任何组织的价值观都必须以一种全新的形式加以解决:在以人为本的前提下,将"价值科学"研究转向人性内部且深深植根于人性现实的土壤。在现实生活中,将人力资本(human capital)或人力资产(human asset)引入组织中,潜在的合同已经改变形式——将雇佣合同转变为会员合同,顾客导向型企业成员拥有权利,同时也承担责任。这也是在信息非对称的买方市场中,顾客导向型企业对攫取顾客个性化需求偏好的人力资本价值崛起的反映。尤其在信息非对称的人本经济阶段的买方市场中,提高知识工作的生产率已成为管理的核心问题,组织的目的从控制人转向引导人,最终要让每一个人的优势和知识发挥作用(德鲁克,1999)[40]。

因此,顾客导向型企业人本管理模式所追求的人本价值最大化目标,也就是追求"俘获"马斯洛层序需求的偏好满足。或者可以定义为"以非金钱的方式努力满足工作中的各层次需求"(Abraham H Maslow,1965)[36]。人本管理的首要技巧是人文,而不是技术。无论是单纯的实干家,还是单纯的思想家,在我们现在所置身的这个知识尚未高度分散、流动的世界里都无法游刃有余,唯有把这两种品质结合起来,才能实现以顾客导向型企业发展的人本价值最大化作为企业管理的核心目标,并以此为导向建构人性化的顾客导向型企业的使命、治理机制、发展战略、管理制度、管理流程、管理方法和企业文化等。应基于不同层次需求的偏好建立不同员工的具体管理目标,并由此抽象出顾客导向型企业总管理目标。在顾客导向型企业处于困境的情况下,这种由不同层次的需求偏好差异所决定的不同员工具体管理目标的差别,往往会摧毁具有共同属性的顾客导向型企业管理总目标,也就是人们所说的"多目标等于没目标"。因此,应按照马斯洛层序需求来设计目标体系,实现多目标与单目标之间的统一。这也是体系论分层法在顾客导向型企业人本管理方法论中的具体体现。

在信息对称的人本经济阶段,随着虚实相融的买方市场中大量虚拟企业和战略联盟的不断涌现,信任是解决"怎样管理那些根本无法见到的人",这也是用户导向型企业的一种管理思维模式。这里所说的"信任"无疑需要一种互惠互利的意识,只有借助这种"信任"才可以顺利将人性寓于科学技术、组织流程、技术运用、竞争和协作之中,实现科学性与人性相结合。这种基于信息对称环境中"信任"地位的提升将预示着表面上虽简单却蕴藏着用户导向型企业管理思维的巨变。因此,用户导向型企业全社会人本管理模式正是这种用户导向型企业管理思维巨变的重要产物之一,它所追求的是人的主体寓于组织及其管理世界之中的全社会人本价值最大化目标。

用户导向型企业全社会人本管理强调预期适应社会超需求,超前调控人力资本的生产与形式。特别是在教育层级、专业、区域和类型结构上形成具有弹性的体验性调整机制,利用该机制促进用户导向型企业在物质生产和人类自身生产充分发展的基础上,通过精神生产和再生产活动,使得每个社会成员都能进入"超自我实现"的精神状态。同时广大人民的思想观念、道德风尚、行为规范、自身修养、科技素质、法律制度和意识形态等都能达到一种高度文明的和谐状态。利用组织内伙伴关系和信任机制取代科学规则与人性的对立,管理者与被管理者的对立,通过组织人性化的整体设计来体现"无"中含"有"的以人为本思想,把实现全社会人本价值最大化作为用户导向型企业全社会人本管理的核心目标。

人本管理是基于顾客导向型企业马斯洛层序需求形成的企业人本管理目标来建立具有和谐一致性的企业员工具体目标,而用户导向型企业全社会人本管理是基于员工体验化需求形成的具体全社会人本管理目标,来建立用户导向型企业总体目标。似乎它们在建构用户导向型企业管理目标的方向上呈现相反趋势,但对建立用户导向型企业的使命、治理机制、发展战略、管理制度、管理流程、管理方法和企业文化等人性化程度的要求,后者是前者的质的飞跃。

3. 管理对象的范围广度与深度的转变:被不同层次需求所"俘获"的企业内外部利益相关方的资源、信息、能力和潜力→企业内外部利益相关各方"俘获"马斯洛层序需求的资源、信息、能力和潜力→企业整体性"俘获"超需求的资源、信息、能力和潜力

在信息非对称的物本经济阶段,全面社会责任管理是将生产导向型企业价值管理重心从注重生产导向型企业内部的利润目标管理,拓展到生产导向型企业外部的企业社会综合价值目标管理。不仅优化生产导向型企业内部的人、财、物的资源,而且整合生产导向型企业外部的资源、信息、能力和潜力,用于创造经济、社会、环境的综合价值。这大大拓展了生产导向型企业全社会责任管理的对象与范围,全面深刻地洞察被不同层次需求所"俘获"的生产导向型企业内外部利益相关方的多重价值追求和创造综合价值的资源、信息、能力和潜力,从而有可能最大限度地发挥利益相关方合作创造经济、社会和环境的综合价值的潜能。由于受被不同层次需求所"俘获"的现状约束,全面社会责任管理的对象与范围也相应受到一定束缚,因此,社会综合价值目标管理模式很难全面、完全地激发人主动创造价值的潜能。

在信息非对称的人本经济阶段,人本管理强调以个体需求为本,主动地"俘获"马斯洛层序需求的资源、信息、能力和潜力,极大地调动顾客导向型企业内外部利益相关各方参与创造顾客导向型企业人本价值的积极性和主动性。显然,这是为了满足在不同需求层次的不同利益相关各方的需求偏好以及实现他们各自目标函数。相对于全面社会责任管理的对象和范围来说,人本管理不仅提高了顾客导向型企业内外部利益相关方协同创造价值的潜力(质)和能力,而且扩大了顾客导向型企业支配不同层次需求的资源、信息的广度与深度。

在信息对称的人本经济阶段,全社会人本管理强调以整体超需求为本,主动地"俘获"超需求的资源、信息、能力和潜力,要求用户导向型企业内外部利益相关各方以极高的素质和极大的热忱投身到用户导向型企业全社会人本价值管理的过程中。显然,为了满足用户导向型企业超需求的全社会人本管理的需要,用户导向型企业所配置的资源、信息、能力和潜力的广度与深度,要远远高于满足顾客导向型企业马斯洛层序需求的人本管理的对象与范围的广度与深度。只有这样才能满足全社会人本管理所塑造的用户导向型企业文明秩序从"物"到"人"进而从"人"到"人"所指向的"心"的无限境界,最终实现企业以人类幸福为本的方向、人类满意为本的方针、人类人权为本的方式和人类人力为本的方法的全社会人本管理。

4. 管理价值的转变:被不同层次需求所"俘获"的企业内外部利益相关各方合作创造的社会综合价值→企业内外部利益相关各方"俘获"马斯洛层序需求所协同创造的人本价值→企业内外部利益相关各方共同"俘获"超需求所共同创造的全社会人本价值

无论是社会综合价值目标管理模式、人本价值目标管理模式,还是全社会人本价值目标管理模式,它们都充分关注人的多元价值追求和社会福利的多重价值属性,以及都着眼于充分实现企业的社会功能。它们分别谋求创造企业发展的社会综合价值、人本价值和全社会人本价值。尽管它们都统筹平衡利益相关各方的多重价值、长期价值,致力于提升社会福利

价值,但是它们协调推进企业与社会可持续发展的程度具有量与质的差异。因此,它们都以"以人为本"为核心来塑造企业经济的发展,通过对它们的社会福利价值的界定和评价,来判断它们促进企业与社会可持续发展的程度。

无论是功利主义所关注的幸福物品(如收入),还是新自由主义所说的机会、财产等基本物品,都与人们实际所珍视并可以获得的现实生活状态存在着相当程度的差异。因此,社会福利价值目标所依据的信息基础,不能局限于(新)古典经济学所表达的社会福利函数的笼统的总量指标上,也不能局限在罗尔斯所说的"自由优先权"上,而应关注阿马蒂亚·森所说的"可行能力"。根据"自由"看"发展"的观点,"可行能力"所反映的实质自由,既避免了功利主义效用评价的人际比较难题,又区别于极端自由主义程序优先的"抽象自由"。它们均以"公开明晰的方式"将满足各自需求假设下的各自自由水平罗列在各自管理价值的向量中,只是它们各自向量中所罗列的自由水平不同而已。因此,全社会责任管理满足被不同层次需求所"俘获"的生产导向型企业内外部利益相关各方的自由水平、人本管理满足"俘获"马斯洛层序需求的顾客导向型企业内外部利益相关各方的自由水平,以及全社会人本管理满足"俘获"超需求的用户导向型企业内外部利益相关各方的自由水平。显然,随着社会的进步和经济发展水平的提高,满足各自需求假设下的各自自由水平也在不断提升,它将决定企业管理价值从社会综合价值向人本价值、全社会人本价值的转变。

5. 管理机制的转变:注重被不同层次需求所"俘获"的社会资源有效配置→注重"俘获"马斯洛层序需求的社会资源有效配置→注重"俘获"超需求的社会资源有效配置

作为社会综合价值目标管理模式、人本价值目标管理模式以及全社会人本价值目标管理模式,它们的管理在管理目标、管理对象和管理价值上的根本转变必然引起企业管理机制作相应的根本变革。即一切经济发展归根到底是关于人类自身发展这个根本问题。因此,企业的发展应以利益相关各方的发展为基础和前提,深刻认知企业资源的多种存在形态可以统一到人与人以及人与物之间的二重关系之中。通过人与人的关系所驱动的企业"制度创新"以及人与物的关系所制约的"技术进步",来激发出企业利益相关各方配置经济、社会和环境的多种资源的潜力、优势、能力和意愿。同时结合社会发展历史阶段、国情和行业特征,充分发挥不同管理模式下企业利益相关各方相应的主观能动性。

在社会综合价值目标管理模式下,企业利益相关各方处于被不同层次需求所"俘获"的位置;在人本价值目标管理模式下,企业利益相关各方处于"俘获"马斯洛层序需求的位置;在全社会人本价值目标管理模式下,企业整体性处于"俘获"超需求的位置。这种"屁股指挥脑袋"的"位置"决定了企业利益相关各方相应的主观能动性呈现上升态势,而这种上升态势的主观能动性也促使相应的管理模式在弥补"市场失灵""政府失灵"和"社会失灵"的有效程度上处于递增态势。同时,相应的管理模式也最大限度地创造了企业发展的社会综合价值、人本价值和全社会人本价值,从而促进社会资源配置的优化程度也呈现出上升趋势。

从这个意义上来说,全面社会责任管理机制、人本管理机制和全社会人本管理机制能分别适应不同层次需求状况下与企业外部资源配置机制——市场机制、政府机制和社会激励机制相并行的企业内部资源配置机制,并且它们能有效作为弥补"市场失灵""政府失灵"和"社会失灵"的替代品。

总而言之,社会责任管理模式、人本管理模式以及全社会人本管理模式为形成信息非对称的物本经济阶段生产导向型企业物本资本会计、信息非对称的人本经济阶段顾客导向型企业人本资本会计,以及信息对称的人本经济阶段用户导向型企业人本资本会计的理论提供了企业管理的"土壤"。

3.2 基于三域耦合模型认知企业人本资本会计研究的管理基础

在信息非对称的物本经济阶段卖方市场、信息非对称的人本经济阶段买方市场以及信息对称的人本经济阶段买方市场中,汲取物本经济阶段的物本经济发展观和人本经济阶段的人本经济发展观所产生的企业会计模式的内涵存在本质之别。在信息非对称与信息对称的人本经济发展阶段,根据三域耦合模型认知人本资本会计研究的不同管理基础。

3.2.1 不同企业管理模式的内涵比较

在信息非对称的物本经济阶段,传统企业社会责任管理是基于企业社会责任的"工具理性"观点,来强调履责动机和解决特定社会责任问题(落实企业发展所考虑的经济、社会和环境三重底线)的企业社会责任,关注企业所负担的经济责任以外的社会责任和环境责任。它是借助于特定的社会议题或环境议题的手段来实现生产导向型企业利润价值最大化的传统的利润目标管理模式。李伟阳和肖红军(2010)[37]根据生产导向型企业社会责任的"价值理性"观点,以科学的企业社会责任为指导,坚持以社会价值创造结果作为标准来衡量对社会负责任的企业行为。他们将价值论的研究立足于科学的基础之上,基于被不同需求层次所"俘获"的理论假设下全面社会责任管理理论与基于完全被低需求层次所"俘获"的理论假设下生产导向型企业社会责任管理理论有根本性的区别,显然是一种根本性的管理模式在变革。

然而在信息非对称的人本经济阶段,立足于"俘获"马斯洛层序需求的理论假设所形成的人本管理,实现了管理模式以义务为本向以人权为本的根本性转变,扭转了由被动应对转变为主动进取的顾客导向型企业管理局面,实现生产导向型企业由社会综合价值向顾客导向型企业人本价值的转变。相比于全面社会责任管理和人本管理,在信息对称的人本经济阶段,全社会人本管理并不是它们的综合。然而它具有以下几个方面的明显特征:

1. 管理动机的主动性

全面社会责任管理立足于被不同层次需求所"俘获",其生产导向型企业行为主要采取被动应对方式对待社会责任,而不是主动地承担,显然管理动机并非主动。而人本管理虽立足于"俘获"马斯洛层序需求,但相对于全社会人本管理的"俘获"用户导向型企业超需求来说,显然顾客导向型企业管理动机的主动程度不够高,全社会人本管理动机能够促使组织的文明秩序从"物"到"人",进而由"人"到"人"全面地进入"心"的无限境界。

2. 管理权力内容的全面性

在信息非对称的物本经济阶段,生产导向型企业全面社会责任管理以委托代理方式将人类仅仅当作手段,而非目的,来规制管理权力。在对待人与人的关系以及人与物的关系方面,其管理权力的内容体现为物奴役人、人奴役人,管理权力动机是肯定本人价值、否定他人价值。在信息非对称的人本经济阶段,顾客导向型企业人本管理以个体为出发点来"俘获"马斯洛层序需求,以实现把人既当作手段又作为目的来规范管理权力。在对待人与人的关系以及人与物的关系方面,其管理权力的内容体现为立足于企业自身重视人的价值胜过物的价值。在信息对称的人本经济阶段,用户导向型企业全社会人本管理以整体为出发点来"俘获"超需求,以实现把人类既当作手段又作为目的来规范管理权力。在对待人与人的关系以及人与物的关系方面,其管理权力的内容体现为立足于社会重视人类的价值胜过物类的价值,珍视人类的自由和幸福。

以委托代理方式规制生产导向型企业全面社会责任管理的权力,包括企业内部利益相关各方的权力——股东权力、经理人权力、员工权力、董事会权力、监事会权力、独立董事权力与企业外部利益相关各方的权力——客户权力、政府权力、伙伴权力、社区权力。按生产导向型企业契约属性划分,它包括企业社会权力、企业经济权力和企业环境权力。以马斯洛层序需求的不同层次规范顾客导向型企业人本管理的权力,包括生理需求权力、安全需求权力、社交需求权力、尊重需求权力、自我实现需求权力。而在信息对称的人本经济阶段,以超需求规范用户导向型企业全社会人本管理权力,其代表经营权的管理权与所有权合一,追求劳动解放,追求自由的权力。其与买方市场相容的用户导向型企业全社会人本管理权力的范围不再是企业,而是买方市场,管理对象不再是具体资源配置,而是资源配置格局。

3. 管理实施范围的全覆盖性

在信息非对称的物本经济阶段,生产导向型企业全面社会责任管理的范围仅仅是企业自身,而非卖方市场。在信息非对称的人本经济阶段,顾客导向型企业人本管理的范围不仅是企业自身,而且它也参与部分买方市场的管理。在信息对称的人本经济阶段,用户导向型企业全社会人本管理企业自身等于管理整个买方市场。

全社会人本管理是一种全员主动参与式的动态管理,不论是企业所有权与经营权合一的员工、管理者,还是买方市场的用户,都是实施主客体一体化的全社会人本动态管理。全社会人本管理覆盖企业运营的循环全过程和整个周而复始的生命周期,是一种全过程动态管理。这种动态管理首要的艺术基础在于所有权与经营权合一管理者对行动的理解和认同,通过以人类价值为本的普适性使得全社会福利因企业的改善而改进。全社会人本管理覆盖企业整体运营机制,是一种全方位管理,它要求企业按照全社会人本理念对企业价值观、战略、规划、计划、预算、绩效考核等进行全方位的改进和优化。在过程管理中注重增进事物彼此间的相互作用,强化企业与社会的整合和共生关系,致使任何一家企业都有创造优秀公民的义务,此时企业产品质量不仅仅关系到员工、企业、社区的地位,同时也关系到国家在国际上的地位。

4. 管理体系的一体性

在信息非对称的物本经济阶段,生产导向型企业全面社会责任管理要求人类价值归于物类价值,重视物类价值胜过人类价值,重视生态环境价值的全社会责任管理目标升级与整合现有利润为本的管理体系,使之成为全社会责任管理体系。在信息非对称的人本经济阶段,顾客导向型企业人本管理要求以人类价值为本的人本管理目标升级与整合现有全社会责任管理体系,使之成为人本管理体系。在信息对称的人本经济阶段,用户导向型企业全社会人本管理要求物类价值归于人类价值,重视人类价值胜过物类价值的全社会人本管理目标升级与整合现有人本管理体系，使之成为全社会人本管理体系。升级与整合的内容包括：与企业人本治理结构融合的社会人本组织管理体系，与企业日常人本管理体系融合的社会人本日常管理体系，与企业人本信息披露体系、人本业绩考核体系和人本能力建设体系等人本管理体系融合的企业社会人本信息披露体系、企业社会人本业绩考核体系和企业社会人本能力建设体系等全社会人本管理体系。

5. 管理预期目标的一致性

在信息非对称的物本经济阶段，生产导向型企业推行全社会责任管理，意在通过营造履行社会义务寓于企业受托责任主体之中的履行社会责任的环境，以全社会责任价值目标建立以生产为本的企业全社会责任目标。通过企业全社会责任目标管理来实现企业全社会责任运营的经济、社会以及环境综合优化，并有效管理企业全社会责任运营对企业综合价值的影响；通过企业利益相关者的协同努力来实现企业可持续发展的企业综合价值最大化。

在信息非对称的人本经济阶段，顾客导向型企业推行人本管理，意在通过营造人性寓于企业组织流程之中的组织环境，以人本价值目标建立以顾客为本的企业人本管理目标。通过企业人本目标管理来实现企业人本运营的整体优化，并有效管理企业人本运营对企业人本价值的影响；通过企业利益相关者的共同努力来实现企业可持续发展的企业人本价值最大化。

在信息对称的人本经济阶段，用户导向型企业推行全社会人本管理，意在通过营造人性寓于整体之中的企业环境，以社会人本价值目标建立以用户为本的企业员工自身目标。通过全社会人本目标管理来实现企业全社会人本运营的全面优化，并有效管理企业全社会人本运营对社会和环境的影响，共同提升企业的经济、社会和环境共赢的全社会人本价值，从而也共同提升企业利益相关各方的自身价值，共同改进企业发展的长期和短期全社会人本价值，实现企业可持续发展的全社会人本价值最大化。

3.2.2 全社会人本管理的三域耦合模型

鉴于全社会责任管理、人本管理，前人对此研究相对比较成熟，这里选择三域耦合模型来重点论述全社会人本管理。作为一种整体"俘获"超需求的新企业管理模式，全社会人本管理由两个层次构成：一是由全社会人本价值、超需求等复合要素合成的人本经济发展思想体系。根据马斯洛层序需求理论，其中超需求是指由生理需求、安全需求、社交需求、尊重需求、自我实现需求五要素交融一体化地进入超自我实现需求的聚合；或与马斯洛需求内容具有一致性的人的需求理论(李佐军，2008)[41]，其中超需求也可表述为由物质需求、精神需求、成长需求以及权力需求的五要素融合集成的人本经济发展的思想体系。

由于人的需求手段和目的的不同，所形成的林林总总的划分类型可以统一到人的自然属性、社会属性和文化属性上来，因此人的需求的三维属性所决定的融物质需求、精神需求、成长需求以及权力需求为一体而形成的以"超自我实现"为内容的超需求。二是受整体"俘获"超需求的动力驱动将产生物质生产、人类自身生产、精神生产所共同构成的人本经济"供给"活动。所谓整体"俘获"，是指以坚实的物质生产为支撑，并在人们借助人类自身生产活动获得足够"可行能力"之后，通过精神生产和再生产活动来实现人们自由全面发展的劳动过程。显然，整体"俘获"包括人与人关系的"制度创新"以及人与物关系的"技术进步"两个相互作用的层次过程。也就是人类认识自然、改造自然和征服自然的完整劳动过程。

1. 全社会人本管理的人本经济发展思想体系

全社会人本价值最大化是全社会人本管理的目标。具有超契约本质的企业利益相关各方由于受到经济性契约、社会性契约和环境性契约的多重约束,在经过特定环境建构的成年人,其价值认定或偏好不可能一模一样。这也就决定了在特定企业运营过程中,利益相关各方的价值追求是多元的,即有可能追求经济价值、社会价值,也有可能追求环境价值。

根据人本主义经济学的观点,需求是判断价值的唯一标准,因此在企业的经济价值、社会价值以及环境价值中最终均体现以需求为本的不同人本价值的表征形式,在企业涉及经济、社会和生态的不同环境中均包括适应于不同环境的生存需求、社会需求和精神需求。其中,生存需求指的是马斯洛的生理需求和安全需求;社会需求指的是马斯洛的社交需求和尊重需求;精神需求指的是马斯洛的自我实现需求。因此通过奉行"以人类价值为本"的理念在企业内追求科学效率与人性一体化,采用共生生态关系管理方式,在体现科学效率的物质生产基础上,借助体现人性化的人类自身生产活动,促使人类获得了足够"可行能力",使每个企业成员都进入"超自我实现"的精神生产、再生产的活动状态中,促进企业获得生存发展、社会发展以及精神发展的人本经济发展。

因此,根据生存发展、社会发展以及精神发展的自由含义,同时在相应逻辑层次上给出一个推广了的马克思社会再生产图式——三域耦合模型。并以此为基础理论框架,将马克思关于"人的全面发展"的学说和阿马蒂亚·森"以自由看发展"的观点有机结合起来,从微观动态的角度来描述企业经济发展的人本自由指向,从而正面阐述"发展是拓展企业利益相关方自由"的主题思路,形成信息对称的人本经济阶段完整的以人类幸福为本的方向、人类满意为本的方针、人类人权为本的方式和人类人力为本的方法的人本经济发展观。

2. 全社会人本管理的人本经济活动

相对于人本管理所研究的信息非对称的人本经济活动而言,全社会人本管理的人本经济活动研究尚处于探索阶段。为此,根据推广了的马克思社会再生产图式探索全社会人本管理的人本经济活动,为研究在信息对称环境下人本资本会计的形成提供管理基础。人本经济活动是指人们追求生存自由、社会自由以及精神自由而从事物质生产、人类自身生产以及精神生产的三域活动,由此形成的三域耦合模型成为全社会人本管理的根本形式。

从生存自由层面来看,人类社会经济的可持续发展首先受制于其所存在的自然生态环境条件,并在挣脱自然束缚的过程中创造出辉煌的工业文明,最后又在工业化历史进程中重新陷于新的自然压迫和生存困境之中(李宝元,2006)[35]。在这个层面上,人们主要追求满足如吃饭、穿衣、住宅、医疗以及要求劳动安全、职业安全、生活稳定和希望免于灾难与未来有保障等的生存需求而主要从事物质生产、再生产活动。从产权角度来说,从事物质生产活动是为了满足人的产权需求——(新)古典经济学假设的完全低层次需求,进而促进物本经济的发展。

从社会自由层面来看,人们通过人与人之间的直接交往活动来获得个人渴望得到的家庭、团体、朋友的关怀、爱护和理解,对友情、信任、温暖、爱情的需要以及获得自我尊重、自我评价和尊重别人,而这些活动从社会再生产的角度来看,实际上属于所谓的"人类自身生产"领域。从人力资本理论的观点来看,教育、培训、医疗保健和卫生服务是人力资本投资和形成的一个重要途径或方式,是人们获得社会自由、实现自由发展的一个基本内容和具体表现形式(李宝元,2006)[35]。此时人类自身生产是为了满足人的一部分产权需求和另一部人权需求,进而促进人本经济的发展。

显然,只有在物质生产基础上才能实现人类自身生产,因此物本经济是人本经济的基础,此时物本经济的内涵由"人"物化的经济逐渐转变成"物"人化的经济。其中人权与产权在本质上没有区别,只是前者惯用低层次需求的经济性资源配置或交易属性描述,后者适用于较高层次需求的社会性资源配置或交易属性描述。所以从某种意义上讲,物本经济是以产权为本的经济,而人本经济是以人权为本的经济,它们却都沿袭人类社会承前启后的历史发展阶段,具有历史脉络统一性的一面。

从精神自由层面来看,在现实中人们要获得自由全面发展的精神境界,最直接或最主要的是通过完成与自己能力相称的工作,充分地发挥自己的潜在能力,竭尽所能,使自己趋于完美。因此人们只有在物质生产和人类自身生产充分发展的基础上,通过大力开展文化娱乐、科学技术及信息传播等精神生产和再生产活动,才能使每个社会成员都获得足够的"高峰体验"。此时人类精神生产是为了满足人的人权需求,进而促进人本经济的发展。显然信息非对称的人本经济是信息对称的人本经济发展的基础,此时人本经济体内每个人在信息非对称的短暂时期获得的"高峰体验"已转变成信息对称的常态"高峰生活"①。因此,无论是信息非对称的物本经济、信息非对称的人本经济,还是信息对称的人本经济,从人权角度来研究企业人本经济发展的人本资源划分,它们均具有形式相同的两个层面资源,即人与人的关系资源,以及人与物的关系资源(丁胜红、吴应宇、周红霞,2011)[13]。

根据满足企业利益相关各方的不同层次需求的人本资源(非货币性资源)内容的不同,企业人本资源的有效人权配置会产生信息非对称人本经济与信息对称的人本经济。在"互联网＋"的人本经济阶段,要实现企业全社会人本管理的信息对称下人本经济发展,就必须满足数据货币资源与人本资源的完全有效配置。透过三域耦合模型分析全社会人本管理,以及人本管理为信息对称的人本经济阶段用户导向型企业人本资本理论、信息非对称的人本经济阶段顾客导向型企业人本资本理论的创新提供了新的分析工具。

3.3 企业人本资本会计研究的管理变革

在物本经济阶段,信息非对称的卖方市场完全低层次需求成为社会的主流需求,它驱动生产导向型企业物本管理发育成熟;在人本经济阶段,信息非对称的买方市场马斯洛层序需求成为社会的主流需求,它驱动顾客导向型企业人本管理日趋成熟;在人本经济阶段,信息对称的买方市场超需求成为社会的主流需求,它驱动用户导向型企业全社会人本管理日趋形成。因此,作为经济管理产物之一的人本资本会计理论,自然是根植于人本经济发展阶段企业人本管理的实践变革。国内外学者们对信息非对称的买方市场中人本经济规律以及市场主体的人本经济管理经验进行了总结,探索出人本管理理论,并对其不断地丰富发展。

然而,人们习惯于信息非对称的人本经济阶段人本管理的方式与方法。在人类社会进

---

① 高峰生活是指经济体内每个人都充分地、活跃地、忘我地、一贯地、集中全力地、全神贯注地体验生活。

入信息对称的人本经济阶段,在人本管理实践中,人们对不影响自己的"荷包"的情况下抱怨组织没有效率的"超层次抱怨",实际上是他们对完美、正义、善、真等价值的超值需求,他们所抱怨的是对所处世界的不完美评论。这已不是自私的抱怨,而是一种非个性、利他性的哲学思考和建议。或者是功利主义的另一极端表现:个人所创造的价值远远超于自己直接享受的,其中剩余部分只有借助满足他人的需求来间接地实现自己人生价值,这也就是哲学家通常所倡导的利他主义。这种现象表明,全社会人本管理作为一种新的企业管理模式在信息对称的现实生活中已经悄然孕育,在管理理论上也完全有可能引发一场新的管理革命,并推动人本经济时代管理实践发生一场前所未有的变革。

3.3.1　企业人本资本会计理论创新的管理理论变革

对国内外关于管理模式的研究进行回顾,企业管理理论先后经历了利润目标管理模式、社会综合价值管理模式、人本价值管理模式的三次管理理论变革。与之相对应的是,信息对称的物本经济阶段生产导向型企业物本资本会计理论、信息非对称的物本经济阶段生产导向型企业物本资本会计理论、信息非对称的人本经济阶段顾客导向型企业人本资本会计理论的三次会计理论变革。而本节所提出的全社会人本管理在企业管理的基本假设、解决的核心问题以及解决核心问题的基本范式等本质层面上都有别于前面三种管理理论的理解与探索。这些创新与探索如果能在实践中进一步得到检验,将会推动世界管理理论的根本性变革,进而也推动信息对称的人本经济阶段用户导向型企业人本资本会计理论形成的根本性变革。

1. 对企业管理基本假设的再认识

任何企业管理理论都必须对人性和企业本质作出假设。在对人性的假设上,传统企业管理理论对人性的理解为经济契约下的完全理性的"经济人"、社会契约下的有限理性的"社会人"、环境契约下的"生态人",或者现代管理的"复杂人"……这些假设背后无一不是将人视为单契约下完全被低层次需求所"俘获"的经济动物。因为企业管理中的社会性契约、环境性契约是企业经济契约的拓展部分,因此最终理性的"经济人"假设成为(新)古典经济学的主流观点。

全面社会责任管理理论则是从现实中的人出发,提出了每一个人都有经济、社会、环境的多元价值追求的新的"理性人"假设。这种"理性人"假设指的是决策当事人在决策时点的理性,是一种个体理性(李伟阳、肖红军,2010)[37]。这样假设强调人的价值观是将人视为双重或多重契约组合下被不同层次需求所"俘获"的利己主义者或功利主义者。因为该理论强调决策当事人在决策时点认定的最大化效用的理性。根据需求层次的不同,其理性人包括:完全被低层次需求所"俘获"的个体为理性的经济人假设;被高层次需求所"俘获"的个体为理性的社会人假设或理性的社会生态人假设。因此,将对应于不同层次需求的人性假设归结为现实生活的"人",其人性假设的管理政策更多强调的是人的生产力量的提升。

人本管理管理模式强调 Y 理论的动机论比较多元化,更具有科学性,也更贴近事实,因为它更多包含了人类趋同高层的需求,并将其视为工作场所或社会、经济和环境中重要的影响因素(Abraham H Maslow,1965)[36]。因此人本管理理论认为个体理性假设很有必要,但其理性假设的人的价值观是建立在"俘获"马斯洛层序需求基础上的人本主义。尽管"俘获"

需求层次不同,但体现主动"俘获"不同层次需求的个体人性假设均要体现以人为中心或者以人为本的思想。虽然现实社会生活的人不断被密如蛛网的人际关系所包裹,致使他们自身也成为这个关系网的一部分,但人人都想成为完整的人,而不是一个支离破碎的人,这就决定了人本管理理论的人性假设是理性的本原。虽然这种理性人的假设与在现实生活中的人似乎格格不入,人性假设好像更倾向于有限人假设,但从经济学方法论来看,实践中人们的"理性"选择之所以表现出"有限理性",其根源可归结于"信息不完全",而非人本身属性原因所造成(李宝元,2006)[35]。

因此,"俘获"高层次需求的个体为人本的理性人假设,它抓住了工作场所人性表现的核心所在:人天生就具有生产力和主动性,人的主体性是人作为活动主体所特有的质的规定性,在现实中表现为"人的能力"(罗珉,2008)[42],因此它对应其管理政策强调的是人生产力的质与量同等提升。

全社会人本管理理论认为虽然人类自身束缚于经济、社会以及生态环境的复杂耦合系统之中,但追求人类自身解放是全人类的共性,也是人类社会进步的根本动力。正如李宝元(2006)[35]所说:"人们在稀缺的资源环境约束下,如何在技术上挣脱自然压迫并与之和谐共处,通过制度创新建立和谐社会以与他人友好相处,并最终于内在的心智追求中获得自我超越,从而完满达到生存自由、社会自由和精神自由的总福利目标。"

因此全社会人本管理理论采用系统论的整体法,从整体上把握研究对象,主张把事物作为一个完整、有机的整体来进行系统分析,主张整(群)体理性人假设是对人类人性共性或统一性的高度概括,其假设人的价值观与人本管理所假设的人的价值观没有本质区别,区别只是对研究对象所采取的方法论的不同。前者采取体系论整体法,而后者采取体系论分层法;前者是对后者所主张的把整体性分解为部分来研究的还原论的一种扬弃。这种整(群)体理性人假设强调人本主义精神可以有多种不同的表现方式,但并不是独立存在的。强调历史语境性,关注不可逆事件,重视组织及管理的演化,尽管由于人类整体理性行为受到自然技术性条件和社会历史性条件的双重条件约束,可能表现为现实中的有限理性行为,但这也促使我们对组织及其管理的认识与理解更接近事实的本身。因此,基于"俘获"超需求的假设也将决定将人性寓于整体之中的整(群)体理性人假设,其本质为复合性理性人假设,或者可称之为完美性人假设。

在对企业本质进行假设时,传统企业管理理论假设企业本质为经济性契约,因为它们都明确地或隐含地假定企业是股东获取利润的生产"黑匣子",企业存在的目的是为企业股东创造最大利润。全面社会责任管理理论则认为企业作为社会功能的载体,是不同社会主体实现其多元价值追求的社会平台(李伟阳、肖红军,2010)[37]。企业存在的目的是为企业利益相关各方创造社会综合价值,因此企业本质为经济、社会和环境的契约组合。人本管理理论、全社人本管理理论均是从人本价值透视企业的本质,强调"以人为本"的企业管理理念,充分发挥人的主观能动性。从契约角度来看,企业本质也都是经济、社会和环境的契约组合,但其组合契约所满足人的需求的层次不同及其需求的动机也不同而已。

2. 对企业管理核心问题的再认识

传统企业理论认为,企业管理的核心问题是如何通过产权有效的资源配置来实现企业的市场价值最大化。因此,企业管理模式的本质是满足完全低层次需求的股东利润最大化的一系列方法和措施的组合。而全面社会责任管理理论认为,企业管理的核心问题是如何促进社会资源的优化配置,或者说充分实现企业的社会价值是企业履行社会功能的应尽职责或义务。因此,企业管理模式强调通过创建有效的利益相关方合作机制,激发和凝聚利益相关方创造社会价值的潜力和合力,最大限度地创造企业发展的经济、社会和环境的综合价值(李伟阳、肖红军,2010)[37]。这种管理模式强调以对社会负责任的"服从"方式来表达被不同层次需求所"俘获"的经济、社会和环境的多重价值属性资源配置的一系列方法和措施的组合。这种带有被动高压色彩的管理模式很难完全激发和凝聚利益相关方的合作愿望和工作潜力。

人本管理理论认为,企业管理的核心问题是一切经济发展的问题,归根到底,其实都是关于人类自身发展这个根本问题。因此,企业管理模式强调以人权为本的"主人翁"方式来表达被企业利益相关各方所"俘获"的不同层次需求的经济、社会和环境的多重价值属性资源配置的一系列方法和措施的组合。通过创建有效的利益相关各方参与合作机制,激发和凝聚每一个利益相关方借助多重价值属性的资源有效配置来最大限度地实现自身人本价值。

全社会人本管理理论认为,企业管理的核心问题是如何塑造经济、社会和自然环境相互和谐文明的秩序,最终实现使人们从"物"到"人",最终使人们进入"心"的无限境界。因此,企业管理模式强调人的主体存在性以无中含有的方式或"集体主人翁"的方式来表达企业整体"俘获"超需求的经济、社会和环境的多重价值属性资源配置的一系列方法和措施的组合。通过创建有效的利益相关各方共享机制,调动每一位员工以忘我的精神投入全社会人本价值创造之中,借助计划和市场的基本资源配置方式,拓展资源有效的配置空间,最终实现人本经济发展的全社会人本价值。

3. 对企业管理的管理方式的再认识

传统企业管理的管理方式,即泰罗范式或科学主义范式,主要追求"让管理更有效",强调企业工作"非人性化"①,并把极具人性色彩的管理变成简单的效率衡量和提升手段。将人力资源与组织的原材料、资本、机器或能源同等对待,并采用隔离法(isolating approach)抽象出"理性经济人",这种人性假设完全迎合了(新)古典经济学的完全低层次需求假设的需要。在资源配置上主要通过市场机制对资源的有效配置来实现企业股东利润最大化,即便采用政府宏观调控也是无奈的选择。

全社会责任管理主要倚重外来的价值观念,通过外界环境内化来加强人的价值观。因此全社会责任管理强调目标管理(management by objectives),追求科学效率与追求人性两者不可分离(这是它相比了传统企业管理理论的彻底变革内容之一),并且重视在建立组织管理制度时既要追求组织目标和效率,又要体现人本主义精神——员工的自我控制(self-control)和参与式管理(participative management)。因此它基本上迎合了被不同层次需求所"俘获"的假设。

在资源配置方式上除了尊重市场机制、政府调控机制的作用以外,还高度强调发挥利益相关各方的主动性、积极性和创造性,主动弥补市场失灵、政府失灵、社会失灵,推动市场机

---

① 非人性化是指由于现代人只是活在感觉经验的物质世界一个层面中,因此变成了一种"单维度人",在去人性化的过程中,人失去了尊严,失去了自由,人已经不再是人了。

制、政府机制和社会机制更好地发挥作用,促进社会多重属性资源更优化的配置,实现社会综合价值最大化。尽管通过对层序需求攀升的追求体现出被压抑的"人本",但基于"有责任心的工人"的假设,实际上也隐含了"每个人都是成熟的人"这样一个心理学命题。现实生活中只有少数人在心智上符合"成熟"标准,因此,要求每个工人成为"有责任心的工人",是违背人的基本特征的。所以从总体上来说,全社会责任管理的管理方式主要属于科学主义方式,但也略带有人本主义方式的色彩。

人本管理承认人的价值和尊严,把人看作衡量一切的尺度,强调把人放在管理学研究的中心位置,并认为组织中最宝贵的资源不是原材料、资本、机器、土地或能源,而是人本身,强调人的潜能是管理所能开发的最重要的资源或资本。管理就等于人,人能开发自身。人本主义者反对科学主义方式把人看作只知一味索取的自利主义经济人,强调利他主义与给予的品质也是人性中最根本的东西(罗珉,2008)[42]。因此,人本管理迎合了"俘获"不同层次需求的假设。在资源配置上强调"看得见的手"与"看不见的手"主动握手。总而言之,人本管理的管理方式被后人称之为传统的人本主义方式,它强调人本主义方式与科学主义方式的对立。

全社会人本管理对传统的人本主义范式"让管理更有人性"这一经典命题构成了挑战。它不是将科学主义范式与人本主义范式视为完全对立,而是将科学主义内在地包含于人本主义,人本主义也体现了科学精神。它强调人性是寓于科学技术、组织流程、技术运用、竞争和协作之中;强调与生产流程、工艺技术运用、管理制度融为一体。这一论点是与传统的人本主义所认为的一切存在都是通过人这个主体来赢得其存在的意义和存在的价值的观点相对立的。但它并非否定"主体存在性",而是"无"中含"有",似有中国古代道家哲学的"天人合一""和而不同"的思想。其方法论范式强调从整体上把握研究对象,将人性与科学、企业与员工、竞争与协作看成不可分割的整体,而不是组织及其管理世界中的人性与科学的并存,当然也允许多元差异性的存在,其人本主义精神可以有多种不同的表现方式,但并不是独立存在的。在资源配置方式上强调企业利益相关各方共赢创造价值机制与市场机制、政府调控机制、社会机制的四维合璧,相互依存。

总而言之,全社会人本管理理论迎合了整体"俘获"超需求的假设。因此笔者首次提出全社会人本管理的管理方式可称之为现代人本主义方式。

3.3.2 企业人本资本会计研究的管理实践革命

作为经济管理产物的会计,它的每一次演变都是在人类社会经济转型与其管理实践革命的基础上产生的。随着人类社会生产力水平发生质变性的提高,促使人类社会由物本经济转向人本经济,社会经济主体的管理实践也产生由物本经济管理演变为人本经济管理的实践变革。在人本经济阶段,人本资本会计也是在人本管理实践中不断地总结前人积累的经验,最终形成了体现人本经济发展观的人本资本会计新理论。至此,可从历史沿革的视角来分析促使人本资本会计形成的管理实践革命。人本管理起源于20世纪20年代末美国哈佛大学心理学家George Elton Mayo和Fritz J. Roethlisberger等人进行的著名的霍桑实验,该实验真正揭开了研究管理组织中人的行为的序幕,逐渐撕开了"泰罗管理模式与所观察到的行为方式之间的神秘面纱"(Roethlisberger F J、Dickson W J,1939)[43]。人们开始强调对人的需求、人的行为以及行为过程和工作群体(work group)的研究,并对企业管理模式的发展作出了重大贡献。

在最初的机器大工业时代,资产阶级通过血腥的原始积累,建立起货币资本基础,利用泰罗管理模式来榨取劳动者的剩余价值,几乎所有社会劳动者较长期浸入在完全低层次需求的层面上。当时主要关注泰罗管理模式或科学主义管理模式沿着理性轨道高速发展,而以人为本的人性发展并没有引起人们足够的重视,极具有人性色彩的管理变成了"泰罗制"下的效率工具。因此采用隔离法(isolating approach)抽象出来的理性"经济人",当然是只知一味索取的自利主义经济人,此时靠金钱诱惑则成为企业管理的唯一法宝,企业的目标也尽显为股东利润最大化。

20世纪三四十年代,电子通信与计算机网络的新技术革命已将人类由工业社会推进到信息社会。自40年代起,出现了大科学、大工程与大企业的发展趋势,"使新科学研究与生产规模达到了前所未有的高度"(郑积源,1987)[44]。此后,为了追求生产力水平的提高,科学技术、生产经营、管理与教育以及其他许多方面,都统统进入社会化发展的新阶段。其间一味追求财产权益的思想不断发生膨胀,客观上它与"以人为本"的思想日益发生对抗,这种对抗演化为人权运动、劳动者权益运动、环境保护运动以及各种各样的"特殊利益团体"所掀起的特定人本议题。企业为了争取"民心"和获得生存所拓展的资源时空,开始被动地采取各种管理措施对强大的人性压迫作出积极回应,主要集中在人的生存待遇的提高和生活环境的改善等议题上。

自20世纪以来,科学主义的管理行为演化渐自走向极端,全球一系列社会问题和环境问题已经严重影响许多企业的生存,特别是一些造成严重环境污染的企业产品批量生产,使企业必须面临社会责任的承担问题,为此企业开始将社会风险管理纳入企业发展战略之中。在其进入20世纪90年代之后,随着经济全球化的发展趋势成为定局,谋定竞争优势成为企业管理的核心,把企业社会责任融入核心业务流程与企业战略部署,促使企业管理进入所谓的战略性社会责任管理阶段,该阶段这种管理模式仍然沿着理性轨道,具有明显的"工具性"特征。

近些年来,世界一流公司的社会责任管理实践已经发生了显著变化,管理动力已经由狭隘的财务价值追求转向社会、经济、环境的综合价值创造来驱动(李伟阳、肖红军,2010)[37]。同时也伴随着企业由被完全低层次需求所"俘获"转向被不同层次需求所"俘获",这种转变也是对提倡人本主义或人本管理为时尚和口号的一种被动的响应。

随着知识经济时代网络通信技术的迅猛发展,加速了知识、信息的高度流动与分散,地球由"圆的"变成"平的",外在环境客观地加剧了人本主义原本所具有的影响力和感召力,因为它与人们心灵深处的自然伦理情感和与各国人对世俗生活的需求是相同的。这种情怀铺垫了马斯洛在《良好精神状态管理》一书中论述的"开明管理"的思想,并阐述了企业组织"协同"(synergy)的思想,用人性、生命的力量来彻底取代非人性、制度的压抑。他用人的自我实现的话语否弃了人被当作物品或者工具的传统话语,直接推动了前赴后继的企业管理者们摒弃"战略—结构—系统"的管理结构体系,逐渐建立了具有更加广阔、更有生命力的"目标—过程—员工"的人本管理结构体系,培育了企业中最基本的人本主义理想和准则,恢复企业的人性活力,促进企业由被不同层次需求所"俘获"逆转为"俘获"不同层次需求,彻底抹去了全社会责任管理的绝大部分"工具理性"的特征,还原了具有人性色彩的人本管理的"价值理性"的特征。

随着我国"科学发展观"的倡导,我国企业的管理不仅仅需要注入人本精神,而且需要补上科学管理这门课。今天我国企业倡导以人为本的科学发展观和建立和谐社会,挑战了人本管理模式"让管理更具有人性"这一命题。这种挑战改变了由以往从个体上把握研究对象转变为从整体上把握研究对象,将管理学方法论由还原论隔离法、体系论分层法转变为系统论整体法,彻底改变了对现代管理学科学性的一种机械逻辑论和对理性的滥用现状,这也是对管理的科学性与人性、科学主义与人本主义的管理模式分类本身进行批判。基于体系论分层法的方法论将人性与科学性相结合,通过顶层设计或者排流水线设计将人性寓于科学技术、组织流程、技术运用、竞争和协作之中,用组织成员之间共生关系和信任机制来取代科学规则与人性的对立、管理者与被管理者的对立。这样使得人本主义精神寓于科学精神之中,科学主义管理模式本身也普遍具有内在的人本主义精神。

在人类进入知识经济时代的今天,人的高度社会分工和知识员工的高度流动性,造成了传统工业经济时代组织关系结构的衰竭,新的多元组织结构正待孕育而生。为了避免异化现象所造成的人性本质的扭曲,因此,从社会价值的角度来看,科学主义和人本主义融为一体的共享机制替代科学主义与人本主义对立的协调机制,在适应于管理学所强调的个体思维方式向整体思维方式转变的过程中,企业人本管理模式也随之转变为全社会人本管理模式。在企业管理实践中,企业也实现了由个体"俘获"不同层次需求向整体"俘获"超需求格局的转变,进而稳定和丰富发展全社会人本管理的理论体系。

3.4 本章小结

无论是适应于被完全低层次需求所"俘获"假设的传统管理模式,还是适应于被不同层次需求所"俘获"假设的全社会责任管理模式,尽管提高了管理的艺术水平,降低了管理的"工具性能",添加了管理的"价值性能"的某些成分,但他们还是把管理学简化成一种"物理学"的科学主义思维模式,人完全是在经济、社会和心理的定律控制下发挥人有限的能动性作用。这种在信息非对称的物本经济阶段,基于产权范式将卖方市场中完全低层次需求的人类价值归于物类价值输入人造物本资本会计系统(传统人造会计系统),形成重视物类价值胜过人类价值,或者见物不见人的物本会计报告,体现了忽视或否定人类价值的企业全社会责任管理模式。

目前许多人热衷于人本管理模式,基于新康德主义(neo-kantianism)、现象学(phenomenology)、诠释学(interpretation)等哲学思想的理论,强调管理学与自然科学的差异,认为组织及其管理现象的本质是人的主体精神的外化或客体化,是"精神世界"和"文化世界"(罗珉,2008)[42]。使管理学者认识到员工的创造力和个人能动性是一种远比统一性及服从性更加重要的竞争资源。因此,组织及其管理现象不能用反映的方式,更不能用自然科学的方法,唯一可行的只能是运用"个别化方法",即"理解""感受""分析"或"解释"来研究"以需求为本"的企业管理模式,彻底改写管理模式理论假设为"个体俘获不同层次需求",可以用"需求是判断人价值的唯一标准"的人本主义经济真理标准来验证。这反映了信息非对称的人本经济发展观。

鉴于信息非对称的人本经济阶段实践,自然体现人类社会在"第三次工业革命"的基础制造技术实现了企业供给能力大于需求能力的买方市场的形成,人类社会每个人追求高层次需求成为一种趋势,但信息非对称环境局限了人们对人本经济发展规律的认知。因此,基于信息非对称环境下认知买方市场各层次需求的物类价值归于人类价值的人造人本资本会计系统,形成重视人类价值胜过物类价值,或者见物不见人的人本资本会计报告,体现以人为本的企业人本管理模式。然而人本主义管理模式强调培养全人的价值观,有悖人的本性,因为创造人类历史是人民,而不是个别的英雄人物。当然这里人的主体不存在并非真的不存在,而是"无"中含"有",只不过不是单独存在的,而是寓于组织及其管理的整体之中,也就是我们并不否定英雄人物在人类历史进程中所发挥的伟大历史作用,因为英雄是广大人民的集中代表。因此,为了符合历史是人民创造的辩证唯物主义观点,整体"俘获"超需求是笔者提出所谓全社会人本管理理论的假设前提,也就是说,全社会人本管理模式是马克思的人本经济发展观下的自然产物之一,它可能也是被现代人们称之为后现代管理学的核心管理模式。

鉴于信息对称的人本经济阶段实践,自然体现人类社会在"第四次工业革命"的现代基础信息技术实现了人类社会供给能力大于人类社会需求能力的买方市场日趋成熟,买方市场的超需求成为人类社会的主流需求。信息非对称环境决定了人们基于具体社会人(劳动人)假设全面认知人本经济发展规律,因此,基于信息对称环境下认知买方市场超需求的物类价值归于人类价值的人造人本资本会计系统,形成重视人类价值胜过物类价值,或者见物不见人的人本资本会计报告,体现以人类价值为本的企业全社会人本管理模式。基于买方市场需求的不同,决定前者人本资本会计理论体系构建采用产权范式,后者人本资本会计理论体系构建采用人权范式。具体的不同范式将在后面章节详细论述。

第4章
企业人本资本会计是会计历史演化的产物

任何一门科学理论的产生都必须经过相关理论的相互关联与历史的沉淀,并且该理论是在所处经济基础中不断地孕育,才逐渐孵化出一门相对独立的新理论。会计理论的产生与形成也不例外,它伴随着人类社会由物本经济转变为人本经济过程中所孕育出的人类会计思想也相应经历了"二次历史起点"的转变。在追求人权的人本经济时代的今天,全球会计界已由物本经济发展观转变到人本经济发展观的基础上,确立了会计思想由"以物类价值为本"向"以人类价值为本"的转变,也确立了"以人权为本"的第三历史起点。在人本经济阶段必须全方位改革物本资本(产权)会计的法律制度体系、组织制度体系、理论体系,以及教育体系,最终形成建立在"人本经济发展观"支配之下的新会计学科体系,乃至审计、财务学科体系(郭道扬,2009)[1]。因此,企业人本资本会计是人本经济发展观指导下人类会计思想演进的第三历史起点的重要会计理论产物之一。

4.1 企业人本资本会计渊源于簿记理论

在物本经济阶段,尽管在人与人的关系上形成了社会性物本经济发展观,但在人与物的关系上形成了自然性人本主义经济发展观。因此,自然性人本主义经济发展观指导簿记理论,自然是人本经济发展观指导人本资本会计理论渊源的一部分,因为人本经济发展观包括以自然性人本主义经济发展观为基础的社会性人本经济发展观。具体企业人本资本会计渊源于簿记理论自身的演化。在12—13世纪期间,在意大利的威尼斯民间借贷行为十分普遍,"借主贷主说"随之产生(郭道扬,2008;易庭源,1986)[1][45]。这种记账法流传到意大利其他城市,并出现了叙述式演变为符号数码简明式、上借下贷演变为左借右贷等一系列记账法的变化和发展。

为突出增设商品账户的重要性,英国的劳伦斯·罗伯特·狄克西(Lawrence Robert Dicksee)将财产物资"人格化",致使"借主贷主说"在商品经济尚处于萌芽阶段,社会经济活动依赖于信用借贷而注重人与人之间的财产关系——债权与债务的情况下,统一在人名账户上的"人格化"账簿中而逐渐形成"拟人说"(郭道扬,2008;易庭源,2001;许家林,2010)[46]~[48]。此时,账户只是为了记载商品进出的数量,尚未根据商品账户计算损益。其历史阶段为经济发展注重产品使用价值的物本经济阶段,作为物本经济主体的"小作坊"、合伙性质工厂或农场等以"师徒"传承关系建立"熟人"社会关系。虽然它们的经营范围有限,但经济体内部处于信息对称状态。

在意大利威尼斯的货币业务和借贷行为进一步扩展的同时,资本主义工业也得到了发展。此时,卢卡·帕乔利(Luca Pacioli)将"借主贷主说"和"拟人说"合为一体,增设了资产、资本、费用、损益等账户,产生了"一个人所有财务＝其人财产所有权总值"的会计等式(易庭源,2001;许家林,2010)[47][48]。显然,拟人化账户与复式簿记的产生迎合了商品经济环境,并在人格化账户设置过程中,形成了卢卡·帕乔利(1494)的"人的一科目说"。郭道扬(2008)[46]的研究结果显示,卢卡·帕乔利特别强调人名账户,而"对于实物账户,尚未顾及也"(陆善炽,1934)[49]。易庭源(2001)[47]也认为:"借方和贷方所记之账目,应包含对人项目及无生之实物项目,一切记账均以人之立场处理之。"

到了19世纪,"人的一科目说"经德国、意大利与法国学者的研究而发展完善,形成了无论人名或实物,凡为收者计入借方,凡为授者计入贷方的"五科目论"(Les Cinquecontistes)的人格化账户体系。到了19世纪下半期,这种"五科目论"遭到"三记式簿记学派"的批评。吉米赛佩·切尔博尼(Giueseppe Cerborci)认为企业在经营活动中,至少存在四种人格,即所有者、管理者、代理人和雇主,簿记上的所有账户都是为管理者以外的三种人所设。许家林教授(2010)[48]就其账务处理法则研究认为,代表通常企业者为"代理人和顾主"两种人格。无论哪一种人格,均视为债权人计入账户借方,而债务人计入账户贷方,这种反映企业主与企业之对立统一关系被称为"人的二科目说"。而"人的二科目说"中反映的各个人格关系所产生的借贷关系是否直接,也就形成了所谓的奥地利学者伍利曼(Ulimann)的"直接说"和英国学者劳伦斯·罗伯特·狄克西(Lawrance Robert Dicksee)的"间接说"以及意大利吉米赛佩·切尔博尼的"法权理论"(易庭源,1986)[45]。易庭源(1987)[50]认为,此类的"拟人说"是唯心的。

从某种意义上讲,它是意大利"文艺复兴"时代倡导反科学主义的人本主义产物之一,强调对人的价值保护和对人的尊严维护。因为该学说把毫无生机的事物和绝对不会有人格存在的地方也武断地假定其有人格,以定借贷,其处于拟人制度而违背事实的特点是非常明显的(许家林,2010)[48]。

随着资本主义经济的发展,到了19世纪中叶,以股份公司为代表的新型经营形式迅速发展,促进了商品经济的高度发展,公司之间、人与人之间的经济关系被物掩盖着,许多经济业务已不能用简单的借贷关系反映,这样"拟人化"账户理论就失去了存在的客观条件。基于"资本雇佣劳动观"的企业理论盛行之际,提出用"正财产"(positive property)和"负资产"(negative property)来解释贷借记账原理的《簿记新论》(F. W. Cronhelm,1818)被推广运用,最终使"拟人说"发展到"物的理论"。至此,由反映人与人之间直接关系的账户转移到人与人之间隐含关系的账户,再转移到物与物之间直接关系的产权账户中,产权范式的产权会计开始得到发展,而形而上学式的人权范式的企业人本资本会计逐渐被"雪藏"。这也表明人类社会由财产权转移到产权,使用价值转移到交易价值的物本经济发展阶段。

总而言之,会计"拟人说"强调人与人之间的关系,物与物之间的关系隐含到人与人之间的关系中;而会计的"物的理论"强调物与物之间的关系,人与人之间的关系隐含到物与物之间的关系中。也就是人类价值归于物类价值的物本经济发展观,强调社会中"物"是第一位的,"人"是第二位的。但无论是会计"拟人说",还是会计的"物的理论",它们在描述自然世界中人与物之间的关系时,仍然采用自然性人本主义哲学。也就是一切自然之物是为人之用的,承认人的主观能动性。

从16世纪起,随着意大利经济的衰落,复式簿记发展中心由意大利北部城邦"漂移"到欧洲后起的资本主义国家,最终趋同于19世纪下半期德国的复式簿记理论。此时德国会计学家对会计理论的研究进入创新阶段。弗里德里希·霍格利(Friedrich Hugli)认为"簿记目的不是记录人与人之间的财产关系,而是记录企业财产的构成部分和变动状态"。乔安·弗里德里希·雪尔(Johann Friedrich Schar)充分认可霍格利的观点,并将账户分为财产(资产与负债)记录与损益(资本)记录两个系统,利用"资产-负债=资本"的会计代数方程构造会计核算体系,逐渐形成了"二账系说"(又称为"物的二科目说"),试图从根本上推翻"拟人说"。德国著名会计学家曼弗雷德·伯利纳(Manfred Berliner)从把握财产变化出发,仅需设置一个账系而无须再设另一账系,尽管将会计科目分成积极与消极两大类,但借贷法则仍然是一元的,即无论任何账户,借记"正"的项目,贷记"负"的项目,形成了"一账系说"(又称为"物的一科目说")。

基于对"二账系说"与"一账系说"中负债与资本地位对立以及损益账借贷原理解释的矛盾进行批评的基础上,以德国柏林大学会计学者海因里希·尼克秀(Heinrich Nicklisch)等为代表提出了"贷借对照表说"。在企业资本运营过程中,很难区分来源不同,与资本相对立的就是一切实际财产,总财产与总资本价值随时相等,即总财产(各种资产)=总资本(负债+资本),构成"贷借对照表"的方程式。"贷借对照表"传入美国后,在企业与业主人格分离的基础上,威廉·安德鲁·佩顿(William Andrew Paton,1922)[51]主张负债与资本概念不分,统称为"产权"。资产与产权实为同一物的两个方面,即"资产=产权"。而罗伊·伯纳德·凯斯特(Roy Bernard Kester,1933)[52]将产权明确划分为负债与资本,即"资产=负债+资本"。至于发生的损益,势必影响资本数额,即"资产=负债+(资本+收益-损失)"。

无论哪一种等式方程,无非说明各种使用价值的资产为企业所需的来自各种业主或债权人的经济资源,即"资产的来源=资产的形态",形成了相对注重损益的双重计算,并对给后来动态会计学思想重要启示的德国著名学者弗里德里希·莱特(Friedrich Leitner)所提倡的与"贷借对照表说"并无多大差别的"三账系说"的"等式说"产生重要的影响。在"等式说"的基础上,德国律师赫尔曼·菲特·西蒙(Herman vei Simon)和赫尔曼·雷姆(Herman Relm)高度重视等式中资产内涵的界定,并以资产计价作为会计的重心,运用"收益资本化价值"概念来阐述资产的确认问题。他们在发表被誉为"资产负债表说"的权威专著的基础上形成了以资产负债表为基础的大陆式会计体系。

因此无论是"一账系说""二账系说""三账系说",还是"贷借对照表说""资产负债表说",都是从静态角度看待借贷复式簿记的理论与实务,而对资本及其影响认识不足(易庭源,2001;郭道扬,2008;许家林,2010)[47][46][48]。笔者认为,"静态会计说"适应于工业经济时代"资本雇佣劳动观"的企业经济活动的实际需要,并逐渐形成相对成熟的"资产负债观"来反映"只见物不见人"的会计簿记体系,其本身就是体现企业物本资本处于主导地位的现实。但随着信息非对称的人本经济阶段计算机技术和网络的普及以及电子通信技术的迅猛发展,催生了"静态会计说"逐渐不适应的企业资本呈"泛化"趋势的信息经济时代,人们开始关注企业动态战略发展的人本经济活动需要。也就是说,作为"静态会计说"的会计主体适应于卖方市场的生产导向型企业物本经济管理需要,但它不适应于买方市场的顾客导向企业人本经济管理需要。

受"三科目说"注重损益计算的启示,在《折旧》一文中,强烈反对当时的"静态会计说"的科隆大学企业经济学教授奥根·施玛伦罗赫(Eugen Schmalenbach)在发表《动态资产负债表理论基础》(*Grundlagen dynamischer Bilanztheorie*)一文中,最早提出了会计的"静态论"与"动态论"。施玛伦罗赫的动态理论认为,会计并非只用于企业内部的管理,应当与会计立法的要求相适应。它的会计目标由资产负债表中心观转到损益中心观,资产成为确定收益而预提待摊的成本。当时损益表内的各个项目均是这一时期累积量,这些汇总的数字并不能直接揭示动态的过程,只能说他们试图通过损益表乃至资产负债表的信息分析出经营活动的动态特征(徐国君,2004;徐国君、马广林,2004)[53][54]。

巴比从认识企业资本循环规律的角度来认识"借贷原理",进而提出了承袭施玛伦罗赫动态会计理论的"资本循环说"——企业经济活动所引起的相关会计要素项目的变化,如何从其物质流动的背后找出其资金流动的规律,并通过设置相应的账户体系来反映其变化的过程和结果,从而形成相应的理论来解释会计记录的原理之所在(许家林,2010)[48]。其学说经我国著名会计学者陆善炽发表著名论文《复式簿记源流考》(1934)[49]以及李觉鸣出版专著《理论簿记学》(1944)[55]介绍引进我国。在沿袭巴比的"资本循环说"基础上的研究,我国著名会计学家易庭源教授创立"水槽式"复式记账原理的"新动态论"(1940—1948),并发展为"资金运动论"(1949—1986),最终形成"资本运动论"。至此,以"产权为本"的传统财务会计理论得到了长足发展并日趋成熟。

尽管是在不同的经济时代并且是在不一样的企业经营活动过程中,但是资本始终代表着产权的有效配置形式。因为通过人类社会中"人"与"物"的关系来对原有资源进行有效配置,进而形成稀缺程度更高的组合资源,提高了资源使用价值。同时因人类社会中"人"与"物"的关系而形成了"人"与"人"之间的关系,在人创造了交易价值的同时,也凝聚了人的价值。因此,产权有效配置过程也是资本保值、增值的过程。这集中体现了以资本增值为本或以财富增值为本的物本经济发展观,但在信息非对称的环境中,它在肯定本人价值的基础上推论出他人价值,而并非否定他人价值,在哲学层面上表现为以自我价值为本的功利主义价值观。它与信息对称的环境中强调以人人(人类)价值为本的人本主义价值观并非完全对立。

如果在掌握充分信息的基础上,以自我价值为本,合理推论出他人价值,则这两种价值观所产生的价值效果是等同的。其中"物"是哲学意义上的"物",即人主观世界以外的客观存在,就本质而言,产权等于人权(巴泽尔,2006;姜素红,2006;丁胜红、盛明泉,2011)[56][57][26]。而法律制度是界定产权关系的,它是保护所有者财产权益的主要手段之一,它的发展也促进了会计法律制度和会计理论的发展,因此才有了德国大陆法系的形成与德国会计理论发展的重要关系之说(郭道扬,2008)[46]。这也促进了"以产权为本"的现代会计理论逐渐成熟。就物本经济阶段以"物"为中心而言,成熟的产权会计理论(物本资本会计理论)为发展以"物"转移到以"人"为中心的人权会计理论(企业人本资本会计理论)奠定了基本理论基础。

从某种意义上讲,物本经济发展观是不彻底的人本经济发展观,导致它不彻底的主要根源是信息非对称所造成的人们对世界认知产生偏差。这种偏差并不能够泯灭人们追求自由、幸福的本能。这种观点与"物本经济发展观与人本经济发展观是自然性人本主义哲学观的孪生兄弟"的世界哲学家观点具有异曲同工之妙,究其人与物的关系,它们在本质上是一致的。显然,这些观点对于丰富发展当时以德国为代表的"大陆会计理论",且以现值计价原则为核心的施密特的组织会计原理产生了积极推动作用,这种对人本主义价值观传承的会计理论体系也成为形成人本经济阶段的企业人本资本会计理论体系的源泉之一。施密特在强调"资产负债表系统"的前提下,主张"二元论",认为损益表能够提高资源配置的效率。这符合当时工业革命完成后由于两权分离所带来的股东收益分配的要求以及对经营者经营业绩考核的客观需要(陈信元,1993)[58]。

在资本市场发育比较成熟的今天,它对构建信息非对称的人本经济阶段的企业人本资本会计损益表仍具有借鉴意义。但物本经济阶段企业或组织物本资本会计中的损益表注重对业主权益的维护和保护,只求对资本运动的全过程进行反映和监督,体现"资本雇佣劳动观"。只考虑以股票持有者的财富增加来衡量收益,并没有考虑到会计收益信息对企业其他利益相关者作用的问题。这一点在人本经济阶段作为会计主体是不能容忍的。因为只有收益表才能反映企业经营活动是成功还是失败,所有利益集团在大部分情况下最需要的重要信息只能由系列的收益表提供(Littleton A C,1953)[59]。

当人们经过了长期的会计思想发展与簿记理论准备之后,到了人本经济阶段,在知识分工的条件下,分散知识必须通过某种方式进行合作,才能为大众所共享并促进社会经济的发展(刘红红,2008)[60]。同时在追求人权的人本经济阶段,信息非对称的买方市场驱动人类社会经济发展巩固和提高了人力资本主导地位,而人力资本主导作用的发挥正逐渐促进多元化资本凝合与资本泛化趋势的形成,同时也促进了传统组织结构逐渐衰竭,新的组织结构在悄然孕育(丁胜红、吴应宇,2012)[61]。

因此,不仅巴比"资本循环说"中的"资本内涵与结构""资本的运动形式"以及"资本运动的记录规则"精髓思想为反映"以人类价值为本"的人本经济阶段企业人本资本会计理论产物之一的企业人本资本会计要素和账户的划分提供了理论依据,而且已扬弃传统的"平衡表—账户—平衡表"会计理论体系,建立反映"资本运动论"的"对象—账户—报表"会计理论体系(易庭源,2001;周定奎、邱泽新,1985;施先旺,2004)[47][62][63],也成为构建"资本—价值管理——报表库"的企业人本资本会计理论体系的理论源泉之一。

4.2 企业人本资本会计渊源于会计理论

到了20世纪初,会计发展史上的簿记时代已结束,人类已经进入会计发展的新时代(郭道扬,1999)[64]。据已有的文献分析,发现至少从现代经济学诞生之日起,经济学便与会计学有着密切的联系。由于经济收益的概念正确揭示了收益的本质,能够全面地反映资产收益的真实状况,所以源于经济学的会计收益概念在发展过程中注重根据会计自身的特点,同时伴随着计量技术水平的不断提高,会计收益内涵的扩展也逐渐趋同于经济收益内涵。收益内涵的每一次拓展或创新,都伴随着对会计收益计量模式革新的会计学中新概念、新思想的出现,有着时序上的对应性和内容上的关联性。

具有大陆法系会计理论之一的"业主权理论"者寻求严格的区分资本与收益,接受了在经济学上最早对收益概念进行探索的亚当·斯密(Adam Smith)的宏观经济学的收益定义,拒绝了欧文·费雪(Irving Fisher,1867—1947)的收益概念(许家林,2010)[48]。直至威廉·安德鲁·佩顿(William Andrew Paton,1922)[51]对"主体理论"进行全面论述,欧文·费雪的微观经济学的收益概念才逐步进入会计学收益的研究范畴。承袭早期的经济学观念和费雪的收益定义,约翰·理查德·希克斯提出了"在期末、期初保持同等富裕程度的前提下,一个人可以在该时期消费的最大金额"除适合个人收益外,也适合企业收益的定义(Hicks J R,1946)[65]。这包括被欧文·费雪排除在外的"储蓄""透支"以及"资产价值变动"在内的消费和经济资本净增加值两部分,成为继20世纪50年代在古典会计学派的基础之上所形成的"决策有效说"与"事项会计说"的两大规范会计学派之后,且源于约翰·班纳特·坎宁的《会计学中的经济学》中被称为第三大规范会计学派——"真实收益会计说"的理论源泉之一。

信奉"真实收益会计说"的许多会计学者试图探索以反映动态会计原理的其他会计计量模式(AAA,1957;Edgar O、Edwards & Philip W Bell,1961)[66][67]替代表现静态会计理念的历史成本会计模式,来打通属于事后收益的会计收益概念与属于事前收益的经济收益概念之间的鸿沟。但是在1973年巴顿认为,为了满足投资者对会计信息的需求,会计收益计量与事前收益概念的联系越来越紧密已是不争的事实,信奉真实收益的存在而寻求满足投资者需要的一系列计量属性,包括现值(Solomons David,1961)[68]、现行重置成本(Corbin D A,1962;Lemke S P,1966)[69][70]、现行市场价格属性(Dichens&Blackburn,1964)[71]、脱手价值属性(Robert Raymond Sterling,1970)[72]、公允价值(黄世忠,2010;刘永泽、孙蔓,2011)[73][74]。这些收益计量属性被大量运用,不仅直接导致了会计收益计量对传统会计收益的扬弃,使得收益计量的"资产负债观"成为继"收入费用观"之后的收益计量模型,而且遵循了会计准则和会计实务操作指南,为"全面收益观"的产生奠定了计量技术基础。

尽管因为计量经济收益难度较大,而拒绝了一些会计学家积极主张的以"财务资本保全"概念为依据,按照经济收益的概念来确定企业收益,但仍有许多会计学者前赴后继地研究会计收益内涵在不断趋同经济收益内涵:传统会计收益→企业收益(Edgar O、Edwards & Philip W Bell,1961)[67]→全面收益(FASB,1980)[75]→经济收益的概念演变过程。这种收益概念演变趋势要求突破传统会计实现原则的束缚,由当前只确认已实现收益扩展到非业主所有权变动,包括未实现但已可确认的持有利得。由于市场发育尚不够成熟,收益计量技术水平尚欠发达,很难实现通过会计收益替代经济收益来完全反映经济活动的本质。

正因为如此,ASB、FASB、IASB和G4+1组织在具体如何报告全面收益方面存在许多不同之处。但这为资本市场高度发达以及计量技术日趋成熟的人本经济阶段的企业人本资本会计收益确认计量,以及构建企业人本资本会计损益表预先搭起一个方向性框架。因此,会计收益内涵越接近经济学的收益内涵,人的价值就越得到更大程度上的认可,进而维护人的尊严状况得到改进。

市场发育欠成熟和收益计量技术欠发达不仅决定了财务会计很难消除"信息非对称性",造成财务会计不可能提供既能协调股东与管理层之间的关系,又能保证满足投资者需求的信息,而且也为启蒙于1908年托斯丹·邦德·凡勃伦的"费雪的资本和收益"、产生于1959年马尔沙的"信息经济学评论"、成熟于1961年乔治·约瑟夫·斯蒂格勒的《政治经济学》中的"信息经济学"在会计领域内的发展提供了不良的"土壤"。正因为如此,才促使会计应当从经济收益观转向"信息观",以减少"信息不对称"现象。

恰如美国会计学者理查德·R.马蒂斯奇(Richard Ricdtd Mattissich)指出的,20世纪60年代末,会计理论研究的第一转向信息经济学的应用,主要表现为信息经济学、证券价格和行为科学在财务会计研究中的运用;尤其在20世纪90年代之后,资本市场迅猛发展,资本流动迅速,更多中小投资者涌入资本市场,跨国公司和控股公司大量涌现,公司股权高度分散化、流动化。这导致会计环境的巨大变化,当然要求会计对此作出相应反应:一方面,它天然肩负对产权主体的保护责任,并对产权进行界定、计量、记录、报告和控制的会计向利益相关者提供决策有用的"商业语言";另一方面,信息经济学与会计学之间的融合程度不断加深,研究内容和研究领域高度趋同化,孵化出会计理论新分支——决策有用说和证券市场研究会计说(Kothari S P,2001;陈国辉,2007)[76][77]。

上述会计收益内涵不断接近经济学收益内涵的原因在于,一方面,会计确认计量的技术不断进步;另一方面,会计信息市场也在不断发生变化,由对会计信息基本需求的卖方市场转向对会计信息超需求的买方市场。技术改变了人的生活习惯和生活方式,进而也改变了人们对世界的看法。获取会计信息技术由手工化、电算化到智能化的演变,会计信息价值观由物本经济阶段信息非对称下卖方会计信息市场的功利主义价值观转变为人本经济阶段信息非对称下买方会计信息市场的以人本主义价值观为主、功利主义价值观为辅,以及信息对称下买方会计信息市场的人本主义价值观。在人本经济时代的会计环境下,这些会计最新理论不仅为研究人本资本会计实时动态财务报告模式提供了理论依据和研究范式,而且为通过"孵化"出该理论所需要的生存技术手段来优化实体经济与虚体经济匹配的动态技术路径提供了操作手段。

自此之后,许多有关要求揭示非财务数据、前瞻性数据和公允价值数据的提案都可以看成信息经济方法在人本资本会计实时动态财务呈报中的自然拓展。在资本市场快速发展并且具有高度流动性的人力资源配置中处于主导地位的人本经济时代,为了适应以顾客为"上帝"的会计信息使用者的信息需求变化,"新的信息观"引领人本资本会计实时动态财务呈报的目标只能是"决策有用观"。这种会计的"信息观"最终导致了实证研究方法在会计理论研究中的运用,从而为构建企业人本资本会计实时动态财务检验报告提供了理论依据和技术保证。当然在构建企业人本资本会计实时动态财务报告之前,务必理解企业人本资本是如何形成的。

4.3 企业人本资本理论的缘起与形成

据已有文献分析,经济的发展与追求人的价值有着紧密的联系,反映经济与管理活动本质的会计学,其每一次思想创新及新的理论学派创立,都和反映追求人的价值、实现"以人为本"的思想、理念创新的出现有着时序上的对应性和内容上的关联性。前文对人类社会的簿记理论与会计理论中作为人本经济阶段企业人本资本会计理论渊源于自然性人本主义观的相关理论进行了梳理与概括。也就说,在人类社会中人们追求自身解放与自由从未停止过,追求人本主义价值观始终贯穿于人类社会的不同经济阶段。"以人为本"的思想启蒙于13世纪意大利文艺复兴时代的人文主义,发端于20世纪20年代末期美国哈佛大学心理学家乔治·埃尔顿·梅奥(George Elton Mayo)和弗里兹·罗特利斯伯格(Fritz J. Roethlisberger)等人进行的著名的"霍桑实验",经过18世亚当·斯密的经济人本理念的发展,到19世纪费尔巴哈提出了人本主义理论(吴季松,2006)[78]。至此为追求人的价值实现和尊严维护而反对"非人性化"(dehuman-ization)的科学主义促成了人本主义的兴起与繁荣。

人本主义把人看作衡量一切的尺度,强调人在管理学研究中的中心位置。正如德国哲学家康德的伦理哲学说明了这个道理:"理性生物之所以叫作人,是因为他们的本质属性突出了他们作为目的的自身——也就是他们不应当仅仅被当作手段,因而在很大程度上限制了对他们的随意摆布(Immanuel Kant,1964)[79]。"其思想在"拟人说"的会计理论中得到集中反映。梅奥通过著名的"霍桑实验"不仅催生了早期的人本主义范式——人际关系理论,而且得出了"影响生产效率的根本因素不是工作条件,而是工人自身(Fritz J. Roethlisberger、William J. Dickson,1939)[80]"。而德鲁克认为,人力资源与其他资源相比具有与众不同的特征,即人力资源具有协作、整合、判断及想象的能力(Peter F Drucker,1954)[81]。致使人本主义范式抓住了工作场所人性表现的核心所在:人天生就具有生产力和主动性,人的主体性是人作为活动主体所特有的质的规定性,在实践中表现为"人的能力"(罗珉,2008)[42]。所以在会计"拟人说"中,主张任何交易都是"人"与"人"之间的价值授受关系,因而可把各个账户比作"人",授者为"贷",受者为"借",把各个账户的记账方向虚拟为债权、债务的借贷关系(许家林,2010)[48]。

在19世纪,西方工业革命初步完成,以股份制公司为代表的新型经营形式迅猛发展,促进了商品经济的高度发展,难以用简单借贷关系反映的许多经济业务关系已被物所掩盖,并作为物和虚拟资本出现,这样拟人记账原理就失去了存在的客观条件。在物欲横流的商品经济时代,人们追求"衡量事物的唯一标准是人的需求"的价值判断标准,致使人本主义者认为"整个人类的本性就是由这些积极的与消极的、崇高的与卑劣的品质构成的……"这也成为取代会计"拟人说"的静态会计学说诠释借贷复式簿记原理的思维方式之一。譬如说,雪尔(1890)在其出版的《簿记理论》(*Methodik der Buchhaltung*)一书中,在财产记录中,将财产划分为积极财产与消极财产……德国著名会计学者曼弗雷德·伯利纳(Manfred Berliner)于1893年在《簿记与资产负债表论》(*Buchhaltung und Bilinjelehre*)一书中提出:"……由于借贷对照表是由积极的与消极的两部分组成,所以会计科目也有积极与消极两大类。……"人的价值与人的需求是紧密相连、相互转化的,同时人的需求不能脱离他或她所依存的环境。

因此,尽管人类经济活动关系被物所掩盖,但是静态会计说仍然以"物"为载体表现出人们对自身价值追求的能力和毅力。正如马斯洛所论证的,"在团队中,你给予其他成员越多的影响和权力,就越能够支配自己(Abraham H Maslow,1965)[36]"。另外,德鲁克早就指出:"一种对人类特性的认识,也就是人类有能力把许多因素成功地整合在一起,并加以判断、规划乃至改变。"(Peter F Drucker,1954)[81]正是人们孜孜不倦地追求自身价值,在人本主义经济学中集中体现为"在理论上探索、设计适合于最大限度地满足不同层次的人类需要的生产、流通、消费过程的适当的组织制度安排"(Simokde de Sismodi J L,1965;Ruskin、John,1888)[82][83],最终形成了"以需求为本"的人本灵魂,它依附在"可见的、固定的"资本上,形成了不同经济阶段的人本资本实体,并在"人本灵魂"的诱导下通过资本运作来实现人的价值、维护人的尊严。

正因为如此,静态会计说中无论"一账系说""二账系说""三账系说",还是"借贷对照表说",都是从静态角度来看待借贷复式簿记的理论与实务,从而对资本运动及其影响认识不足(许家林,2010)[48]。在"人本灵魂"的诱导下,人们试图用会计数据再现资本运动的一瞬间,去描述企业经济活动应运而生的施玛伦巴赫"动态会计说"。尤其在近代企业的发展过程中,资本循环已经成为管理活动的核心问题,簿记工作对业主权益的维护与保障必须放在资本以各种方式运作的过程之中,力求进行全面、正确而系统的反映和监督。人们不断地追求法律制度对其产权的界定和保护,促成了丰富"大陆会计理论"的组织会计理论的产生。从认识企业资本循环规律的角度来认识借贷原理的巴比的"资本循环说",以及为追求反映资本运作本质的"真实收益会计学说",理所当然成为"资本雇佣劳动观"下物本经济阶段信息非对称的生产导向型企业物本资本会计理论源泉的一部分。

在人类进入人本经济阶段后,人的高度社会分工和知识员工的高度流动性造成了个人异化感的增强和组织及其管理的动荡。这实质上回到了经典大师们力图解决的难题上:在人本经济阶段,所有权与经营权合一的专业化分工知识员工个人享有高度自由,如何处理个体与总体的关系(罗珉,2008)[42]。马克思从唯物历史观视角对"人本"进行判断:它是人与人、人与自然之间的关系二重体系(洪远朋,2004)[84]。强调从整体上把握研究对象,主张把事物作为一个完整、有机的整体来进行系统分析。

人性并不是也不可能独立存在,人性是寓于科学技术、组织流程、技术运用、竞争和协作之中的。科学性与人性相结合,也就是实体和灵魂融合,其依据是,科学性是纲,是骨架;而人本性是血肉,是细胞,是整体的灵魂,是生动具体的(罗珉,2008)[42]。这也是对主张把整体分解为部分来研究的现代管理学还原论(reductionism)的一种扬弃。因为仅仅靠"分析—重构"方法来认识越是复杂的组织及其管理世界,这种现代管理学还原论隔离法对于把握整体涌现性就越是无效。这就说明利用"还原论隔离法"对具有单元产权属性的企业资源进行"见物不见人"的会计要素以及会计科目的划分,已不适应人本经济时代下具有多元产权属性的企业资源进行"见人又见物"的会计要素以及会计科目的划分。因此,单从财务报表的编制与列报进行改革,不考虑财务报表要素的设置与确认,账户的分录与记录等其他系统要素的相应改革,恐怕是不大可能获得圆满成功的(葛家澍,2009)[85]。究其原因在于,物本经济阶段强调人类价值归于物类价值,重视物类价值胜过人类价值,按照物类经济用途设计物本资本(产权)会计要素及其会计科目,更能够反映以资本增值为本或以财富增值为本的物本经济发展观。而人本经济阶段强调物类价值归于人类价值,重视人类价值胜过物类价值,按照劳动专业化分工来设计人本资本(人权)会计要素及其会计科目,更能够反映以人类价值为本的人本经济发展观。

20世纪80年代,我国著名会计学家杨纪琬和阎达五教授(1980)[86]曾卓有成见地提出"会计管理"的概念。为了适应新经济时代企业经营理念由最初的生产导向型理念(production philosophy)、销售导向型理念(sale philosophy)、市场导向型理念(market philosophy)向顾客价值导向型理念(customer philosophy)转变的需要,人们由侧重于企业内部管理逐渐转向对企业外部管理的重视(吴应宇、丁胜红,2011)[87]。在此转变过程中,美国著名管理学家麦克尔·波特提出的价值链分析(value Chain analysis),美国管理学教授詹姆斯·迈天提出的价值流管理(value current management)理论和美国会计学家汤姆·科普兰提出的价值管理(value management)理论已被管理界广泛接受,价值管理已成为现代企业管理的核心理念(陈良华,2002)[88]。其理论的研究重心也逐渐从企业的价值创造、价值实现转向价值经营(翁世淳,2010)[89]。因此,信息经济会计说、决策有效说和证券市场研究会计说都必然成为这一转变会计环境下孵化的产物。沿袭经济发展历史规律下不同会计理论必然具有一定传承性,这些会计理论也必将传承于人本经济时代的企业人本资本会计理论的一部分。

马克思对"人本"的这种认识也开启了反传统的人本主义的后现代管理学研究:科学主义内在地包含人本主义,人本主义也体现了科学精神。其理论精髓成为"科学发展观"的理论根源。其方法论范式则将人性与科学、企业与员工、竞争与协作看成不可分割的整体,组织及其管理世界中的人性与科学并不存在整合问题,而应该用组织内生的伙伴关系和信任机制取代科学规则与人性的对立、管理者与被管理者的对立。这为研究人本经济阶段人本资本概念的形成以及人本资本会计要素和账户的划分提供了理论基础。

在人权成为当今时代的观念和标志后,尊重和保护人权成为人类文明进步的核心价值、内容和特性(王立行,2003)[90]。在追求人权过程中,人本是资本的灵魂、价值观,资本是人本价值观得以实现的主要途径,人本与资本的融合是天然的。随着资本的表现形式不同和人本的历史性演化,人本资本形式也是多种多样的,但它的本质结构应该是一致的(丁胜红、吴应宇、周红霞,2011)[13]。因此,在人本经济时代的利益相关者企业中,各种"可见的、固定的、不可见的、不固定的"资本与劳动和谐,形成企业人本资本实体,通过产(人)权配置形成稀缺度更高的企业人本资源,同时凝聚企业人本资本的价值。根据信息是否对称,人本经济阶段可划分为信息非对称下顾客导向型企业人本资本会计与信息对称下用户导向型企业人本资本会计。它们是人本经济发展观下必然的会计理论产物之一。

人类社会进入信息非对称的人本经济阶段,人的高度社会分工和对知识产权高度尊重,在买方市场中知识员工的高度流动性造就了人力资源在资源市场配置中占据主导地位的会计环境。在这种会计环境下,物类价值归于人类价值的人本经济活动引起相关会计要素项目的变化。如何从其人力资源流动的背后找出其以人类价值为本的规律,并通过劳动专业化分工设置相应的账户体系来反映其人类价值为本的人本价值管理的过程和结果,从而形成相应的企业人本资本会计理论来解释企业人本资本会计记录的原理之所在。这既要迎合巴比的"资本循环说",又要体现"以人为本"的企业人本资源市场的配置格局,同时揭示出马克思从唯物历史观视角对"人本"的判断。

在第2章中所论述的顾客导向型企业人本资本价值定理和人本资源配置定理,作为信息非对称的人本经济阶段顾客导向型企业人本资本会计研究的经济理论基础,而人本管理作为信息非对称的人本经济阶段顾客导向型企业人本资本会计研究的管理理论基础。也就是说,在信息非对称的人本经济阶段,顾客导向型企业人本资本理论包括顾客导向型企业人本资本价值定理和人本资源配置定理以及人本管理理论。而顾客导向型企业人本资本理论是构建顾客导向型企业人本资本会计的理论依据。为了满足买方市场驱动人力资源高度流动与整合的要求,顾客导向型企业人本资本会计应该从"经济收益计量观"转向"信息计量观"。鉴于买方市场的信息非对称性要求,顾客导向型企业人本资本会计还采用现行价值或公允价值,这不仅是会计历史的择优选择结果,更重要的还是现实需要。

许多利用信息经济方法产生的非财务数据、前瞻性数据和公允价值数据在顾客导向型企业人本资本财务报表中得到自然尝试。这种明显的变化趋势在美国财务会计准则委员会(FASB,1978)[91]发布的"财务会计概念公告"中得到了反映。同时为了适应人本经济时代企业资本呈泛化趋势,会计要素应该突破基于生产导向型企业物本资源用途设计的传统会计要素及其会计科目的划分。只有采取反映以人类价值为本的劳动专业化分工的方式来划分企业人本资本会计要素及其会计科目,才可足以反映人本经济时代人力资本的高度流动性和以人类价值为本的人本经济发展观。

明确资本的概念并了解其结构与特征是研究企业人本资本会计理论的前提。巴比指出,"在商人企业之上,其所使用一切财产,无论有形无形,凡有价于企业,且得货币测定其价值者,是称营利资本,或单以资本称之"(李觉鸣,1944)[92]。这与现在美国财务会计准则委员会(FASB)的资产定义本质相近,即"资产是能够带来未来经济利益的企业资源",因此,他们都是对资本所依附实体的不同描述。马克思基于信奉"利己主义"的资本主义制度立场,研究具有对立关系的雇佣劳动与资本之间的相互作用,指出资本的生产方式最终不适应生产力发展的一面。事实上,在我国社会主义初级阶段,在不同程度上、不同范围内,资本与劳动的依存关系是存在的,是相互发挥其积极作用的(吕炜,2005)[93]。也就是说,应信奉马克思的人本主义社会制度,强调资本与劳动之间的和谐性。这时"资本"不再是马克思所说的那样,而是"每个毛孔也不再是流着'肮脏的血',而是流淌着追求人自身价值实现、维护人的尊严、天下为公、世界大同的人的'新鲜干净的血'"。

巴比从反映经济活动的动态过程的资本价值源泉来划分资本结构:一是"企业家之家计经济,即企业家所出之自己之资本";二是"其他外部经济,即由其他企业借入他人资本也";三是"利润,即企业上所生之利益"(李觉鸣,1944)[92]。其实他是按照企业资本来源渠道来划分企业不同资本实体,进而划分不同会计要素,并用它来归类反映企业的产权交易或事项。

然而,在信息非对称的人本经济时代,以顾客价值为导向的企业人本经济理念,企业家不再是具体个人,而是制度的化身。根据巴比的资本价值源泉与"四种资本运动形式"来划分,信息非对称的人本经济阶段顾客导向型企业人本资本会计要素及其资本结构可分为:顾客导向型企业正式制度产权有效配置可近似地表现为"在顾客导向型企业内部所作之中心循环运动",故将服务于顾客导向型企业内部的正式制度产权有效配置形式称之为组织资本;顾客导向型企业非正式制度产权有效配置近似地表现为"在顾客导向型企业之限界(圆周)上所作之圆周循环运动",故将服务于顾客导向型企业外部的非正式制度产权有效配置形式称之为关系资本;而将"流入顾客导向型企业内部之向心运动"与"由顾客导向型企业内部流出之离心运动"近似地表现为人力(有生命)资产产权有效配置和物力(无生命)资产产权有效配置,故将属于生产领域内的人力资产产权有效配置形式称之为人力资本,物力资产产权有效配置形式称之为物力资本。以劳动专业化分工所划分的组织资本、关系资本、人力资本以及物力资本作为会计要素,不仅符合马克思从唯物历史观对"人本"的判断,而且揭示出顾客导向型企业人本经济活动的"价值载体、价值源泉和价值归属"的动态顾客导向型企业人本资本会计本质。

在信息非对称的人本经济阶段,顾客导向型企业持以顾客价值为导向的经营理念以及专业化劳动分工与合作的人本价值管理,已成为顾客导向型企业人本管理的核心理念(吴应宇、丁胜红,2011)[87]。视账户为计量器的复式簿记理论已经远远不能对企业以人类价值为本的人本经济活动进行描述。因此,基于将以资本增长为本的经济用途设计生产导向型企业物本资本(产权)会计账户,转变到以专业化劳动分工体现以人类价值为本的顾客导向型企业人本资本(人权)会计理念,是人本经济发展观的会计理论产物之一。顾客导向型企业人本资本会计的人本价值管理是通过主权货币或非主权货币的计量属性,对人力资本、组织资本、关系资本以及物力资本的顾客导向型企业人本资本价值的创造、实现以及经营的各种人本经济业务或事项进行确认计量。因此,顾客导向型企业人本资本会计的形成体现了第2

章中所论述的信息非对称下人本经济阶段顾客导向型企业管理者借助人本管理,最终促使顾客导向型企业人本资本价值定理与顾客导向型企业人本资源配置定理的形成。于是,笔者将信息非对称下人本经济阶段的人本管理理论、顾客导向型企业人本资本价值定理与顾客导向型企业人本资源配置定理,综合为指导顾客导向型企业人本资本会计研究的顾客导向型企业人本资本理论。为此,反映顾客导向型企业人本资本理论的顾客导向型企业人本资本会计要素产生如下的内涵演化。

1. 人力资本

关于人力资本的概念可以追溯到 18 世纪的古典经济学创始人亚当·斯密(Adam Smith)的代表作《国民财富的性质和原因的研究》(1776),其中指出,人力资本是指人的后天获得的有用能力。阿尔弗雷德·马歇尔(1890)则把人力资本看作对人的投资。从直接生产过程的观点来考察,马克思认为人力资本是生产的固定资本。后来西奥多·舒尔茨总结前人研究成果得出,人的知识和技能称之为人力资本。对人力资本概念雅各布·明瑟尔(Jacob F Denison)、加里·贝克尔(Gary S Becker)和爱德华·丹尼森(Edward F. Denison)等人均从不同角度论证了以教育、培训等方式对人力投资而形成具有知识、技能的人力资本。随着对人力资本理论的进一步深化研究,拓展了人力资本的内涵,阎达五和徐国君(1996)[94]提出相对于人力资产的人力资本概念。

通过总结前人研究成果,笔者认为人力资本不仅包括前人所研究的对人力的脑力投资所形成的知识和技能,而且包括在卫生保健等方面对人力的体力投资所形成的同样能提高生产率的能力。另外,还有先天性的人力与物力相结合所形成的一定生产能力(这里人的能力往往表现为人的潜力,可以通过制度安排来激发成现实的生产力)。

2. 组织资本

马歇尔把组织看作同"土地、劳动、资本"一样的生产要素,而现代管理学之父彼得·德鲁克则更强调它具有不可替代性作用。谢德仁(2002)[95]认为:"组织的知识结构并非参与组织的个人知识的简单加总,而是有机的互补与整合,学习与创新,其中包括创新出组织知识,形成组织文化,进而创造出要素所有者个人所不具有的组织资本(organizational capital)。"丁胜红和周红霞(2011)[96]认为,组织资本是顾客导向型企业正式制度产权的有效配置形式。因为顾客导向型企业员工在特定的组织和社会交往中,通过长期组织学习和工作实践积累形成的,存在于个体、团体和组织之间的编码知识和隐性知识耦合各种规则资源,并在人力参与下进行资源配置或者规则安排,形成更为稀缺的组合资源,提高了资源使用价值,从而实现组织价值。

3. 关系资本

丁胜红和周红霞(2011)[96]认为,关系资本是指顾客导向型企业非正式制度产权的有效配置形式。从某种意义上说,非正式制度是顾客导向型企业与供应商、客户、政府机构以及其他组织之间相互信任、相互依赖、相互关联的社会关系。约瑟夫·熊皮特在 1990 年认为,起到杠杆作用的关系便是资本,这种杠杆作用同样能够提高配置资源的稀缺程度,实现关系价值。因此,在"见物不见人"的传统会计中,除去"人物化"的会计反映,便是人本经济时代顾客导向型企业人本资本会计中用物力资本会计要素反映的顾客导向型企业物力经济活动的全部内容。为了满足人们对传统会计形式的表达习惯,不妨将传统会计要素的划分标准作为物力资本会计科目的明细科目。笔者通过人力资产、正式制度以及非正式制度的各自产权有效配置,来演示各自资本和权益的产权价值运作的全过程,包括产权交易契约的签订过程和履行过程。它反映了"以人为本"思想的权力配置资源,从而导致"物人性化"的人本经济的特点。

4. 物力资本

在信息非对称的人本经济阶段,信息非对称性决定顾客导向型企业创新自身人本制度。制度是指一系列规则及其规则安排,而规则安排需要人和物做支撑。组织资本是指顾客导向型企业内部制度资源的有效配置形式。关系资本是指顾客导向型企业外部制度资源的有效配置型形式。因此,顾客导向型企业人本资本中,物力资本是指顾客导向型企业生产领域的物力资本。但根据顾客导向型企业人本资本价值定理:$\eta/L(t) = \sigma/K(t) = \varphi/IS(t) = \varphi/ES(t)$,它集中体现了顾客导向型企业物类价值归于人类价值的人本经济发展观。因此,顾客导向型企业生产领域内的物力资本与人力资本存在匹配关系;顾客导向型企业服务领域内组织资本、关系资本中的物力资本与由规则形成的知识资本以及规则安排的人力资本存在匹配。这种匹配关系体现了顾客导向型企业以人类价值为本的人本经济发展观。

在信息非对称的人本经济阶段,追求以顾客价值为导向的企业管理者为了迎合不同类型的顾客需求偏好,仅仅以货币测量顾客需求价值的平面式会计报表已经不能满足企业利益相关者对立体信息的需求,尤其当存在大量潜在且能及时释放的顾客偏好需求时,非货币价值计量的方法能很好地对其进行反映。当然也可以按照金融衍生工具的计量属性对其进行货币价值确认。因此,无论是顾客导向型企业当前的经济价值,还是潜在的经济价值,都应采用各种价值计量属性在顾客导向型企业人本资本会计报告中进行反映。至此,我们应该构建能够反映顾客导向型企业当前经济价值和潜在经济价值的立体型动态顾客导向型企业人本资本会计报告模式。

在信息对称的人本经济阶段,由于"互联网+"的现代信息技术改变了买方市场中的信息非对称性。免费互联网模式打造出信息对称的虚实相融的网络买方市场。"互联网+"用户导向型企业以所有权与经营权合一的劳动专业化分工与合作方式替代所有权与经营权分离的劳动专业化分工与整合方式,以满足各种类型的用户偏好体验化需求。至此,共生生态关系的"互联网+"用户导向型企业颠覆寄生生态关系的传统企业,最终用户导向型企业在扁平化与碎片化的演变过程中形成由员工、管理者以及参与用户构成的所有权与经营权合一的三类人用户导向型企业。

因此,用户导向型企业管理者借助全社会人本管理,促使第2章中所论述的用户导向型企业人本资本价值定理与用户导向型人本资源配置定理的形成,鉴于顾客导向型企业人本资本会计研究的逻辑,由全社会人本管理理论、用户导向型企业人本资本价值定理与用户导向型企业人本资源配置定理构成指导用户导向型企业人本资本会计研究的理论——用户导向型企业人本资本理论。为此,根据用户导向型企业人本资本价值定理或用户导向型企业人本资源配置定理,即 $\beta/P = \alpha/K = \rho/M = \vartheta/U$,用户导向型企业人本资本是由物力资本与人力资本构成的。由于信息对称的人本经济阶段用户导向型企业制度自身契约的完备性,可以把制度看作与买方市场规则互为替代的外生变量。其中物力资本不再局限于生产领域的物力资本,而服务领域的物力资本也融入一体。人力资本包括生产型人力资本、参与生产型人本资本。它集中体现了物类价值归于人类价值的用户导向型企业人本经济发展观。

鉴于此,由用户导向型企业人本资本价值定理、人本资源配置定理与全社会人本管理理论构成用户导向型企业人本资本理论,根据该理论进行构建用户导向型企业人本资本会计理论的研究。通过产销融合方式实现用户导向型企业与买方市场融为一体,借助所有权与经营权合一的专业化劳动分工与合作实现用户导向型企业以人类幸福为本的方向、人类满意为本的方针、人类人权为本的方式和人类人力为本的方法。在这种追求共享价值的体验化人本经济阶段,以"区块链"的计算机应用技术构建信息对称下用户导向型企业智能化人本资本会计核算系统,以"海量"用户导向型企业人本资本会计定制化信息满足用户导向型企业人本资本会计信息用户体验化需求。以自然性人本经济发展观为基础的社会性人本经济发展观,将信息对称下的人看作具体的"社会人"(或者具体劳动人),体现了劳动解放和人类增值。因此,以所有权与经营权合一的专业化劳动分工来设计用户导向型企业人本资本会计要素及其会计科目,并按照劳动创造价值、实现价值以及转移价值的内在逻辑关系来设计用户导向型企业人本资本会计报告。这是信息对称的人本经济阶段人本经济发展观指导下的用户导向型企业人本资本会计理论的历史产物之一。

4.4 本章小结

人类社会沿革经济发展与追求以人类价值为本之间有着内在逻辑关系,这种关系在社会经济活动"土壤"中,不断孕育出反映和揭示自身规律的创新思想以及新理论。这些在时间上贯序、内容上关联的各种思想与理论在历史长河中奔腾不息,在科学性与人性统一的基础上却在"科学与反科学""人权与反人权"的相互对立以及相互转换的历史征程中演绎着人本与资本的天然融合过程。沿着"借主贷主说""拟人说""静态说""动态说""真实收益说""信息说""决策有效说"以及"证券市场研究会计说"会计理论的演变过程,在追求人类自身解放的人本经济时代的今天,笔者在承袭我国著名会计学家郭道扬教授的"第三次会计思想的历史起点"的基础上,结合人本经济发展观提出了反映不同人本经济阶段的企业人本资本会计设计思想。在借鉴西方会计理论发展历史的基础上,按照我国会计学者们响应葛家澍教授倡导的会计报表革新的思路,走具有中国特色的社会主义会计道路。

会计是经济管理的产物之一。就经济层面而言,在人本经济阶段,作为人本经济发展规律的企业人本资本价值定理与企业人本资源配置定理,为构建体现马克思的人本经济发展观,符合中国特色的社会主义经济发展道路的企业人本资本会计理论提供了经济基础;就管理层面而言,西方学者所探索的人本管理理论,为信息非对称的人本经济阶段顾客导向型人本资本会计提供了管理理论基础。作为西方人本管理论扬弃与发展的马克思人本经济发展观,符合中国特色的社会主义管理道路。尤其,中国管理学者仍在以企业为对象不断探索信息对称下买方市场中用户导向型企业如何实现全面发展。这已在第3章中的全社会人本管理理论作了全面论述,它为信息对称的人本经济阶段用户导向型企业人本资本会计提供了管理理论基础。

第5章

顾客导向型企业人本资本会计基础理论架构研究

20世纪出现了以人工智能、数字制造、现代工业机器人和添加制造等基础制造技术为代表的"第三次工业革命",形成了"数字化""智能化"和"个性化"的生产方式。这标志着人类社会生产力水平步入高度发达阶段,企业强大的供给能力不仅促使全球"买方市场"日趋形成,而且成就了它的全球化定制化制造范式。该范式的核心特征集中表现为对全球市场的个性化需求进行了快速、精确的满足。新兴制造范式标志着信息非对称的卖方市场物本经济转入信息非对称的买方市场人本经济,企业管理模式也由物本经济发展观指导的生产导向型企业物本管理,转变为人本经济发展观指导的顾客导向型企业人本管理。人类社会由卖方市场的完全低层次主流需求向人们追求买方市场的高层次需求转变,马斯洛层序需求理论成为信息非对称阶段的顾客导向型企业人本资本会计理论体系假设的前提。在信息非对称的人本经济阶段,买方市场需求分层性决定了人本价值确认计量的方法论介于还原论隔离法与系统论整体法之间的折中性方法论——体系论分层法,而泛货币[①]对不同层次需求价值的精确确认计量为采用还原论隔离法提供了"工具"。

因此,采用对卖方市场完全低层次需求的产权价值确认和计量的还原论隔离法,仍适用于顾客导向型企业人本资本会计对买方市场完全低层次需求的人权价值的确认和计量。究其缘由如下:无论是产权还是人权,它们都是描述"人"与"物"的关系以及由此形成"人"与"人"的关系,其本质是一致的。产权是源于科斯利用交易费用表征卖方市场信息非对称情况下对资源配置效率的界定,这种对"因存在着稀缺物品和其特定用途而引起的人们之间的关系"界定的产权,其本质是一种排他性权利,它包括"人"对"物"的排他性行为和"人"对"人"的排斥他人的关系。而卖方市场完全低层次需求价值具有主权货币量化特征,正是这种需求的排他性和需求价值具有主权货币量化属性,决定了采用还原论隔离法对人类价值归于物类价值进行产权界定与保护。在信息非对称的人本经济阶段,买方市场需求分层性与排他性和分层需求价值具有泛货币量化特征决定了仍可采用还原论隔离法界定低层次需求价值的产权,但是对层序需求价值的产权界定,则需要采用体系论分层法。

美国著名科学哲学家托马斯·库恩(Thomas Kuhn)提出,范式指的是一个共同体成员所共享的信仰、价值、技术等等的集合。在信息非对称的人本经济阶段,从事顾客导向型企业人本资本会计科学研究的群体所共同遵从的信息非对称的人本经济阶段顾客导向型企业人本资本理论,即顾客导向型企业人本资本理论——人本管理理论、顾客导向型企业人本资

---

① 泛货币是指对主权货币、电子货币、数据货币、比特币等货币的统称。

本价值定理以及顾客导向型企业人本资源配置定理。他们信仰信息非对称的人本经济阶段人本经济发展观,以及"第三次工业革命"的现代基础制造技术对顾客导向型企业人本资本会计形成的作用。因此,研究信息非对称的人本经济阶段采用人权范式研究顾客导向型企业人本资本会计理论创新,它是信息非对称的人本经济阶段顾客导向型企业人本经济管理发展的必然产物之一。

5.1 会计产权范式向会计人权范式转变之缘起

当一个稳定的范式不能提供解决问题的适当方式时,它就会变弱,从而就有新的范式出现。鉴于此,应从本体论、认识论和方法论的视角来认知不同历史阶段会计范式转变的规律。"当人们大量增加财产以后,当社会上开始感受到财产的影响和力量以后,奴隶制便出现了。"从此人类社会步入了漫长的自然经济支配下的奴隶与封建社会。由采集经济阶段的家庭组织演化为农场主、地主,原始公社演化为国家,这些财产社会的经济体仍重视财物的使用价值,而轻视其交换价值。对此,无论官厅财计还是民间家计,它们大都以尽可能地满足人们基本生存需求的实物产权为管理目标。为了生存需要,这时所进行的战争"纯粹是为了掠夺,战争成了经常性的行当"(恩格斯,1995a)[97]。

对于自然经济支配下的农业社会,自给自足的封闭经济运行状态和与之锁定在一个狭小的范围之内的商品货币经济运行,在这个时期簿记只能表征为被动产权管理思想与行为。由以单线条反复使用为特征的简单刻记演化为满足人们基本生存需求的货币量化特征的单式簿记,以会计"工具论"的形式对实物产权的反映职能进行系统描述,而此时监督职能还处于次要地位。因此,这种停留在"财产社会"阶段的认知,还远非"产权社会"阶段的认知,但它为此后产权范式的形成奠定了物质基础。

随着资本主义经济关系的萌芽与生长,人们逐渐重视财产的交换价值,使用价值退居次要地位,致使产权价值运动成为支配商品货币经济演进的主导力量。在西方的中世纪末期,借助城市转变为国家的新生力量逐渐瓦解了庄园经济,从而催生"血腥"的商品货币经济初始发展。正如马克思所讲,"资本来到世间,从头到脚,每个毛孔都滴着血和肮脏的东西"(马克思,2004)[98]。"他们的这种'血腥'的历史是用血和火的文字载入人类编年史的"(马克思,2004)[98]。

由英国资产阶级革命胜利引发了欧美一些国家乃至世界范围内的资产阶级革命胜利,以及18世纪60年代欧美各主要国家先后完成了"人物化"的工业革命。这两大根本性变化促进了由对权益追逐与剥夺的凶残方式逐渐演化为宪政统驭之下的法律制度全面而系统地保障着资产者产权与权益的"文明"方式。这种"文明"方式的产生与发展成为驱动产权簿记思想转变的决定性力量,促使了"卢卡·帕乔利和西蒙·斯蒂文阶段"(迈克尔·查特菲尔德,1989)[99]的以业主产权保障为核心的产权簿记学原理及其方法技术体系的形成。其中针对财产权益问题所创立的人的"拟人学说"和物的"拟人学说",奠定了近代簿记学建设的理论基础(郭道扬,2009)[1]。

随着泰罗式的"工厂制度"或公司制度"的逐渐建立,以及"宪法"中的"权利法案"与民法和商法的颁布设施,标志着由"业主权理论"的产权簿记思想向"企业主体理论"的产权会计思想的历史性转折。为了满足物本经济阶段信息非对称的卖方市场中完全低层次需求而滋生的利己主义,成为(新)古典经济学以及穿梭在其他学科的"理性经济人"的利己主义价值观。因此,在资本主义市场经济模式下的完全低层次需求成为(新)古典经济学理论假设前提,在承袭(新)古典经济学假设前提的企业理论基础上,融合了产权原理与会计原理而形成具有近、现代意义的会计理论基础,随之会计的产权范式也渐进形成。

在工业革命之后发生了几次科学技术革命,社会生产力水平得到了快速的提高,迅速提升了人们解决与产权及财产权益密切相关的产品成本控制能力,极大地丰富了社会物质财富,快速提升了人们的生活水平,同时也激发了人们对满足自我需求层次的攀升。为了"回应"人们对需求偏好的变化,以成本控制为诱因,促使了主内的管理会计与主外的财务会计的分野,同时内部审计与财务管理也获得了相应的发展。在此理论基础上,通过表现"科学主义"的"人物化"形式将"产权为本"的思想推崇到极致,导致了资产者一方面一味地拼命追求财产权益,导致危及社会资源的可持续性利用,并引发了越来越严重的生态环境问题;另一方面,将高层次需求支配下的资源配置与交易价值排除在产权会计系统之外。这在客观上要求信息非对称的人本经济阶段物本经济发展观指导企业物本资本会计控制思想与行为要发生新的转变,同时也说明以产权范式对会计理论范畴进行拓展已经到了极限。

随着人类社会由物类价值为本的物本经济阶段进入追求人类价值为本的人本经济阶段,追求双赢共享的人本经济全球化的发展趋势已成为定局。但在全球社会决策层面上,人们根本没有意识到会计、审计乃至财务控制在对公司经济活动的过程控制、"三废"排放控制以及降低能耗过程控制中所发挥的基础管理作用,仍由信奉"利己主义"的"物类价值为本"的物本经济发展思想及其行为在公司基础管理层面上自由放任,结果一方面导致了对自然资源的枯竭性消耗(郭道扬,2009)[1];另一方面,加剧了对人力资源开发和整合利用效率加速下降与物力资源消耗率加速上升之间的对立趋势加速扩大,促使环境污染日趋恶化,迫使人类依赖的生态环境进入了不可持续良性循环的轨道上。尽管有学者试图通过在物本经济发展观下推行企业社会责任管理模式来克服上述危机,但是资源枯竭与环境恶化仍未减缓。在信息非对称的人本经济阶段,由于知识资源所具有的高度流动性、分散性造成了刚性产权科层结构衰竭,而一个以科学主义与人本主义相互融合的柔性人本组织结构正待孕育而生。为了拯救人类的生存与发展,在这片新生的"土壤"中播种以人权范式替代产权范式来研究信息非对称的人本经济阶段的顾客导向型企业人本资本会计理论架构,已是历史必然的选择。

因此,范式在库恩看来,它在每一个科学发展阶段都有特殊的内在结构,是科学研究群体所共同接受的一组假说、理论、准则和方法的总和,并内化形成他们的共同信念。显然,以人权范式来分析顾客导向型企业人本资本会计基础理论架构的形成,是信息非对称的人本经济阶段必然的理论产物之一。

5.2 顾客导向型企业人本资本会计基础理论架构:人权范式

在信息非对称的物本经济阶段,(物本)会计基础理论架构体系是由其会计假设、会计本质、会计目标、会计范围、会计职能、会计对象、会计要素以及会计等式有机构成的。下面借鉴其(物本)会计架构逻辑从人权范式的视角来分析信息非对称的人本经济阶段顾客导向型企业人本资本会计基础理论架构的形成。

5.2.1 顾客导向型企业人本资本会计的假设、本质与目标

对企业不同需求层次的认知与理论假定,深刻影响着会计的理论与实践,决定了会计假设发生变化,会计模式也随之不断演化。从人类发展史来看,从采集经济阶段到自给自足农业经济阶段,人类主要是围绕满足自我生存需求而缓慢演进。但在通过资产阶级革命和工业革命所建立的以物类价值为本的物本经济初中期,资本主义自由市场经济不仅加速了人类物质财富的丰富,而且促进了人类在追求生存之际,同时对安全、情感和归属的马斯洛式完全低层次需求逐渐累积成为人类社会的主流需求。因此,在其历史阶段,鉴于对安全、情感和归属的需求需要,家族企业、作坊、工厂等经济主体,往往以"师徒"关系、裙带关系构建经济体内部信息对称的治理关系。也正是这种对安全、情感和归属的需求逐渐形成了人类社会的主流需求,完成了"熟人"社会关系的形成。笔者称这样的人类社会历史阶段为信息对称的物本经济阶段。在此阶段,卖方市场中完全低层次需求假设成为建立(新)古典经济学、工业会计的理论前提。

由卖方市场信息对称性所决定的完备经济性契约成为虚体经济性组织的企业本质,它所诠释的是从满足物质需求方面初步论证了各种生产要素提供者应根据边际生产率来获得各自的收益,根本没有考虑人的高层次需求(Abraham H Maslow,1965)[36]。因此,反映被完全低层次需求所"俘获"的工业会计在企业经济活动过程中更多扮演了"管理工具论"的本质角色,其会计树立受托责任观的会计目标服务于利润最大化的企业目标。

在所有权与经营权分离的企业里,以雇佣的专业化劳动分工与整合方式履行以生产为导向的企业经营战略,努力实现满足卖方市场基本需求的企业供给。这种企业所有权与经营权分离的方式引致卖方市场中商品供需双方之间的信息非对称,奈特以其不确定性引入完全竞争理论,弥补和完备了新古典主义框架,开启了新制度主义革命和不对称信息经济学革命的先河。生产导向型企业作为卖方市场替代物而存在。生产导向型企业的本质,由完备经济性契约或者所谓的虚体经济性组织演化为非完备经济性契约或者所谓的实体经济性组织,企业由被完全低层次需求所"俘获"演化为被马斯洛需求所"俘获"。为了对经济契约的非完备部分进行弥补,承袭主流新制度主义的工业会计本质更应该演化为"管理艺术论"或"管理活动论",受托责任观的会计目标似乎仍处于主导地位。从信息不对称的视角来看,物本(前工业)经济阶段相对滞后的信息技术,制约了决策有用观会计目标作用的发挥,当然,它们均服务于企业价值最大化的企业目标。

随着以"物类价值为本"的思想及其行为的演化渐自走向极端,导致人类社会面临生态环境危机和非再生资源枯竭。因此,迫于人类对生态环境安全的诉求和迎合信息经济阶段人类的多样性需求,企业本质由非完备经济性契约演化为非完备经济社会环境综合性契约。一方面,仍维持"物类价值为本"的会计思想和行为,拓展了受托责任观内涵的会计目标服务于综合价值最大化的企业目标;另一方面,为适应追求人权的人本经济发展需要,会计转向"人类价值为本"的思想和行为,注入人性的决策有用观的会计目标,似乎更适合满足个体"俘获"马斯洛层序需求假设下的人本价值最大化企业目标。无论哪种会计目标,信息系统论更应该切合信息非对称的人本经济阶段发展的需要。

随着人类社会生产力水平的迅速提升与变革,加快了不同经济阶段更迭的速度,当全球社会开始把全球性会计变革作为"全球经济治理"连续统一体中的基础治理部分之际,以"人类价值为本"的企业人本资本会计应该成为人类社会会计思想演进的"第三历史起点"(郭道扬,2009)[1]的"春笋"之一。"第三次工业革命"的现代基础制造技术促使人类掌握更多征服与改造自然的能力来维护全球性可持续发展,以及更大地发挥人力资源在全球资源配置中的主导替代性作用,人类社会在满足自己基本需求之后所追求的高层次需求,成为人类社会追求的主要目标之一。因此,信息非对称的买方市场马斯洛层序需求不仅成为顾客导向型企业理论的假设前提,而且是信息非对称的人本经济阶段顾客导向型企业人本资本会计理论的假设前提。在此前提之下,信息非对称的物本经济阶段生产导向型企业综合性契约本质演化为信息非对称的人本经济阶段顾客导向型企业非完备性超契约本质。

由此,顾客导向型企业本质所决定的顾客导向型企业人本资本会计本质——信息系统论的内涵与外延也随之发生相应的升华——超信息系统论。它要求顾客导向型企业人本资本会计目标——决策有用观在内涵与外延上也发生极为深刻的革命:指导决策的利己主义价值观转向人本主义价值观。当然,由利己(主义)决策有用观的生产导向型企业物本会计目标演化为人本(主义)决策有用观的顾客导向型企业人本资本会计目标,它不仅服务于人本价值最大化的顾客导向型企业目标,而且形成顾客导向型企业人本资本会计目标的一些会计假设也有别于传统会计假设。

1. 顾客导向型企业人本资本会计主体的假设

通常认为,经济主体假设是财务会计基本假设的基石。非完备性超契约的顾客导向型企业本质,决定了顾客导向型企业人本资本会计主体所规定的会计处理交易或事项的范畴,由经济性向经济、社会与环境的综合性拓展,由此而形成具有多元属性的顾客导向型企业人本资本会计报告的内容与边界。而适应于马斯洛层序需求假设下的顾客导向型企业人本资本会计主体不仅为某个特定企业提供微观多元信息,而且为社会各阶层提供加工处理了的宏观多元信息。

2. 顾客导向型企业人本资本会计持续经营和时间分期的假设

财政部会计准则委员会定义的持续经营和时间分期假设都是对一个会计主体经营时间长度的描述,且会计主体的特征也决定了这两个假设的内涵。在信息非对称的人本经济阶段买方市场中,具有高度流动性和不确定性的知识资源促使科层产权结构日趋解构,加剧了它在现实世界存在的不确定性。但它改变不了在时间长河中通过截取一个"时间段"来描述顾客导向型企业人本资本会计主体在特定时空向顾客导向型企业利益相关者提供财务与非财务的多元属性图像。因此,一方面,市场需求的无穷性决定了满足信息非对称的买方市场层序需求的顾客导向型企业人本经济发展具有可持续性,进而可以作出顾客导向型人本资本会计可持续经营假设;另一方面,顾客导向型企业人本经济发展的规律性赋予顾客导向型企业可持续人本经济发展具有往复性,进而可以作出顾客导向型人本资本会计分期假设。

3. 顾客导向型企业人本资本会计泛货币计量的假设

在以"物类价值为本"的物本经济阶段,对于具有货币量化特征的卖方市场中完全低层次需求来说,一切商品作为价值都是物化的人类劳动,它们本身是可以通约的,所以它们能用一个共同的特殊商品——主权货币来计量自己的价值。因此,无论在自给自足的农村经济阶段,还是在自由市场的物本(前工业)经济阶段,在以信息非对称的卖方市场完全低层次需求为主导的人类社会物本经济发展过程中,生产导向型企业物本资本会计要反映此类价值的创造、实现与运营,依赖货币计量是会计计量假设的天然选择。随着社会生产力水平的提升,推进了人类社会向具有非主权货币量化特征的高需求层次攀升,逐渐将"物类价值为本"的物本经济发展观扭转为追求"人类价值为本"的人本经济发展观,追求高层次需求成为引领社会发展的又一个主流。

在信息非对称的买方市场中,顾客个性化需求驱动企业人力资本价值不断地提升,随着企业人力资本不断地崛起,致使顾客导向型企业人本资源逐渐替代生产导向型企业物本资源的主导地位。因此,一些高素质科技人才、管理人才等成为企业在优势博弈格局中的关键要素。例如,专家、工程师的职称、技术水平以及创造发明等特殊的标量成为人力资源的度量单位。又如,对于一个企业,其发展前景不仅可以用主权货币来预测其盈利水平、未来的现金流量,而且可以用非主权货币对企业产品品牌、员工服务态度、企业社会责任以及企业环保意识程度进行测量。因此,需求是判断价值的唯一标准。但对人本价值度量单位的选择,显然马斯洛层序需求所决定的顾客导向型企业价值度量工具选择泛货币(主权货币与非主权货币并存),成为信息非对称的人本经济阶段顾客导向型企业人本资本会计计量单位的必然假设。

4. 顾客导向型企业人本资本会计确认基础与计量属性的假设

在物本(前工业)经济阶段,信息非对称的卖方市场已经孕育并发展了信用制度,促进了产业资本伴随着信用资本流通。这为生产导向型企业物本会计起源于收入与费用确认的权责发生制或应计制取代古老的收付实现制奠定了客观基础,同时也是对所有权与经营权分离的生产导向型企业受托责任的一种正面回应。随着信息网络技术的迅猛发展,在催熟了信息非对称的人本经济阶段信用制度的基础上,促进了人本资本伴随着信息资本的扩散,改变了企业资源配置范畴由"物类价值为本"向"人类价值为本"的转变。

因此,适应顾客导向型企业人本资源配置方式转变的会计确认基础由侧重于"责"的权责发生制向侧重于"权"的权责发生制演化,拓展了顾客导向型企业人本资本会计确认计量的范畴,尤其是对无形的衍生工具及其非物化资源的确认,强调在信息非对称的人本经济阶段顾客导向型企业人本资本理论的支配下,构建第二会计报告体系。在报告编制目标中,把"财产权益"与"生态权益"统一起来,实现以顾客导向型企业报告形式为基础的地区、国家乃至全球这类信息编报与披露的一体化,使这类信息成为进行"全球治理"的重要依据之一(郭道扬,2009)[1]。

此时注重"权"的权责发生制仍然构成顾客导向型企业人本资本会计报告确认基础的假设,而强调"现金为王"的现金流量表的确认基础假设依然是现金流量制。在决策有用观的顾客导向型企业人本资本会计目标下,彰显未来的现金流量计算的价值更为重要,因此公允价值是顾客导向型企业人本资本会计计量属性的主要假设。

5.2.2 顾客导向型企业人本资本会计的范围与职能

针对物本经济阶段完备经济性契约的生产导向型企业的本质来说,如果是在生产导向型企业被完全低层次需求"俘获"之际,那么生产导向型企业物本资本会计的范围可以用生产导向型企业范围来替代,对此范围内的经济活动交易或事项,生产导向型企业物本资本

(传统)会计是从产权价值结果与产权价值归属二维角度来供给平面会计信息。如果将高层次需求纳入生产导向型企业需求范围之内,那么目前生产导向型企业物本资本人造会计系统无法将对应此类需求经济活动的交易或事项导入系统之内。因此,此时生产导向型企业物本资本会计范围小于生产导向型企业范围。

然而对于信息非对称的人本经济阶段的顾客导向型企业人本资本会计来说,作为社会平台的企业,它的本质是非完备性超契约的本质。因此,满足顾客导向型企业"俘获"马斯洛层序需求的所有交易或事项构成了顾客导向型企业人本资本会计范围,此时顾客导向型企业范围与会计范围是相吻合的。在此范围内的顾客导向型企业人本资本会计是从人权价值结果、人权价值归属以及人权价值本原的三维角度对包含经济、社会、环境三重资源属性的交易或事项采用定量与定性的确认计量方式加工生产出顾客导向型企业人本资本会计立体信息。当然只有依据马斯洛层序需求所构建的人造顾客导向型企业人本资本会计系统,才可以成为生产出"以人类价值为本"的顾客导向型企业人本资本会计立体信息的"工厂"。

会计范围对簿记及会计的职能影响是直接的,随着人类征服自然、改造自然能力的提高,会计范围获得了拓展,会计职能的内涵与外延也发生了相应的变化。在以财产权为本的农耕经济阶段,在人类社会物本经济结构中占支配地位的是使用价值,而非交易价值。较为简单经济关系的民间商业与手工业从记账、算账、报账、用账与服务相结合的角度,通过单式簿记的"零星算之为计,总合算之为会"核算其收支,以便在收支相抵中求得收大于支出这一所期望的结果,因此在会计范围中仅仅表现了簿记的核算职能。

在以"物类价值为本"的物本经济阶段,信息非对称的卖方市场中满足消费者基本需求的交换价值在人类社会物本经济结构中处于主导地位。它激发了人们潜存的多样性需求,进而引发了复杂多样的交易商品的成本核算问题,使之成为人们由簿记思想认识阶段向会计思想认识阶段演进的导因。随着所有权和经营权发生分离,科学意义的受托责任才得以明确、普遍地体现出来。注册会计师事业的兴起及其社会性功能作用的展现,正如著名会计学家杨时展教授所指出的,"受托责任"已成为现代会计控制中的核心问题了,自此控制便成为生产导向型企业物本会计职能的新"成员"。

在以"人类价值为本"的人本经济阶段,信息非对称的买方市场中顾客个性化需求的交易价值在人类社会人本经济结构中处于主导地位,马斯洛层序需求成为人们追求的主导目标。学科交叉、渗透与综合发展的大科学带来了高新技术及其产业群体的发展,使生产力得到极大的提高。与此同时,在物本经济发展观支配下,资产者一味地拼命追求财产权益,导致危及社会资源的可持续利用,并引发了越来越严重的生态环境问题(郭道扬,2009)[1]。因此,客观上要求由以"物类价值为本"向以"人类价值为本"会计思想的根本转变,是信息非对称的卖方市场物本经济向信息非对称的买方市场人本经济转变的必然结果。适应于马斯洛层序需求的顾客导向型企业人本资本会计的职能由定量核算向定量分析拓展,由被动控制向主动预测拓展,这种职能内涵与外延的变化,一方面要求财务会计与管理会计以从分开到再次走向融合来奠定"人类价值为本"的顾客导向型企业人本资本会计理论基础;另一方面,要求以三维立体会计信息方式来完成对顾客导向型企业人本资本会计职能的完整展现。

5.2.3 顾客导向型企业人本资本会计对象

会计对象是指会计职能的内容。在信息非对称的物本经济阶段,对于具有主权货币量化特征的完全低层次需求来说,生产导向型企业物本资本会计对象是以主权货币形式表现生产导向型企业再生产过程中的物本经济活动,也就是生产导向型企业的资金运动或资金流。也有一些会计学者将生产导向型企业再生产过程中的物本经济活动,描述为企业在物本资本筹资、物本资本投资、物本资本运营以及物本利益分配的周而复始循环的过程中,完成生产导向型企业所有物本资源的产权交易或配置,实现各项产权在空间序列上同时并存,在时间序列上一次继起。因此,生产导向型企业物本会计对象也可称之为生产导向型企业物本资本的产权价值运动或产权流。

在"物类价值为本"的物本经济阶段,"人物化"的泰罗制企业管理模式在经济性契约的生产导向型企业的物本经济管理中得到了广泛推广应用。这为生产导向型企业物本会计对人的价值像对物的价值一样,采取还原论的"隔离法"确认和计量奠定了现实基础。在追求"人类价值为本"的人本经济阶段,对于信息非对称的买方市场中马斯洛层序需求来说,"物人化"的顾客导向型企业人本管理模式在非完备性超契约的顾客导向型企业人本经济、社会、环境综合管理中得到了广泛应用。这就造成了顾客导向型企业人本资本会计对象为顾客导向型企业的人权价值运动或人权流。在以"物类价值为本"向"人类价值为本"转变的人类会计思想演进中,"物人化"的顾客导向型企业人本管理模式为人本资本会计对象确认计量选择体系论的"分层法"提供了历史契机。一方面,是因为对人所创造的价值的大小与不同层次需求的作用是分不开的,若采取单一"隔离法",是无法准确地对人力资本价值进行确认计量的,尤其是异质性人力资本价值大小的确认计量。只有先采用分层法对满足不同需求的价值进行确认和计量,才能在对人的需求层序关系进行模型化分析的基础上测算出人力资本总价值;另一方面,是因为以单线条反复使用为特征的简单刻记方法演化为传统会计对象确认计量的"隔离法"已不合时宜,而以直观绘图记事为特征表达经济事项的方法演化的"分层法"成为顾客导向型企业人本资本会计对象确认计量的必然选择。

5.2.4　顾客导向型企业人本资本会计要素与等式

在信息非对称的物本经济阶段,针对具有主权货币量化特征的低层次需求假设来说,资产、负债、所有者权益会计要素反映生产导向型企业物本经济管理活动的资本存量,收入、费用和利润会计要素反映生产导向型企业物本经济管理活动的资本流量。由于生产导向型企业物本资本存量的会计要素名称与生产导向型企业物本资本流量的会计要素名称以及对其要素表征的生产导向型企业物本会计科目各异,很难逻辑合理地提供生产导向型企业物本资本存量决定生产导向型企业物本资本流量的会计信息。在信息非对称的人本经济阶段,在买方市场高层次需求对顾客导向型企业人本经济发展所起的作用越来越大之际,显然描述适应于信息非对称的物本经济阶段卖方市场完全低层次需求的生产导向型企业物本会计要素,很难满足信息非对称的买方市场马斯洛层序需求促进顾客导向型企业人本经济发展的顾客导向型企业人本资本会计信息需求。也正如中国会计学家葛家澍指出的"单从财务报表编制与列报的改革,不考虑财务报表要素的设置与确认,账户的分录与记录等其他系统要素的相应改革,恐怕是不大可能获得圆满成功的"(葛家澍,2009)[85]。

在信息非对称的人本经济阶段,针对买方市场马斯洛层序需求假设来说,顾客导向型企业人本资本会计要素为物力资本、人力资本、组织资本与关系资本,它们是顾客导向型企业资本存量与流量的共同基本分类名称。根据马斯洛需求层序理论,可以将完全低层次需求下的传统会计要素作为顾客导向型企业人本资本会计要素的二级会计科目,用传统(物本资本)会计的资产负债表会计科目与综合损益表会计科目,分别描述具有主权货币量化特征的顾客导向型企业人本资本存量与人本资本流量之间区别的一级会计科目。至于高层次需求下顾客导向型企业人本资本会计科目,可按照"拟人化"学说在物力资本、人力资本、组织资本与关系资本的顾客导向型企业人本资本会计要素下设计一级会计科目,并对企业各种货币量化资源的经济用途进行描述。

在信息非对称的物本经济阶段,针对卖方市场完全低层次需求假设下的传统财务(物本资本)会计"等式",徐国君教授将传统二维会计恒等式——"资产"="权益",解释为"价值的存在"="价值的归属"(徐国君,2003)[100]。其中,基于交易成本理论视角,科斯认为企业的显著特征就是作为市场价格机制的替代物,因此企业的形成在于节约某些市场运行成本,显然这是企业"价值的存在"的依据或理由。基于契约理论视角,不同资源的拥有者或控制者通过与企业缔结经济性契约(或交易)将各自资源内置于企业,显然"价值的归属"是企业经济性契约本质的使然。无论是其等价交换的人,还是其经济性契约缔结者,就其而言,它们均承袭古典经济学中理性经济人的假设。

随着社会生产力水平的提高,在高层次需求逐渐成为人们需求的主流之际,伴随着人本经济逐渐替代物本经济的进程,我国很多会计学者试图在经济性契约范畴内,将在企业人本经济发展中起主导作用的人力资本(资源)在传统财务会计等式的基础上进行展示,即"非人力资本+人力资产投资+人力资产价值=负债+生产者权益+所有者权益"(刘仲文,1997)[101]、"物力资产+人力资源投资+人力资产=负债+所有者权益+劳动者权益"(阎达五,1996)[102]。他们仍然继承传统会计等式对价值本原或缺的方式。尽管徐国君教授(2003)[100]将创造价值的行为引入传统会计等式,补缺了传统会计等式对价值本原的缺失,提出了"资产=行为=权益"的三维会计等式,但由于他们仍采用还原论的隔离法对人力资本价值确认和计量,因而或缺了对高层次需求的人力资本价值的确认计量。这就无法完整地揭示企业人力资本的真正价值,弱化了人力资本在人本经济发展中的主导地位。

为了适应信息非对称的人本经济发展需要,笔者在马斯洛层序需求假设下的企业非完备性超契约范畴内,在生产领域的物力资本的基础上,研究"人力资本、组织资本和关系资本有机组合以达到'资本共振'现象"(丁胜红、盛明泉,2008)[8]。基于"资本共振"现象的认知,采用分层法对满足层序需求的人力资本价值确认计量,笔者在"价值的存在=价值的本原=价值的归属"等式的基础上导出了"人本资本资产=人本行为=人本资本权益"的人本资本会计等式。

为了降低人们对人本资本会计等式认知的难度,同时适应于人们对传统会计等式认知思维的惯性,在结合劳动专业化分工与合作原理,将人本资本划分为生产领域内的物力资本、人力资本,并与服务领域内的组织资本、关系资本有机耦合而成。这种专业化分工的劳动本身已经体现了企业价值的本原,可以将顾客导向型企业人本资本会计等式简化为"人本资本资产=人本资本权益"。当然,可以将人本行为要素设置为过渡性账户(会计科目),或者在"人本资本资产"要素与"人本资本权益"要素所设置的会计科目的基础上,设置反映人本行为的明细科目。此时顾客导向型企业人本资本会计等式显然是针对具有货币量化特征完全低层次需求而言的。

对于非货币量化特征的高层次需求来说,顾客导向型企业人本资本会计等式只能描述为:非量化人本资本价值＝非量化人本资本权益,此时价值属性表现为经济性、社会性与环境性。其中针对高层次需求的人力资本、组织资本与关系资本的多元属性价值进行人权量表指标分析,并对各项量表指标作定量化评估赋值。根据顾客导向型企业人本资本定理和人本资源配置定理(丁胜红、周红霞,2011;吴应宇、丁胜红,2011;伍中信、周红霞,2012)[96][87][103],采用计量经济学的计量软件实证检验它们对企业经济附加值的相关性以及它们之间的结构关系,借此向企业利益相关者提供高层次需求下顾客导向型企业人本资本会计立体信息。当然,这不仅要求现代管理会计的理论与方法必将成为顾客导向型企业人本资本会计理论与方法的一部分,而且要求计量经济学等理论与方法也要渗透其中。

总而言之,以社会生产力水平不断提高为原动力,在促进人类社会由低层次需求向高层次需求攀升的过程中,演绎着信息非对称的"物类价值为本"的物本经济向信息非对称的"人类价值为本"的人本经济转变。在不同的社会发展阶段,为供给符合促进社会发展的会计信息,会计学者们不断寻求内化于他们自身的共同信念——一组假说、理论、准则及其方法。在信息非对称下追求"人类价值为本"的人本经济阶段,从历史演化的角度探索了信息非对称的人本经济阶段买方市场的顾客导向型企业人本资本会计基础理论架构顾客导向型企业:人本资本会计的假设、本质、目标、范围、职能、对象、要素以及等式。其中基于高层次需求假设的顾客导向型企业人本资本会计要素及其等式研究尚处于初步探索阶段,将在后文继续探索基于马斯洛层序需求假设下顾客导向型企业人本资本会计报告架构。

5.3 顾客导向型企业人本资本会计应用理论架构:人权范式

聚焦市场变化纵观人类社会的发展演变,莫非是需求大于供给的卖方市场物本经济阶段和需求小于供给的买方市场人本经济阶段。当然,市场出清只是供需平衡的临界点,不是一种常态,因此,它谈不上成为一种阶段。此种人类社会实践的变化也引致来源于社会实践的会计理论的历史变革,其变革体现了以财产权为本、以产权为本以及以人权为本的三次人类会计思想演进的历史起点(郭道扬,2009)[1]。

因此,人类社会处于卖方市场阶段的社会生产力处于欠发达水平,以财产权为本的使用价值在人类社会物本经济结构中处于主导地位,解决生理需求和安全需求成为人类社会的主流需求。在此需求下,财产权范式的单式簿记基础理论指导形成簿记应用理论,它直接将各种财产权使用价值运动状况输入人造财产权簿记系统中,体现了以财产权为本的人类社会会计思想的第一个历史起点。

以产权为本的交易价值在人类社会物本经济结构中处于主导地位,完全低层次需求①成为人类社会的主流需求。在此需求下,产权范式的复式会计基础理论指导形成产权会计应用理论,它直接将各种产权交易价值运动状况以货币量化价值特征由会计行为主体依据产权会计准则理论,将其直接输入人造产权会计系统中,体现了以产权为本的人类社会会计思想的第二个历史起点。

---

① 完全低层次需求是指马斯洛的生理需求、安全需求、社交需求,其需求价值具有货币量化特征。

笔者认为，无论是财产权为本还是产权为本，它们均表达了物类价值为本，这是由社会生产力水平欠发达所决定的社会供给小于需求的卖方市场，驱动人们重视物类价值胜过人类价值，忽视或否定它的人类价值。在社会生产力处于高度发达水平所决定的信息非对称的人本经济阶段，买方市场中的各种经济主体以"人类价值为本"（人权为本）的交易价值在社会人本经济中处于主导地位，马斯洛层序需求①成为人类社会的主流需求。在此需求下，人权范式的顾客导向型企业人本资本会计基础理论指导形成顾客导向型企业人本资本会计应用理论，它直接将适应于马斯洛层序需求的顾客导向型企业的人权价值运动状态，以泛货币②量化价值特征，由顾客导向型企业人资本会计行为主体依据人本经济阶段的各种人权会计准则/规则理论，将其直接输入人造顾客导向型企业人本资本会计系统中，体现了人类价值为本（以人权为本）的人类社会会计思想的第三个历史起点。

因此，基于上述人类会计思想的历史演变趋势，作为探索人本经济发展观指导顾客导向型企业人本管理理论的产物之一——顾客导向型企业人本资本会计应用理论，它是信息非对称的人本经济阶段人本经济规律发展的必然产物之一。

5.3.1 顾客导向型企业人本资本会计应用理论的人权范式选择

以智能化、数字化、信息化技术的发展为基础，以现代基础制造技术对大规模流水线和柔性制造系统的改造为主要内容，以基于可重构生产系统的个性化制造和快速市场反应为特点的"第三次工业革命"（黄群慧、贺俊，2013）[104]，标志着人类社会生产力水平进入高度发达阶段。在完全低层次需求的人类社会主流需求的基础上，人们追求高层次需求的嵌入或附加，因此，人们追求马斯洛层序需求消费已成为发展人本经济的"新常态"。市场已经进入信息非对称的供给大于需求的买方市场阶段，层序需求成为一种稀缺。为了自身的生存与发展，企业管理战略重心由生产为本（物类价值为本）转移到顾客为本（人类价值为本）。数据制造、人工智能、现代工业机器人和添加制造（additive manufacturing）等基础制造技术为满足顾客个性化需求而提供定制化供给奠定了坚实的技术基础。

以人为出发点的互联网在以现代基础制造技术为特征的企业人本管理生态系统中的应用，成全了顾客导向型企业人本资源配置模式。现代互联网改变了交易场所、拓展了交易时间、丰富了交易品类、加快了交易速度、减少了中间环节（李海舰、田跃新、李文杰，2014）[105]。它同时改变了企业物本资源交易模式：顾客利用网络技术聚合形成网络社群，且网络社群的消费成就了顾客导向型企业由批量化产品供给向个性定制化产品批量化需求转型，拓展了企业人本资源配置交易规模，稳定与促进了顾客导向型企业人本经济的发展。通过革新技术、创新商业模式颠覆了以往生产导向型企业人类价值归于物类价值的物本资源配置交易模式，以顾客导向型企业人权会计准则/规则及其会计行为秩序，塑造顾客导向型企业物类价值归于人类价值的人本资源配置交易模式正在形成。

截至目前，全球企业存在的大量滥用人权的现象日趋严重。就国际劳工组织报告而言，2005年，加拿大有220万工人因职业事故和工作相关疾病而死亡，另有2.7亿人因非致命性

---

① 马斯洛层序需求是指超大需求，而不是超越需求，它所表达的马斯洛层序需求均成为人类社会主流需求，即完全底层次主流需求＋高层次主流需求。这里"＋"表达创新融合的意思（丁胜红、韦鹏，2015）[3]。

② 泛货币是对主权货币、信用货币（如比特币）、电子货币、数据化货币等一系列一般等价物的统称。

事故而死亡，1.6亿人受到职业病侵袭。加拿大官方统计数字表明，南方经济地区每年有100万例工伤，然而许多与工作有关的死亡没有出现在官方统计中，因为工人赔偿委员会不承担这些死亡责任，或造成死亡的职业病尚未被承认是在工作区引起的。然而《欧洲联盟基本权利宪章》第31条规定，"公平和公正的工作条件——每个工人都有权利在尊重他或她的健康、安全和尊严的工作条件下工作"(European Commission，2000)[106]。同样世界各国几乎都高举人权旗帜来制定宪章以保障本国人民的基本人权。在追求人权为本的人本经济阶段的今天，现代基础制造技术、现代网络技术已成就了以需求为本的方式来实现人权普适性原则在日常实践中的特定具体化。因此，选择以人权范式来塑造顾客导向型企业人本资源配置交易秩序的顾客导向型企业人本资本会计应用理论体系，不仅是信息非对称的人本经济阶段人本经济发展观的必然产物之一，而且是维护各国宪章的基本人权履行保障的措施之一。

5.3.2 人权范式的顾客导向型企业人本资本会计规则（准则）理论

在以物类价值为本的物本经济阶段，(生产导向型企业物本)会计应用理论体系的共识是由"会计准则理论"和"会计行为理论"构成的（杜兴强，1998；吴水澎、龚光明，1998)[107][108]。它适应于物本经济阶段对信息非对称的卖方市场中生产导向型企业物本资源配置交易秩序的塑造。但在信息非对称的人本经济阶段，选择人权范式研究"顾客导向型企业人本资本会计规则理论"和"顾客导向型企业人本资本会计行为理论"，是对信息非对称的买方市场中顾客导向型企业人本资源配置交易秩序的塑造。辩证理性认识形成顾客导向型企业人本资本会计的基本理论；而价值理性认识形成顾客导向型企业人本资本会计的应用理论(吴水澎、龚光明，1998)[108]。

作为承袭物本经济阶段的主流经济学功利主义价值观的产权会计准则理论体系，它包括基本会计准则（或企业会计准则）、具体会计准则及其指南、会计制度。显然，它们作为国家法律制度的一部分，无论是英美法系还是大陆法系，它们的渊源具有同一性，即均源自各自国家的习惯、习俗和惯例(曹越、伍中信、张肖飞，2015)[109]。人们的价值观往往通过习惯、习俗和惯例上升为国家法律工具。英美法系是在"遵循先例"原则中运用"判例法"运作机制"自然"而成。大陆法系是运用工具理性主义遵循"程序立法"机制"建构"而成。两大法系形成的差异决定了产权会计准则理论体系也存在一定差异。

1. 两大法系下产权会计准则理论体系差异的缘起

在物本经济阶段以独立的会计准则形式出现前，产权市场秩序主要是由散落在英美法系与大陆法系之间零散的会计法律制度来规制的。英美会计法律制度的主体内容由宪法、财产法、合同法、侵权行为法、继承法、公司法和破产法中有关财产权质的规定性与量的规定性构成；而大陆法系会计法律制度体系主要由宪法、民法、商法、公司法和税法构成(曹越、伍中信、张肖飞，2015)[109]。英美会计法律制度对产权市场秩序的规制是源自"权利法案"形成宪法统驭下，由"财产法—合同法—侵权行为法—继承法"规范"产权—债权—财产继承权"的域秩序。这彰显了其会计法律制度为"看不见的手"服务的单一价值目标。而大陆法系会计法律制度对产权市场秩序的规制是在持"法律制度"价值导向的立场，遵循严格的"上位法"思维，实现"税会合一"的立法模式规范国家—企业的产权域秩序。这彰显了其会计法律制度为"看见的手"与"看不见的手"服务的双重价值目标。

在英美法系中,会计准则以独立形式出现,其间会计准则的差异主要表现如下:在会计准则出现的时间上,1942年,英格兰及威尔士特许会计师协会开始研究与制定会计准则,而形成完整系统的英国会计准则的里程碑是指在2012年7月成立了"财务报告委员会"(FRC),负责将自己制定的会计准则和之前ASC(1976)、ASB(1999)制定的大部分准则重新命名为"财务报告准则"(FRS)。美国的会计准则体系是以1973年财务会计准则委员会(FASB)的成功构建为标志。在初期形成的会计准则内容上,英国会计准则最直接地源于《公司法》和《破产法》。其中,《公司法》对公司设置账簿、登记账簿、定期试算平衡、编制资产负债表的会计核算问题进行了规范;以及与《公司法》(1844)协调一致的《破产法》(1848—1849),对公司财产清算过程中破产债权债务计价与破产财产分配中的会计核算问题进行了规范。

美国会计准则尽管也最直接地源于《公司法》与《破产法》,它们均直接或间接涉及会计账目、账簿、报表等会计问题的规范,但《公司法》与《破产法》归属于美国的民商法。也就是说,美国的《公司法》与《破产法》奉行"上位法"的思维模式。在大陆法系中,会计准则以相对独立形式出现,其间会计准则也存在一定差异,其中最具有代表性的国家当属法国、德国。它们之间的会计准则差异主要表现如下:在会计准则出现的时间上,1947年,法国国家财政经济部颁布《会计总方案》,其制定的目的是构建法国会计准则的统一基础,是法国会计标准化的开端。后经1957年修改,有效地贯彻了《商法典》中的各项会计制度。2000年,法国实行的"统一会计方案"仍坚持配合了"商法典"中有关会计、审计规定的精神。1998年5月,德国成立德国会计准则委员会(GASC),颁布了13项侧重于跨国公司合并报表和国际资本方面的会计准则。在初期形成的会计准则内容上,法国以《会计法》《会计总方案》为核心的规范后来形成会计准则体系,其中还涉及《商法》《公司法》和《税法》的一些重要内容。它与英美法系的会计准则最大的区别在于,法国把会计准则上升到法律制度层面,以"法典式会计制度"体系来适应新形势下的市场经济发展要求。德国没有单行的会计准则,其会计规范是由政府通过分散于《公司法》《税法》《商法》中的规定来体现的,即"会计规范法典化"。

因此,上述产权会计准则理论体系无论是在两大法系之间,还是在两大法系之内的各自典型代表国家之间,在规制产权域秩序的产权会计准则理论体系之间存在"先天性"差异。随着不同国家经济社会发展出现不均衡性,必将刺激两大法系支撑下的各国会计准则理论体系之间出现"后天性"的差异。然而会计参与"全球治理"须把首要工作放在全球性会计制度适应性变革方面,这类变革应坚持协调与反复协调的方针,要从根本上缩小两大法系之间的会计准则理论体系的差异,从而成就各国会计准则趋同国际会计准则。

2. 协调产权会计准则理论体系差异的人权范式选择

在物本经济阶段,如果一个稳定的范式不能提供解决问题的适当方式,它就会变弱,从而就有新的范式出现(丁胜红、韦鹏,2015)[3]。自20世纪以来,以"产权为本"的思想及其行为的演化渐自走向极端,它导致了人类社会面临全球经济可持续发展危机与生态环境良性循环可持续运行危机。这两大危机是促使会计思想与行为由以"产权为本"向以"人权为本"的根本性转变的主要原因(郭道扬,2009)[1]。随着"第三次工业革命"的现代基础制造技术的推广与应用,改变了人类社会财富供需状况,促使供给大于需求的买方市场日趋形成。以顾客为本的企业战略目标驱动人力资本的雄起,追求高层次需求成为人们生活的一种"时尚"。当这种"时尚"成为人们的一种生活方式或习惯时,一个以科学主义与人本主义相互融合的柔性人权组织结构正待孕育而生。因此,信息非对称的卖方市场追求"以产权为本"所带来的"危机"与信息非对称的买方市场追求"以人权为本"所带来的"孕育而生"的新动力,昭示着信息非对称的人本经济阶段的"人权范式"的春天已然到来。

纵观人本主义价值观演绎的历史,揭示出人类社会在对从生物学意义上的"自然人"到社会学意义上的"社会人"的认知进化的基础上产生了人本主义进化的学说,即由人生物化的形而上学人本主义学说演化为人社会化的人本主义学说。在人生物化的形而上学人本主义学说历史阶段,人只是自然之人,人与动物享有同等人权。人本主义学者推崇人权的"应然观",追求"以人权为本"的人本主义价值观,它更多强调的是个人的人权。而在人社会化的人本主义学说历史阶段,人是社会之人,赋予人之社会属性。人本主义学者推崇人权的"实然观",追求"以人权为本"的人本主义价值观,不仅强调个人之人权,而且更强调人与人之间的集体之人权。由于人具有自然属性和社会属性,笔者认为,采用"混合人权"可以协调产权会计准则理论体系的差异,这也是中国会计准则与国际会计准则趋同的根源缘由之一。

鉴于人对人本主义价值观的追求演化为人对社会制度的诉求,这种"诉求"的动力直接推动了反法西斯大战中苏联的社会主义胜利和战后中国以及东欧社会主义国家的建立。尽管社会主义制度执行过程中出现了一些曲折性问题,但社会人之正常①,追求人本主义的人们必然创造出不同形式的以人权为本的社会制度的历史。中国 2 000 多年集权制的历史均传承"人之初,性本善"的孔子、孟子以及朱熹一脉相承之道,它与西方人本主义心理学家大都同意的柏拉图和卢梭的理想主义观点是一致的,即人的本性是善良的,恶是环境影响下的派生现象。正是因为中国关于对人权的追求与西方具有类似的一致性,这才为今后人本主义——人社会化的人本主义学说在中国能够成功被"中国化"提供了孕育"土壤"。也就是说,中国社会进步制度的历史也是人本主义价值观演绎的历史。

在人类社会的不同历史阶段,描述相同演化规律的产权范式与人权范式却造成了人们暂时对它们本质的认知差异。产权是指人对物(财物)的关系形成人与人之间相互认可的经济权利关系(吴宣恭,2000)[110]。人权则是一种人际社会关系中的要求。它表达的就是如何通过主体间的规范共识,保障每个人平等的权利与自由,实现美好生活的理念(严海良,2008)[111]。因此,无论是人权还是产权,它们在本质上是一致的,即围绕人作为一种关系性存在而形成人与人之间的规范共识,可以将产权视作人权在经济范畴内的自然延伸。

微观经济学教科书中以自然界中的竞争规则替代市场主体间的竞争规则,抽象掉不同人的需求差异,将之压缩等同于自然界动物的完全低层次需求,显然,它表达了(前)人本主义的初期学说,即人生物化的形而上学唯物(人本)主义学说。由此形成西方正统经济学的"效率-制度"标准,将人类社会引入了"增长的极限"的困境。随着循环经济学、人本主义经济、人本发展经济学等的逐步探索,"人权—制度"标准正推动人类社会"超越增长的极限",此时人权范式也随之表达了后人本主义的学说,即人社会化的历史唯物(人本)主义学说。因此,选择人权范式来协调作为国家法律制度一部分的不同法系会计准则理论体系的差异,是人类社会发展规律的历史必然。

---

① 社会人之正常是指任何人在正常情况下都有着积极的、奋发向上的、自我肯定的无限的成长潜力。

3. 人权范式的顾客导向型人本资本会计准则理论体系的构成

中国会计准则理论体系仍承袭主流经济理论假设前提——完全低层次需求。其会计准则理论体系仍持(前)人本主义的初期学说,以保护国有资本权益为导向的原则为基础。其会计准则制定机构是具有"双重身份①"的财政部会计司的会计准则委员会。其会计准则制定程序为遵循政府主导的"直接借鉴—实施",侧重于国外经验借鉴和统一会计规范的推行。在会计准则的层次结构方面,中国会计准则的层次结构重在反映整体的概念构架,并采用概念构架建立原则。同样以财务会计原则为基础的中国企业会计准则定义的财务报表要素,包括资产、负债、所有者权益、收入、费用、利润六个方面。以财务报表要素为基础的中国具体企业会计准则及其指南,包括存货、长期股权投资、固定资产、无形资产、非货币性资产交换、雇员薪酬、福利、奖励(职工薪酬、企业年金基金、股份支付)、收入、建造合同、政府补助、所得税、企业合并、金融工具、会计政策、会计估计变更和差错更正、财务报表列报、中期财务报告以及关联方披露等。

中国会计准则的制定机构是财政部,会计准则名称是《企业会计准则》,但它通过国际会计准则"中国化"的会计制度来贯彻执行《企业会计准则》,其会计模式以保护国家税收与投资者的利益为导向。采取国际通行的会计与税收分离的做法,它们在会计处理上尽管采用谨慎性原则,但前者应用力度大于后者。进入 21 世纪,中国宣布完成新一轮会计制度改革②,一方面是为了适应转型社会主义市场经济的国企改制奠定基础;另一方面是为了遏制资本市场发展中会计方面出现的严重违法违规行为,适应全球经济一体化发展的需要。中国以会计要素为基础设置了五大账户以及它们各自对应的报表体系。由其账户与报表所聚焦的中国会计制度及会计准则的改革集中在存货、长期投资、短期投资、长期合同、商誉、无形资产、外币业务等方面。

在信息非对称的人本经济阶段,中国政府极力推行"中国制造 2025",中国社会生产力水平进入高度发达阶段,促进市场进入供给大于需求的买方市场,马斯洛层序需求成为中国社会的主流需求,追求个性化消费的需求成为人本经济的"新常态"。企业以高度智能化的专业化劳动分工体系,灵活地重构与整合满足顾客个性化需求的定制化供给。专业化劳动分工体现了后人本主义的学说。而按照企业专业化分工体系构建顾客导向型企业人本资本会计系统,它是人本经济阶段人权会计系统的产物之一。因此,马斯洛层序需求成为后人本主义学说构建顾客导向型企业人本资本会计规则(准则)理论体系的假设前提。顾客导向型企业人本资本会计准则制定程序遵循由市场主导的"实践—理论—实践",且侧重于对实践的总结和会计方法的选择。顾客导向型企业人本资本会计准则的制定方式,由以博弈均衡规则为基础转向以人本目标导向的原则为基础。

顾客导向型企业人本资本会计准则的层次结构,由按照经济业务的具体分类与实际批量化需要来制定,逐渐转变为按照专业化劳动分工与实际定制化需要来制定,提高了顾客导向型企业人本资本会计概念框架,在顾客导向型企业人本资本会计原则中的层次。以人权为本的顾客导向型企业人本资本会计原则为基础的顾客导向型企业人本资本会计准则定义

---

① 双重身份是指既以社会调控者身份对制定会计准则直接施加影响,又以资产所有者身份直接制定会计准则。

② 在中国,2000 年 12 月 29 日正式发布了《企业会计制度》(财会字[2000]25 号),并决定于 2001 年 1 月 1 日起首先在股份有限公司范围内实施,《股份有限公司会计制度》同时废止。

的顾客导向型企业人本资本会计报表要素,包括满足资本存量决定资本流量之间的逻辑性。顾客导向型企业人本会计要素均为物力资本、人力资本、组织资本以及关系资本。其产权会计要素可作为对应完全低层次需求的人权会计要素的二级会计科目;而对于高层次需求的顾客导向型企业人本资本会计要素,仍可承袭完全低层次需求的顾客导向型企业人本资本会计建构逻辑,这也符合马斯洛层序需求的层序递进原则。

至此,依靠建构后人本主义学术形成的顾客导向型企业人本资本会计规则(准则)理论体系,包括基本顾客导向型企业人本资本会计准则(或顾客导向型企业人本资本准则)、具体顾客导向型企业人本资本会计准则及其指南、顾客导向型企业人本资本会计制度。这也为信息非对称的人本经济阶段塑造买方市场秩序的顾客导向型企业人本资本会计应用理论的发展指明了方向。

5.3.3 人权范式的顾客导向型企业人本资本会计行为理论

在人类社会生产力处于欠发达水平的物本经济阶段,市场处于需求大于供给的信息非对称卖方市场,完全低层次需求成为人类社会的主流需求。在信息非对称的物本经济阶段,以物类价值为本的交易价值在社会经济结构中处于主导地位。生产导向型企业物本资本会计行为理论体系包括《会计法》《税法》《经济法》《会计人员职业道德规则》《会计人员职责》等(杜兴强,1998;吴水澎、龚光明,1998)[107][108]。鉴于完全低层次需求的生产导向型企业物本资本会计行为理论体系假设前提,所有生产导向型企业物本资本会计行为均围绕经济范畴的产权价值运动状况进行经济基础管理活动。

由此,经济基础管理活动抽象出生产导向型企业物本资本会计行为理论的内容包括:生产导向型企业物本资本会计行为形成的具体成因、生产导向型企业物本资本会计行为的主体和客体、生产导向型企业物本资本会计行为的目标、生产导向型企业物本资本会计行为的优化和引导(杜兴强,1998)[107]。对此内容诠释如下:生产导向型企业物本资本会计行为形成的具体原因起源于生产导向型企业所有权与经营权分离,一方面,是通过委托代理契约赋予生产导向型企业物本资本会计人员行为的产权职责,这是生产导向型企业物本资本会计行为形成的外在原因;另一方面,是委托代理理论作为主流经济学理论之一,作为企业代理者之一的生产导向型企业物本资本会计人员价值观为功利主义,这导致生产导向型企业物本资本会计行为形成的内在原因是生产导向型企业物本资本会计人员追求自身经济价值最大化。

生产导向型企业物本资本会计行为主体是指履行生产导向型企业物本资本会计职能的会计人员,一方面,通过确认、计量、记录、报告的生产导向型企业物本资本会计行为,生产导向型企业物本资本会计人员将企业经济活动的业务或事项输入人造生产导向型企业物本资本会计系统,履行生产导向型企业物本资本会计的监督职能;另一方面,通过对通用生产导向型企业物本资本会计报告进行分析,生产导向型企业物本资本会计人员披露企业经济管理活动的生产导向型企业物本资本会计信息,履行生产导向型企业物本资本会计的反映职能。

生产导向型企业物本资本会计行为客体是指生产导向型企业物本资本会计行为主体的对象。在完全低层次需求下,企业产权价值活动具有货币量化特征,因此企业经济活动是生产导向型企业物本资本会计行为客体。但企业本质为非完备经济性契约或综合契约时,其中,企业存在部分高层次需求的产权价值活动不具备货币量化价值特征,这些经济活动的交易或事项无法进入人造产权生产导向型企业物本资本会计系统,这部分企业经济活动无法成为生产导向型企业物本资本会计行为主体的对象。

生产导向型企业物本资本会计行为目标有别于生产导向型企业物本资本会计目标,生产导向型企业物本资本会计目标是通过委托代理契约赋予生产导向型企业物本资本会计主体的目标;而生产导向型企业物本资本会计行为目标是生产导向型企业物本资本会计行为主体通过自己的行为期望得到的结果。因此,生产导向型企业物本资本会计行为具有双重目的性,一方面,是通过生产导向型企业物本资本会计行为追求生产导向型企业物本资本会计人员自身经济价值最大化,实现生产导向型企业物本资本会计行为直接目标,即生产导向型企业物本资本会计人员经济价值最大化目标;另一方面,是通过每个生产导向型企业物本资本会计人员自身目标的实现,汇聚实现生产导向型企业物本资本会计主体目标,即生产导向型企业物本资本会计行为间接目标。

生产导向型企业物本资本会计行为优化是指生产导向型企业物本资本会计职业人员之间的优胜劣汰竞争机制,其目的是生产导向型企业物本资本会计执业人员通过自身努力来提高自身业务水平与素养。

生产导向型企业物本资本会计行为引导是指生产导向型企业物本资本会计执业人员之外的激励竞争机制,其目的是生产导向型企业物本资本会计执业人员通过技能培训或学习,以提高自身的业务水平与素养。

总而言之,以上诠释的生产导向型企业物本资本会计行为理论的内容,具体体现在生产导向型企业物本资本会计人员对《会计法》《税法》《经济法》等法律事务掌握与应用的水平,对《会计人员职业道德规则》的遵守与执行,以及对《会计人员职责》的履行情况等。然而,在《会计人员职业道德规则》和《会计人员职责》中,部分内容是强调生产导向型企业物本资本会计人员的自我实现,甚至是超越自我实现精神。这属于马斯洛高层次需求,而生产导向型企业物本资本会计理论体系的前提假设是完全低层次需求,这也就造成了目前生产导向型企业物本资本会计人员执业水平与生产导向型企业物本资本会计人员自身修养不一致的现象。

在人类社会生产力处于发达水平的人本经济阶段,市场处于供给大于需求的信息非对称的买方市场,马斯洛层序需求成为人类社会的主流需求,在信息非对称的人本经济阶段,以人类价值为本的交易价值在社会人本经济中处于主导地位。作为人本经济阶段人权会计理论"丛林"之一的顾客导向型企业人本资本会计理论体系,它强调是以人权为本的思想,因此,可从理论上解决生产导向型企业物本资本会计行为理论体系所出现的生产导向型企业物本资本会计人员执业水平与生产导向型企业物本资本会计人员自身修养不一致的现象。因为顾客导向型企业人本资本会计行为理论体系的假设前提是马斯洛层序需求,所以顾客导向型企业人本资本会计行为理论体系除了包括基于完全低层次需求假设的生产导向型企业物本资本会计行为理论体系外,还应该包括《劳动者权益法》《知识产权法》《环境法》《人力资源保障法》等体现以人权为本的法律法规。

鉴于马斯洛层序需求的顾客导向型企业人本资本会计行为理论体系假设前提,所有顾客导向型企业人本资本会计行为,均围绕经济、社会、环境的综合范畴内的人权价值运动状况,进行经济、社会、环境的人本管理活动。由此,人本管理活动抽象出顾客导向型企业人本资本会计行为理论的内容包括：顾客导向型企业人本资本会计行为形成的具体原因、顾客导向型企业人本资本会计行为的主体和客体、顾客导向型企业人本资本会计行为的目标、顾客导向型企业人本资本会计行为的优化和引导。对此内容作如下诠释：顾客导向型企业人本资本会计行为形成的具体原因起源于企业专业化劳动分工，一方面，通过企业专业化劳动分工赋予顾客导向型企业人本资本会计人员行为的人权职责，这是顾客导向型企业人本资本会计行为形成的外在原因；另一方面，顾客导向型企业人本资本会计理论体系是以人权为核心的理论体系，它要求会计人员价值观为人本主义，这导致会计行为形成的内在原因是会计人员共同追求人本价值最大化。尊重劳动就是尊重人的价值，专业化劳动分工体现出以人权为本的思想，因此，顾客导向型企业人本资本会计行为形成的外在原因与内在原因应该是融为一体的。

在信息非对称的人本经济阶段，以智能化、数字化、信息化技术为特征的现代基础制造技术成就了顾客个性化需求的定制化供给。这种定制化供给的人本经济发展行为要求顾客导向型企业人本资本会计新增预测（分析）职能，履行顾客导向型企业人本资本会计预测职能的行为主体更多是具有综合专业与实践知识的复合型会计人员。顾客导向型企业人本资本会计行为客体是指顾客导向型企业人本资本会计行为主体的对象。在马斯洛层序需求下，顾客导向型企业人权价值活动具有泛货币量化特征，因此企业经济、社会、环境综合活动是会计行为客体。此时，企业本质由非完备经济性契约或综合契约演化为非完备性超契约。企业不仅存在完全低层次需求的产权价值活动，它具备货币量化特征，形成结构化顾客导向型企业人本会计数据信息。而且存在高层次需求的人权价值活动，它具备电子量化价值特征，形成非结构化顾客导向型企业人本会计数据信息。这些顾客导向型企业人本会计数据信息均进入人造顾客导向型企业人本资本会计系统，因此，顾客导向型企业马斯洛层序需求的经济、社会、环境综合活动成为顾客导向型企业人本资本会计行为客体。

顾客导向型企业人本资本会计行为目标有别于生产导向型企业物本资本会计行为目标，生产导向型企业物本资本会计行为主体的价值观为功利主义，这就决定了其生产导向型企业物本资本会计行为个性化；而顾客导向型企业人本资本会计行为主体的价值观是人本主义，这就决定了顾客导向型企业人本资本会计行为集体化。顾客导向型企业人本资本会计行为目标是通过"顾客导向型企业人本资本会计人员"共同努力，来实现它们的共同期望——人本价值最大化的目标。当然，这个目标是通过决策有用观的顾客导向型企业人本资本会计目标的实现得以体现。顾客导向型企业人本资本会计行为优化是物类价值归于人类价值的竞争机制，其目的是实现人本管理最优化的目标。

总而言之，以上诠释的顾客导向型企业人本资本会计行为理论的内容，具体体现在顾客导向型企业人本资本会计人员对顾客导向型企业人本资本会计行为理论体系应用的一般抽象。这为未来我国在"互联网＋"的人本经济阶段，构建信息对称的买方市场的用户导向型企业人本资本会计行为理论体系提供了参考依据。

5.4　本章小结

在信息非对称的人本经济阶段，将买方市场中顾客导向型企业人本资本价值定理与人本资源配置定理的人本经济理论和人本管理理论内化为信息非对称的人本经济阶段顾客导向型企业人本资本会计研究的人权范式。基于马斯洛层序需求假设来分析顾客导向型企业人本资本会计基础理论架构：顾客导向型企业人本资本会计的假设、本质、目标、范围、职能、对象、要素以及等式。从历史演化的角度，来分析在人类社会不同历史经济发展阶段下所形成的不同会计应用理论体系。

在信息非对称的物本资本阶段，卖方市场的完全低层次需求成为人类社会的主流需求，以物类价值为本（以产权为本）的交易价值在社会经济结构中处于主导地位。基于法理视角分析两大法系下物本资本（产权）会计准则理论体系存在的差异，结合追求以人类价值为本（以人权为本）的信息非对称的人本经济阶段的到来，以及分析人们对人权观念认知的历史差异，得出采用"混合人权观"来作为协调物本资本会计准则理论体系差异的研究范式。

在信息非对称的人本经济阶段，买方市场中马斯洛层序需求成为人类社会的主流需求，以人类价值为本的（以人权为本）的交易价值在人类社会经济中处于主导地位。选择人权范式，汲取两大法系下的逻辑，研究符合中国国情的顾客导向型企业人本资本会计规则（准则）理论体系，以及采取与生产导向型企业物本资本会计行为理论体系对比的方法，基于人权范式研究顾客导向型企业人本资本会计行为理论体系的形成。至此，形成顾客导向型企业人本资本会计应用理论体系，即由顾客导向型企业人本资本会计基础理论体系＋顾客导向型企业人本资本会计应用理论体系，构成顾客导向型企业人本资本会计理论架构。它为第5章中构建顾客导向型企业人本资本会计模式提供了理论依据。

第6章

顾客导向型企业人本资本会计模式研究

人类社会中人们对人与物以及人与人之间关系的不断认知,形成了物本经济发展观的物本主义哲学和人本经济发展观的人本主义哲学。物本主义主张物是第一性,人是第二性;而人本主义认为,先有人,然后才会有人造物,人是人造物的本原,人造物是人的派生物,是人的精神物化的产物。因此,前者反映人"物化"的程度,后者则反映物"人化"的程度,这反映了在不同历史阶段,人类认识自然、改造自然的不同人类认知产物。随着经济从信息非对称的物本经济向信息非对称的人本经济的转变,在企业中,其不同资本的主导地位从物本资本向人本资本转变。建立在"经济人""利润最大化"假设基础上的传统经济理论,遵循"资本雇佣劳动"逻辑的传统企业理论以及工厂制度、公司制度等,对生产导向型企业物本资本会计理论的形成与发展产生了重要影响。

20世纪70年代,"第三次工业革命"的现代基础制造技术结合微电子技术和计算机网络,促进了人类社会生产力水平的提高,致使人类社会创造社会财富的供给大于需求的买方市场日趋形成。这标志着人类社会进入了信息非对称的人本经济阶段。根据揭示该阶段顾客导向型企业人本经济发展规律的顾客导向型企业人本资本价值定理和顾客导向型企业人本资源配置定理,结合西方经济学家所探索出的人本管理理论,形成并构建顾客导向型企业人本资本会计理论的顾客导向型企业人本资本理论。在顾客导向型企业人本资本理论指导下,研究信息非对称的人本资本阶段顾客导向型企业人本资本会计模式。

6.1 顾客导向型企业人本资本内涵的界定

随着人类社会生产力水平的不断提高,人类社会生产力水平由欠发达阶段转向发达阶段,同时,人类社会欠发达生产力水平所决定的社会供给小于需求的卖方市场向人类社会发达生产力水平所决定的社会供给大于需求的买方市场转变。自此,人类社会经济也由物本经济阶段转入人本经济阶段。在信息非对称的人本经济阶段,人本经济发展观所指导的顾客导向型企业人本资本会计模式研究也就成为该经济阶段重大命题之一。在信息非对称的人本经济阶段,顾客导向型企业人本经济发展观的理论产物是指在信息非对称的买方市场中,体现以劳动解放为本或以人类增值为本所形成的顾客导向型企业人本资本价值定理和人本资源配置定理,以及实现顾客导向型企业以物类价值归于人类价值的人本管理理论。也就是第4章中所提出的顾客导向型企业人本资本理论。当然,在信息对称的人本经济阶段,用户导向型企业人本经济发展观的理论产物是指在信息对称的买方市场中,体现以劳动解放为本或以人类增值为本所形成的用户导向型企业人本资本价值定理和用户导向型企业人本资源配置定理,以及实现用户导向型企业以物类价值归于人类价值的全社会人本管理理论。也就是第4章中所提出的用户导向型企业人本资本理论。

"人本"一词最早出现在哲学范畴内,用于研究以人为中心的物质与精神的关系问题;精神的作用只能通过人来实现,人的对立面是物(林德宏,2004)[112]。而建立在人本主义思想基础上的会计,称之为"人本会计"(徐国君,2003)[100]。它间接地从会计角度来计量物类价值归于人类价值,它只是侧重于人力资源会计。尤其是行为会计的研究,其研究范畴仍然局限于企业具体资本的传统会计计量模式。

目前,关于智力资本的外延以及智力资本与人力资本之间的关系,存在一些争议。国外大部分学者认为,智力资本由人力资本、组织资本和关系资本三部分组成,如 Brennan N 和 Connell B (2000)[113],Roos、Johan (1997)[114],Sanchez R(2000)[115]和 Stewart (1998)[116]等;另一些学者如 Edvinsson L 和 Malone M(1997)[117],Bontis N.(1999)[118]等则认为,智力资本是人力资本与结构资本的耦合,其中结构资本是由组织资本和关系资本两部分构成。国内方面,李冬琴(2004)[22]认为,智力资本由人力资本、组织资本和关系资本三部分构成,但它们各自资本组成部分的人权属性有所不同,人力资本的所有权不属于企业,组织资本的所有权属于企业,而关系资本的所有权部分属于企业;而徐鸣(2004)[23]认为,智力资本是人力资本创造的,智力资本应该与人力资本并列成为企业的主要生产要素,而不能凌驾于人力资本之上;张文贤(2004)[24]认为,智力资本的存在主要源于智力因素,而智力资本则是人力资本的一个组成要素,因此,智力资本应该纳入人力资本的范围之中;谭劲松(2001)[25]等则认为,智力资本是人力资本的核心,是一种高级的人力资本。

从上述不同观点来看,智力资本这种概念提法还不够全面、准确,但它基本上体现了智力资本是一种非组合资本。笔者认为,它是由人力资本向人本资本过渡阶段的提法,顾客导向型企业人本资本反映顾客导向型企业物类价值归于人类价值的企业组合资本,充分体现了以人类价值为本的人本思想(丁胜红、盛明泉,2008)[8]。于是顾客导向型企业人本资本的提法体现了人本经济发展观,而智力资本的提法体现了物本经济发展观。基于马克思的专业化劳动分工原理,顾客导向型企业组合资本划分为生产劳动领域的物力资本与人力资本,以及服务劳动领域的组织资本与关系资本。这种体现生产力水平的顾客导向型企业生产领域的物力技术与人力技能,以及体现生产关系的顾客导向型企业服务领域的内部制度与外部制度,它们之间相互作用而产生物力资本、人力资本、组织资本和关系资本的有机组合,以达到顾客导向型企业"资本共振"①现象。这种通过顾客导向型企业人本资源有效配置所产生的具有物理学中各种波相聚叠加所产生的共振现象,解释了顾客导向型企业人本资源不同人权主体只有奉行信息非对称的人本经济阶段的人本经济发展观,才能步调一致地实现由生产领域物力资源、人力资源和服务领域内部制度资源、外部制度资源所构成的顾客导向型企业人本资源有效配置。也就是说,只有尊重人的价值、维护人的尊严的人本经济发展观,顾客导向型企业利益相关者们才能实现人尽其才、才尽其用的人本资源配置效果。顾客

---

① 资本共振是指根据物理学中不同波所产生共振现象的原理,来阐述以人类价值为本的顾客导向型企业生产领域的物力资本、人力资本,以及服务领域的组织资本、关系资本之间有机合作所产生的顾客导向型企业利益相关者价值最大化的效果。

导向型企业人本资本是顾客导向型企业"资本丛林"的一种组合资本,这种组合资本体现了顾客导向型企业以人类价值为本的"物人化"资本。它反映了信息非对称的人本经济阶段知识、技术、信息、管理等在物类价值归于人类价值过程中相互渗透、相互融合。

6.2 顾客导向型企业人本资本人权主体行为研究

与知识经济、可持续发展经济、"社会生态经济"等会计环境相适应,信息非对称的人本经济阶段,顾客导向型企业物类价值归于人类价值促使顾客导向型企业各种资本呈现一种"泛化"的趋势。顾客导向型企业人本资本不仅反映了企业不同单元资本的相互渗透,而且体现了这种资本整合的"物人化"趋势,其人权主体当然也是多元化,而人权行为更复杂。顾客导向型企业人本资本会计研究必须走出现行思维模式的桎梏,彻底转变物本经济阶段人类价值归于物类价值的传统思维观念。顾客导向型企业人本资本会计思维模式,要求明确区分人本资本治理活动与人本资本投资活动的两个不同范畴。鉴于此,有关的研究则应着眼于与人本资本投资有关的人本资本活动主体。把所涉及的主体的人权行为系统地划分为人本资本人权投资和人本资本人权交易两种运作形式,以及由其而导致人本资本不同人权主体凭借其资本人权获得各自资本收益的一种运作结果,在此认识基础上,据以构造顾客导向型企业人本资本会计模式。

6.2.1 顾客导向型企业人力资本人权主体行为

1906 年,费雷(I.Fisher)在《资本的性质和收入》中首次提出了人力资本的概念[①]。20 世纪 50 年代,舒尔茨(Theoclore Schulte)、贝克尔(Gerge Becker)等发展了人力资本理论。人力资本的特殊性表现在:① 人力资本与其所有者的不可分离性;② 人力资本的人权多元性。基于上述人力资本的特征,在人力资本人权投资过程中,其具体的投资事项就涉及以下三个人权行为主体:① 作为人力资本载体的人身主体;② 作为人力资本所有权主体的投资主体;③ 作为人力资本所有权主体的企业主体[②](夏冬林等,2000)。在信息非对称的人本经济阶段,买方市场的顾客导向型企业人力资本的人权在其交易活动与投资活动的两个不同领域的运作形式表现为:顾客导向型企业人力资本在投资之前,其人权主体属于人身主体,在被投入以创造财富的使用过程中,其人权运作形式表现为顾客导向型企业人力资本投资者的人力资本人权投资行为,以及顾客导向型企业人力资本投资者的人力资本人权交易行为。

如果投资者就是人身主体,其人权性质不变,表现为自我投资。如果顾客导向型企业人力资本投资主体不是人身主体,一种可能是股东或非自身投资者;另一种可能是作为顾客导向型企业人本资本会计主体的企业或企业代理、企业股东作为投资者。上述两种可能的投资者与人身主体在顾客导向型企业人力资本人权履行过户的法定手续后,才成为该项顾客

---

① 有人认为,1935 年,美国经济学家沃尔什在《人力资本观》一书中,第一次提出了"人力资本"概念。参见:景莉.智力资本与公司价值.北京:中国经济出版社,2006:25。
② 三个行为主体分类,参照吴泷的《基于产权行为研究的人力资源会计模式再造》对人力资源进行分类。所不同的是,企业主体是指不仅企业作为其投资主体利用企业存量资本与人力资本交易获得投资,而且人力资本所有权主体将人力资本投资于企业后,企业人力资本的盈余将作为企业的盈余资本进行投资,企业作为和其股东地位对等的投资者。

导向型企业人力资本人权新主体,其顾客导向型企业人力资本人权才有可能属于上述两种投资者。

在投资之前发生的各项支出,作为对自身投资所发生的各项资本性支出而被凝结为依附于自己人身的人力资本。在投资过程中发生的各项支出,作为非人身主体对人力资本进行投资的资本性支出。究其资本的投资性质来看,这种运作形式体现为非人身主体对人身进行顾客导向型企业人力资本的人权投资(吴泷,2007)[119];也有可能作为人身主体对自身载体的顾客导向型企业人力资本进行投资的资本性支出。因此,其投资主体属于上述两种可能性投资者,他们凭借人力资本所有权(人权)享有其剩余价值索取权和剩余经营控制权。从顾客导向型企业人力资本人权运作过程所涉及的主体的人权行为运作结果来看,由于人力资本所有者与经济组织(会计主体)在进行人权交易过程中会计要核算投资成本,在投资过程完成后要确认相应人力资本(资产),因而人力资本进入会计主体后会致使其人权多元化。为了清晰地界定多元化人力资本所有者的人权,明确其人力资本所有者的职责,有利于公司的会计治理,同时反映顾客导向型企业与人力资本所有者进行人力资本的人权交易事项,顾客导向型企业人本资本会计应反映其交易价值,并在完成了人权过户的法定手续后,在确认顾客导向型企业人本资本会计主体的人力资本(资产)的同时还要确认所有者的人力资本人权,以明确人力资本人权的多元化身份。

6.2.2 顾客导向型企业物力资本人权主体行为

在信息非对称的人本经济阶段,顾客导向型企业物类价值归于人类价值决定了物力资本归于人力资本,即顾客导向型企业"物人化"的过程。顾客导向型企业生产领域的物力资本归于生产型人力资本,而服务领域的物力资本归于服务型人力资本。由编码知识和隐性知识形成企业规则的知识资本是源于人力资本,所以顾客导向型企业服务领域的物力资本也归于知识资本。上述物力资本归于人力资本以及源于人力资本或人力资本的延伸(衍生)知识资本(智力资本),集中体现了人类价值为本,即"物人化"的过程。由于物力资本价值具有主权货币量化特征,可沿用信息非对称的物本经济阶段的传统(物本资本)会计对物力资本的核算模式,只是核算的指导思想是人本资本理论——顾客导向型企业人本资本价值定理与人本管理理论。由于产权与人权在解释人与物关系以及人与人关系上具有本质一致性,因此,按照物类价值归于人类价值的逻辑来确认顾客导向型企业不同物力资本的人权主体。根据物力资本人权主体的人权行为过程及其结果来进行顾客导向型企业人本资本会计对物力资本的确认、计量、记录和报告。

6.2.3 顾客导向型企业组织资本人权主体行为

在信息非对称的人本经济阶段,买方市场的顾客导向型企业追求人类价值为本,其顾客导向型企业物类价值归于人类价值导致顾客导向型企业不是生产要素的简单聚合,而是多个生产要素的有机整合。马歇尔(Marshall)在其名著《经济学原理》的第4篇"生产要素——土地、劳动、资本和组织"中,就把组织作为与土地、劳动和资本一样的生产要素。管理学大师彼得·德鲁克指出,最简单的工业操作也需要第四种要素——有管理的组织。这第四种要素是现代化大规模生产中最重要,同时也是唯一不能被替代的要素(彼得·德鲁克,2005)[120]。谢德仁(2002)[95]认为,"组织的知识结构并非参与组织的个人知识的简单加总,而是有机的互补与整合,学习与创新,其中包括创新出组织知识,形成组织文化,进而创造出要素所有者个人所不具有的组织资本(organizational capital)"。它有效地降低了生产交易成本,促进了顾客导向型企业的人力资本与非人力资本协作效率的提高,为顾客导向型企业价值边际递增拓展空间。

由上述学者们的研究可以看出,组织资本是一种泛化资本,在其资本的人权主体上,组织资本与人本资本在人权属性上是一致的,组织资本具有其与组织的不可分离性及其人权多元性的特征。冯丹龙(2006)认为,"组织资本是依赖于特定的组织和社会交往,通过长期组织学习和工作实践积累形成的,存在于个体、团体和组织之间,企业员工共同创造的编码化或部分编码化的组织共享知识、能力和价值观。"(冯丹龙,2006)[121]因此,顾客导向型企业的组织资本形成于个体人力资本,经过一定孕育之后产生,具有相对稳定性、迟效性,一般不随员工的离开而消失。既然组织资本形成于个体人力资本,那么人力资本的(人权)所有者也同样是组织资本(人权)所有者。但与人力资本不同的是,人力资本(人权)所有者包括:在投资时,有可能是自然人自身、股东、企业;在投资以后,可能是人身主体自身、股东、企业共同所有。而组织资本是在人力资本投资于公司中,公司的员工、股东、公司分别凭借各自的人力资本、股东资本、企业资本的人权所创造的,独立于企业资本"丛林"的另一种资本。他们要想凭借各自资本人权而享有其剩余价值索取权和剩余经营控制权,则必须继承各自相应部分的组织资本人权价值的份额。即组织资本人权同时属于公司的员工、股东、企业,如果员工离开该公司,则该公司应该补偿他们曾对组织资本作出的贡献价值,或由于人们对此组织资本认识不清或模糊而以默认方式放弃其人权价值的索取。但在表面上,它表现为组织资本人权属于公司,实际上它不符合该现象的本质。

组织资本的人权运作过程及其所涉及的主体的人权行为也无外乎组织资本的人权投资和会计主体与其人权所有者进行组织资本的人权交易两种运作形式。从组织资本的人权运作过程所涉及的主体的人权行为的运作结果来看,如果组织资本是因员工的人力资本、股东资本以及企业资本各自(人权)所有者分别贡献而聚合的,表现为组织的长期学习和知识共享积累,那么组织资本的不同人权所有者共同创造的编码化或部分编码化的组织资本,在其投资以及其资本的价值创造过程中,很难分清各自投资的量化价值。因此,这种具有共有人权的组织资本在会计主体中,表现为以不同形态存在的资产通过资产形态变化,揭示相应的价值增值过程(王德礼、杜建菊,2006)[122]。由于这种资本具有资本运作的完整性、模糊性、并存性与继起性,笔者认为,将组织资本人权实体不同的运作形式转化为相同形式的其资金人权运作形式,这样我们可以在每次人权交易中确认、计量其组织资本的人权交易价值。组织资本的投资是会计主体内部自主性、连续性、耗散性的投资,因此,我们因无法完成其资本人权的法定人权过户手续而确认其初始投资价值。

6.2.4 顾客导向型企业关系资本人权主体行为

在信息非对称的人本经济阶段,买方市场驱动企业以顾客为本,通过企业定制化供给来满足顾客的个性化需求。企业由面向企业内部生产的管理转移到既要关注企业内部生产管理,目的是实现企业定制化供给,又要注重企业对买方市场的管理,目的是实现顾客的个性化需求。因此,顾客导向型企业关系资本是指企业与供应商、客户、政府机构以及其他组织之间相互信任、相互依赖、相互关联的社会网络。要判断该关系是否是资本,我们应该明白资本是什么？熊彼特认为，"资本无非是一种杠杆，凭借它，企业家可以使他所需要的具体商品受他的控制，把生产要素转用于新用途，或引向新的生产方向的一种手段。……"（约瑟夫·熊彼特，1990）[123]因此，这种资本能够发挥杠杆作用，使企业产生边际增值效益，笔者称之为关系资本。笔者将企业的关系资本分为硬型（结构型）关系资本（hard relational capital）和软型（认知型）关系资本（free relational capital）。结构型关系资本通过企业的规则、程序、章程和制度等形成企业的一种资本，促进企业资源配置到最佳状态或环节。认知型关系资本是指企业或企业中的个人等共享的社会规范、价值观、信任、态度和信仰、道德，甚至宗教等，有利于企业竞争优势的形成和企业资源配置环境的优化，最终促进企业价值的形成与递增。

从上述讨论中我们可以看出，关系资本的形成既有企业的规章、制度等权力配置形式，又有企业员工的社会关系，显然，关系资本的所有权（人权）不仅属于企业自身，同时也属于企业员工、股东。当然这是从狭义的角度来界定关系资本。而从广义的角度来看，关系资本为社会资本，即国家或地区的社会环境，企业与供应商、客户、政府机构及其他组织之间的相互信任，以及企业的社会关系网络等，也具有资本属性，即需要进行投资，并能产生投资收益（黄晓波，2007）[124]。广义的关系资本的人权所有者不仅有顾客导向型企业范畴的狭义关系资本所有者，而且有顾客、政府、潜在的投资者等顾客导向型企业外部利益相关者。

本节以顾客导向型企业为研究主体，研究其狭义的关系资本人权运作过程及其所涉及的主体人权。它包括关系资本的人权投资和顾客导向型企业与作为关系资本的所有者进行关系资本的人权交易两种运作形式。从其运作的角度来看，在顾客导向型企业中普遍存在的现象是请"客"吃饭、送礼，为了企业利益而进行有形物质利益（财富）投资，同时还要凭借个人魅力、微笑等等服务形式或无形物质利益（财富）进行投资。从经济学的角度来看，这些投资都具有经济价值，而会计只考虑为近期交易或事项所支付的代价的确认、计量，却忽视其远期的关系价值。与组织资本相比，其相同点：其人权主体呈多元化，而投资支出也是多渠道，其投资形式既有有形资产投资，也有无形资产投资，这些投资不是简单相加，而是经过一段时间耦合才能形成顾客导向型企业的关系资本；其不同点：关系资本的人权所有者具有不确定性，因为关系资本是建立在一定的前提条件上，当这个前提不存在了，这种关系自行消失，不会为企业带来经济杠杆效益。按投资主体来确定投资支出，显然确认、计量其投资支出不符合成本效益原则或会计中的重要性原则，并且其支出有时很难用货币来计量，因此，我们仍然采用上述所研究的组织资本所遵循的确认与计量方法。

6.3 基于人权行为的顾客导向型企业人本资本会计模式构建

截至目前，国外有关顾客导向型企业人本资本会计模式的研究，尚处于初步探索阶段。在中国，目前的会计研究主要集中在中国会计准则与国际会计准则趋同方面，体现了中国与国际WTO规则接轨的决心与意志。虽然在探索信息非对称的人本经济阶段的顾客导向型企业人本资本会计上，我国尚处于空白阶段，但是现实生活中追求以人类价值为本的人本经济发展，驱动顾客导向型企业以物类价值归于人类价值的"丛林资本"呈现出一种泛化的趋势。只有多元资本有机整合,才能发挥单元资本无法起到的规模经济作用。为此,我们对上述不同组合资本的人权主体作了初步探索。现在,我们着眼于顾客导向型企业人本资本的人权运作过程,对有关人权主体的人权行为进行系统分析。按照顾客导向型企业人本资本投资所涉及的有关顾客导向型企业人本资本活动的各主体的人权行为的运作形式和结果,重新划分顾客导向型企业人本资本会计的交易或事项,并据其引入顾客导向型企业人本会计处理流程,构造顾客导向型企业人本资本会计模式。为了理清人造顾客导向型企业人本会计的会计业务数据核算,根据专业化劳动分工原理,借助于顾客导向型企业人本资本人权行为来研究顾客导向型企业人本资本会计要素的构成。

6.3.1 顾客导向型企业人本资本会计要素的构成:人权行为

顾客导向型企业人本资本是顾客导向型企业利益相关者通过显性的或隐性的人权交易契约在企业中投入的资本,以实现以人类价值为本的顾客导向型企业战略目标。其人本资本和人本权益贯穿于人权价值运作的全过程,包括人权交易契约的签订过程和履行过程,反映在信息非对称的人本经济阶段以人类价值为本的人本权力配置人本资源,而导致顾客导向型企业"物人化"的人本经济特征。如图 6-1 所示。

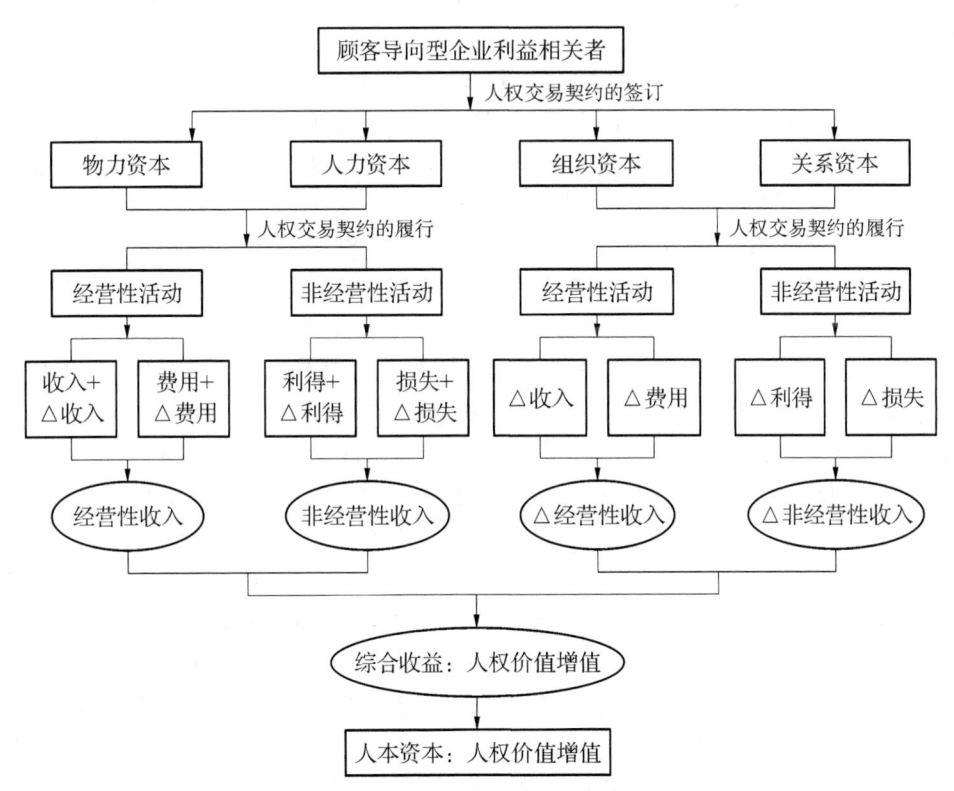

图 6-1 顾客导向型企业人本资本会计要素的构成

其中,图中的"△"表示顾客导向型企业人力资本、组织资本、关系资本在顾客导向型企业隐性投资中所产生的隐性的收入、费用、利得、损失的增量变化。图 6-1 高度地概括了顾客导向型企业人本资本人权投资会计与顾客导向型企业人本资本人权交易会计,以及顾客导向型企业人本资本收益分配会计共三大模块。

6.3.2 顾客导向型企业人本资本会计模式的构造：人权行为

基于图6-1中所示的顾客导向型企业人本资本人权交易契约的签订、履行等运作过程，根据专业化劳动分工原理，形成由物力资本、人力资本、组织资本以及关系资本构成的顾客导向型企业人本资本会计要素。下面将从顾客导向型企业人本资本的人权投资、人权交易以及人权收益分配等不同领域来探索顾客导向型企业人本资本会计模式的构造。

1. 顾客导向型企业人力资本人权投资会计

由于顾客导向型企业人力资本作为人力资产形式，投资于顾客导向型企业以及在运营过程中的人权交易过程，均涉及多个人权主体。顾客导向型企业人力资本作为多元人权进入顾客导向型企业人本会计确认环节。因此，对顾客导向型企业进行的顾客导向型企业人力资本的人权投资事项，在顾客导向型企业与作为人力资本载体的自然人进行人力资本人权交易时，顾客导向型企业人力资本会计要反映交易价值。在完成了人权过户的法定手续后，确认顾客导向型企业的人力资本（资产），同时还要确认所有者的人力资本人权（吴泷，2007）[119]。在人权视角下，"资产＝权益"的顾客导向型企业人本会计基本恒等式形式的意义为"共有人权＝个别人权之和"，它表达了顾客导向型企业人力资本的人权关系（王德礼、杜建菊，2006）[122]。

在新的顾客导向型企业人本资本会计模式下，只是确认属于人力资源开发的人力资本事项，从生产导向型企业物本会计的费用处理流程中，仅对剥离出作为人力资本开发的投资支出信息予以确认。当属于被确认的支出发生时，借记"人力资本开发工程"账户和贷记与该项投资支出相关的物力资产相应账户；在投资过程完成并计算出开发成本后，确认相应的人权资产时，借记"人力资本（资产）——×××人力资本投资"账户和贷记"人力资本开发工程"账户。其中，×××人力资本投资作为人力资本的投资主体可能是自然人①、顾客导向型企业、股东。其中的顾客导向型企业作为人力资本的投资主体，因为诸多法律对股东权利的约束，顾客导向型企业也利用顾客导向型企业的留存收益作为资本进行投资，它已成为实际上与股东地位并列的人力资本投资者。因此，按照顾客导向型企业人本会计主体的各所有者权益比例作为×××人力资本投资，完成人权价值的等价值交换（投资）。

在顾客导向型企业人本资本人权运作过程中，由于自然人在生产过程中自己学习知识、总结经验以及自己拥有这方面的天赋形成新增加的人力资本，同时这部分人力资本依附于自然人身上，其人权自然属于自然人身主体。这是自然人在人权形成过程中的隐性投资，只有在自然人获得顾客导向型企业额外补偿时才表现出来。我们只能估计自然人的人权投资，借记"人力资本——×××自然人的人力资本投资"账户和贷记补偿内容的相关账户。另外，对人力资本的形成过程来说，属于非自身投资者开发一项新的人力资本的投资，而不是顾客导向型企业从人力资本人权交易过程中所获得的人力资本投入价值。则只能按照开发成本的补偿渠道进行摊销，而不能按照人力资本投资补偿渠道在效用期内分期从净损益中收回，尽管两者同属于取得对人力资本财务风险的实际保障。

因此，对于人力资本人权交易所获得的人力资本投入价值，按照过户的合同规定期限进

---

① 这里自然人在人力资本投资时，自然人以自身的部分人力资本投资，才成为×××人力资本投资，而不是凭借它是人力资本载体所谓的双重人权身份。这种双重人权界定不符合人权交易经济学原理。

行摊销,因为人的知识和技能随着人经验的积累,具有边际递增效益,应遵守《合同法》的规定。对于新开发或生产过程中自己开发形成的人力资本,其入账价值的摊销期,应按照在该项人力资本形成后使之所掌握的知识和技能的有效期限与效力期限两者孰短的原则来确定。对于推销渠道来说,按照不同人力资本所服务的项目及部门的不同来确定,从顾客导向型企业净损益中收回不同人力资本投资摊销。至于分期计提摊销时,要依据当期实际计提的摊销额,作借记"生产成本""管理费用"账户和贷记"人力资本摊销——×××人力资本投资成本摊销"账户的处理。

2. 顾客导向型企业组织资本人权投资会计

组织资本人权投资是指顾客导向型企业员工共同的编码化或部门编码化的组织共享知识、能力和价值观,是通过长期学习和经验积累形成的组织共识,因此,组织资本的投资是准隐性投资。它不仅耗费顾客导向型企业的人力、物力、财力、信息力这样显性投资的资源,而且耗费时间这样隐性投资的资源。我们通过对人力、物力、财力、信息力的顾客导向型企业人本资本会计确认与计量,并将其计量金额按资金的时间价值(通常按同期资金的市场利率,近似采用同期银行的综合平均利息率)来折现,其显性投资的资源财务现值作为其隐性投资价值(时间价值)。针对信息价值,我们近似采用信息成本或信息交易价值(成本)作为其显性投资成本,由于显性投资所需时间极短,并且信息集中反映,因此,可以略去其时间投资支出。

在组织资本投资过程中,顾客导向型企业员工因为组织资本投资的形式而获得个人的知识、经验、技能等,既是组织资本形成的基础,也是因自然人身与其人力资本不可分离而获得自然人身人力资本的必然的衍生物,其人权应归属于自然人。在顾客导向型企业生产过程中,组织显性投资为支出时,借记"组织资本开发工程"账户,贷记与该项投资支出相关的人力、物力、财力、信息力资产相应账户[当然信息力资产来源于信息成本(支出)的相关资产账户];当属于被确认的组织资本中隐性组织资本投资支出发生时,应在顾客导向型企业隐性组织资本(资产)投资产生效益时才确认。由于组织资本孕育形成很难确认,因而如果该隐性组织资本投资产生效益,则隐性组织资本投资肯定形成,我们只能近似以显性组织资本投资额作为初始投资额,按其显性组织资本投资至其组织资本产生效益时段来计算其资金的时间终值,作为其隐性组织资本投资初始支出额。其中资金利润率按同期市场利率或同期银行平均利率,借记"组织资本开发工程——×××隐性投资"账户和贷记其显性组织资本投资所涉及的相关资产账户,同时结转:借记"组织资本"账户,贷记"组织资本开发工程——×××显性投资和其账户的隐性投资"。其投资按人力、物力、财务、信息力的开发成本的补偿渠道进行摊销,对于摊销期来说,应按照在该项组织资本形成后,使其组织所形成的共识、能力、价值观的有效期限与效力期限二者孰短的原则来确定。至于分期计提摊销时,依据人力资本的分期计提摊销进行财务处理。

3. 顾客导向型企业关系资本人权投资会计

对于顾客导向型企业作为顾客导向型企业人本资本会计主体对顾客导向型企业关系资本的人权投资来说,笔者认为,按照硬型关系资本与软型关系资本的划分来分别确认、计量其发生的各项支出。在生产导向型企业物本资本会计模式中,将顾客导向型企业制度、规章等顾客导向型企业内部权力配置过程中所发生的各项支出,作为管理费用从当期收回。因为其硬型关系资本在顾客导向型企业中发挥长期的经济效益较为明显，因此，从生产导向型企业物本资本会计的费用处理流程中剥离出来单独入账。关于软型关系资本投资的各种支出，在生产导向型企业物本资本会计中，鉴于其经济利益关系，顾客导向型企业以及顾客导向型企业成员为顾客导向型企业利益而建立起各种经济关系所耗费的人力、物力、财力的支出，作为顾客导向型企业的业务招待费或其他费用，应从生产导向型企业物本资本会计费用处理流程中剥离出来单独入账。

上述属于关系资本的显性投资。如果建立在价值观、信任、道德观、宗教等非经济利益关系上，则属于软型关系资本的隐性投资，其各种支出很难用货币来计量其价值。笔者认为，两种软型关系资本投资的确认、计量应该采用两种形式：一种形式将其发生事项或交易在表外披露，则表内只需披露其关系类型、性质、内容等；另一种形式将顾客导向型企业组织资本隐性投资的(经济)价值从顾客导向型企业的 EVA 中扣除，剩余部分作为关系资本隐性投资价值，其本身符合隐性投资的时效性特征。作为软型关系资本投资的支出入账，当然其确认标准应依据组织资本隐性投资的判断标准，在确认、计量软型关系资本所发生的各项支出时，借记"关系资本开发工程——×××软型投资"账户和贷记"关系资本开发工程——软型投资"账户。

顾客导向型企业经济价值的总附加值，笔者认为是隐性资产所创造的，符合资产未来观的定义。关于硬型关系资本人权投资，表现为顾客导向型企业规章、制度等顾客导向型企业内部权力配置过程中所发生的各种事项支出时，借记"关系资本开发工程——×××硬型投资"账户和贷记与该项投资支出相关的各种人力、物力、财力、信息力的资产相应账户。在投资过程完成并计算出开发成本后，确认相应的顾客导向型企业人本资本人权资本时，借记"关系资本——×××人力、物力、信息力的资源开发"账户和贷记"关系资本开发工程——×××硬型投资"账户。其投资摊销账务处理依据组织资本投资的摊销账务处理流程进行处理。本文对硬型关系资本与软型关系资本形成的投资资本的摊销账务处理，均依据显性组织资本和隐性组织资本的摊销处理原则进行账务处理。

4. 顾客导向型企业人力资本人权交易会计

对于顾客导向型企业这个人本资本会计主体与作为人力资本载体的人力资本所有者进行人力资本人权交易来说，它与传统的接受外部交易人以实物资产人权对顾客导向型企业进行交易的过程也是一样的。在一般情况下，自然人对自身人力资本进行各种形式投资的支出，在顾客导向型企业人力资本的价值产生过程中被凝结为依附于自然人载体的人力资本，自然人与顾客导向型企业进行顾客导向型企业人力资本人权交易。在交易过程结束后，以交易的公允价值为基础来计量其交易人权价值，交易后顾客导向型企业人力资本人权主体应该是顾客导向型企业投资主体，以及顾客导向型企业中股东投资主体。只有自然人将自身的部分人力资本以投资形式交易，才能成为交易后的多元投资主体之一而进入确认环节的顾客导向型企业人力资本会计手续。

在顾客导向型企业人本资本会计模式下，当顾客导向型企业人力资本的人权交易过程完成之后，要确认相应的顾客导向型企业人力资本(资产)时，以交易价格借记"人力资本——××人力资本投资"账户，以公允价值贷记"人力资本"账户。同时，在完成了人权过户的法定手续后，改变了顾客导向型企业人力资本人权主体性质，对于两种计价标准所产生的差额则贷记"人力资本资本公积"账户和"人力资本公积金"账户。前者代表顾客导向型企业人力资本的股东投资主体的人权主体交易价差,后者代表顾客导向型企业作为人力资本的投资主体的人权主体交易价差(其价差分配比例按照后文对所有者权益的界定),如果人力资本自身以人力资本形式进行人权交易,那么其差贷记"人力资本价值补偿"账户。对于这一类以人力形式提供的资产保障来说,就可以比照计提折旧的方法在人权交易合同的有效期内,分期从成本或费用中计提风险摊销,以便逐期地转销人力资本资产所承担的对人力资本权益保障的实际风险(吴泷,2007)[119]。具体进行摊销的账务处理时,依据当期应实际计提的摊销数额作借记"本年利润"账户和贷记"人力资本摊销——人力资本投资风险"账户的账务处理。

5. 顾客导向型企业组织资本与关系资本的人权交易会计

由于顾客导向型企业组织资本是由组织共存未来经济收益价值的,其人权是共有的,因而只有当组织发生兼并、购并等时才发生其人权交易行为。在生产导向型企业物本资本会计中,常表现为合并价差的一部分或以商誉形式表现,在信息非对称的人本经济阶段顾客导向型企业人本资本会计模式中,它和顾客导向型企业其他有形资产的处置过程一样,借记现金、银行存款、负债减少等账户和贷记"组织资本"账户。其中,组织资本是摊余资本的账面价值,它与其组织资本的公允价值的差额借记或贷记"投资收益"账户。

而顾客导向型企业关系资本同样依附于一定顾客导向型企业或顾客导向型企业人本资本会计主体。其中顾客导向型企业硬型关系资本同顾客导向型企业组织资本性质一样,是由顾客导向型企业内生的。只是人权形式条件不同,其人权交易行为与顾客导向型企业组织资本人权交易行为相同,依据顾客导向型企业组织资本人权交易的顾客导向型企业人本资本会计处理流程进行处理,即借记现金、银行存款等资产或借记负债等账户,贷记"关系资本——硬型投资"账户。其"关系资本——硬型投资"账户的摊余账面价值与其账户公允价值的摊余价值差额,借记或贷记"投资收益"账户。而关系资本——软型投资是建立在顾客导向型企业中个人或部分群体基础上的,在保持顾客导向型企业或顾客导向型企业人本资本会计主体不变的情况下,可能因个人离开该顾客导向型企业或顾客导向型企业人本资本主体,而导致其关系资本流失。

在顾客导向型企业人本资本会计处理上,因为顾客导向型企业关系资本的交易价值很难确认、计量,笔者认为,可以把它作为表外披露其种类、性质和内容等。如果作定量顾客导向型企业人本资本会计处理,则按其个人对顾客导向型企业或顾客导向型企业人本资本会计主体所作平均贡献价值的比重来计算其自然人的关系资本——软型投资摊余价值,借记"投资收益"账户。如果其损失过大,则可以按其个人关系资本的影响效力期间进行递延和贷记"关系资本——×××软型投资"账户。这只是一种近似的财务处理,不准确。

6. 顾客导向型企业人力资本人权收益分配会计

顾客导向型企业人力资本人权的所有者凭借各自拥有人力资本人权的份额,来参与超过顾客导向型企业物力资本价值的净增值所获得的收益分配。作为自然人,凭借投资于顾客导向型企业的人力资本时,以及在其人力资本投资顾客导向型企业后,在顾客导向型企业生产过程中,自然人对自身人力资本投资,或利用非自然人的人力资本投资而获得依附自然人人力资本的人权,从而获得参与收益的分配权。人力资本在生产过程中的劳动消耗是以成本补偿的形式作为要素费用处理的,它和生产导向型企业物本资本会计固有的内容相同。顾客导向型企业作为对人力资本投资或交易而拥有相应份额人力资本的人权,股东凭借其人权参与收益的分配。其中一部分以"普通股"分红的方式收回（股东未收回以未分配利润——×××股东形式留存在顾客导向型企业中），或以增发股票数目而表现股东权利细化；另一部分，由于受到法律、法规的制约，成为顾客导向型企业法人实体的投资资本（法定盈余公积金和任意盈余公积金）。

在进行具体账务处理时，作为人力资本载体的人力资本所有者应该分配的份额，借记"利润分配"账户和贷记"人力资本投资人任意盈余公积金"或"应付人力资本投资人红利"账户；作为人力资本投资者或交易者的顾客导向型企业应该分配的份额，借记"利润分配"账户和贷记"未分配利润——顾客导向型企业"账户；作为人力资本投资者的股东（由顾客导向型企业代理投资）应该分配的份额，借记"利润分配"账户和贷记"应付人力资本投资人红利"账户，借记"应付人力资本投资人红利"账户和贷记"银行存款"账户。如果是以增发股票形式，则在表外作披露，不作财务处理。因此，在顾客导向型企业人力资本会计中，笔者将属于人力资本的所有者权益界定为：股东的实收资本、资本公积、未分配利润——×××股东，员工的任意盈余公积金（这里指员工未持公司股份），顾客导向型企业的法定盈余公积金、任意盈余公积金、未分配利润。

7. 顾客导向型企业组织资本与关系资本人权收益分配会计

顾客导向型企业组织资本与关系资本中硬型关系资本的人权主体相同，其人权主体为顾客导向型企业、股东、员工，他们凭借其资本所有权（人权）获得收益的分配，以留存收益形式留在顾客导向型企业，由顾客导向型企业代为管理、使用，在形式上其人权属于顾客导向型企业。其具体账务处理是，借记"利润分配"账户和贷记"留存收益"账户，其中员工常以法定盈余公积金形式留存，顾客导向型企业常以法定盈余公积金形式留存，而股东常以未分配利润或资本公积的形式留存，为了表示其人权主体，分别以明细科目形式标明。而关系资本中的软型关系资本，如果采用表外披露形式，则不作账务处理；如果以定量形式进行账务处理，则其顾客导向型企业或顾客导向型企业中个人凭借其资本人权获得其相应的收益分配份额，按其个人对顾客导向型企业或顾客导向型企业人本资本会计主体所作平均贡献价值的比重来计算。其具体账务处理是，借记"利润分配"账户和贷记"盈余公积金——软型关系资本任意盈余公积金"账户，并以其账务处理的形式留存在顾客导向型企业中。

关于顾客导向型企业生产领域物力资本会计的研究，根据顾客导向型企业人本资本定理所揭示的顾客导向型企业物力资本与人力资本之间的匹配性，按照上述顾客导向型企业生产领域人力资本会计的人权投资会计、人权交易会计以及人权收益分配会计，分别同理阐述顾客导向型企业生产领域物力资本会计的人权投资会计、人权交易会计以及人权收益分配会计。对此，本节不作赘述。

综上所述，在信息非对称的人本经济阶段，由于知识、技术、信息、管理等不同要素在不同资本领域相互渗透，使顾客导向型企业人本资本呈泛化趋势。我们从顾客导向型企业人本资本人权主体的组成及其人权主体行为的角度，来初步探索符合该顾客导向型企业人本资本的会计性质。它从顾客导向型企业物力资本、人力资本、组织资本、关系资本的人权投资会计，顾客导向型企业物力资本、人力资本、组织资本、关系资本的人权交易会计，顾客导向型企业物力资本、人力资本、组织资本、关系资本的收益分配会计这三类模块，来分解、剖析顾客导向型企业人本资本会计的形成。

基于顾客导向型企业人本资本在投入过程中所涉及的顾客导向型企业人本资本人权主体的人权行为的研究,对其基本事实进行全新认识,按不同的人权行为的运作形式和运作结果,把顾客导向型企业人本资本会计的模式进行模块分割讨论,为整合顾客导向型企业人本资本会计的研究提供了思考的机会,并形成新的思路。新模式具有理论与实践的开创性,值得去进一步探讨。鉴于信息非对称买方市场的顾客导向型企业物力资本会计核算与信息非对称卖方市场的生产导向型企业物力资本会计核算的方法基本一致。其区别仅仅在于,前者表达物类价值归于人类价值的物力资本转移价值会计核算;而后者表达人类价值归于物类价值的物力资本转移价值会计核算。前者与后者的主要区别在于,矫正物力资本人权归属以及物力资本转移价值会计核算不同,其他方面基本一致。因此,本节对顾客导向型企业物力资本会计核算不再赘述。顾客导向型企业物力资本会计核算将在信息非对称的顾客导向型企业人本资本会计报告体系研究中具体阐述。

6.4 顾客导向型企业人本资本会计报表模式设计

伴随着人本经济的到来,人们的观念逐步从物类价值为本向人类价值为本转变,管理领域由生产导向型企业全社会责任管理转变为顾客导向型企业人本管理的深刻变革(徐国君,2003)[100]。随着信息非对称的人本经济的发展,崛起的人力资本逐步获得与财务货币资本同等的地位,预示着由传统人力资源会计所反映的生产导向型企业股东价值最大化,向顾客导向型企业人本资本会计所反映的顾客导向型企业利益相关者共同价值最大化的方向转变。这种转变在顾客导向型企业理论上反映为顾客导向型企业利益相关者理论的创新成果。在信息非对称的人本经济阶段,体现以人类价值为本的顾客导向型企业由物力资本、人力资本、组织资本、关系资本构成人本资本,它使顾客导向型企业成为一个有实在资源基础,且有独立意志、战略和目标的独立主体。一个奉行人本经济发展观克服买方市场信息非对称所导致的市场资源配置失效的顾客导向型企业人本资源配置机制,形成正如英国学者约翰·凯在《利益相关者公司》一文中称公司"是有自己个性、特点和激情的机构"。

上述顾客导向型企业人本资本价值的创造与转移,可依据马克思的广义劳动价值观①来诠释。它是由顾客导向型企业智慧化劳动所创造的价值和智能化劳动所转移的价值,它们将在扣除各类资本的必要劳动价值(成本补修价值)后的剩余为合同剩余索取者和剩余价值索取者的利益相关者进行分配。作为财务报告编报基石的传统人力资源会计"等式",已不能完全反映信息非对称的人本经济环境下顾客导向型企业利益相关者,对顾客导向型企业利益合理索取的分配格局。因此,笔者在前人对人力资源会计或人力资本会计研究的基础上,提出信息非对称的人本经济阶段顾客导向型企业人本资本会计等式,使顾客导向型企业人本资本会计报告编报所提供的物类价值归于人类价值的人本资本会计信息更加真实,并符合顾客导向型企业实际运营状况,以及满足信息非对称的人本经济阶段顾客导向型企业

---

① 广义劳动价值观中,广义劳动是指既有创造物质产品的劳动,又有创造非物质产品的劳动。生产性劳动和服务性劳动,直接性劳动和间接性劳动都能创造价值,它在马克思《资本论》第四卷中以资本主义经济发展为依托,论述了生产劳动概念所经历的四次扩大,后人称之为广义劳动价值论。

利益相关者对人本资本会计信息的需求。

6.4.1 顾客导向型企业人本资本会计等式

生产导向型企业物本资本会计的"等式"是"资产＝权益"。从价值信息的角度来看,徐国君教授(2003)[100]认为,传统二维会计恒等式"资产＝权益"可以转变形式为"价值的存在＝价值的归属"。根据完全契约理论和资源基础学说,在信息对称的物本经济阶段,生产导向型企业物本资本是以各种外生性资本价值形式而存在的,同时形成的契约式产权表明了生产导向型企业各类资本的归属关系。在信息非对称的物本经济阶段,卖方市场存在交易费用不为0。从交易成本经济学的角度来看,科斯认为,经济实体的显著特征就是作为价格机制的替代物,其经济实体的形成在于节约某些市场运行成本。显然,因为克服信息非对称导致卖方市场资源配置低效或失效,改变了生产导向型企业物本资本会计"等式"中"价值的存在"形式,即生产导向型企业以内部制度内生性所形成的某些组织资本价值却排除在会计等式之外。

在信息非对称的物本经济阶段,生产导向型企业以人的劳动作为机器劳动延伸部分,人的劳动所创造的剩余价值所占比重很低。也就是说,生产导向型企业人力资本大多属于同质性人力资本,在其人力资本扣除补偿价值后的剩余价值可以忽略的情况下,生产导向型企业物本资本的物化价值转移,可以表示不同单元(具体)物化价值转移之和。因此,基于"资产＝权益"的生产导向型企业物本资本会计等式所形成的通用物本资本会计报告,能够提供反映生产导向型企业以物类价值为本的物本经济发展会计信息。在信息非对称的人本经济阶段,信息非对称的买方市场驱动顾客导向型企业人力资本崛起。

对此,国内外学者逐渐关注人力资源、人力资产以及人力资本方面的研究,并且对传统人力资源会计等式进行革新。其中,我国学者刘仲文教授(1997)[101]在人力资源价值会计的研究中提出"非人力资本＋人力资产投资＋人力资产价值＝负债＋生产者权益＋所有者权益"的会计等式;基于对劳动者权益会计研究的阎达五教授(1996)[102]提出,"物力资产＋人力资源投资＋人力资产＝负债＋所有者权益＋劳动者权益"的会计等式。他们均将顾客导向型企业中人力资本的地位提高到与财务资本(物力资本)同一的高度上,体现了信息非对称的人本经济阶段的劳动与资本和谐观。当然他们仍然局限于传统会计等式假设的前提下,认为不同单个人的劳动所创造的价值之和等于同样劳动者在同一组织中集体劳动所创造的价值。排除了人受感情支配和利他主义存在的影响,承袭功利主义价值观的主流经济学完全理性经济人假设,显然其会计等式仍具有一定局限性。

因此,到目前为止,传统会计中对商誉的产生只能归于不同顾客导向型企业的合并价差,显然没有弄清楚产生商誉的本原。徐国君教授通过对"价值本原"的研究,在基于传统人力资源会计等式"资产＝权益"上,提出了"价值的存在＝价值的本原＝价值的归属"等式,并以创造价值的行为作为第三维,建立了"资产＝行为＝权益"的三维会计。但他对传统人力资源会计等式只作了非彻底性改革。因为他仍然沿用前人对顾客导向型企业中"资本丛林"的划分,即人力资本和物力资本两大类。依据超契约理论和社会人假设,顾客导向型企业中"资本丛林"应该划分为人力资本[①]、物力资本以及它们共同参与而内生成的治理资本(组织

---

① 人力资本在这里包括外生性人力资本和内生性人力资本。传统人力资源会计常常或缺对企业内生性人力资本的确认和计量,因为传统的会计利润中,其成本的考量只是包括显性成本,而内生性人力资本的投资则以隐性形式表示。

资本和关系资本)。根据徐国君教授的"价值本原"论,商誉价值应该是由顾客导向型企业的内生成的资本所产生的。

另外,对产生顾客导向型企业的经济利润或超额利润的解释,目前国内外学者一般认为,它产生于对一种暂时优势的利用或对垄断地位的利用。在对行为的经济价值的分析中,一个顾客导向型企业的经济利润(经济附加值)的形成,既有创造物质产品和非物质产品的生产性劳动[1]所创造的价值,又有对从事于顾客导向型企业治理的人提供服务性劳动所创造的价值。它表现为:一方面,通过服务者对顾客导向型企业治理机制的运用,来激发出生产性劳动者创造价值潜力;另一方面,通过对顾客导向型企业各种资源的优化配置,实现顾客导向型企业的规模经济(economies of scale)或范围经济(economies of scope)。也就是说,在信息非对称的人本经济阶段,顾客导向型企业人力资本更多属于异质性人力资本,其扣除人力资本补偿价值后,它所产生的剩余价值比重无法被忽视。

因此,笔者认为,在对顾客导向型企业的各种人权最优化配置的过程中,不仅可以实现顾客导向型企业内生性治理资本(组织资本和关系资本)价值和人力资本价值相互作用产生更大价值,并以顾客导向型企业临时性或永久性优势或垄断地位形式来实现自己的经济利润;而且可以达到对顾客导向型企业各种外生性资本最佳利用来实现其各自资本的风险报酬(顾客导向型企业的正常利润)。于是,信息非对称的卖方市场转变为信息非对称的买方市场,适应市场的企业经营战略也由以生产为导向转变为以顾客为导向。企业管理重心由生产导向型企业侧重于内部管理重心转变为既侧重于顾客导向型企业内部管理重心,又侧重于顾客导向型企业外部管理重心。

因此,克服信息非对称的买方市场资源配置抵消或失效导致的顾客导向型企业内部制度与外部制度内生性,必然改变会计等式的价值存在形式,同时也改变了会计等式的价值归属。因此,顾客导向型企业以人本资本价值存在形式,来表达以人类价值为本的顾客导向型企业人本经济发展观。资源基础理论和资源依赖理论分别揭示了顾客导向型企业组织资本和关系资本的人权价值归属,这在前文已作详细论述,在此不作赘述。至此,顾客导向型企业人本资本会计等式为人本资产(资本)=人本权益。而顾客导向型企业人本资本会计等式形成于顾客导向型企业专业化劳动分工与合作,它表达了顾客导向型企业人本资本(资产)的价值本原。

鉴于人本主义哲学观点,好的环境更有利于人的价值创造。对于一个顾客导向型企业来说,通过创造更好的生产关系——制度创新来适应不断提升的生产力水平——科学技术和人力技能的进步。即以顾客导向型企业内外部制度资源有效人权配置所形成的顾客导向型企业组织资本与关系资本和顾客导向型企业物力资源与人力资源有效人权配置所形成的顾客导向型企业物力资本与人力资本之间的有效匹配,进而实现顾客导向型企业以人类价值为本。这是笔者提出顾客导向型企业人本资本[2]概念的根本性理论依据。

---

[1] 马克思.剩余价值学说史.第1卷.北京:人民出版社,1975:159-166。
[2] 人本资本由治理资本(组织资本+关系资本)和人力资本、物力资本组成,其中根据资源基础学说的权力与资源关系和契约理论的契约完备与否,将治理资本划分为:组织资本和关系资本(丁胜红、盛明泉,2009)[125]。根据微观经济学对隐性成本的定义,治理资本是隐性资本,而人力资本包括由内生性技术为核心要素形成的隐性资本和外生性技术为核心要素形成的显性资本。其中完备(完全)契约理论与资源基础学说决定了形成正式制度要素为核心的组织资本形成;不完备(完全)契约理论与资源基础学说决定了以非正式制度要素为核心的关系资本的形成。

由于顾客导向型企业制度内生性所决定的组织资本与关系资本具有隐形性,因而顾客导向型企业在生产过程中利用自身所拥有的一些生产要素形成一系列的隐形资本。这些隐形资本常常通过显形劳动(显性行为)和隐形劳动(隐性行为)创造价值或物化劳动转移价值附加在显性资本载体上。而徐国君教授(2003)[100]假设内存于人体内的人的脑力和体力作为人力资源,将通过人的劳动行为产生并释放出经济价值,得出人力资源是经济价值的源泉,但他对隐性行为创造价值的研究相对不足。其三维会计等式最终还是反映生产导向型企业"股东利益之上"的传统会计服务思想,即以物类价值为本而非以人类价值为本的人本经济发展观下顾客导向型企业人本资本会计等式。但徐国君教授所提出的"价值的归属"思想,为研究顾客导向型企业人本资本会计的人类价值归属提供了借鉴思路。

所有者权益和负债权益归属于投资主体,生产劳动者权益归属于人力资本主体,组织权益和关系权益归属于经济实体主体①,经济实体主体(顾客导向型企业)作为和其他资本主体具有对等关系的投资主体(丁胜红、盛明泉,2008)[8]。因此顾客导向型企业人本资本会计等式为:人本资产(资本)＝人本权益,即物力资产＋人力资产＋治理资产(组织资产＋关系资产)＝所有者权益＋负债权益＋广义劳动者权益。因此,该会计等式突破"见物不见人"的传统会计等式,体现资本与劳动和谐观的顾客导向型企业人本资本会计等式。实现了将顾客导向型企业剩余索取权由传统的"股东独享"向"股东、经营者、员工等利益相关者共同分享"的方向变革。依据该会计等式建立顾客导向型企业人本资产负债表,更能准确地反映顾客导向型企业中各种显性资本或隐性资本所产生的人本价值的会计信息,真正满足顾客导向型企业的利益相关者对人本资本会计信息的需求。

6.4.2 顾客导向型企业人本资本会计账户的设置

在信息非对称的人本经济阶段,顾客导向型企业人本资本会计核算逻辑是物类价值归于人类价值,常采用体系论分层法的方法论,对具体顾客导向型企业的交易或事项采用预期价值计量和公允价值计量。但它不同于生产导向型企业物本资本会计的预期价值计量和公允价值计量。后者采用还原论隔离法。它与传统人力资源会计确认和计量的口径不同。为了适应人们对生产导向型企业物本资本会计核算的习惯,同时不影响传统人力资源会计核算数据的客观性、一致性,在顾客导向型企业物力资本会计仍保留生产导向型企业"见物不见人"的会计报表形式。同时在顾客导向型企业人本资本会计账面上反映以人为本的人力资本会计信息,可单独设账较为理想。

1. 基于经济利润②建立顾客导向型企业人本资本的会计核算体系

由于顾客导向型企业人本资本会计的核算不仅包括传统人力资源会计对显性资本或要素的交易或事项进行确认、计量,而且涉及排除在传统人力资源会计核算范围以外的隐性资本或要素的交易或事项。因此,顾客导向型企业人本资本会计核算体系必须建立在体现以

---

① 其中组织资本、关系资本产生于人力资本,而又独立于人力资本。它们的价值是由组织、关系的服务性劳动所创造的,其组织资本和关系资本的产权分别属于凭借经济实体的组织、关系为载体或媒介等创造价值的服务性劳动者所有,但其产权所属者处于或缺或虚位,由其经济主体拥有或控制。

② 经济利润＝会计利润－隐性成本(刘伟、李绍荣,2005)[126]。在人本资本会计中,隐性成本是指企业在生产过程中使用自身所拥有的那些生产要素的价值总额。其中自身所拥有的那些生产要素包括企业内生的和企业自身本来就拥有而被或缺的要素。

人类价值为本的经济利润基础之上,以企业的总收入扣除传统财务上的会计成本(显性成本)和隐性成本的剩余等于广义劳动①所创造的经济利润。将经济利润作为顾客导向型企业人本资本会计核算的主要目标体系,根据资产的未来收益观,采用预期价值计量企业隐性的人力资本、关系资本和关系资本价值。其中对显性人力资本价值的计量仍属于传统人力资源会计计量范围,不再单独设账。组成隐性资本的各种属于企业自身已存在的一些有形生产或服务要素,可以仿照传统人力资源会计对各自相应外生性要素确认、计量的方法入账,也可以近似地利用它们各自外生性要素未来各自收益率或市场利率采用折现法计量各自资本价值(如果未来收益以及未来收益期间难以预测,则可以公允价值法计量各自隐性资本价值)。

然而,那些由企业内生且又无形的隐性资本要素的初始确认很难进行,同时它们的未来收益也很难估计或测算,可采用它们所产生的实际价值来确认、计量它们的交易和事项的价值。对顾客导向型企业人本资本中各类隐性资本价值的摊销,按照"谁受益,谁负责"的原则来确定它们的摊销渠道,根据各类隐性资本价值摊销对象的受益期或协议规定期孰短原则来确定其摊销期限。为此,我们按照各自隐性资本分别设置人力资本、组织资本以及关系资本的资产类、负债类、所有者权益类以及损益类的各类账户。以上账户均按其所属产权关系设置明细账户或明细科目(当然也可以按用途等其他方法设置明细科目)。下面我们借鉴刘仲文教授(1997)提出的在生产者剩余基础上建立人力资源价值会计等式的思路,讨论基于广义劳动者剩余建立顾客导向型企业人本资本会计等式并设置具体的会计账户。

2. 基于经济利润建立顾客导向型企业人力资本的会计等式

关于显性人力资本会计等式,借鉴刘仲文教授(1997)[101]提出的在生产者剩余基础上建立人力资源价值会计等式的思路。与之所不同的是,本文采取体系论分层法的方法论,按照顾客导向型企业物类价值归于人类价值来核算显性人力资本价值。其显性人力资本会计等式与后文阐述的顾客导向型企业隐性人力资本会计等式一样,对此不再赘述。顾客导向型企业人力资本所创造的利润包括显性人力资本所创造的正常利润(会计利润)和隐性人力资本所创造的部分经济利润。隐性人力资本的经济利润属于隐性人力资本生产者的权益。我们以年为单位来计算隐性人力资本生产者的实现权益,它符合下列等式关系:年隐性人力资本②实现价值−年隐性人力资本投资成本摊销=年隐性人力资本经济利润。

年隐性人力资本价值是参照人力资源市场对显性人力资本价值的预测或评估来核算的。这里评估人力资本价值的方法采取体系论分层法的方法论,而非生产导向型企业物本资本会计对人力资本价值确认和计量的还原论隔离法的方法论。顾客导向型企业治理资本(组织资本与关系资本)对人力资本的作用,激发出人的潜力所产生的隐性人力资本价值,它应该属于治理资本的价值范畴,应以明细科目来区别其他治理资本价值。年隐性人力资本实现价值是每年年末根据顾客导向型企业在生产过程中使用自身所拥有的那些资料以及顾

---

① 广义劳动指的是生产劳动与非生产劳动,它们均能创造价值。它在马克思《资本论》第四卷中以资本主义经济发展为依托,论述了生产劳动概念所经历的四次扩大,反映了后人称之为广义劳动的范畴内涵。

② 等式中年隐性人力资本既可以是单个人的年隐性人力资本,又可以是集体人的年隐性人力资本,当然视企业实际生产情况来确定。隐性人力资本包括企业内生技术与企业的剩余劳动相结合以及企业在生产过程中使用自身所拥有的那些人力生产要素的价值总额。对集体隐性人力资本价值的分配,应依据不同人创造价值的差异性来分群。

客导向型企业内生资料计算出来的人力资本实际价值,即本年企业隐性人力资本创造的全部使用价值或全部产出。年隐性人力资本投资可采用体系论分层法对年显性人力资本投资确认、计量的方法。

如果很难确认其隐性人力资本在企业运营过程中的投资成本,则可在产生具体收益时确认其隐性人力资本投资成本[①]。年隐性人力资本投资成本摊销采用体系论分层法,参照年显性人力资本投资成本摊销模式并结合隐性人力资本在企业中的实际地位以及自身素质等因素作相应修改来摊销其投资成本,其修改系数为具体人力资本价值相对所有人力资本价值的比例。对年隐性人力资本经济利润的分配,其中包括用于职工集体福利和用于扩大企业再生产两个部分。用于职工集体福利并由体系论分层法所确认和计量的企业盈余公积金的部分,这部分不能用于职工分红,也不能用于扩大企业再生产。而用于扩大企业再生产的积累部分,过去都被投资主体和顾客导向型企业主体无偿占有,实际上它是属于隐性人力资本生产者的权益。依据隐性人力资本产权性质以及经济用途,分别从传统人力资源会计的所有者权益中剥离出来,以反映隐性人力资本对剩余价值的索取份额。

由此,上述公式可以改写为:年隐性人力资本经济利润＝年隐性人力资本实现价值－年隐性人力资本投资成本摊销＝年隐性人力资本生产者权益＝年隐性人力资本盈余公积金＋年隐性人力资本生产者的盈余公积金、未分配经济利润＋年度人力资本生产者股本、资本公积。

3. 基于经济利润建立顾客导向型企业组织资本与关系资本的会计等式

在信息非对称的人本经济阶段,顾客导向型企业服务性劳动者所创造的价值,最终通过产品或服务在市场中交易才能实现其价值。组织资本价值的创造是通过企业组织制度安排来激发出生产者的创造潜力,以及优化企业内部各种资源配置来实现企业的规模经济和范围经济。关系资本价值的创造是不仅通过企业与供应商、客户、政府机构以及其他组织之间相互信任、相互依赖、相互关联等来优化企业所需的优质外部资源以及培育企业外部竞争优势,其中表现为企业对相对廉价或优质资源的获取以及对顾客忠诚度的培育等,而且参与企业内部各种资源的优化配置,最终实现企业的规模经济和范围经济。当然,它们也可能产生企业的规模不经济和范围不经济,以至企业的治理资本产生负经济利润。因此,我们以组织资本、关系资本的经济利润为基础来讨论它们的会计等式。其中组织资本、关系资本的经济利润是企业主体权益。因此,它们的会计等式如下:年组织资本实现价值－年组织资本投资成本摊销＝年组织资本经济利润;年关系资本实现价值－年关系资本投资成本摊销＝年关系资本经济利润。

组织资本价值、关系资本价值通常采用预期价值来计量,也可以按照它们的年度未来收益并利用它们往年的实际平均资本收益率来折现。如果它们没有历史数据,可以参照其他同类企业标准采用公允价值计量它们的价值。组织资本实现价值和关系资本实现价值是每年年末根据企业在内、外治理过程中,使用各自所拥有的那些要素资料以及企业内生要素资料,分别计算出来的组织资本实际价值、关系资本实现价值。组织资本投资成本和关系资本投资成本可根据组织资本和关系资本定义来确认它们交易或事项的范围、计量它们实际发

[①] 隐性人力资本投资成本可能包括因难以确认、计量的隐性人力资本投资所产生的收益,但这部分收益在传统人力资源会计中主要运用于扩大再生产。本文采用此近似方法来确认、计量该隐性人力资本投资成本。

生的成本。如果难以确认、计量其成本,可按照它们产生具体收益价值时确认其各自投资成本,当然也可以采取模糊数学法、未来现金流入折现法等。年组织资本投资成本摊销和年关系资本投资成本摊销,可采用前文提出的隐性资本价值的摊销"二原则"进行摊销。年组织资本经济利润和年关系资本经济利润皆是企业主体的所有者权益。对各自经济利润的分配表现为:留存企业内不能用于分红和投资的职工集体福利、企业主体用于扩大再生产以及企业治理资本建设。

应将企业主体劳动者权益剩余价值的产权属性和各自经济用途,从传统人力资源会计的所有者权益中剥离出来。为此,上述两个等式可分别改写为:年组织资本经济利润＝年组织资本实现价值－年组织资本投资成本摊销＝年组织资本服务者权益＝年组织资本盈余公积金——职工集体福利＋年组织资本盈余公积金——组织建设基金＋年组织资本盈余公积金——人力资本建设基金＋年组织资本未分配利润＋年组织资本股本(实收资本)＋年组织资本资本公积;年关系资本经济利润＝年关系资本实现价值－年关系资本投资成本摊销＝年关系资本服务者权益＝年关系资本盈余公积金——职工集体福利＋年关系资本盈余公积金——关系资本建设基金＋年关系资本未分配利润＋年关系资本股本(实收资本)＋年关系资本资本公积。

综上所述,顾客导向型企业生产领域物力资本按照上述人力资本会计等式逻辑建立物力资本会计等式。其中,顾客导向型企业服务领域物力资本自身属于组织资本与关系资本的一部分,不再单独建立物力资本会计等式。因此,建立物类价值归于人类价值的顾客导向型企业人本资本会计等式,应该符合"物力资本投资＋物力资本价值＋人力资本投资＋人力资本价值＋组织资本投资＋组织资本价值＋关系资本投资＋关系资本价值＝所有者权益＋负债权益＋广义劳动者权益"的顾客导向型企业人本资本会计等式。顾客导向型企业人本资本会计科目体系应该以上述顾客导向型企业人本资本会计等式为基础,按照人本资产、人本负债、人本权益(广义劳动者权益、所有者权益、负债权益)、人本资本收入、人本资本成本、人本资本费用六类要素分别设置会计科目或账户。另外,根据它们的人(产)权属性或经济用途分别设置它们各自的明细会计科目。

2. 顾客导向型企业人本资本会计核算账户体系的设置

为了使人们更容易接受和了解信息非对称的人本经济阶段顾客导向型企业人本资本会计核算体系,在顾客导向型企业人本资本会计等式的基础上,增设相应的顾客导向型企业人本资本会计核算账户。其顾客导向型企业人本资本会计核算的账户体系如表6-1所示。

表6-1 顾客导向型企业人本资本会计核算的账户体系

行 号	序 号	资产(资本账户)	行 号	序 号	负债和所有者权益
1	1	资产类	1	2	
2	11	流动资产类	2	21	流动负债类
3	……	……	3	……	……
4	12	非流动资产类	4	22	长期负债类
5	120	人力资本	5	……	……

(续表)

行 号	序 号	资产(资本账户)	行 号	序 号	负债和所有者权益
6	1201	显性人力资本*	6	3	隐性人力资本预测
7	12011	显性人力资本投资	7	4	应付隐性人力资本职工薪酬
8	12012	减:累计显性人力资本投资摊销	8	5	隐性人力资本生产者权益类
9	12013	显性人力资本投资净值	9	51	隐性人力资本盈余公积
10	12014	显性人力资本价值	10	52	隐性人力资本未分配利润
11	12015	减:累计显性人力资本实现价值	11	53	隐性人力资本股本(实收资本)
12	12016	显性人力资本(未实现)净值	12	54	隐性人力资本资本公积
13	1202	隐性人力资本	13	6	组织资本预测
14	12021	隐性人力资本投资	14	7	应付组织资本服务者职工薪酬
15	12022	减:累计隐性人力资本投资摊销	15	8	组织资本服务者权益类
16	12023	隐性人力资本投资净值	16	81	组织资本盈余公积
17	12024	隐性人力资本价值	17	82	组织资本未分配利润
18	12025	减:累计隐性人力资本实现价值	18	83	组织资本股本(实收资本)
19	12026	隐性人力资本(未实现)净值	19	84	组织资本资本公积
20	121	组织资本	20	9	关系资本预测
21	1211	组织资本投资	21	10	应付关系资本服务者职工薪酬
22	1212	减:累计组织资本投资成本摊销	22	11	关系资本服务者权益类
23	1213	组织资本投资净值	23	111	关系资本盈余公积
24	1214	组织资本价值	24	112	关系资本未分配利润
25	1215	减:累计组织资本实现价值	25	113	关系资本股本(实收资本)
26	1216	组织资本(未实现)净值	26	114	关系资本资本公积
27	122	关系资本	27	12	所有者权益类**
28	1221	关系资本投资	28	121	股本(实收资本)
29	1223	减:累计关系资本投资摊销	29	122	资本公积
30	1224	关系资本投资净值	30	123	盈余公积

(续表)

行　号	序　号	资产(资本账户)	行　号	序　号	负债和所有者权益
31	1225	关系资本价值	31	124	未分配利润
32	1226	减：累计关系资本实现价值	32	……	……
33	1227	关系资(未实现)净值	33	13	收入类
34	……	……	34		
35	13	长期投资	35	14	成本费用类***
36	14	固定资产	36	……	……

注：＊显性人力资本是指传统人力资源会计对人力资产确认、计量的账户或会计科目，其核算方法采用体系论分层法。它们与隐性人力资本的具体核算方法一样，只是核算内容不同而已。 ＊＊所有者权益类指的是扣除人力资本、组织资本、关系资本的经济利润后，在投资主体之间分配的经济留存收益与其对应的股本或实收资本、资本公积。 ＊＊＊成本费用类是指显性成本费用类和隐性成本费用类。其中显性成本费用类为传统人力资源会计中的成本费用类，而隐性成本费用类为人本资本会计中各个隐性资本投资成本摊销。

6.4.3　顾客导向型企业人本资本会计核算账户的内容

在信息非对称的人本经济阶段，为了使人们更快地了解顾客导向型企业人本资本会计核算内容，根据前文顾客导向型企业人本资本会计核算账户体系(见表6-1)，对各类账户核算的内容作简要的概括。隐性人力资本会计所涉及的明细分类账不同于传统人力资源会计所涉及的明细分类账的是，隐性人力资本会计仅按照生产领域的劳动专业化分工所形成的不同群体和个人分类；而它所涉及的非生产领域的劳动专业化分工所形成的不同群体和个人分类，已纳入组织资本价值和关系资本的明细分类账户中。当然，隐性人力资本会计所涉及的明细分类账，可以按照生产劳动专业化分工所形成的人权属性设置明细。组织资本会计和关系资本会计所涉及的明细分类账，一般也按照服务劳动专业化分工所形成的人权属性设置明细。

1."人力资本价值"账户

应设置"人力资本价值"账户，它包括"显性人力资本价值"和"隐性人力资本价值"两个账户。它们分别用于核算取得显性、隐性的人力资本在生产使用过程中预期所创造的总经济价值，这两个账户的借方分别反映显性、隐性人力资本价值的增加；贷方分别反映显性、隐性人力资本价值的减少；账户期末借方余额分别是显性、隐性人力资本的预期剩余价值或未实现价值。

企业在取得显性、隐性人力资本时，按预期价值或公允价值计量其总经济价值，借记"显性人力资本价值""隐性人力资本价值"账户；贷记"显性人力资本预测""隐性人力资本预测"账户。若显性、隐性人力资本离开企业时，按照其预测价值作相反分录；若对企业显性、隐性人力资本价值重新评估时，按照重估价差额，同时调整"显性人力资本价值""隐性人力资本价值"账户，以及"显性人力资本预测""隐性人力资本预测"账户。

2."累计人力资本实现价值"账户

累计人力资本实现价值包括累计显性人力资本实现价值和累计隐性人力资本实现价

值,因此,应设置"累计显性人力资本实现价值"和"累计隐性人力资本实现价值"账户,分别用来记录每年年末计算的显性、隐性人力资本年度实现价值,并分别对人力资本实现价值和累计对"显性人力资本价值""隐性人力资本价值"账户的预测值进行调整。累计显性、隐性人力资本实现价值是根据本年实现经济利润,采用体系论分层法对顾客导型企业生产领域中的显性人力资产[①]修正比例作为制定显性、隐性人力资本修正比例,再乘以本年显性、隐性人力资本的职工薪酬计算求得。这两个账户的借方分别反映本年因显性、隐性人力资本离职、调动、提升、重新估价,使其价值减少的金额;贷方分别反映本年显性、隐性人力资本累计实现价值的增加额;期末贷方余额分别反映已实现的显性、隐性人力资本价值累计数。年末将显性、隐性人力资本离职、调动、提升等引起的变化按照实际情况计算其实现价值,如果是增加额则贷记"累计显性人力资本实现价值""累计隐性人力资本实现价值"账户,同时借记"显性人力资本预测""隐性人力资本预测"账户;否则做相反分录,相应调整它们所对应的账户。

3."人力资本预测"账户

"人力资本预测"账户包括"显性人力资本预测""隐性人力资本预测"账户,它们仍然继承传统人力资源会计"(显性)人力资本预测"账户设置的依据:它不是真正意义上的资本账户,它只是反映企业未来人力资本价值在企业运营过程中,逐渐实现属于企业意义上的人力资本价值。因此,显性、隐性人力资本预测在人权性质上属于负债性资产。当然它不能等同于真正意义上的资本账户而获得同样的要求权。"显性人力资本预测""隐性人力资本预测"账户是分别与"显性人力资本价值""隐性人力资本价值"账户相对应的账户,用来相应地记录预测的显性、隐性人力资本价值,每年年末冲减本年显性、隐性人力资本实现价值,进行账面数据的调整。

4."人力资本投资"账户

人力资本投资包括显性人力资本投资和隐性人力资本投资,因此,应设置"显性人力资本投资""隐性人力资本投资"账户。其核算内容与传统人力资源成本会计中的"人力资产"账户在企业生产领域内的核算内容相同,但区别在于,它核算企业对其显性、隐性人力资源投资成本的增减变化。其核算方法采用体系论分层法,而非还原论隔离法。其(显性)人力资源投资成本仍保留在传统人力资源成本会计中。"显性人力资本投资""隐性人力资本投资"账户的借方分别反映本期企业对显性、隐性人力资本增加投资成本的增加额;贷方分别反映因本期显性、隐性人力资本离职、被开除等原因而使显性、隐性人力资本投资成本的减少额;期末借方余额分别反映企业对显性、隐性人力资本的累计投资额。

5."应付人力资本职工薪酬"账户

应付人力资本职工薪酬包括应付显性人力资本职工薪酬和应付隐性人力资本职工薪酬账户,因此,应设置"应付显性人力资本职工薪酬""应付隐性人力资本职工薪酬"账户,用来分别反映企业对显性、隐性生产劳动者所创造价值补偿变化的记录。在传统人力资源会计中,以"生产者分红"和"生产者奖励基金"账户分别对生产劳动者在生产过程中的显性、隐性劳动或利用企业自身所拥有的一些资源所创造的价值的一种承认和集中补偿其中一部分价

---

① 在传统人力资源会计中,将本文中的人力资本均采用人力资产,它们在资本的静态上均表现属于企业运营范围的资产,但企业运营过程中,在经济内涵上,用资本概念表述更为准确。

值,相当部分被企业投资主体剥夺。但在以人类价值为本的顾客导向型企业人本资本会计中,被企业投资主体剥夺的那部分价值回归到"应付人力资本职工薪酬"账户中。因此,"应付显性人力资本职工薪酬""应付隐性人力资本职工薪酬"账户的借方分别反映本年度分配给生产者显性、隐性劳动所得红利或奖金的减少额;贷方分别反映年度按照生产者股本份额分配给生产者显性、隐性劳动所创造的一部分红利或另一部分以管理部门发给他们的奖金等的增加额;期末账户余额一般在贷方,分别反映未发放给生产者显性、隐性劳动所得红利或奖金的余额。在传统会计中,"应付股利"或"应付利润"等账户包含该账户所反映的内容。

6."人力资本盈余公积"账户

人力资本盈余公积包括显性人力资本盈余公积和隐性人力资本盈余公积,因此,应设置"显性人力资本盈余公积""隐性人力资本盈余公积"账户,分别用来核算应该从顾客导向型企业经济利润中,按照一定标准取得的属于显性、隐性人力资本的生产者集体或个体各种福利增减变化的情况。这两个账户的借方分别反映显性、隐性人力资本的生产者因使用而减少的金额;贷方分别反映显性、隐性人力资本的生产者取得福利的增加额;期末账户贷方余额分别反映已经取得但尚未使用的显性、隐性人力资本盈余额。这两个账户可以从传统会计中的"盈余公积"账户剥离出来,以分别反映被企业所有者或股东剥夺去在生产过程中由劳动者显性、隐性劳动所创造的一部分价值。

7."人力资本未分配利润"账户

人力资本未分配利润包括显性人力资本未分配利润和隐性人力资本未分配利润,因此,应设置"显性人力资本未分配利润""隐性人力资本未分配利润"账户,分别用来核算从经济利润中按照各种标准分配后的剩余额增减变化情况。这两个账户的借方分别反映显性、隐性人力资本未分配利润因使用而减少的金额;贷方分别反映经济利润分配后的显性、隐性人力资本未分配利润的增加额;期末账户贷方余额分别反映企业经济利润分配后的显性、隐性人力资本未分配利润的剩余将用于扩大再生产或补亏的金额。这两个账户可以从传统会计中的"未分配利润"账户剥离出来,以分别反映被企业所有者或股东剥夺去在生产过程中由劳动者显性、隐性劳动所创造的一部分价值。

8."人力资本资本公积"账户

人力资本资本公积包括显性、隐性人力资本资本公积,因此,应设置"显性人力资本公积""隐性人力资本资本公积"账户,分别用来核算企业将生产过程中显性、隐性人力资本所创造的剩余价值转赠超过其相应比例的注册资本的余额。这两个账户的借方分别反映显性、隐性人力资本资本公积的减少额;贷方分别反映显性、隐性人力资本资本公积的增加额;期末贷方余额分别反映显性、隐性人力资本积累的资本公积总额。

9."人力资本股本(实收资本)"账户

人力资本股本(实收资本)包括显性、隐性人力资本股本(实收资本),因此,应设置"显性人力资本股本(实收资本)""隐性人力资本股本(实收资本)"账户,分别用来核算企业将生产过程中显性、隐性人力资本所创造的剩余价值按照其相应比例转赠为注册资本。这两个账户的借方分别反映显性、隐性人力资本股本(实收资本)的减少额;贷方分别反映显性、隐性人力资本股本(实收资本)的增加额;期末账户贷方余额分别反映显性、隐性人力资本积累的股本(实收资本)总额。

10."治理资本价值"账户

治理资本价值包括组织资本价值和关系资本价值,因此,应设置"组织资本价值""关系资本价值"的账户,分别用来核算组织资本、关系资本在内部制度、外部制度安排过程中预期所创造的各自总经济价值。"组织资本价值""关系资本价值"账户的借方分别反映预期组织资本价值、关系资本价值的增加额;贷方分别反映预期组织资本价值、关系资本价值的减少额;账户期末借方余额分别是组织资本价值、关系资本价值未实现的价值。基于体系论分层法的方法论,采用预期价值或公允价值来确认、计量组织资本、关系资本各自总经济价值时,借记"组织资本价值""关系资本价值"账户,贷记"组织资本预测""关系资本预测"账户。顾客导向型企业破产或被兼并时,则做相反会计分录。在对顾客导向型企业的内部制度、外部制度重新评估时,按照原有其账户余额与重估价差额,分别调整"组织资本价值""关系资本价值"账户与对应的"组织资本预测""关系资本预测"的账户。

11."累计治理资本实现价值"账户

累计治理资本实现价值包括累计组织资本实现价值和累计关系资本实现价值,因此,应设置"累计组织资本实现价值""累计关系资本实现价值"账户,用来分别核算每年年末计算的组织资本、关系资本的实现价值,并分别对"组织资本价值""关系资本价值"账户的预测价值进行调整。其中"累计组织资本实现价值"账户的借方反映本年企业通过组织共享知识、能力、规则以及价值观等变更或投资等支出而使其价值减少的金额;贷方反映本年组织资本通过内部制度安排来激发出人力资本增值潜力,从而间接地实现其价值的增加额或整体优化企业各种资源,进而实现企业的规模经济或范围经济而增加的组织资本价值。"累计关系资本实现价值"账户的借方反映本年顾客导向型企业与供应商、客户、政府机构以及其他组织之间相互信任、相互依赖、相互关联等所发生支出而使其价值减少的金额;贷方反映本年顾客导向型企业利用外部(非正式)制度安排或企业与其外部利益相关者的关系等优化企业所需各种外部资源、培育企业外部优势等,不断实现企业的规模经济或范围经济而增加的关系资本价值。"累计组织资本实现价值""累计关系资本实现价值"账户的贷方期末余额分别为它们实现价值的累计额。年末因顾客导向型企业对外关系变化而引起它们实现价值的变化,按照实际情况计算它们的价值,如果是增加额则贷记"累计组织资本实现价值""累计关系资本实现价值"账户,同时借记"组织资本预测""关系资本预测"账户;否则做相反会计分录,相应调整它们所对应的账户。

12."治理资本预测"账户

治理资本预测包括组织资本预测和关系资本预测,因此,应设置"组织资本预测""关系资本预测"账户。设置这两个账户的道理与"人力资本预测"账户相同,只是它们处理各自的经济业务不同。"组织资本预测""关系资本预测"账户是分别与"组织资本价值""关系资本价值"账户相对应的账户,记录预测它们各自的资本价值,每年年末冲减本年它们各自的资本实现价值,进行账面数据的调整。

13."治理资本投资"账户

治理资本投资包括组织资本投资和关系资本投资,因此,应设置"组织资本投资""关系资本投资"账户。设置这两个账户是分别用来核算顾客导向型企业对其组织共同编码化或部分编码化形成组织共享知识、能力、规则和价值观等投资成本的变化和企业为优化所需的外部各种资源、培育企业外部优势而投资于供应商、客户、政府机构以及其他组织之间关系建设所发生的成本变化。"组织资本投资"账户的借方反映顾客导向型企业对组织资本投资的增加额；贷方反映从事顾客导向型企业内部（正式）规则安排工作的职工离职，因内部规则安排不恰当对组织规则、文化、价值观以及生产职工积极性等造成不良影响或破坏，致使组织资本投资减少的金额；期末借方余额反映顾客导向型企业对组织资本投资的累计余额。"关系资本投资"账户的借方反映顾客导向型企业对关系资本投资的增加额；贷方反映从事顾客导向型企业外部（非正式）规则安排工作的职工离职，因企业外部（非正式）规则安排不恰当，从而影响或破坏顾客导向型企业外部利益相关者经济利益而使关系资本投资减少的金额；期末借方余额反映顾客导向型企业对关系资本投资的累计余额。

14."应付治理资本职工薪酬"账户

应付治理资本职工薪酬包括应付组织资本职工薪酬和应付关系资本职工薪酬，因此，应设置"应付组织资本职工薪酬""应付关系资本职工薪酬"账户。设置这两个账户是分别用来反映服务于组织内部（正式）规则安排的服务者和服务于外部（非正式）规则安排的服务者各自劳动所创造的价值补偿的变化。在传统人力资源会计中，以"生产者分红"和"生产者奖励基金"账户对非生产领域的劳动者在顾客导向型公司治理过程中所创造的价值被企业生产者或投资主体剥夺。"应付组织资本职工薪酬"账户的借方反映本年度分配给服务于组织内部（正式）规则安排的劳动所得减少额；该账户的贷方反映年度内因服务于组织内部（正式）规则安排而激发出生产者创造价值潜力或优化顾客导向型企业内部各种资源所产生的顾客导向型企业规模经济、范围经济的服务者将获得的红利或奖金等。"应付关系资本职工薪酬"账户的借方反映本年度分配给服务于企业外部（非正式）规则安排的劳动价值减少额；该账户的贷方反映年度内因服务于顾客导向型企业外部（非正式）规则安排而优化企业外部各种资源所产生的顾客导向型企业规模经济、范围经济，以及形成顾客导向型企业外部优势而给顾客导向型企业带来价值的服务者将获得的红利或奖金等。它们各自期末账户的余额一般在贷方，反映它们各自未发放的红利或奖金金额。在传统会计中以"应付股利或应付利润"等账户来包含该类账户所反映的部分内容。

15."治理资本盈余公积"账户

治理资本盈余公积包括组织资本盈余公积和关系资本盈余公积，因此，应设置"组织资本盈余公积""关系资本盈余公积"账户。设置这两个账户是分别用来核算应该从经济利润中按照一定标准取得的属于组织资本、关系资本的服务者权益的各种盈余增减额。"组织资本盈余公积""关系资本盈余公积"账户的借方反映它们各自的服务者盈余因顾客导向型企业集体使用或个体使用而减少的金额；贷方反映它们取得各自服务者盈余的增加额；期末账户贷方余额反映它们各自已经取得但尚未使用的各种盈余金额。

16."治理资本未分配利润"账户

治理资本未分配利润包括组织资本未分配利润和关系资本未分配利润，因此，应设置"组织资本未分配利润""关系资本未分配利润"账户。设置这两个账户是分别用来核算从经济利润中按照一定标准分配后属于组织资本、关系资本的服务者权益的剩余额增减变化。

这两个账户的借方反映它们各自服务者对各自未分配利润因使用而减少的金额；贷方反映它们各自未分配利润的增加额；期末账户贷方余额反映它们各自未分配利润的累计金额。

17."治理资本资本公积"账户

治理资本资本公积包括组织资本资本公积和关系资本资本公积，因此，应设置"组织资本资本公积""关系资本资本公积"账户。设置这两个账户分别用来反映本年度组织资本的服务者、关系资本的服务者所创造的剩余价值用于转增资本而超过各自法定资本份额的余额，同时也揭示了顾客导向型企业服务者权益。这两个账户的借方反映它们各自资本公积因使用而减少的金额；贷方反映它们各自资本公积的增加额；一般期末余额在贷方，反映它们各自积累的资金公积总额。

18."治理资本股本（实收资本）"账户

治理资本股本（实收资本）包括组织资本股本（实收资本）和关系资本股本（实收资本），因此，应设置"组织资本股本（实收资本）""关系资本股本（实收资本）"账户。这两个账户的借方反映各自服务者撤资或卖出自己剩余价值转增企业各自份额注册资本等而使各自股本（实收资本）减少的金额；贷方反映各自服务者通过自己剩余价值转增为各自股本（实收资本）的增加额；期末账户贷方余额反映它们各自服务者积累的股本（实收资本）总额。

因此，上述分别论述顾客导向型企业人本资本会计核算的所有账户内容，根据体系论分层法的方法论，将采用预期价值、公允价值、重置成本、未来收益折现等计量属性来确认、计量各类账户所处理的交易或事项。下面讨论顾客导向型企业人本资本会计报表的编制。

6.4.4 顾客导向型企业人本资本会计报表的编制

1. 顾客导向型企业人本资本会计资产负债表

根据信息非对称的人本经济阶段顾客导向型企业人本资本会计等式：物力资产＋人本资产＝所有者权益＋负债＋广义劳动者权益；人力资本会计等式：年隐性人力资本生产者权益＝年隐性人力资本盈余公积金＋年隐性人力资本生产者的盈余公积金、未分配经济利润＋年度人力资本生产者股本、资本公积；组织资本会计等式：年组织资本服务者权益＝年组织资本盈余公积金——职工集体福利＋年组织资本盈余公积金——组织建设基金＋年组织资本盈余公积金——人力资本建设基金＋年组织资本未分配利润＋年组织资本股本（实收资本）＋年组织资本资本公积；关系资本会计等式：年关系资本服务者权益＝年关系资本盈余公积金——职工集体福利＋年关系资本盈余公积金——关系建设基金＋年关系资本未分配利润＋年关系资本股本（实收资本）＋年关系资本资本公积。顾客导向型企业人本资本会计资产负债表的编制如表6-2所示。

表6-2 顾客导向型企业人本资产负债表

编制单位：　　　　　　　　　　　　年　月　日　　　　　　　　　　　　单位:元

资产（资本）	行次	年初金额	年末金额	负债＋广义劳动者权益＋所有者权益	行次	年初金额	年末金额
流动资产	1			流动负债	1		
……	2			……	2		

(续表)

资产(资本)	行次	年初金额	年末金额	负债＋广义劳动者权益＋所有者权益	行次	年初金额	年末金额
非流动资产	3			应付隐性人力资本职工薪酬	3		
人力资本	4			应付组织资本职工薪酬	4		
人力资本投资	5			应付关系资本职工薪酬	5		
减:累计人力资本投资摊销	6			长期负债	6		
人力资本投资净值	7			人力资本预测	7		
人力资本价值	8			组织资本预测	8		
减:累计人力资本实现价值	9			关系资本预测	9		
人力资本未实现价值	10			……	10		
组织资本	11			隐性人力资本股本(实收资本)	11		
组织资本投资	12			隐性人力资本资本公积	12		
减:累计组织资本投资摊销	13			隐性人力资本盈余公积	13		
组织资本投资净值	14			隐性人力资本未分配利润	14		
组织资本价值	15			隐性人力资本权益合计	15		
减:累计组织资本实现价值	16			组织资本股本(实收资本)	16		
组织资本未实现价值	17			组织资本资本公积	17		
关系资本	18			组织资本盈余公积	18		
关系资本投资	19			组织资本未分配利润	19		
减:累计关系资本投资摊销	20			组织资本权益合计	20		
关系资本投资净值	21			关系资本股本(实收资本)	21		
关系资本价值	22			关系资本资本公积	22		
减:累计关系资本实现价值	23			关系资本盈余公积	23		
关系资本未实现价值	24			关系资本未分配利润	24		
长期投资	25			关系资本权益合计	25		
……	26			所有者实收资本	26		
固定资产	27			所有者资本公积	27		
……	28			所有者盈余公积	28		
其他资产	29			所有者未分配利润	29		
……	30			所有者权益合计	30		
总计	31			总计	31		

2. 顾客导向型企业人本资本会计利润表

关于隐性人力资本投资、组织资本投资以及关系资本投资所形成的收入,已经在传统会计中通过商品或服务交易记入相应账户,但它们的隐性成本或隐性费用尚未确认、计量。为了更好地反映传统会计利润分配与顾客导向型企业人本资本会计利润分配的比较,根据"经济利润＝会计利润－隐性成本"的等式编制顾客导向型企业人本资本会计利润表。顾客导向型企业人本资本会计的隐性成本或隐性费用账户设置如下:在生产领域,隐性人力资本投资成本摊销最终由其生产的产品或服务承担,因此用"隐性人力资本生产成本"账户来归集、核算。当这些产品或服务销售出去,则"隐性人力资本生产成本"账户结转到"主营业务隐性人力资本成本"或"其他业务隐性人力资本成本"账户。通过组织资本、关系资本投资而使顾客导向型企业获得规模经济或范围经济,它们的投资成本摊销很难归集到具体产品或服务对象,故用"组织资本费用""关系资本费用"账户来归集、核算。对于顾客导向型企业内部(正式)制度的建设而使之激励出人的潜力,它的投资成本摊销很难归集到通过人力资本载体而使其增值的产品或服务上,于是用"组织资本生产成本"账户来归集、核算。当这些产品或服务销售出去,则"隐性组织资本生产成本"账户结转到"主营业务组织资本成本"或"其他业务组织资本成本"账户。根据上述账户可以按照其成本、费用的用途设置明细科目。人本资本会计利润表的编制见表6-3。

表6-3 顾客导向型企业人本资本会计利润表

编制单位:　　　　　　　　　　　年　月　日　　　　　　　　　　　单位:元

项目	行次	本期发生额	本年累计余额	项目	行次	本期发生额	本年累计余额
一、营业收入	1			营业外收入	11		
减:销售折让				减:营业外支出			
主营业务收入净额				四、利润总额			
减:主营业务成本	2			减:所得税*	12		
税金及附加	3			五、净利润(会计利润)	13		
二、主营业务利润	4			减:主营业务隐性人力资本成本	14		
减:存货跌价损失	5			其他业务隐性人力资本成本	15		
销售费用	6			主营业务组织资本成本	16		
管理费用	7			其他业务组织资本成本	17		
财务费用	8			组织资本费用	18		
三、营业利润	9			关系资本费用	19		
加:投资收益	10			其他隐性成本或费用**	20		
补贴收入				六、经济利润			

注:*所得税实质上是指政府为顾客导向型企业提供公共资本而索取该资本所创造的价值,但在传统会计中没有考虑按隐性资本投资成本的会计利润乘以政府规定的税率征收,它剥夺了隐性资本投资所创造的部分剩余价值。**其他隐性成本或费用是指顾客导向型企业人本资本会计对有关交易性金融资产交易收入或持有利得,按配比原则确认、计量隐性顾客导向型企业人本资本成本或费用。

3. 顾客导向型企业人本资本会计利润分配表

根据顾客导向型企业人力资本、组织资本、关系资本为顾客导向型企业创造经济附加值（经济利润），而物力资本为顾客导向型企业带来物化劳动的转移价值（企业正常利润），正常情况下，它的未分配物力资本会计利润为0。根据顾客导向型企业利益相关者理论来分配企业利润，其中组织资本、关系资本的主体为顾客导向型企业。它代表顾客导向型企业某些虚位或缺位的利益相关者来索取他们所提供各类资本创造的剩余价值；人力资本主体可能是该资本载体——自然人、股东、企业等（丁胜红等，2008），物力资本主体可能是股东、债权人等。顾客导向型企业人本资本会计利润分配表的编制如表6-4所示。

表6-4 顾客导向型企业人本资本会计利润分配表

编制单位： 年 月 日 单位：元

项 目	行 次	本期发生额	本年累计金额
一、人力资本经济利润分配			
减：所得税——人力资本			
二、可分配人力资本经济利润			
其中：本期人力资本盈余公积			
本期转入人力资本股本（实收资本）			
本期转入人力资本资本公积			
三、未分配人力资本经济利润			
四、组织资本经济利润分配			
减：所得税——组织资本			
五、可分配组织资本经济利润			
其中：本期组织资本盈余公积			
本期转入组织资本股本（实收资本）			
本期转入组织资本资本公积			
六、未分配组织人力资本经济利润			
七、关系资本经济利润分配			
减：所得税——关系资本			
八、可分配关系资本经济利润			
其中：本期关系资本盈余公积			
本期转入关系资本股本（实收资本）			
本期转入关系资本公积			
九、未分配关系资本经济利润			
十、物力资本正常利润分配			
减：所得税——物力资本			

(续表)

项目	行次	本期发生额	本年累计金额
十一、可分配物力资本会计利润			
其中:本期物力资本盈余公积			
本期转入物力资本股本(实收资本)			
本期转入物力资本资本公积			
未分配物力资本会计利润			

6.5 本章小结

在信息非对称的人本经济阶段,根据顾客导向型企业人本资本价值定理与人本资源配置定理,结合人本管理理论,构建顾客导向型企业人本资本会计模式。通过投资与收益逻辑,来分析顾客导向型企业中的人力资本会计、组织资本会计以及关系资本会计。由于顾客导向型企业中的物力资本会计在信息非对称的物本经济阶段生产导向型企业物本资本会计中作了详细论述,只是将人类价值归于物类价值的逻辑改为物类价值归于人类价值的逻辑,来构建顾客导向型企业生产领域物力资本会计。而顾客导向型企业服务领域中组织资本会计与关系资本会计包含对该领域物力资本投资与收益的物力资本会计。与生产导向型企业物本资本会计确认、计量的方法论相比较而言,顾客导向型企业物力资本确认、计量的方法论仍采用还原论隔离法,只是不同体系层面分别采用还原论隔离法。根据马克思广义劳动价值论和超契约理论,将顾客导向型企业的"资本丛林"划分为人力资本、治理资本(组织资本、关系资本)和物力资本。

在信息非对称的物本资本阶段,生产导向型企业物本资本会计利润包含隐性人力资本、组织资本和关系资本所创造的顾客导向型企业一部分经济利润(另一部分经济利润由显性人力资本所创造),并在此基础上推导出人力资本、组织资本和关系资本的会计等式。同时,结合广义劳动价值论的理论基础,建立信息非对称的人本经济阶段顾客导向型企业人本资本会计等式,以编制顾客导向型企业人本资本会计报表。它们反映了顾客导向型企业剩余价值由传统的"股东独享"向"股东、经营者、员工等企业利益相关者共同分享"的方向变革。这种变革是企业分配制度的彻底革新,其实质是信息非对称的人本经济阶段的顾客导向型企业人力资本逐步获得与财务资本相等的分配地位,是以人类价值为本的人本经济阶段人本经济发展观的必然产物之一。如何使顾客导向型企业人本资本会计报告满足不同会计信息需求者的个性化需求,将在第 7 章中详细论述。

第7章
顾客导向型企业人本资本会计报告研究

伴随着人本经济的到来,人们的观念逐渐从物本经济发展观向人本经济发展观转变,企业管理领域发生了深刻的理论创新:生产导向型企业全社会责任管理转向顾客导向型企业人本管理。在信息非对称的买方市场借助经济信息化和知识化的推广过程中驱动人力资本崛起,人力资本逐步取得与"财务资本"同等的地位,这预示着"资本雇佣劳动观"的生产导向型企业"股东价值最大化"向"资本与劳动和谐观"的顾客导向型企业"利益相关者增加值最大化"方向转变。在此转变过程中,服务于生产导向型企业股东价值最大化,并体现物类价值为本是以生产导向型企业物本会计要素为核心的传统会计报表列报,也随之发生一些渐进式改进。

但近年来,学术界及会计职业界对现行会计报告仍普遍表示不满,认为会计报告没有能够向人们所期望的那样提供有价值的信息,会计信息缺乏相关性以及严重地不完整(陈良华,2002)[127]。国外学者研究的会计报告模式包括专用报告模式、经济事项报告模式(Benbasat I、Dexter A S,1979)[128]、数据库报告模式(Lieberman A Z、Whinston A B,1975)[129]、ERA会计模式(McCarthy W E,1982)[130]和彩色报告模式(Wallman SMH,1996)[131]。国内学者研究的会计报告模式有会计频道(薛云奎,1999)[132]、"交互式"按需报告模式(肖泽忠,2000)[133]以及互动式披露模式(徐国君,2000)[134]。但上述会计报告模式主要关注过去、现在而不重视未来(丁胜红、盛明泉,2011)[26]。欧洲会计学者认为,现行的由资产负债表、损益表等构成的会计报告体系是从19世纪物本经济阶段的会计报告演变而来的,无法满足人本经济阶段的企业经营理念向顾客导向型转变的新需要,同时无法体现人们由侧重于企业内部管理逐渐转向重视企业外部管理的拓展(吴应宇、丁胜红,2011)[87]。

在由物本经济转变为人本经济的过程中,美国学者麦克尔·波特提出的价值链分析、詹姆斯·迈天提出的价值流管理理论和汤姆·科普兰提出的价值管理理论已被管理界广泛接受,价值管理已成为现代企业管理的核心理念(陈良华,2002)[127]。其理论的研究重心也逐渐从企业的价值创造、价值实现转向价值经营(翁世淳,2010)[135]。而现代会计仍将公司的社会成本排斥在会计报表之外,同时遵循着"资本雇佣劳动"的逻辑确立以物本资本要素为核心来构建企业全社会责任管理的会计报告(丁胜红、盛明泉,2011)[26]。这仍没有避免传统会计系统两大固有缺陷:① 只借助于一套确认、计量规则提供的信息很难满足具有各自目标的利益相关者的需要;② 封闭会计系统存在"时滞性"和"与业务流不同步"问题(陈良华,2002)[127],同时现行会计没有体现信息非对称的人本经济发展规律,以生产为导向的企业经营战略不能满足买方市场马斯洛层序需求。

随着信息非对称的人本经济的发展,人们对人力资本和环境成本日益关注,持利益相关者价值取向的学者以企业综合契约性质为出发点(Donaldson T、Preston L E,1995)[136],反驳持股东价值取向的学者所认为的投资于企业非人力资本的专用性资产的所有者才成为享有企业剩余价值索取权的资本所有者的观点(Jensen M C、Mecking W H,1976)[137]。他们认为利益相关者也对企业进行了专用性资本(包括非物力资本)投资,不但分担了企业的市场风险,而且承担了以实现企业利益相关者"进步价值最大化"为经营目标的公司社会责任,拓宽了公司战略管理空间(吴应宇、丁胜红,2011)[87]①。

尽管在会计报表中反映了除股东以外的利益相关者对企业剩余价值索取的权利,同时利用了"共同显示器"的主权货币作为计量单位,将履行环境责任价值管理结果和社会责任价值管理结果映射到会计报表中,但是从而舍去了主权货币无法确认计量记录报告的更为重要的企业价值管理过程信息。虽然围绕价值管理形成了许多理论和方法,将企业本质由经济性契约演化为综合性契约,但是其价值管理的重心还是强调企业全社会责任管理的履行,其价值观依然是物本经济发展观。

基于企业全社会责任管理所构造的强调企业社会责任的会计报告模式仍然是体现以物类价值为本的会计报告模式。究其"三张主报表"及其对应报表项目的划分仍然缺乏内在一致性,从而影响其财务报表反映主体财务图像的能力(IASB & FASB,2008)[138]。在信息非对称的人本经济阶段,如何将物类价值归于人类价值,重视人类价值胜过物类价值并映射到顾客导向型企业人本资本会计报表中,关键要解决顾客导向型企业人本资本会计报表之间及其对应报表项目的内在一致性,并赋予其以人类增值为本的新内涵。

7.1 顾客导向型企业人本资本会计报表列报:"讨论稿"

根据科斯的《企业性质理论》,会计信息的价值就是在于降低"不完全契约"的企业信息非对称性,进而"节约交易成本"。因此,选择"讨论稿"(IASB & FASB,2008)[138]所提出的财务报表列报的目标与原则,有利于提高会计报表质量。本节以其"目标与原则"来构建具有内在一致性的顾客导向型企业人本资本会计报表列报。

7.1.1 顾客导向型企业人本资本会计报表列报产生的理论解释

在物本经济阶段,传统财务会计承袭美国财务学专家爱斯华斯·达莫德伦(Aswath Damodaran)的"零嵌入性"假设,将生产导向型企业的社会成本排斥在会计报表之外,同时遵循着"资本雇佣劳动"的逻辑确立以"物类价值为本"来构建反映股东利益的物本资本会计报表。生产导向型企业仅仅是依附于股东的"法律假设"或"法律虚构"②。承袭产权范式的

---

① 公司战略管理空间包括两个方面,即战略规划和战略实施。战略规划决定公司的发展方向,战略实施是通过组织结构、管理控制、人力资源、企业文化等来实现(Gibbons R,1998)[139]。

② 在主流的企业理论中,公司或企业不是一个实体,而是一种法律上的虚构,并且是依附于股东的法律上的虚构。这一点可以从代理理论的倡导者詹森·麦克森于1976年发表的经典论文里的一段经典描述得到证实:"企业不是一个个体,它是一种法律假设,它可以作为一个复杂过程的聚焦点,在这个过程中个人相互抵触的诸多目标会被一个契约关系的框架带入均衡。在此意义上,企业行为就像市场行为,也就是说,是一个复杂的均衡过程的结果。……企业视为一组个人间契约关系的连接……"詹森·麦克森.企业理论:管理行为代理成本与所有权结构.载陈郁主编.所有权、控制权与激励.上海:上海三联书店,上海人民出版社,1998:184.

物本资本会计理论根基于物本经济发展规律,是物本经济发展观的产物之一。它反映了自由经济环境下所形成的根深蒂固的功利主义思想和追求自身利益最大化的资本增值竞争力。

在信息非对称的人本经济阶段,顾客导向型企业人本资本会计报表是以顾客为本的企业利益相关者理论的必然产物之一。企业是各利益相关者缔约的"一组契约"(Jensen M、Meckling W,1976;Freeman R E、Evan W M,1990)[140][141]。依据现代资源理论的观点:"权利来源于资源,资源决定权利。"契约缔约者依据各自所拥有的资源集合在一起,共同承担市场风险,为各类资源提供者谋取更多的利益并平衡各种资源提供者之间的利益,而不仅只涉及物力资本(财务资本)提供者的经济利益。因此,企业所有资源的所有权才是企业权力的基础。在物本经济阶段,因为不仅人力资本处于次要地位,而且对人力资本本身的难题尚未解决[①],所以"物类价值为本"的观点必然成为物本资本会计(传统财务会计)理论的价值导向。

随着信息非对称的人本经济的发展,追求以顾客为本的企业促使追求以生产为本的传统企业性质和组织形式发生变化。追求对顾客服务而促使人力资本的地位不断提高,人们逐渐推崇"资本与劳动和谐观"成为现代企业的利益相关者理论的主流观点。迫于以人类价值为本而体现人力资本本身价值度量难题解决方法的思考,笔者认为,人力资本价值创造的大小与它所依存的环境有很大关系,而环境可以凭借人力资本的载体创造或实现自身价值。于是笔者基于专业化劳动分工原理,将顾客导向型企业中的人力资本所依存的制度环境划分为组织资本和关系资本,以及人力资本价值创造的载体物力资本。在顾客导向型企业的"资本丛林"中,代表生产力最活跃因素的人力资本处于主导地位。

因此,笔者提出借助顾客导向型企业生产领域的物力资本来实现企业的人力资本、组织资本和关系资本有机整合一体的人本资本概念。而人本资本概念是根基于中国式的"和谐"社会主义社会、中国式的"以人为本"政治体制与"科学发展观"执政理念,以及社会主义市场经济和儒家文化模式的产物。在此之前,国内外学者对智力资本划分为人力资本、组织资本以及关系资本进行了研究,如 Brennan N 和 Connell B(2000)[113],以及李冬琴(2005)[22]等。当然对此划分持有异议的有徐鸣(2004)[23]、张文贤(2004)[24]以及谭劲松(2001)[25]。但笔者依据马克思的广义劳动价值论(1961)来鉴定人力资本、组织资本与关系资本的价值创造以及物力资本的价值转移,基于专业化劳动分工原理作为划分依据,它与基于物本经济发展观划分智力资本是完全不同的概念。

因此,本节以顾客导向型企业专业化劳动分工划分为核心,揭示顾客导向型企业利益相关者价值增值最大化和利益相关者之间财富分配合理化的顾客导向型企业人本资本会计报表列报,是信息非对称的人本经济阶段顾客导向型企业利益相关者理论的必然产物之一。

---

① 来自新古典范式内部的一些学者针对舒尔茨(1961)发表在《美国经济评论》上的《论人力资本投资》一文提出批评:第一,无法明确地将花费在人身上的支出分为消费支出与投资支出两部分;第二,无法严格地将特定的收入部分归属于特定支出;第三,无法完全依据人力资本的概念导出增进公共福利的政策(Shaffer H G,1961)[142]。这些至今仍然是人力资本分析尚未解决的难题。

7.1.2 顾客导向型企业人本资本会计报表的列报目标与原则解释

根据2008年IASB和FASB观点,现行财务报表三大报表之间对报表项目的划分标准缺乏一致性,以及"三张表"的不同处理方法将会影响报表之间的内在一致性,从而影响财务报表反映主体财务图像的能力。但从"讨论稿"(IASB & FASB,2008)[138]提出的财务报表列报的目标与原则①来看,它仍然承袭主流经济学的传统,如资本雇佣劳动、最大化分析、经济人、理论选择、个体主义方法论、形式主义、市场与企业二分法等。它仍是基于"资本雇佣劳动"的逻辑来划分经营性、投资性和融资性活动,而按照这个逻辑,股东以外的其他利益相关者及其利益被排除在财务报表之外。显然,为了提高财务报表中的信息价值,"讨论稿"所提出的财务报表列报的目标与原则的方向应该是正确的,但它脱离了信息非对称的人本经济阶段人力资本地位与财力资本地位趋于同等的现实。因此,下文基于"讨论稿"提出的财务报表列报的目标与原则的改革方向来构建顾客导向型企业人本资本会计报表列报的目标与原则。

1. 顾客导向型企业人本资本会计报表列报目标研究

根据专业化劳动分工原理,人类活动划分为:一是人类交往互换活动,即"人—人关系",它属于服务性劳动;二是人类认识自然、改造自然的征服活动,即"人—自然关系",它属于生产性劳动。对于人类交往互换活动,也就会产生"交易成本"。其中沿袭了产权范式的,也就是说,持"零嵌入性"立场的科斯(Coase R H,1937)[143]提出了交易成本的概念,并开创性地利用交易成本来分析企业本质的方法。但在"生产导向型企业与卖方市场之两分法"和经济理性的逻辑下,交易成本的范围仅局限于"利用价格机制的成本","包括发现价格的成本、单个交易谈判和签约的成本以及利用价格机制的机会成本等"。它仅揭示了企业与经济主体之间私人利益关系成本,也就是"人—人私利关系"的"交易成本"。而交易的社会成本以及借助顾客导向型企业这种组织方式的社会成本,被科斯排除在交易成本之外了,也就是"人—人公利关系"的"交易成本"。他把生产导向型企业的社会建构属性而非原子化属性搁置到了一边,由此导致的"社会化不足"问题引发了交易成本理论的局限性(李心合,2009)[144]。

多边制衡理论认为,在高度社会化的、开放的市场经济体系中,即使公司的经济利益有着强大的影响力,也必须受到如政府、社会利益团体、社会价值观、市场与相关经济法律等力量的约束,这些力量对公司行为施加限制、阻挡和挑战,并分享公司利益。显然公司与社会之间存在一种"社会合约(social contract)",它揭示了公司与社会之间公共利益关系。

因此,基于马克思的广义劳动理论对顾客导向型企业人本资本会计报表列报的"一致性目标"研究,通过顾客导向型企业劳动者的生产性劳动和服务性劳动所创造的价值(主要在顾客导向型企业人本资本会计的资产负债表中反映)、实现的价值(主要在顾客导向型企

---

① "讨论稿"提出了财务报表列报的三个目标:一致性目标(cohesiveness objective),即财务报表应就企业活动提供内在一致的财务信息,且报表项目的逻辑关系应保持清晰;分解性目标(disaggregation objective),即财务报表应对信息进行分解,以方便报表使用者预测企业未来创造价值的能力;流动性和财务弹性目标(liquidity and financial flexibility objective),即财务报表列报方式应便于报表使用者评价企业的融资能力、利用现有资产产生未来现金的能力、偿付债务能力以及把握投资机会的能力。"讨论稿"提出了财务报表列报的一个新原则,即对资产负债表、综合收益表和现金流量表三张报表的信息进行分解,分别披露企业创造价值的方式和为营业活动融资的方式。

业人本资本会计的综合收益表中反映)以及因价值变动所引起的现金流变化(主要在顾客导向型企业人本资本会计的现金流量表中反映)具有内在逻辑的一致性。谢德仁(2002)[95]认为:"组织的知识结构并非参与组织的个人知识的简单加总,而是有机的互补与整合,学习与创新,其中包括组织知识创新,形成组织文化,进而创造出要素所有者个人所不具有的组织资本(organizational capital)。……它有效地降低生产交易成本,促进顾客导向型企业的人力资本与非人力资本协作效率提高,为顾客导向型企业价值边际递增拓展空间。"

持"零嵌入性"立场的科斯强调(生产导向型)企业作为价格机制替代物的存在是为了节约交易成本,或者说,对交易成本的节约是(生产导向型)企业存在的动力所在。恰好回答了顾客导向型企业在经济范畴内组织资本的所在价值,即通过顾客导向型企业内部制度安排,实现以顾客导向型企业内部治理机制替代市场价格机制来完成顾客导向型企业内部资源优化配置,同时实现了对市场"交易成本的节约"。

英国学者约翰·凯在《利益相关者公司》一文中就已明确提出,公司不是股东拥有的或所有的,而是独立于股东的社会组织。公司"是有自己个性、特点和激情的机构"。显然,嵌入性的观点将社会契约纳入顾客导向型企业契约网络结构,公司的利益又是与更广泛的利益相关者的利益及社会公益利益联系在一起,而不仅仅只涉及股东的经济利益(李心合,2009)[144]。关系资本是指顾客导向型企业与供应商、客户、政府以及其他社会组织之间相互信任、相互依赖、相互关联的社会网络(丁胜红、盛明泉,2008)[8]。显然,关系资本是基于社会契约所体现的公司利益与社会公共利益之间的关系。它的价值是通过在公司"价值链"①上合理地分配和转移相关者价值来实现对"交易社会成本"(人与人的公利关系成本)的节约。这种节约价值表现为顾客导向型企业公共利益②的获得。当然,它也包括"交易市场成本"(人与人的私利关系成本)的节约。

因此,根据顾客导向型企业是否采用嵌入性的观点来区分组织资本与关系资本之间的界限,但它们都是通过服务性劳动创造价值。其中组织资本价值表现为对顾客导向型企业"人—人私利关系"交易成本的节约,而关系资本价值表现为对顾客导向型企业"人—人公利关系"与"人—人私利关系"交易成本的节约。然而,关系资本和组织资本虽来源于人力资本,但又逐渐脱离人力资本,成为一种独立的资本形态(丁胜红、盛明泉,2008)[8]。其中人力资本③体现为"人—自然关系"中自然人所具有的资本,而自然在顾客导向型企业中表现为物力资本的载体,通过物化劳动价值转移来实现自身价值。

根据物力资本价值转移活动的性质不同,它可以划分为营业活动和融资活动。根据顾客导向型企业中人的经济活动性质(劳动性质)对顾客导向型企业人本资本会计报表列报项

---

① 公司的价值是在与供应商、客户、政府以及其他社会组织的联系中被创造出来的,这种联系被称为"价值链"。

② 公共利益可分为经济性公共利益与非经济性公共利益两类,其中,经济性公共利益主要体现在政府税收和公司的社会成本上,而非经济性公共利益主要以法律和道德、风俗等形式体现出来,其内容通常不确定,并且难以量化,但对有效的企业经营活动具有十分重要的约束作用,使得公司在追求利益时要权衡利益与公共关系,并在必要时将公司利益作出一定的妥协或牺牲(李心合,2009)[144]。

③ 人力资本是指它不仅包括前人所研究的对人力的脑力投资所形成的知识和技能,而且包括在卫生保健等方面对人力的体力投资所形成的同样能提高生产率的能力;另外还有先天性的人力与物力相结合所形成的一定生产能力(这里的能力往往表现为人的潜力,可以通过正式制度安排来激发成现实的生产力)(丁胜红、盛明泉,2011)[26]。

目进行划分:一是人力资本的生产性活动项目;二是组织资本、关系资本的服务性活动项目。其中基于"人—人关系"的经济活动性质的不同,将服务性活动项目划分为组织资本私利服务性活动项目和关系资本公、私利服务性活动项目。这不仅使报表列报项目的逻辑关系十分清晰,以至于实现顾客导向型企业人本资本会计报表列报的"一致性目标",而且方便报表使用者对不同顾客导向型企业资本创造价值能力的预测,实现了顾客导向型企业人本资本会计报表列报的"分解性目标"。

关于顾客导向型企业人本资本会计报表列报的"流动性和资本弹性目标"研究:一方面,根据物力资本价值转移活动的性质来划分报表列报项目,不仅反映了顾客导向型企业的融资能力、偿还债务能力,而且反映了人力资本主体利用物力资本所产生的未来现金能力。另一方面,通过顾客导向型企业内部制度(经济性契约)安排的报表列报项目的划分,不仅反映了实现组织资本、关系资本价值的能力——对私利关系"交易成本"的节约程度,以及承袭主流经济学观点的公司治理能力,而且反映了它们利用人力资本所产生的未来现金能力。另外,通过顾客导向型企业与社会契约安排的报表列报项目的划分,不仅反映了实现关系资本价值的能力——对公利关系"交易成本"的节约程度,而且反映了对顾客导向型企业价值产生未来现金的贡献能力。当然,无论是组织资本还是关系资本,它都分别反映了顾客导向型企业对内、对外的决策能力。因此,顾客导向型企业人本资本会计报表列报项目的划分实现了报表列报的"流动性和资本弹性目标"。

2. 顾客导向型企业人本资本会计报表列报的原则研究

顾客导向型企业人本资本会计报表列报的原则:对顾客导向型企业人本资产负债表、综合收益表和现金流量表三张报表的信息进行分解,分别披露顾客导向型企业人本资本创造价值的方式(生产活动和服务活动)和物力资本价值转移的方式(营业活动和融资活动)。对于营业性物力资本价值转移,可进一步分解为经营性和投资性的物力资本价值转移;对于融资性物力资本价值转移,可分别列示非权益性和权益性的物力资本价值转移信息。按照上述原则改进列报后的顾客导向型企业人本资本会计报表如表7-1所示。

表7-1 改进列报后的三张顾客导向型企业人本资本会计主表

报表类型 活动项目	资产负债表	综合收益表	现金流量表
物力资本	营业	营业	营业
	经营性资产和负债	经营性收益和费用	经营性现金流
	投资性资产和负债	投资性收益和费用	投资性现金流
	融资	融资	融资
	金融性资产	金融性资产产生的收益	金融性资产产生的现金流
	金融性负债	金融性负债产生的费用	金融性负债产生的现金流
人力资本	生产	生产	生产
	投资性人力资本	投资性人力资本产生的收益和费用	投资性人力资本产生的现金流

(续表)

报表类型 活动项目	资产负债表	综合收益表	现金流量表
组织资本	服务	服务	服务
	投资性组织资本	投资性组织资本产生的收益和费用	投资性组织资本产生的现金流
关系资本	服务	服务	服务
	投资性关系资本	投资性关系资本产生的收益和费用	投资性关系资本产生的现金流

7.1.3 顾客导向型企业人本资本会计主表编制的基本依据与列报项目解释

基于改进列表后的三张顾客导向型企业人本资本会计主表列报项目的分类与各自报表编报基本依据的会计等式分别作出如下解释：

1. 顾客导向型企业人本资本会计主表编制基本依据的解释

随着社会的进步和人本经济的发展，劳动者权益得到更多关注和人力资本地位不断地提高。国内外会计界学者对会计基本等式进行了不断的改进，包括劳动者权益会计基本等式(Hermanson R H,1986；西奥多·舒尔茨,2015；阎达五,1996)[145][146][102]、人力资源价值会计基本等式(刘仲文,1997)[101]、三维会计基本等式(徐国君,2003)[100]以及人力资源会计基本等式(张文贤,2004)[24]。然而他们仍然承袭了主流的新古典经济学的逻辑传统或学术范式，继承了财务学的"零嵌入性假设"，将公司的社会责任和效用排除在会计报表反映之外。因此，会计很难对顾客导向型企业价值链上相关者的价值的分配和转移进行确认、计量和报告。基于嵌入性的观点、顾客导向型企业利益相关者理论以及马克思的广义劳动价值论，笔者提出顾客导向型企业人本资本会计基本等式为：人本资产(物力资产＋人力资产＋组织资产＋关系资产)＝人本权益(所有者权益＋负债＋广义劳动者权益)。

产生于19世纪并且至今仍在使用的公司"综合收益表"中，持"零嵌入性"观点的财务会计把影响顾客导向型企业价值的社会成本排斥在收益表之外。然而，持嵌入性观点的顾客导向型企业人本资本会计综合收益表则是反映顾客导向型企业"全综合收益表"，不仅通过关系资本所产生的社会成本和公共利益纳入"综合收益表"内，而且基于马克思的劳动价值论将实现资本价值按活动性质分类重新划分报表列报项目。其编报依据的基本等式为：人本资本实现全部价值－人本资本补偿价值＝顾客导向型企业剩余价值(顾客导向型企业利益相关者价值的增加值)。在费雪和庞巴沃克之间经过长达10年的关于资本问题的论战中，得出的"费雪-希克斯"的资本概念明确地包含"时间"因素，所以顾客导向型企业利益相关者价值的增加值中包含顾客导向型企业所有资本的时间价值，而时间要素价值通常以资金的时间价值表示顾客导向型企业剩余价值的一部分。

基于顾客导向型企业利益相关者价值的增加值考虑，而不是利润或EVA或公司的价值。编报顾客导向型企业人本资本会计现金流量表还应当作如下项目调整：一是将权责发生制调整为现金流动制，实际上也就是将公司的增加值定义为基于增加值的公司预期现金流量值,而预期现金流折算为现金所使用的折现率则反映了顾客导向型企业不同活动性质项目的风险和项目的人本资本结构;二是调整社会成本。当一项关系资本决策预期会产生社会成本时,则在计算关系资本所能产生的现金流时,社会成本必须作为现金流量的一个调整因素纳入其现金流量表。调整后的增加值既体现了收益与流动的统一性,又兼容了社会福利,并且体现了公司利益与社会公共利益的结合,反映了信息非对称的人本经济阶段顾客导向型企业以人类价值为本的人本经济发展观。

我们从公司利益相关者的利益出发,结合对现金流量表的调整,现金流量的计算基础应当改换成"增加值",也就是应当把工资支出、税收性支出、利息性支出、管理性支出等从经济增加值中发生的现金流出,纳入作为顾客导向型企业人本资本会计的现金流量之中。也就是说,嵌入社会责任的公司利益相关者的利益会对现金流量产生影响。顾客导向型企业人本资本会计的现金流量表根据活动性质划分形成的基本等式为:人本资本的价值形成所导致的现金流总流出=人本资本的价值实现所导致的现金流总流入。在实际编报现金流量表时,通常顾客导向型企业人本资本的现金总流入大于其现金总流出的情况,主要是因为资本中时间要素的价值所造成的,应单列时间价值项目作为对差异的处理。这里现金是指现金和现金等价物的合称,当然也可以分别列示。

2. 顾客导向型企业人本资本会计主表列报项目分类的解释

基于"讨论稿"所采用的"管理层法"对报表列报项目的分类。顾客导向型企业人本资本会计是将顾客导向型企业利益相关者的管理层意图通过"超契约"的形式,不仅实现了自身对报表列报项目进行分类,而且通过对"超契约"的安排,实现了人本资本在报表内项目分类。

(1) 物力资本。根据物力资本价值转移活动的性质,它可以划分为营业活动和融资活动。物力资本在营业活动和融资活动中所形成的价值形式,表现为顾客导向型企业人本资本会计资产负债表中经营性、投资性以及融资性的资产和负债;而在其活动中所实现的价值形式则表现为经营性、投资性以及融资性的收益和费用。由于物力资本价值形成与实现所涉及的现金流出与流入将按其活动性质在现金流量表中反映,因此只是单列物力资本的时间价值作为现金流量差异项目。下文所涉及的人本资本的时间要素价值将作为其现金流量差异增补项目,后文不作赘述。

(2) 人力资本。根据"人—自然关系"来鉴定人力资本身份。人力资本的生产性活动是投资性活动,将人力资本价值的形成形式表现为顾客导向型企业人本资本会计资产负债表中所反映的人力资本资产和负债;而人力资本价值的实现形式在顾客导向型企业人本资本会计综合收益表中表现为人力资本产生的收益和费用。由于人力资本价值创造与实现所涉及的现金流出与流入将在现金流量表中反映。下文中的组织资本、关系资本的价值创造与实现所涉及的现金流出与流入在其现金流量表中的列示道理同上,只是列出的项目不同而已,后文也不作赘述。

(3) 组织资本。根据"人—人私利关系"的经济契约和"零嵌入性"观点来鉴定组织资本身份。通过其服务性活动来体现公司内部制度的安排,形成了公司内治理机制对市场机制的替代,从而实现对顾客导向型企业私利资源的有效配置。在顾客导向型企业内部制度安排中的投入,表现为顾客导向型企业人本资本会计资产负债表中的组织资本价值形成。组织资本价值的实现通常在顾客导向型企业人本资本会计综合收益表中,表现为付出传统顾客导向型企业内部的"管理费用"而获得顾客导向型企业"交易成本"(Coase R H,1937)[143]的节约。在实际业务中,将组织资本的活动项目与同行业活动项目的价值差异作为"节约交易成本"的近似替代。

(4) 关系资本。依据"人—人公利关系"的社会契约、"人—人私利关系"的经济契约和"嵌入性"观点来鉴定关系资本身份。就"人—人公利关系"的社会契约而言,通过顾客导向型企业外部制度安排,来实现顾客导向型企业在价值的链上的相关者价值的分配和转移。顾客导向型企业在其方面投入公共成本促使关系资本价值的形成。通常在其资产负债表中表现为环境资产和负债、政府各种税收、环境税收等公益性资产和负债。社会契约决定关系资本价值体现了企业利益与公共利益之间的关系,而公共利益可以分为经济性公共利益与非经济性公共利益两类。其中经济性公共利益主要体现在政府税收和企业的社会成本上,而非经济性公共利益涵盖以法律、道德的主要形式约束顾客导向型企业的营运活动,使得企业在追求利益时要平衡企业利益与公共利益的关系,并在必要时使企业利益作出一定的妥协或牺牲(李心合,2009)[144]。因此,关系资本价值实现形式在其综合收益表中以"环境成本""环境费用""环境损失"以及各种税费等经济性公共费用列示;而对"交易社会成本的节约",则表现为政府补贴收入,以及通过关系资本的公益性作用而使顾客导向型企业获得部分超额剩余价值(超额利润)。

就"人—人私利关系"的经济契约而言,经济性契约决定关系资本价值体现了企业利益与市场主体利益之间的关系。它集中表现出为迎合顾客的个性化需求所付出的市场成本,以及满足顾客需求而实现顾客导向型企业人本价值的收益。因此,关系资本价值实现形式在其综合收益表中以"市场成本""市场收益""市场损失"作为关系资本账户的明细科目。

另外,在顾客导向型企业人本资本会计综合收益表中,顾客导向型企业人本资本会计收益的分配,可以依据以企业资源提供者或利益相关者的资源贡献及其在价值创造中的贡献为基础对公司增加值进行合理分配的理论来进行。它与马克思的分配理论并不是冲突的,并且这种理论与当今社会一贯倡导的要素分配理论是一脉相承的。其中关系资本中的客户和供应商通过市场价格机制来参与公司收益的分享。此外,它也可以依据丁胜红和周红霞(2010)[147]所研究的人本资本价值整合模型来计算并分配公司的收益。

总而言之,我国绝大多数会计界学者对"讨论稿"提出的财务报表列报的"目标与原则"的会计报表改革方向持肯定态度。若采纳 IASB/FASB 的观点,对财务报表分类列报进行系统性改革,对现有会计系统将产生深刻影响,也将产生很高的学习成本、执行成本(葛家澍,2009;张金若、宋颖,2009;温青山、河涛等,2009)[148]~[150]。温青山和河涛等(2009)[150]认为,财务报表列报的三类活动对金融机构的意义不大,"管理层法"赋予管理层决定对外披露的内容和方式的权力,这将在一定程度上削弱财务报表的作用。显然"讨论稿"的实施阻力很大,困难重重,但作为前瞻性理论研究必须向前看。

目前人类面临两大危机:一是自然资源放纵使用造成消耗失控,资源日渐枯竭形成了"增长极限",使国家经济乃至全球经济面临可持续发展危机;二是人力资源膨胀和综合素质下降与水消耗造成了生态环境恶化,严重威胁到人类的生存与发展,使人类面临生态环境良性循环可持续运行危机(郭道扬,2009)[1]。因此,这将迫使作为社会结构一部分的顾客导向型企业对社会责任负责和对人类自然生存环境关注,而且要充分发挥人力资源对日渐枯竭的非再生性自然资源的替代作用。因此,顾客导向型企业人本资本会计是信息非对称的人本经济阶段解决"两大危机"的必然产物之一。

从前文论述来看,顾客导向型企业人本资本会计报表列报项目内容能够很好地履行"讨论稿"的主要观点。但"讨论稿"中单从财务报表编制与列报的改革,而不考虑财务报表要素的设置与确认以及账户的分录与记录等其他系统要素的相应改革,恐怕是不大可能获得圆满成功的(葛家澍,2009)[148]。因此,本节根据超契约理论和劳动专业化分工原理,重新设置会计科目,并根据顾客导向型企业利益相关的理论对"现金流量"中的"权益结构"进行改变,并且扩大了三张主表确认、计量和报告的内容。但上述仅仅是在完全低层次需求的基础上,探索信息非对称下以人类价值为本的顾客导向型企业人本资本会计报告,而在高层次需求层面上尚未深刻论述。下面根据人本管理理论中的人本价值管理来构建顾客导向型企业人本资本会计报告。

7.2 顾客导向型企业人本资本会计报表列报:人本价值管理

前文所论述的"讨论稿"中的财务报表列报的"目标与原则",从嵌入性视角来分析完全低层次需求的信息非对称下顾客导向型企业人本资本会计的"三张报表"项目的一致性。根据马斯洛层序需求理论来探索信息非对称的人本经济阶段顾客导向型企业人本资本会计报告列报。它是在完全低层次需求假设下所构建的信息非对称的人本经济阶段顾客导向型企业人本资本会计列报项目的基础上,按照物类价值归于人类价值的逻辑,进行高层次需求的顾客导向型企业人本资本会计报告列报项目的划分。卡普兰等人认为,组织也是"按顺序连接起来的一组作业"。因此,在一定超契约下,顾客导向型企业人本资本功能耦合的过程,也是若干劳动专业化分工与合作的过程。同时会计也是利用了"价值显示器"将伴随着劳动专业化分工与合作过程中的全部人本资本价值贯序地输入人造的顾客导向型企业人本资本会计系统中,最终映射到顾客导向型企业人本资本会计报表上。

通过专业化分工与合作的劳动将唯一能够反映顾客导向型企业人本资本价值区分为智慧化的人本资本增值劳动和智能化的人本资本保值劳动。因此,选择"劳动的专业化分工与合作"来界定所谓的"作业",并以它作为顾客导向型企业人本资本会计的二级明细科目。当然还有其他理由:

(1) 基于美国学者托尼提出"二维作业成本模型"的作业成本制度原理,通过现代会计的复式记账,将"定制化产品消耗定制化作业,定制化作业消耗定制化产品成本"的人本价值管理过程记录在顾客导向型企业人本资本会计账簿上,同时也将信息非对称的人本经济阶段顾客导向型企业以物类价值归于人类价值逻辑的间接费用归集到定制化产品上,并在流程"格式化"的基础上优化定制化作业,通过对定制化作业进行分析找到真正的成本动因并控制其发生,以及发生的程度。这样顾客导向型企业人本资本会计弥补了现代会计封闭系统的"时滞性"和"与业务流不同步"的缺陷,而且利用信息管理系统的信息平台对所有定制化作业活动进行跟踪动态反映,提供了现代会计所不能提供的高层次需求的顾客导向型企业人本资本会计信息。

(2) 通过定制化作业不仅能够确认、计量与顾客导向型企业定制化产品成本更相关的成本，而且能够将具有战略意义的定制化产能作业进行分解、管理，并且将成本计算纳入定制化作业的人本成本制度，实现顾客导向型企业由战略层面向战术操作层面的转变，从而有利于反映顾客导向型企业人本价值管理过程的定制化作业绩效评价，达到以自主化评促管的效果。

（3）通过定制化作业不仅将侧重于顾客导向型企业外部人本管理的会计确认、计量范畴纳入顾客导向型企业人本资本会计系统内，实现持"嵌入性立场"的利益相关者价值为本的顾客导向型企业人本资本会计体系构建，而且基于定制化作业为单位形成的作业链、价值链、供应链、价值流、财权流以及作业网络等对顾客导向型企业人本经济业务或交易事项模拟刻画，将人本财务学、人本管理信息系统、人本管理学等理论融入信息非对称的人本经济阶段顾客导向型企业人本资本会计理论体系之中，从而提供对顾客个性化需求决策更有用的顾客导向型企业人本资本会计信息。

除了将定制化作业作为顾客导向型企业人本资本会计的二级明细科目外，还可以依据人权理论将定制化作业人权主体或人本资本人权主体（人本资本所有权主体）作为二级或三级明细科目。其划分的原则是更有利于明晰顾客导向型企业人本资本会计的人本价值管理会计信息供给者。在顾客导向型企业人本资本会计信息交易费用为正的情况下，有利于促进顾客导向型企业人本资本会计信息资源优化配置。

7.3 顾客导向型企业人本资本会计报告模式构造：人本价值管理

无论是 M 理论、双因素论，还是马斯洛层序需求理论，它们都是人本管理理论的一种，其共同点是以人类价值为本，重视人类价值胜过物类价值。这些均是在信息非对称环境下形成的人本管理理论。作为人本管理理论一种的人本价值管理，它是以人为中心的管理，强调物类价值归于人类价值，充分实现人的价值。以战略为中心进行管理是当前顾客导向型企业管理的最主要特征（于增彪，2007）[151]。以信息非对称的人本经济阶段人本经济发展观作为顾客导向型企业战略核心，基于罗伯特·卡普兰和大卫·诺顿提出的"平衡计分卡"模式，将由顾客导向型企业外部环境和内部经营要素设定的顾客导向型企业以人类价值为本的目标正确落实，并使顾客导向型企业物类价值归于人类价值管理最终得以实现的一个动态过程。按照劳动专业化分工与合作的逻辑，运用财务指标和非财务指标来确认、计量顾客导向型企业人本价值管理过程的价值（Kaplan R S、Norton D P，1992）[152]，借此构造人造的顾客导向型企业人本资本会计人本价值管理过程报告系统模式。

7.3.1 顾客导向型企业人本资本会计的人本价值管理目标分解报告模式

将马克思从唯物史观对"人本"的判断与熊彼特的资本内涵融合在"平衡计分卡"中，依据流程理念并借助"平衡计分卡"的工具，报告由顾客导向型企业战略与目标，分解到日常经营活动流程中的顾客导向型企业的物力资本战略与目标、人力资本战略与目标、组织资本战略与目标以及关系资本战略与目标，构成顾客导向型企业人本资本会计人本价值管理目标分解报告模式。如图 7-1 所示。

```
          ┌─────────────────────────┐
          │      物力资本            │
          │  物力资本保值最大化       │
          ├───┬────┬─────┬────┤
          │目的│指标│指标值│措施│
          ├───┼────┼─────┼────┤
          │   │    │     │    │
          └───┴────┴─────┴────┘
```

┌───────────────────┐   ┌──────────┐   ┌───────────────────┐
│   组织资本   │   │   │   │   关系资本   │
│ 组织资本增值最大化 │ ←──→ │ 战略与目标│ ←──→ │ 关系资本增值最大化 │
│目的│指标│指标值│措施│   │   │   │目的│指标│指标值│措施│
└───────────────────┘   └──────────┘   └───────────────────┘

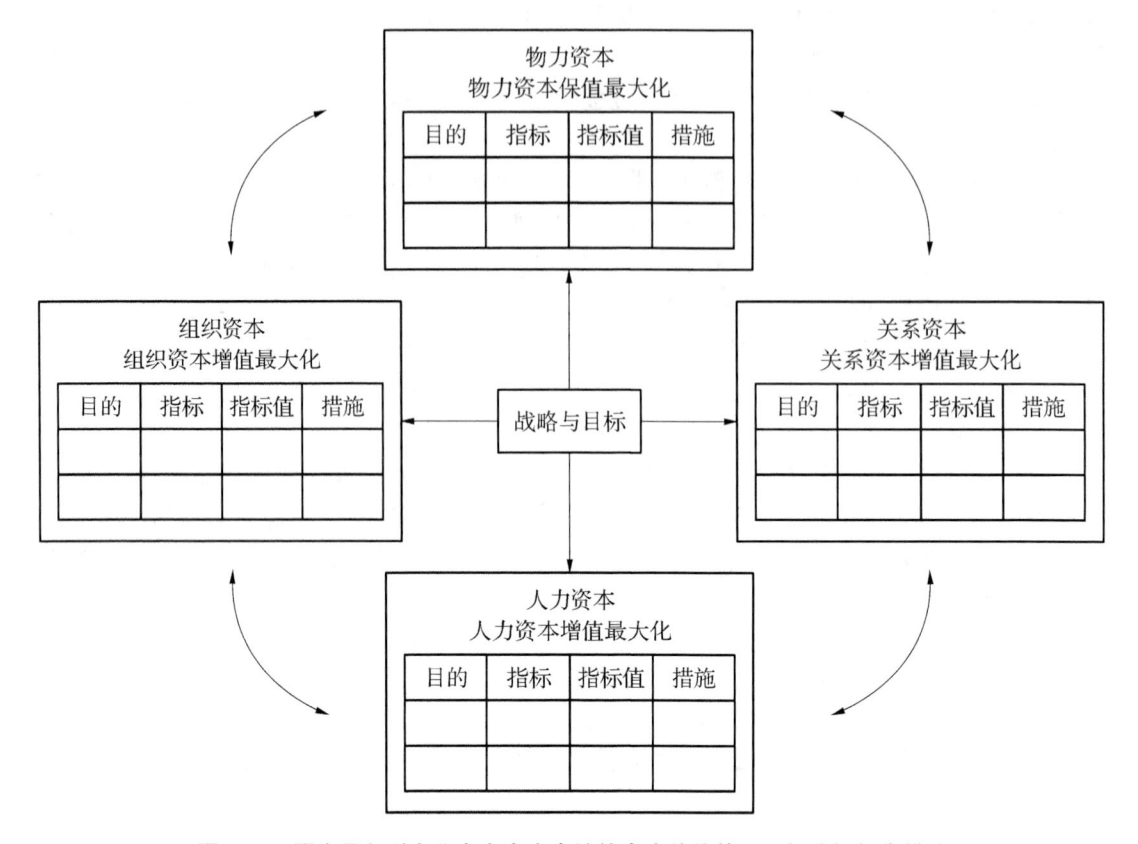

```
          ┌─────────────────────────┐
          │      人力资本            │
          │  人力资本增值最大化       │
          ├───┬────┬─────┬────┤
          │目的│指标│指标值│措施│
          └───┴────┴─────┴────┘
```

图 7-1　顾客导向型企业人本资本会计的人本价值管理目标分解报告模式

基于超契约理论或经济活动(作业)性质,将顾客导向型企业中的人力资本所依存的环境划分为内部环境(组织资本)和外部环境(关系资本),而人力资本面对的对象是物力资本(丁胜红、盛明泉,2011)[26]。斯坦纳在顾客导向型企业外部环境和内部经营要素基础上设立顾客导向型企业目标(斯坦纳,2001)[153]。因此,顾客导向型企业以人类价值为本的目标,必然可分解为顾客导向型企业人本资本会计系统中人本价值管理的四个一级会计科目下的子目标,即人力资本、组织资本以及关系资本的各自资本增值最大化和物力资本保值最大化。通过顾客导向型企业物力资本、人力资本、组织资本以及关系资本之间的协同,将产生顾客导向型企业利益相关者进步价值最大化。人本资本概念的孕育"土壤":中国式的"和谐"社会主义社会、中国式的"以人为本"政治体制、"科学发展观"的执政理念以及社会主义市场经济和儒家文化模式(丁胜红、盛明泉,2011)[26]。它体现了信息非对称的人本经济阶段顾客导向型企业人本经济发展观的总体战略。

在保证人力资本、组织资本、关系资本以及物力资本各自目标正确落实,并使顾客导向型企业使命最终得以实现,其顾客导向型企业人本价值管理目标分解报告中细化如图7-1所示的顾客导向型企业人本战略。因每个顾客导向型企业的经营内容不同、战略重心不同、业绩考核指标不同,每个细化战略的内容也是千变万化(于增彪,2007)[151]。因此,只借助于一套确认、计量规则提供的物本资本(传统)会计信息是无法满足买方市场顾客对顾客导向型企业人本资本会计信息的个性化需求的,理想的会计系统应该是不同信息使用者根据不同目的选择不同的确认和计量规则,组合成与信息使用者决策最相关的会计信息(陈良华,2002)[127]。当然,反映其顾客导向型企业人本资本会计信息不仅仅是完全低层次需求的财务指标形式,还要反映对消费者剩余和生产者剩余①的虚体价值进行经营,从而将顾客导向型企业自身"潜在人本资本价值"在商品市场、资本市场上得以体现,维护顾客导向型企业以人类价值为本的社会责任声誉,并产生可持续性的顾客导向型企业未来人本资本价值效益的一些非财务指标。

下面在一般意义上讨论顾客导向型企业人本资本会计人本价值管理过程报告模式中细化人本战略的内容。其中反映顾客导向型企业人力资本、组织资本以及关系资本的增值率和物力资本保值率的各种财务指标在顾客导向型企业人本资本会计三张报表上可以直接列示,下文一般性讨论非财务指标的构成与确认、计量措施。

(1) 组织资本。其目的主要表现为使顾客导向型企业在快速剧变的环境中求得生存与发展,提高顾客导向型企业内部人本管理价值。对组织资本的构成要素——管理人员能力、人本管理信息系统能力以及激励、授权与协作进行各种投资建设。其非财务指标与其确认、计量的措施一般有:管理人员学历,按学历等级确认、计量;人本管理信息流速,按时间或天数等时间单位确认、计量;人本管理效率,按单位时间(小时、分钟或天数等)完成物件数量等。

(2) 关系资本②。它的目的主要是以顾客为本,以服务社会为己任,提高市场资本、公共资本价值。非财务指标与其确认、计量的措施一般有:① 市场资本视角。市场份额,在一定市场中可按照客户的数量或产品销售的数量来确认、计量;客户保持率,按照顾客导向型企业继续保持与老客户交易关系的比例来确认、计量;客户获得率,按照顾客导向型企业吸引或取得新客户的数量或比例来确认计量;客户满意度,按照消费者剩余、生产者剩余的商品价格或数量比率来确认、计量;订单供货流程再造而获得供货准时率、订单供货时间等按时间单位来确认、计量。② 公共资本视角。支持公益事业博得好的社会名誉度,按同行业投资金额或数量来确认、计量。

(3) 人力资本。它的目的主要是提高生产劳动者价值。非财务指标与其确认、计量的措施一般有:生产人员技术水平,按技术职称等级来确认、计量;生产人员素质,按学历等级、诚信等级等来确认、计量。

(4) 物力资本。它的目的主要是提高物力资本投资者(股东)价值。非财务指标与其确认、计量措施一般有产品产出率、废品率、返工率、资产周转率、生产率等按产品数量来确认、计量。

总而言之,上述基于因果关系将顾客导向型企业人类价值为本目标与人本战略转化到顾客导向型企业人本资本会计的四个一级会计科目下。并分别体现信息非对称的人本经济阶段人本经济发展观,依据组织资本价值在于以服务员工为本管理作业链、关系资本价值在于以顾客为本供应链、人力资本价值在于以生产员工为本的生产作业链、物力资本价值在于

---

① 消费者剩余是指顾客感知的价值与顾客实际支付的价值二者之差。生产者剩余是指生产者感知的价值与其实际获得的价值二者之差。

② 关系资本是指企业与供应商、客户、政府、社会组织以及其他非营利性组织之间相互信任、相互依赖、相互关联的社会网络(经济观察研究院,2004)。根据定义,关系资本包括市场资本(企业与供应商、客户之间的关系)和公共资本(企业与政府、社会组织等非营利性组织之间的关系)(丁胜红、盛明泉,2008)[8]。

以物类价值归于人类价值的物运作业流转链的各自专业化劳动（作业）中的成果与人本业绩动因关系，在每个一级会计科目下建立财务指标和非财务指标的指标体系。凡是能够把人本战略融入衡量以人类价值为本系统的顾客导向型企业，都能够更好地执行人本战略。因为它们能正确地在顾客导向型企业内传达目标和目标值（于增彪，2007）[151]。因此，通过顾客导向型企业人本资本会计的四个一级会计科目下的财务与非财务指标的纽带来融入顾客导向型企业人本战略，不仅能够解决顾客导向型企业人本价值管理理论与实务"二张皮"的问题，而且能够提供完整的顾客导向型企业人本价值管理过程的顾客导向型企业人本资本会计信息。

7.3.2 顾客导向型企业人本资本会计的人本价值管理过程报告模式

根据图7-1中所示的顾客导向型企业人本资本会计人本价值管理目标分解报告模式，结合顾客导向型企业人本资本价值目标落实过程，构建了如图7-2所示的顾客导向型企业人本资本会计人本价值管理过程报告。在顾客导向型企业人本资本会计人本价值管理目标分解过程中，伴随着顾客导向型企业人本资本会计人本价值管理过程，对此过程中的人本价值管理效果进行总结与分析，形成了顾客导向型企业人本资本会计人本价值管理过程报告。一份好的顾客导向型企业人本资本会计人本价值管理过程报告应该满足信息非对称的人本经济阶段顾客导向型企业人本资本价值定理和顾客导向型企业人本资源配置定理。通过顾客导向型企业专业化劳动分工与合作的作业流程中的财务与非财务指标，将围绕顾客导向型企业人本价值管理的人本战略与以人类价值为本的目标纵向联系起来。并通过该顾客导向型企业人本资本会计人本价值管理价值过程报告，利用顾客导向型企业人本价值管理的四个一级顾客导向型企业人本资本会计科目，向顾客导向型企业利益相关者提供相互协调、目标一致和战略转换战术的最佳人本价值管理水平的顾客导向型企业人本资本会计信息。

基于卡普兰的企业是一组作业的观点，企业内部作业链优化过程，也是序列的每项作业消耗最低资源而伴随着最优价值的转移过程。借鉴此过程完成顾客导向型企业从作业链向价值链优化过程中实现顾客导向型企业内部作业管理向顾客导向型企业内部价值管理之转变。以顾客导向型企业专业化劳动分工与合作的作业链和物类价值归于人类价值的价值链为基础，通过顾客导向型企业流程优化使顾客导向型企业内外各项作业如行云流水般"无缝隙地"链接起来，完成顾客导向型企业以员工为本的作业链与顾客导向型企业以顾客为本的供应链对接成为人本价值链，从而实现顾客导向型企业利益相关者的人本价值。如图7-2所示，从顾客导向型企业内部以生产员工为本的"生产作业流程"、以管理人员为本的"管理作业流程"以及物类价值归于人类价值的"物运作业流程"出发，通过流程内不同作业主体对各自作业优化，即生产技术人员培训、学习以及交流，科研人员研究；管理层人员培训、学习以及交流，人本管理信息优化，具体人本规则（契约）安排；生产技术改良与引进，各种资产利用与组合；以及以顾客价值为导向的"供应链"优化，通过增强顾客导向型企业与供应商、消费者、政府以及其他非营利性组织的"共生共赢关系"，不仅能够更好地贯彻执行顾客导向型企业细分的人本战略，而且能够通过各自作业绩效的财务与非财务指标来确认、计量当前盈利能力对人本价值贡献的当前运营人本价值，该当前运营人本价值的大小可采用现金贴现法度量顾客导向型企业期望人本价值的未来增长值。

在战略图7-2中,经过顾客导向型企业人本价值管理,将部分顾客导向型企业"当前人本经济价值"和部分通过市场"贴现"的"潜在人本经济价值",以"收入增加"形式透视到"顾客导向型企业人本资本会计综合收益表"上;图中直接指向"提高顾客导向型企业利益相关者的人本价值"的空心箭头,则通常以顾客导向型企业人本资产负债表形式表示滞留在顾客导向型的企业大部分"当前人本价值";而其实心箭头,则表示企业部分"潜在人本价值",它是企业人本经营价值之所在,通过对人本价值经营来减小企业"生产剩余"和"消费剩余",从而改变企业现金流量。再将它与其他顾客导向型企业创造的人本价值一起以现金流形式,表现为顾客导向型企业人本资本会计现金流量表。

上述顾客导向型企业人本价值管理过程,反映了代表生产力水平的技术(物力资本)、技能(人力资本)与代表生产关系的内、外制度(组织资本和关系资本)相互作用的过程。在此过程中,马克思对企业"人本"的判断标准,不仅可以细分不同人本战略之间的内在逻辑,而且可以为寻找建立财务与非财务的指标的动因提供指南。因此,以图7-2中各个以员工为本的作业链和以顾客为本的供应链为中心,对企业以人类价值为本的作业进行优化,即流程优化。这不仅消除了不能增值的作业,把有限资源配置到以人类价值为本的增值作业上,而且基于作业单位建立财务与非财务的指标,利用人本管理信息系统平台,采用泛会计的数据库和方法库来确认、计量、记录顾客导向型企业人本价值管理过程中以员工为本的作业价值,最终以顾客导向型企业人本资本会计人本价值管理报告形式,向企业利益相关者提供反映顾客导向型企业人本经济管理活动的全面信息。其顾客导向型企业人本资本会计人本价值管理报告能够向会计信息需求者提供企业人本绩效评价信息和公司人本治理方面的信息,将企业利益相关者所关注的顾客导向型企业人本价值管理信息"映射"到顾客导向型企业人本资本会计报告上,达到自主性评促管效果。

根据卡普兰和诺顿提出的"因果关系""成果与业绩动因"以及"与财务指标挂钩",将体现信息非对称的人本经济阶段顾客导向型企业人本战略,细分到企业人本价值管理的四个一级顾客导向型企业人本资本会计科目上。以专业化分工与合作的作业作为四个一级顾客导向型企业人本资本会计科目的明细会计科目,并以其建立财务与非财务的指标,实现马斯洛层序需求假设下顾客导向型企业人本资本会计报告体系。借助于人本管理信息系统实现顾客导向型企业人本资本会计人本价值管理过程的实时报告,在技术上解决了会计封闭系统的"时滞性"和"与业务流不同步"的问题。基于关系资本视角建立顾客导向型企业人本资本会计人本价值管理一部分的报告,这不仅弥补了卡普兰和诺顿的"平衡记分卡"没有重视雇员、供应商贡献的缺陷,而且给予顾客导向型企业所在的社区等非营利性组织高度关注。同时人力资本、组织资本、关系资本以及物力资本的内在逻辑关系,不仅为卡普兰和诺顿的"平衡记分卡"不同指标之间动因关系的判断提供了逻辑依据,而且为顾客导向型企业人类价值为本的目标细分提供了操作指南。

另外,由于顾客导向型企业物类价值归于人类价值的经营内容不同,人本战略重点不同,具体财务与非财务的指标也有所变化。正因为如此,才能提供更能满足不同顾客导向型企业人本资本会计信息需求者的需要。

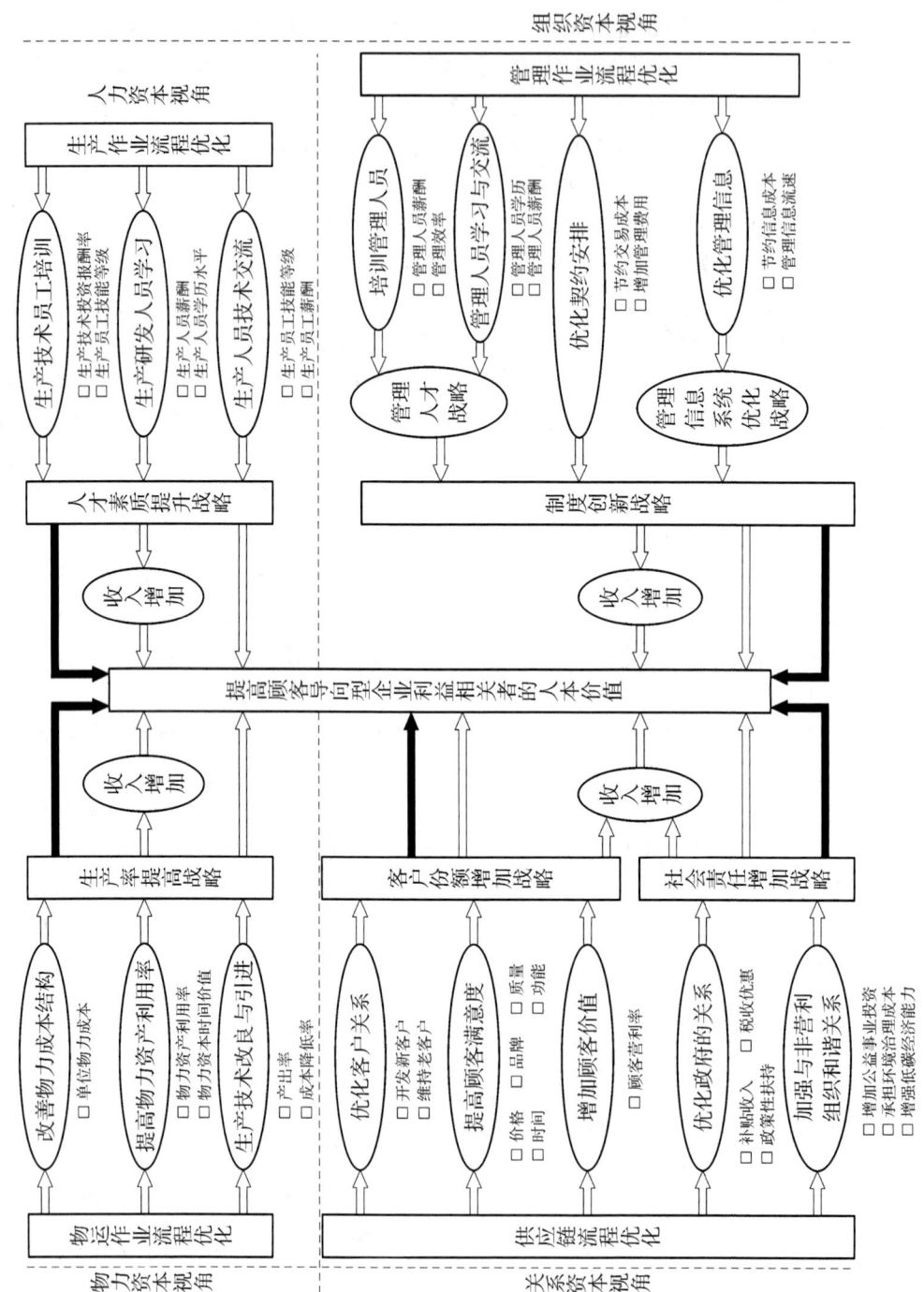

图 7-2 顾客导向型企业人本资本会计的人本价值管理过程报告模式

7.4 顾客导向型企业人本资本会计信息披露研究

随着信息非对称下人本经济的不断发展,如何将顾客导向型企业人本资本会计信息传递给不同顾客导向型企业人本资本会计信息需求者,以及如何披露顾客导向型企业人本资本会计信息,不仅备受学术界的关注,也日益引起实务界的重视。本节根据顾客导向型企业人本资本定理,利用顾客导向型企业人本资本会计报告内容,对顾客导向型企业人本资本信息披露进行深入研究。

7.4.1 顾客导向型企业人本资本会计信息披露的指标体系设计

关于公司人本资本与公司人本治理之间的关系,在第2章关于信息非对称的人本经济阶段顾客导向型企业人本资本价值定理的内容中已经论述。按照"资源基础论"的观点,每个企业都是一个特殊的资源体系,不同企业所拥有或控制的资源是不同的。不仅如此,很多资源在不同企业之间往往还是难以流动的。在此基础上,"资源基础论"进一步认为某些企业之所以能够获得持续竞争优势,是因为这些企业拥有或控制了一些特异资源,并且具备一个恰当的组织结构能够将这些特异资源的价值创造潜力充分发挥出来(Marr、Bernard、Dina Gray、Andy Neely,2003)[154]。这些资源可从形态上进行分类:物质资源和非物质资源;也可从是否具有增值性来分类:增值资源和保值资源。而使企业保持持续竞争优势的资源主要是指增值资源、非物质资源。

这些主要的特异资源具有如下几个特性:一是有增值性,是指这些资源能够为企业创造超过自身价值的价值;二是稀缺性,是指这些资源仅仅被少数企业所拥有或控制,这样拥有这些稀缺资源的企业就能够借此获得竞争优势;三是难以模仿性,是指企业的竞争对手要么无法复制这类资源,要么复制这类资源的成本特别高,以至于复制具有明显的不经济性,这样拥有这些资源的企业不仅可以获得竞争优势,还可以延续这一竞争优势。企业的竞争优势主要源于企业的治理优势,每个企业是否具有资源的特异性,主要取决于资源自然属性之外的社会特性,对于一个企业来说,主要是企业的治理属性(企业的权力配置资源所表现的稳定性质)。

在信息非对称的人本经济阶段,人本经济发展观所指导的顾客导向型企业人本资本具有特异资源的三个特性。理由如下:

(1)对于人力资本来说,按照马克思的劳动价值论,异质性人力资源具有稀缺性和难以模仿性,而异质性人力资源有效配置形成具有增值性的人力资本;知识经济之父阿尔文·托夫勒认为,在力量的三种形式中,知识是最重要、最高级的形式,其中他所说的知识力量就是构成人力资本之一的知识资本,而知识资本具有无形性、共享性、创新性、增值性(姚玉珠,2003)[155]。然而人力资本是否具有稀缺性和难以模仿性不仅取决于自身,而且主要取决于不同企业的治理属性。譬如,所谓"千军易得一将难求",主要强调"将"的治理有方;同样人力资源在不同企业其发挥的资源效率不同,在人力资源流动的市场经济中,人力资本与具体的企业人本治理属性相结合更能使人力资本表现出其资源的稀缺性和难以模仿性。

(2)对于组织资本来说,组织资本产权同时属于公司(企业)的员工、股东、企业,显然它是在不同资本要素组合中衍生的共性价值,不同资本要素在一定情况下因达到"资本共振"现象而产生规模价值增值。并非所有企业的组织资本都能达到"资本共振"现象,它必须与特定企业治理属性相结合才能实现,说明该资本也具有其稀缺性和难以模仿性。

(3) 对于关系资本来说,能够发挥价值杠杆作用的企业与供应商、客户、政府机构以及其他组织之间相互信任、相互依赖、相互关联的社会网络关系,称之为关系资本(丁胜红、盛明泉,2008)[8]。很显然,它也是不同资本要素构成的组合资本,它不同于智力资本中作为单一资本要素的组织资本。本节所讲的组织资本不仅有企业内部整合资本要素,而且有企业外部整合资本要素,并且具有一定的流动性,而流动性本身就说明它具有难以模仿性。"资本组合中的衍生价值因素及其增值效益,其实是现代投资行业中很普遍的现象,它是在原始简朴的资本交易及资本合作形式基础上,添加了现代商业化行为的丰富内涵和丰富形式之后而产生的"(姚玉珠,2003)[155]。而添加丰富内涵和丰富形式的现代商业化行为与其资本要素的流动性,都必须在一定企业治理模式下有效进行,因此,它同样具有特异资源(资本)的三个特性。特异资源(资本)难以模仿除上述提到的原因外,可能源于下述的一个或多个原因,即它可能具有独特的历史条件、暂时的模糊性、社会复杂性等(杨政、董必荣、施平,2007)[156]。

(4) 对于物力资本而言,在信息非对称的人本经济阶段,人本经济发展观要求顾客导向型企业物类价值归于人类价值,尽管物力资本没有增值性,但企业失去物力资源就无法实现企业人力资本、组织资本以及关系资本的增值性。

综上所述,人本资源属于特异资源的范畴,它与公司人本治理属性具有天然不可分割的关系。对这种关系的论述集中体现在第2章中所论述的信息非对称的人本经济发展阶段顾客导向型企业人本资本价值定理和顾客导向型企业人本资源配置定理[$\eta/L(t) = \sigma/K(t) = \varphi/IS(t) = \varphi/ES(t)$]上,它是解释顾客导向型企业保持持续竞争优势的根源之所在的理由。于是,根据信息非对称的人本经济发展阶段顾客导向型企业人本资本价值定理,将顾客导向型企业人本资本与公司人本治理之间的内在联系一起。

因此,顾客导向型企业人本资本会计信息披露指标体系分为顾客导向型企业人本资本结构信息披露指标体系和顾客导向型企业人本治理结构信息披露指标体系。当然,也包括符合生产导向型企业物本资本会计的物本资本存量与流量的会计信息披露模式。根据第2章中所论述的顾客导向型企业人本资本定理的数理经济表达式,顾客导向型企业人本资本结构是由物力资本 $[K(t)]$、人力资本 $[L(t)]$、组织资本 ($IS(t)$)、关系资本 ($ES(t)$) 构成的。因此,根据顾客导向型企业人本资本会计报告,按照顾客导向型企业人本资本结构,制定顾客导向型企业人本资本结构信息披露指数,并采用相对数和绝对数形式。

而顾客导向型企业人本治理结构是由 $\sigma/K(t)$、$\eta/L(t)$、$\varphi/IS(t)$、$\varphi/ES(t)$ 构成的。因此,根据南开大学公司治理研究中心发布的中国上市公司治理状况的评价指数 CCGI,来设计顾客导向型企业人本治理结构信息披露内容。在评价指数 CCGI 中,人力资本治理的表现形式为:股东治理评价指数(独立性、中小股东权益保护)、董事会治理评价指数(董事薪酬)、监事会治理评价指数(监事胜任能力)、经理层治理评价指数(执行保障)。冯丹龙(2006)[121]认为,"组织资本是依赖于特定的组织和社会交往,通过长期组织学习和工作实践积累形成的,存在于个体、团体和组织之间,企业员工共同创造的编码化或部分编码化的组织共享知识、能力和价值观"。在评价指数 CCGI 中,组织资本治理的表现形式为:董事会治理评价指数(权利与义务、独立董事制度、组织结构、运作效率)、经理层治理评价指数(任免制度、激励与执行机制)、监事会治理评价指数(监事会运作状况、监事会结构与规模)、内部利益相关者治理评价指数(参与程度、协调程度)。

关系资本是指企业与供应商、客户、政府机构以及其他组织之间相互信任、相互依赖、相互关联的社会网络(丁胜红、盛明泉,2008)[8]。在评价指数 CCGI 中,关系资本治理表现形式为:外部利益相关者治理评价指数(参与程度、协调程度)、股东治理评价指数(关联交易)。在顾客导向型企业生产领域,物力资本价值归于人力资本价值。在评价指数 CCGI 中,物力资本治理表现形式为:企业内部利益相关者运营资本治理评价指数(运营资本效率、运营资本规模)。因此,根据评价指数 CCGI 设计顾客导向型企业人本资本会计信息披露内容,即顾客导向型企业人本治理结构信息披露。顾客导向型企业人本资本结构信息披露评价指数的数据源于顾客导向型企业人本资本会计报告,对此不再赘述。

在信息非对称的物本经济阶段,基于完全低层次需求假设的卖方市场中生产导向型企业物本资本会计报告从物本价值存在与归属的二维角度,披露生产导向型企业物本资本会计信息,由于缺少物本资本价值本源信息,这样的会计信息披露本身造成了信息失真或不完整。若按生产导向型企业物本资本会计信息披露规制来披露顾客导向型企业人本资本会计信息,必然存在一些困境。

在信息非对称的人本经济阶段,基于马斯洛层序需求假设的买方市场中顾客导向型企业人本资本会计报告从人本价值存在、归属以及本源的三维角度,披露结构化与非结构化顾客导向型企业人本资本会计信息。前者指导会计信息价值观为物本经济发展观,后者指导会计信息价值观为人本经济发展观。从某种意义上讲,这是满足会计信息市场消费者对顾客导向型企业人本资本会计信息个性化的需求。如果我们按照体现物本经济发展观现行生产导向型企业物本资本会计准则对其顾客导向型企业人本资本信息进行披露,会使高层次需求的价值很难纳入现代财务报表中进行反映和报告,因此需要构建顾客导向型企业人本资本会计信息披露治理架构。

7.4.2 顾客导向型企业人本资本会计信息披露的治理架构

根据顾客导向型企业人本资源配置定理,顾客导向型企业人本治理结构的本质是指对顾客导向型企业人本资源结构的有效安排。信息披露治理是指在符合信息非对称的人本经济阶段所需要体现人本经济发展观的信息披露制度及相关规则下,通过对信息的加工、处理、披露等来满足买方市场对其顾客导向型企业人本资本会计信息的供给和需求。同时,顾客导向型企业人本资本会计信息的利益相关者在剩余信息披露规制和相关变化环境因素内对其信息资源进行有效配置,从而实现各自利益相关者的信息价值最大化。

顾客导向型企业人本资本会计信息披露治理存在的根本动因如下:一方面,存在顾客导向型企业人本资本会计剩余信息以及顾客导向型企业人本资本会计信息市场环境不断变化,而产生顾客导向型企业人本资本会计剩余信息披露规度。这种由顾客导向型企业人本资本会计剩余信息披露控制权与顾客导向型企业人本资本会计剩余信息披露价值索取权之间对称程度所决定的顾客导向型企业人本资本会计剩余信息披露规度,是产生顾客导向型企业人本资本会计信息披露治理的内在动因。另一方面,顾客导向型企业人本资本会计信息所依存的环境不断地变化,为顾客导向型企业人本资本会计剩余信息披露治理而获得向市场提供的顾客导向型企业人本资源剩余价值,是产生顾客导向型企业人本资本会计信息披露治理的外在动因。顾客导向型企业人本资本会计中的盈余管理,使顾客导向型企业人本资本会计信息披露治理存在根本性内外动因成为现实。

基于上述讨论,笔者把它纳入人本治理内容中,能更为直接地传递顾客导向型企业人本治理信息。至此顾客导向型企业人本资本会计信息披露分为:在顾客导向型企业人本资本会计信息披露制度及相关规则下的硬型(强制披露型)顾客导向型企业人本资本会计信息披露治理和与其对应的软型(自愿披露型)顾客导向型企业人本资本会计信息披露治理。前者的权力配置弹性较小,而后者的权力配置弹性较大。因此,对于体现人类价值为本特征的顾客导向型企业人本资本会计信息披露,能更好地迎合模块化信息披露时代的需求趋势,同时弥补其自身信息披露存在的先天性缺陷。下面我们将两种类型的顾客导向型企业人本资本会计信息披露治理进行融合,来设置顾客导向型企业人本资本会计信息治理构架(如图7-3所示)。

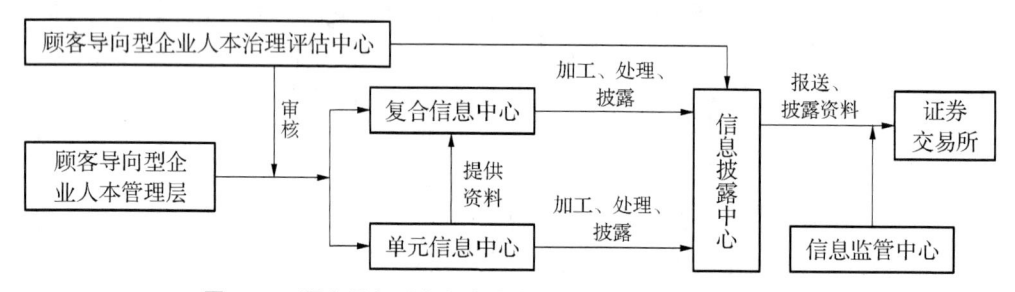

图 7-3 顾客导向型企业人本资本会计信息披露的治理架构

加工、处理、披露即按照顾客导向型企业人本资本会计信息披露制度及相关规则,对顾客导向型企业人本资本会计信息披露进行硬型治理;并按照非顾客导向型企业人本资本会计信息披露制度及相关规则,对顾客导向型企业人本资本会计信息披露进行软型治理。

对于顾客导向型企业人本公司治理评估中心来说,顾客导向型人本治理成本来源于证券公司和部分财政支出,其目的是保证该中心的治理人权客观、公正。证券会或政府授予它对各种上市公司各种信息披露的评估权力,它利用CCGI等其他相关指标对上市公司进行评估。在遵循成本效益的原则下,在顾客导向型企业人本管理层授权下设置复合信息中心和单元信息中心。其单元信息中心沿用生产导向型企业物本资本会计准则对顾客导向型企业人本资本会计信息进行加工、处理和披露,并将整理好的顾客导向型企业人本资本会计信息披露资料分别报送复合信息中心和信息披露中心。其权力遵循专业化劳动分工由管理层授予它的,同样由管理层授权的复合信息中心。它根据顾客导向型企业人本资本性质以及依据CCGI对其进行加工、处理、披露,并反映其组合资本的复合信息,再将复合信息资料直接报送信息披露中心。其中心近似长期保荐人的角色,它由独立于顾客导向型企业人本治理评估中心和隶属于顾客导向型企业人本管理层的复合信息中心与单元信息中心的技术骨干组成,并负责信息披露。该中心不仅生产顾客导向型企业人本治理结构的披露信息,而且生产顾客导向型企业在该人本治理结构下所运营的披露信息,他们对自己生产、加工、处理的相关信息均负法律法规责任。信息监管中心由法律事务所、会计师事务所的专业骨干和交易所的证券主管机关委托相关专业骨干和监管人员组成委员会,来负责对其披露处理、报送交易所等所有的顾客导向型企业人本资本会计信息披露的审批与处罚。

因此,上述顾客导向型企业人本资本会计信息披露治理架构的落实,在一定程度上,尝试弥补目前我国证券市场的信息披露制度已基本形成,但法律责任及相关救济制度严重缺失(赵德武,2006)[157]。顾客导向型企业人本资本会计信息披露依据目前我国使用的原则与具体描述相结合方式,同时引进遵循原则(principle-based)的英国 AIM 的监管理念,保证顾客导向型企业人本资本会计信息的充分披露。

7.4.3 顾客导向型企业人本资本会计信息披露的原则

在信息非对称的人本经济阶段,顾客导向型企业人本资本会计信息披露原则,是为了确保顾客导向型企业人本资本会计信息能够在其信息披露治理架构中得以充分披露。笔者根据顾客导向型企业人本资本性质和顾客导向型企业人本治理结构,结合信息非对称的人本经济阶段人类价值为本的特征提出如下信息披露原则:

1. 行为与价值正相关性原则

劳动创造价值,说明行为是价值的唯一动因,同时也间接地说明了支配行为的权力与行为对象的资源之间是否具有正相关以及正相关的显著性高低。它反映了顾客导向型企业人本治理过程以及顾客导向型企业人本治理结果的变化情况,其变化形式不仅表现为顾客导向型企业人本资产价值的变化,而且表现为因顾客导向型企业人本资本价值变化而引起的顾客导向型企业人本资本权益价值的变化,来反映顾客导向型企业人本治理绩效结果。其中,顾客导向型企业人本治理过程和部分顾客导向型企业人本治理绩效很难用主权货币形式来及时对其进行确认、计量。这里我们采用 CCGI 指数或类似的指数反映。以主权货币形式反映顾客导向型企业的物力资本、人力资本、组织资本和关系资本,均由多元产权组成的多性质产权主体行为产生不同性质的顾客导向型企业人本资本价值。它所反映的组合资本信息必然是复合信息,为了使反映的顾客导向型企业人本资本信息真实、完整、清晰可辨认,必然要求行为与其价值具有正相关性。因为同一组合顾客导向型企业人本资本中其人本资本价值是由不同性质产权主体行为所产生的,该原则不仅可以披露顾客导向型企业人本资本会计信息产生的本源,而且可以利用传统信息披露准则来披露单元产权顾客导向型企业人本资本会计信息。

2. 及时反馈原则

对于组合资本,不同产权主体行为价值所反映的会计信息是第一位的,那么它必须在第一时间反馈其信息。行为是价值变化的根源,它不仅直接体现公司权力配置的动态情况,而且体现基于公司权力配置的公司治理结构(李维安,2002)[158]。顾客导向型企业人本治理结构实质对顾客导向型企业人本资源结构如何合理安排(丁胜红、曾峻,2016)[159]。因此,及时披露不同组合顾客导向型企业人本资本以及每种组合顾客导向型企业人本资本的不同性质产权主体的行为信息,显得尤为重要。因为它直接关系到组合顾客导向型企业人本资本信息披露是否具有真实性与相关性,并且它能够动态地反映顾客导向型企业人本治理情况及其对应的顾客导向型企业实际运营情况,这样反映顾客导向型企业人本治理信息具有重要意义。

3. 可操作性原则

对于组合资本来说,每种组合资本的产权是多元的,产生其资本价值多元产权主体的行为比较复杂,而产生资本信息的动因更复杂。因此,为了保证所披露的顾客导向型企业人本资本会计信息的质量,我们必须根据信息披露的具体要求来规范披露顾客导向型企业人本治理过程,以及对应的顾客导向型企业人本资本价值的变化,同时也要规范信息披露规制。与生产导向型企业物本资本会计的信息披露相比,它的可操作性要求更为严格,只有这样才能保证顾客导向型企业人本资本会计信息披露的质量。由于产权主体行为具有多样性,仅以主权货币为工具不能完全反映顾客导向型企业人本资本价值的变化,这里我们采用反映顾客导向型企业人本治理绩效的"晴雨表"①——CCGI 指数。在实践中,它具有很强的可操作性。

4. 针对性原则

我国以行政监管驱动的强制性信息披露制度中,规格与表格越来越多,报告内容变得十分冗长(赵德武,2006)[157]。由于存在生产导向型企业物本资本会计信息披露制度的不完善、无法协调制度本身与管理层的冲突、监管的低效率及法律制度严重缺失等原因,要求对其信息披露具有针对性。我国生产导向型企业物本资本会计强制性信息披露制度所披露的信息具有滞后性,缺乏对未来信息的披露。而体现顾客导向型企业人本治理绩效的人本资本会计信息是复合信息,对其披露顾客导向型企业人本资本会计信息,要求对其信息进行分离,披露信息必须具有针对性。不仅要分清单个顾客导向型企业人本资本信息披露,而且要分清不同顾客导向型企业人本资本之间的信息披露,同时结合非货币表示的 CCGI 指数披露。

5. 定量与定性相结合原则

无论是顾客导向型企业人本资本会计信息披露,还是生产导向型企业物本资本会计信息披露,为了使信息得以全面披露,一般均采用定量与定性相结合的方法。基于马斯洛层序需求下具有组合资本性质的人本资本,其人本资本产权主体多样性所对应的主体行为过程和结果形式更复杂,其主体行为价值存在主权货币定量化特征与非主权货币定性化特征。因此,顾客导向型企业人本治理过程和终极人本治理结果必须采用定量与定性相结合的方法进行反映。目前反映顾客导向型企业人本治理绩效的信息采用 CCGI 指数,同时结合生产导向型企业物本资本会计信息披露内容。

6. 系统原则

顾客导向型企业人本资本会计信息披露,即要对不同人本资本的具体操作性行为结果、行为过程进行确认与计量,同时对遵循一定规则的整体性行为结果与行为过程进行确认和计量。因为体现专业化劳动分工的个体或集体行为是其人本资本价值形成的源泉,也是顾客导向型企业人本治理效绩的动态反映。它不仅反映顾客导向型企业人类价值为本的人本资本价值变化的系统性,而且反映引起顾客导向型企业人本资本价值变化的顾客导向型企业人本治理的系统性。

因此,上述顾客导向型企业人本资本会计信息原则均是在其顾客导向型企业人本资本会计信息披露治理架构下产生的,它既确保其顾客导向型企业人本治理终端的人本资本价值的会计信息披露质量,又反映其顾客导向型企业人本治理过程的信息披露。为了使顾客导向型企业人本资本会计信息披露更全面、客观,基于上述提出的原则符合信息非对称的人

---

① 公司治理绩效的信息披露实质是抓住传统披露信息的源头或动因信息进行披露,它更能动态地反映公司未来的情况。

本经济阶段人本经济发展观,对此,下文将补充论述顾客导向型企业人本资本会计信息披露的建议。

7.4.4 顾客导向型企业人本资本会计信息披露的改进建议

我国目前的信息披露制度借鉴了英国的价格敏感性信息披露框架,但缺乏必要的诚信市场基础与制度实施方案;借鉴了美国的强制性信息披露制度,但缺乏法律责任与救济制度,导致信息披露违规处罚不利,同时缺乏信息披露违规查处的修补机制(赵德武,2006)[157]。没有明确的实施方案,致使我国信息披露时效、广度、深度以及效果均不理想。在信息非对称的人本经济阶段,根据顾客导向型企业人本资本定理和顾客导向型企业人本资源配置定理,将顾客导向型企业人本资本结构与顾客导向型企业人本治理进行有机结合,从而融人本治理原则、会计准则及独立审计原则为一体,形成独特的顾客导向型企业人本资本会计信息披露原则,来弥补目前会计信息披露在其披露时效、广度、深度及效果方面的不足。

1. 顾客导向型企业人本资本会计信息披露的时效

我国上市公司信息披露完全依赖于强制性信息披露制度,主要反映企业管理层受托经营责任,报告内容更加注重真实、准确及完整性的过去信息。而资本市场上的股价实时变化,因此信息的及时性披露比全面披露更为重要,甚至比可靠性更为重要,它直接影响投资者的决策。何佳与何基报等(2007)[160]研究发现,重大事件的信息在公告前一般已经泄露,我国股市存在比较严重的利用内幕消息操纵股价的现象。在信息非对称的人本经济阶段,根据顾客导向型企业人本资本定理和顾客导向型企业人本资源配置定理,借助于 CCGI 指数将人本资本结构与人本治理融为一体,形成顾客导向型企业人本资本会计信息披露内容。同时借鉴我国生产导向型企业物本资本会计信息披露制度所反映的单元性资本信息,并结合顾客导向型企业人本资本会计信息披露原则,披露其复合性顾客导向型企业人本资本会计信息。这样能够及时反映顾客导向型企业人本治理过程与其营运状况的动态信息,通过将动因信息披露和其动因结果信息披露作对比,在一定程度上能够制衡不合规的内幕操纵股价行为。

2. 顾客导向型企业人本资本会计信息披露的广度

信息披露的广度是指信息披露的项目是否能够涵盖重要性信息(赵德武,2006)[157]。标准普尔(2002)研究显示,仅从 98 个披露项目来看,我国上市公司得 44 分,而英美国均得 70 分。这一研究表明,我国上市公司信息披露制度在广度上还不足。在信息非对称的人本经济阶段,根据顾客导向型企业人本资本定理和顾客导向型企业人本资源配置定理,结合信号理论和资本市场的竞争性,将符合顾客导向型企业人本治理属性的 CCGI 指数引入顾客导向型企业人本资本会计信息披露内容中,在一定程度上扩大了我国信息披露制度的内涵(实质上是具体描述法的内容)和外延(实质上是信息披露的范畴)。

3. 顾客导向型企业人本资本会计信息披露的深度

在信息非对称的物本经济阶段,在体现物本经济发展观的信息披露制度框架下,信息披露工作已被视为服从的艺术,而不是信息交流的艺术(赵德武,2006)[157]。经济观察研究院(2004)借鉴国际公认的公司治理原则、会计准则及独立审计准则,评定我国上市公司的信任度指数为35.6。在信息非对称的人本经济阶段,根据顾客导向型企业人本资本定理和顾客导向型企业人本资源配置定理,改进顾客导向型企业人本资本会计信息披露的CCGI指数。基于顾客导向型企业的高层次需求,按照非主权货币的计量标准反映高层次需求的顾客导向型企业人本资本会计信息;基于顾客导向型企业的完全低层次需求,按照主权货币计量标准反映完全低层次需求的顾客导向型企业人本资本会计信息。而顾客导向型企业人本治理评价中心与顾客导向型企业人本管理层的各个主体之间无利益冲突的信息披露格局决定了他们具有独立性和公允性,以及符合信息披露中心与单元信息披露中心之间相互监督信息披露格局,它们有利于向个性化顾客导向型企业人本资本会计信息需求的投资者披露实质性信息。

4. 顾客导向型企业人本资本会计信息披露效果

在信息非对称的物本经济阶段,目前我国证券市场的信息披露制度已基本形成,但法律责任及有关救济制度严重缺乏,造成了我国市场上信息披露违约的成本很低,违约反而成了一种理性选择。毛志荣(2007)[161]研究表明,由于证券监管事后的处罚缺乏威慑力,对信息披露违规的处罚没有起到增加其违规成本,防止再犯的效果。在信息非对称的人本经济阶段,从顾客导向型企业人本资本会计信息披露治理的角度,设置信息监管中心加强对顾客导向型企业人本资本会计信息披露内容的监管和顾客导向型企业人本治理中心对顾客导向型企业人本管理层授权审核,从信息披露的源头上制约或消除违约行为和动机,从而提高信息披露效果。

7.5 本章小结

关于顾客导向型企业人本资本会计报告的研究,它是遵循信息非对称的人本经济阶段顾客导向型企业人本资本价值定理和顾客导向型企业人本资源配置定理($\eta/L(t) = \sigma/K(t) = \varphi/IS(t) = \varphi/ES(t)$)。在日常顾客导向型企业人本资本会计账户中反映了物力资本、人力资本、组织资本以及关系资本的各种价值变化。在数理经济学中表现了顾客导向型企业人本资本价值微分,即物力资本微分(ΔK)、人力资本微分(ΔL)、组织资本微分(ΔIS)、关系资本微分(ΔES)。只有上述顾客导向型企业人本资本价值微分,才能形成顾客导向型企业人本资本会计报告的顾客导向型企业人本资本价值微积分。在遵循信息非对称的人本经济阶段体现人本经济发展规律的顾客导向型企业人本资本价值微积分过程中,形成$\eta^*/L(t)^* = \sigma^*/K(t)^* = \varphi^*/IS(t)^* = \varphi^*/ES(t)^*$的顾客导向型企业人本经济发展的结果。此时,顾客导向型企业人本资本结构达到最优,即$K(t)^* + L(t)^* + IS(t)^* + ES(t)^*$,而以顾客导向型企业人本资本结构为核心的顾客导向型企业人本治理结构也达到最优,即$\sigma^*/K(t)^* + \eta^*/L(t)^* + \varphi^*/IS(t)^* + \varphi^*/ES(t)^*$。为了取得最优顾客导向型企业人本资本价值微积分的结果,应进行顾客导向型企业人本资本会计报告的人本价值管理和人本资本信息披露。

2008年,国际会计准则委员会制定了关于会计报表的"目标与原则",尽管它揭示了信息非对称的物本经济阶段物本会计报表的"目标与原则",但作为体现会计自身规律的内在逻辑,它为研究信息非对称的人本经济阶段顾客导向型企业人本资本会计报表列报提供了思路。根据马克思的专业化劳动分工原理,论述顾客导向型企业人本资本会计"三张报表"的内在一致性。根据人本资本结构与"平衡记分卡"的格式,依据流程理念并借助于"平衡记分卡"的工具,将顾客导向型企业人本战略转换到日常经营活动流程中顾客导向型企业人本资本会计确认、计量、记录以及报告的人本价值管理,形成人本价值管理下顾客导向型企业人本资本会计报告模式的内容。根据南开大学公司治理中心发布的 CCGI 指数,结合顾客导向型企业人本资本价值定理,利用顾客导向型企业人本资本会计报告模式的内容,构建顾客导向型企业人本资本会计信息披露的 CCGI 指数,并在顾客导向型企业人本资本会计信息披露治理架构中,进行顾客导向型企业人本资本会计信息披露。

总而言之,在信息非对称的人本经济阶段,上述各章围绕着顾客导向型企业人本资本会计理论架构、顾客导向型企业人本资本会计模式和顾客导向型企业人本资本会计报告模式展开了系统而又详细的论证。随着"第四次工业革命"的爆发,使得"第四次工业革命"的现代基础信息技术在"第三次工业革命"的现代基础制造技术的基础上创新融合,促进信息非对称的人本经济转变为信息对称的人本经济,同时也促进了人本经济主体由企业"＋互联网"向"互联网＋"企业演变。企业"＋互联网"成为顾客导向型企业向用户导向型企业过渡的人本经济主体。因此,第 8 章中将开展信息非对称的人本经济向信息对称的人本经济转型的过渡性人本经济主体的人本资本会计模式的研究,即企业"＋互联网"人本资本会计模式研究。这为研究信息对称的人本经济阶段(即共享经济阶段)用户导向型企业人本资本会计理论架构、用户导向型企业人本资本会计模式和用户导向型企业人本资本会计报告模式奠定了初步认知的基础。

第8章

企业"＋互联网"人本资本会计模式研究

进入20世纪后,人类社会在产权经济发展中以产权为本思想的自由放纵所造成的"增长的极限①"与生态环境急剧恶化引起了世界性的可持续发展危机(郭道扬,2009)[1]。摆脱这种危机也成了"以人为本"的人类会计历史第三起点形成的根本动因之一。随着通信技术、计算机和网络技术的迅猛发展,催生了注重客户体验的DT阶段②。在此阶段,知识资源的高度流动性、分散性造成了刚性产权科层结构的衰竭。而一个以科学主义与人本主义相互融合的柔性人权组织结构正待孕育而生,在这片新生的"土壤"里不仅滋生出顾客导向型企业人本资本会计产物(丁胜红、韦鹏,2015)[3],而且在追求工业4.0③以及创新2.0④的过程中,人类社会进入了"互联网＋"时代,用户导向型企业人本资本会计也正在孕育而生。在"互联网＋"时代,免费的互联网模式却打造出信息对称的虚实相融的买方市场。

至此,人类社会由"第三次工业革命"的现代基础制造技术所决定的信息非对称的人本经济转入"第四次工业革命"的现代信息技术所决定的信息对称的人本经济。在此阶段,人们在追求网络平台体验消费的过程中,利用免费互联网模式挑战与重塑信息非对称的人本经济阶段顾客导向型企业人本管理模式,促进顾客导向型企业的"中心化人造会计系统"向用户导向型企业的"去中心化人造会计系统"转变。当然,这里所讲的"去中心化",不是"不要中心",而是借助于互联网技术"创造出更多的中心"。这也是适应由信息非对称的人本经济阶段合作式有边界会计主体向信息对称的人本经济阶段共享式无边界会计主体转变的需要。为了更深入地研究信息对称的人本经济阶段用户导向型企业人本资本会计理论创新,就有必要先研究"互联网＋"时代过渡型企业"＋互联网"人本资本会计模式。为此,首先,分析"互联网＋"对人本经济主体发展的影响;其次,分析"互联网＋"对人类会计发展的影响;最后,构建企业"＋互联网"人本资本会计模式。本章研究为后续研究用户导向型企业人本资本会计模式奠定了基础。

---

① 《增长的极限》是由美国德内拉·梅多斯、乔根·兰德斯、丹尼斯·梅多斯等人合著的关于以产权为本的人类社会经济增长给人类带来全球性问题的里程碑巨著。
② DT阶段是指以服务大众、激发生产力为主的技术阶段。
③ 工业4.0是指"自下而上"的生产模式革命,不但节约创新技术、成本与时间,还拥有培育新市场的潜力与机会,由集中式控制向分散式增强型控制的基本模式转变,目标是建立一个高度灵活的个性化和数据化的产品与服务的生产模式。
④ 创新2.0是指以人为出发点,以人为本的创新,以应用为本的创新。

8.1 "互联网＋"对人本经济主体发展的影响研究

"互联网＋"是由互联网、物联网、大数据和云计算共同构成的,其中,人们将互联网和物联网比喻为人的神经系统,将大数据比喻为人的感官,将云计算比喻为人的大脑。因此,以人为出发点的"互联网＋"的思维模式,其价值观自然是以人为本的人本经济发展观。就技术范式而言,"互联网＋"对人本经济主体发展的影响如下:在"互联网＋"时代,正在爆发的"第四次工业革命"的现代基础信息技术,在"第三次工业革命"的人工智能、工业机器人和数据制造等基础制造技术的基础上创新融合,促进人类创造技术的节奏正在加速,技术的力量也正以指数级的速度增长。

互联网与物联网是构成网络社会的技术基础。它不仅具有开放(自由)、平等(公平)、公开(透明)的特征,而且具有网聚人的力量特征。互联网与物联网在5G以上的技术基础上将极具复杂性和不确定性的物理世界融入网络世界,形成具有去中心化、全球化、追求和谐和赋予权力四大特征的网络社会。借助于自动获取数据的大数据技术打破物理世界的各种"信息孤岛",形成了信息对称的网络社会。在以算法支撑的网络社会里,算法成为新的权力代理人。以算法为核心的云计算赋权生成的权力形态,正如同福柯(Michel Foucault)所描述的现代权力,它不是从某个核心源泉发散出来的,而是遍布社会机体的每一个角落和最细小的末端。同时,它并不是中央集权式的环状结构,而是错综复杂、多中心存在的网状结构。由此产生了本质为算法权力(algorithmic power)的"超级权力",这种"超级权力"不仅重新定义个人与个人、个人与组织、组织与组织,甚至组织与国家之间的关系,而且使以人为本的云计算悄然地嵌入各种组织机体之中,潜移默化地驱动着技术信任替代人际信任和制度信任。技术信任赋能"互联网＋"具有"去中心化""去媒介化"和"去信用化"的功能。"互联网＋"的"去中心化""去媒介化"和"去信用化"的功能促使中心化信任结构下企业发生"趋中心化"与"去中心化"的组织自我解构变革。

同时信息对称下网络社会中的买方市场体验需求驱动"趋中心化"与"去中心化"企业逐渐形成由企业员工、参与用户和网络平台(管理方)三方构成去中心信任结构下的对等网络关系,借助于网络平台的虹吸效应集聚对等关系的企业员工与参与用户形成各自网络社群。鉴于网络平台为"趋中心化"与"去中心化"企业共享注入了互联网基因,将基于强对等网络关系的小范围企业"＋互联网"共享行为最终扩展为基于弱对等网络关系的大规模"互联网＋"企业共享经济。随着"趋中心化"与"去中心化"企业已有的存量企业员工与用户网络社群越来越多,也就越能吸引更多新企业员工与用户网络社群的加入,并借助于企业员工与用户网络社群的路径依赖心理产生"锁定效应",逐渐融入"超链接社会(hyper-linked society)"和"超联结社会(hyper-connected society)"。

就某个企业而言,"互联网＋"的"去三化"驱动企业"＋互联网""趋中心化"的组织自我解构变革,最终向"互联网＋"企业"去中心化"的组织自我解构变革演变。所谓企业组织自我解构变革,是指企业所有权与经营权由分离演变为合一、企业利益相关者由合作演变为共享,在此演变的过程中伴随着组织结构"扁平化"与"碎片化"的演变过程。导致企业在组织自我解构的动力源于"互联网＋"对人本经济主体的经营战略、创新系统以及企业本质的影响。

8.1.1 "互联网＋"对企业经营战略的影响分析

在信息非对称的人本经济阶段,信息非对称为资本所有者提供了寻租的可能,而赢家通吃的市场规则成就了大量资本集中到少数人的手中。信息非对称的买方市场马斯洛层序需求驱动劳动力市场人力资本崛起。因为企业管理者了解消费者个性化需求,而位于企业外部的资本所有者却无法洞悉消费者的偏好。为了迎合信息非对称的买方市场马斯洛层序需求,企业资本所有者与企业管理者必须加强合作,通过缔结以顾客为本的利益相关者契约,期望维护与实现企业利益相关者价值最大化。如何实现企业利益相关者契约的期望,企业的根本做法在于实现以顾客为"上帝"。如何实现企业以顾客为"上帝",企业的根本做法在于未雨绸缪,推行以顾客为导向的企业经营战略。在信息非对称的人本经济阶段,谁获得信息优势,谁就有掌握或拥有顾客的主导权。因此,企业要重塑信息优势在于构建企业价值链,即供应链和销售链。无论是供应链还是销售链,它们的本质在于获得信息优势的信息通道或渠道。因此,以顾客为本的企业经营战略是否成功推行,主要在于依托于企业打造其供应链和销售链是否成功。当然,在信息非对称的人本经济阶段,研究企业价值链也就成为人文社科领域内的热点和焦点。他们研究的共识性结论:在"第三次工业革命"期间,以顾客为导向的企业经营战略成为信息非对称的人本经济阶段所有企业最佳经营战略的选择。

当人类社会进入方兴未艾的"第四次工业革命"期间,在信息对称的人本经济阶段,"互联网＋"的"去媒介化"铲除了企业所有资本的第三方,企业通过网络平台实现与企业外部的供应商和销售商直接对接,企业原来的供应链和销售链将会被企业的网络平台所替代。"互联网＋"的"去信用化"逐渐促使企业技术信任替代企业人际信任和企业制度信任,由此,企业由去中心信任结构替代中心信任结构。"互联网＋"的"去中心化"促使企业逐渐形成由员工网络社群组成的企业供给方、参与用户网络社群组成的市场需求方和自主完成企业制度使命的网络共享平台(管理方)三方组成对等的网络关系。

因此,在"互联网＋"时代,对等网络关系和去中心信任结构的形成,促使企业原来的顾客借助于企业网络平台实现他们与企业之间的交互,企业顾客转变为企业用户。也就是说,在信息对称的人本经济阶段,大数据技术实现网络社会信息供需平衡,改变了社会信息非对称环境下的信任危机,对称信息所滋生的信任影响着人类社会。就企业而言,在信任的社会环境下,企业原来的顾客成为"互联网＋"时代企业不可分割的一部分,这也是人类社会信任的产物。因此,在对等网络关系和去中心信任结构下,企业拥有用户的多少将决定企业员工与参与用户共创共享共赢的企业人本资本价值的大小。因此,在"互联网＋"时代,"互联网＋"的"去三化"促使企业在"趋中心化"与"去中心化"的过程中,伴随着企业经营战略由以顾客为本(即顾客导向型)演变为以用户为本(即用户导向型)。

然而,正在爆发的"第四次工业革命"的现代基础信息技术不断地创新进步,同时在人类社会实践中不断地推广应用,"互联网＋"的"去三化"促进企业"趋中心化"与"去中心化"的组织自我结构变革。因此,买方市场的信息非对称演变为信息对称是由"第四次工业革命"的现代基础信息技术来完成的,即利用免费互联网模式打造信息对称的大数据买方市场。由于现代基础信息技术不断升级,譬如,4G、5G和很快推出的6G,以及支持网络拓展的算法升级;又如,因果关系算法、相关关系算法和反应关系算法,以及由此创新的人工智能:符号主义人工智能、连接主义人工智能和行为主义人工智能。也就是说,买方市场信息对称的形成是循序递进的过程。在相当长的时间内,人类社会既存在信息非对称的买方市场,又存在信息对称的买方市场。为了适应市场转型的需要,企业以适应转型前市场和转型后市场的混合型企业——企业"＋互联网"而存在,它的经营战略也是以顾客为本经营战略＋以用户为本经营战略的混合型企业经营战略而存在。这是市场竞争法则所决定的:适者生存,不适者被淘汰。

8.1.2 "互联网＋"对企业创新生态系统的影响分析

缘起于信息非对称的物本经济阶段适应卖方市场的生产导向型企业所有权与经营权分离,产生各种形式的委托代理契约维持代表所有者身份的所有权和代表经营者职位的经营权,共同支撑各种形式的生产导向型企业寄生式创新生态系统。"第三次工业革命"的现代基础制造技术广泛的应用,促进信息非对称的物本经济阶段卖方市场转变为信息非对称的人本经济阶段买方市场。信息非对称的买方市场马斯洛层序需求驱动劳动力市场人力资本崛起,企业资本与劳动的和谐经营关系替代企业资本雇佣劳动的"剥削"经营关系,企业的本质也逐渐由委托代理契约被利益相关者契约所替代。至此,企业寄生式创新生态系统演变为合作式创新生态系统。

随着方兴未艾的"第四次工业革命"现代信息技术在"第三次工业革命"现代基础制造技术的基础上创新融合,并获得广泛的推广应用,促进了信息非对称的人本经济转变为信息对称的人本经济。在对等网络关系和去中心信任结构下,企业资本与劳动的共享经营关系替代企业资本与劳动的和谐经营关系,至此,企业完备智能超契约本质替代企业非完备利益相关者契约本质。这导致顾客导向型企业合作式创新生态系统,最终转变为用户导向型企业共享式创新生态系统。因此,应从企业权力演变的视角来分析"趋中心化"与"去中心化"的用户导向型企业共享式创新生态系统的形成。在信息非对称的人本经济阶段,就顾客导向型企业合作式创新生态系统的所有权而言,在企业财务服务领域,由债权和股权构成货币资源有效权力配置形式——财务资本:债权资本＋股权资本。在企业非财务服务领域,由于制度资源的纽带作用,服务企业生产领域的物力权、人力权和知识权构成企业内部制度资源有效权力配置形式——组织资本:物力资本＋人力资本＋知识资本[1],服务企业市场服务领域的物力权、人力权、知识权、市场权、公共权构成企业外部制度资源有效权力配置形式——关系资本:物力资本＋人力资本＋知识资本＋市场资本＋公共资本(或社会资本)[2]。在企业生产领域,由物力权、人力权构成企业物力资源、人力资源的有效权力配置形式——物力资本、人力资本。

在信息非对称的物本经济阶段,由于财务资本雇佣劳动,因而生产导向型企业非财务领域的资本失去了所有权,尽管其享有资本补偿权,但那也是财务资本所有者的制度安排。显然,企业财务资本处于主导地位,这是 MM 定理产生的基础。国内外学者主要集中于财务

---

[1] 组织资本是指企业内部制度资源的有效人权(产权)配置形式。其中,由物力资源＋人力资源＋知识资源构成企业内部制度资源。

[2] 关系资本是指企业外部制度资源的有效人权(产权)配置形式。其中,由物力资源＋人力资源＋知识资源＋市场资源＋公共资源(或社会资源)构成企业外部制度资源。

资本结构来研究其对企业经济发展状况的影响。在信息非对称的人本经济阶段,随着虚体经济日趋繁荣并发展壮大,它与企业实体经济之间的关系由信息非对称的物本经济阶段的寄生关系、被动服务转变为信息非对称的人本经济阶段的合作关系、主动协同。

因此,在虚体经济市场中,遵循人本虚体经济规律的顾客导向型企业合作式创新生态财务系统的形成,集中体现了以人类价值为本的企业财产权利的变化:就顾客导向型企业财务领域的所有权而言,顾客导向型企业奉行资本与劳动和谐观,表明劳动者收回人力资本所有权,也包括收回知识资本所有权。因此,顾客导向型企业拥有财务资本所有权的范围仅仅限于货币资源与物力资源,且财务资本所有权配置不再处于主导地位。就企业财务领域的经营权而言,由于信息非对称阻碍了企业"投""融"资一体化,表明债务资本所有者通过委托代理人或自己参与企业财务经营劳动,且权益资本所有者也通过委托代理人或自己参与企业财务经营劳动。这种以委托代理人或自己参与方式追求的是人类(利益相关者)价值为本,而非股东价值最大化。它不仅满足了财务资本劳动者追求以人为本的专业化财务劳动分工与合作,而且营造了顾客导向型企业合作式创新生态财务系统。这种顾客导向型企业合作式创新生态财务系统本质与生产导向型企业寄生式创新生态财务系统本质最大的不同在于,前者是追求人类价值为本,奉行信息非对称的人本经济阶段企业资本与劳动和谐观;而后者是追求物类价值为本,奉行信息非对称的物本经济阶段资本与劳动雇佣观。

在信息非对称的人本经济阶段,在实体经济市场中,遵循人本实体经济规律的顾客导向型企业合作式创新生态非财务系统的形成,集中体现了以人类价值为本的企业权力的变化:顾客导向型企业非财务领域的各个资本主体拥有所有权,无论是顾客导向型企业生产领域的人力资本、物力资本,还是顾客导向型企业服务领域的组织资本、关系资本。信息非对称性决定顾客导向型企业制度(契约)的非完备性:内部制度的非完备性和外部制度的非完备性。显然,对于顾客导向型企业而言,制度具有内生性,它是顾客导向型企业克服信息非对称所导致的市场配置资源失效的计划机制。

在信息对称的人本经济阶段,信息对称性决定用户导向型企业具有完备性制度。产销融合所导致的用户导向型企业与买方市场融为一体,用户导向型企业完备性制度塑造了企业与市场共同遵循的秩序。因此,企业完备性制度具有外生性。在"互联网+"时代,用户导向型企业以所有权与经营权合一的专业化共享劳动分工方式替代顾客导向型企业所有权与经营权合一的专业化合作劳动分工方式。用户导向型企业演化为三类人,即员工、参与用户和网络平台(管理者)。用户导向型企业各个领域的资本主体拥有所有权,生产型人力资本、参与用户型人力资本、管理型人力资本以及它们配置的物力资本。

在信息非对称的物本经济阶段,就企业经营权而言,它是指企业财务服务领域的财务经营权和企业非财务服务领域的非财务经营权。生产导向型企业财务服务领域由少数财务资本所有者(大股东)保留财务控制权,财务经营者享有财务经营权,它们共同构成了生产导向型企业财务治理结构,它集中体现了企业寄生式创新生态财务系统;生产导向型企业生产服务领域由少数财务资本或物力资本所有者(大股东)保留生产控制权,生产经营者享有生产经营权,它们共同构成了生产导向型企业内部治理结构;企业、市场以及社会服务领域由少数财务资本或物力资本所有者(大股东)保留市场与社会的控制权,市场与社会经营者享有市场与社会的经营权,它们共同构成了生产导向型企业外部治理结构。由于企业内部制度与外部制度可相互转化,很多教科书将企业非财务服务领域的企业经营权配置称之为企业治理结构,集中体现企业非财务服务领域内寄生式创新生态非财务系统。对此,上述企业所有权配置结构,也有学者称之为企业资本结构。

在信息非对称的人本经济阶段,顾客导向型企业财务服务领域财务经营者享有财务经营权,由异质性与非异质性财务经营者构成顾客导向型企业人本财务治理结构,它集中体现了企业合作式创新生态财务系统;顾客导向型企业生产服务领域生产经营者享有生产经营权,由异质性与非异质性生产经营者构成顾客导向型企业人本内部治理结构,它集中体现了企业合作式创新生态生产经营系统;企业、市场与社会服务领域的市场、社会经营者享有市场与社会经营权,由异质性与非异质性市场与社会经营者构成顾客导向型企业人本外部治理结构,它集中体现了企业合作生态市场与社会经营系统。

在信息对称的人本经济阶段,用户导向型企业财务服务领域财务经营者与参与财务用户共享财务经营权,由财务经营者与参与财务用户构成与资本市场融为一体的用户导向型企业人本财务治理结构,它集中体现了企业共享式创新生态财务系统;用户导向型企业生产员工与参与生产用户共享生产经营权,管理者享有管理权,由员工、参与用户和管理者共同构成与市场、社会一体化的用户导向型企业人本治理结构,它集中体现了企业共享式创新生态非财务系统。

在信息对称的人本经济阶段,买方市场的信息非对称演变为信息对称,促进顾客导向型企业合作式创新生态系统转变为用户导向型企业共享式创新生态系统。究其演变动力分析用户导向型企业共享式创新生态系统的形成如下:

(1)内在动力的产生与作用。为了满足买方市场中用户偏好易变的体验化需求,企业只能通过专业化分工与合作来实现用户的定制化供给,这种专业化分工与合作是用户导向型企业共享式创新生态系统形成的内在动力的根源。用户导向型企业共享式创新生态系统形成的内在动力作用外化表现为"互联网+"企业"扁平化""碎片化"的过程。其内在动力作用的外化过程体现了"去中心化"用户导向型企业共享式专业化劳动分工与合作的过程。"互联网+"企业"扁平化"结果产生不同专业化劳动分工者:创客化员工、网络平台化管理者和体验化用户。"互联网+"企业"碎片化"结果产生实现定制化供给的多元经济中心。

(2)外在动力的产生与作用。企业迎合用户体验化需求是产生用户导向型企业共享式创新生态系统形成的外在动力。在买方市场中谁拥有用户资源,谁就获得生存权利,这是用户导向型企业共享式创新生态系统外在动力作用产生的根源。外在动力作用外化表现为利用大数据、云计算、互联网、物联网等现代信息技术打造信息对称的免费网络化平台模式。在买方市场中谁拥有市场信息优势,谁就获得发展权利,这是用户导向型企业共享式创新生态系统外在动力作用产生的根源。其市场主体的用户导向型企业共享式创新生态系统的外在动力作用的结果就是降低市场信息非对称性,直至信息对称市场的形成。

(3)内外互动动力的产生与作用。内外互动动力产生于企业"产""销"融合模式形成的过程中。在"互联网工厂"中,员工与用户共同参与研发、设计、制造、销售的全价值链过程,在其过程中实现了体验化网络共享经济,这是用户导向型企业共享式创新生态系统内外互动动力作用产生的根源。内外互动动力作用外化表现为无限拓展边界的企业与无限膨胀的市场融为一体化的过程。在信息对称的市场中,企业与市场对资源的配置效果是等价的,这是用户导向型企业共享式创新生态系统内外互动动力作用的根源。

通过上述对导致用户导向型企业共享式创新生态系统形成的动力的产生与作用分析,

可以得出在"互联网+"阶段,企业通过"扁平化""碎片化"最终实现代表所有者身份的所有权与代表经营者职业的经营权合一,导致用户导向型企业共享式创新生态系统的形成。其中,企业"产""销"融合不仅导致企业生产领域员工与市场中用户共创共享的共同式创新生态关系的形成,而且导致企业服务领域员工由原本服务于"产""销"分离的企业生产领域的寄生式生态关系,转变为服务于"产""销"融合的市场领域的共同式生态关系。总而言之,"互联网+"对人本经济主体的影响体现于用户导向型企业共享式创新生态系统创新动力,这种内外动力作用颠覆了信息非对称的人本经济阶段顾客导向型企业合作式创新生态系统,逐渐形成用户导向型企业共享式创新生态系统。

然而,正在爆发的"第四次工业革命"的现代基础信息技术不断地创新进步,同时在人类社会实践中不断地推广应用,"互联网+"的"去三化"促进企业"趋中心化"与"去中心化"的组织自我结构变革。由于信息技术改进和市场需求演变都需要一个过程,这就决定了企业"+互联网"成为顾客导向型企业向用户导向型企业过渡的人本经济主体在较长时间内存在。它的存在既保障了"第四次工业革命"的现代基础信息技术在人类社会的推广并逐渐获得人们认可,也保障了信息非对称的人本经济向信息对称的人本经济转型所需要的孕育过程。既然,企业"+互联网"是顾客导向型企业向用户导向型企业过渡的产物,因此,它也就具有顾客导向型企业合作式创新生态系统与用户导向型企业共享式创新生态系统的混合特征:企业"+互联网"合作式+共享式创新生态系统。

8.1.3 企业"+互联网"组织结构的影响分析

根据前文有关"互联网+"对企业经营战略和企业创新生态系统影响的分析,在"互联网+"时代,企业"+互联网"成为顾客导向型企业演变为用户导向型企业之间过渡的人本经济主体。因此,企业"+互联网"组织结构是顾客导向型企业组织结构与用户导向型企业组织结构的混合体。下面就是从"互联网+"对人本经济主体发展影响的视角来分析企业"+互联网"组织结构。在"互联网+"的"去三化"促使企业发生"去中心化"组织自我结构变革的同时,也发生了"趋中心化"组织自我结构变革。为了满足信息对称的买方市场体验需求,企业必须在生产领域内实行"去中心化"生产组织变革,其目的是实现企业定制化供给。因为信息对称的买方市场体验需求决定了用户消费偏好多样性,为了实现企业规模经济,企业借助于网络平台的虹吸效应集聚多样化用户网络社群。这就决定了企业借助于具有交互、可视特征的"网络工厂"来改革原来的中心化企业生产组织,形成满足多样化用户网络社群的多个供给生产中心。因此,在生产领域,企业"+互联网"具有用户导向型企业组织结构特征。

人们利用物联网和互联网在5G以上的基础上,将极具复杂性与不确定性的物理世界与网络世界融为一体,逐渐形成信息对称的超网络社会。由现代信息技术不断地创新,借力免费的互联网模式打造由局部到全部的信息对称的超网络社会,这就决定了作为超社会组织的企业"+互联网"在"互联网+"时代将存续相当长的时间。人们利用网络平台在企业组织内实行集成式组织改革,呈现出企业组织的"趋中心化"改革。人们利用区块链、人工智能以及大数据等技术,率先实现企业规则智能化以适应超网络社会里局部信息对称的大数据买方市场体验需求。在企业管理领域内,管理者以自身人力资本价值入股企业展开合作方式或共享方式的专业化劳动分工与合作。鉴于免费的互联网模式打造信息对称的网络市场,其网络市场的有界性决定了融于网络市场的企业管理领域的有界性,它在企业组织变革中表现出"趋中心化"的组织结构特征。

至此,在"互联网+"时代,随着正在爆发的"第四次工业革命"的现代信息基础技术不断地创新和进步,免费的互联网模式所打造的信息对称的超网络社会由局部向全部拓展。"互联网+"的"去三化"促使顾客导向型企业向用户导向型企业演变。在演变过程中,企业"+互联网"成为它们之间过渡的人本经济主体。从上述分析可知,企业"+互联网"在管理领域内的组织结构呈现出"趋中心化"特征,而企业"+互联网"组织结构呈现出"去中心化"特征。它具有顾客导向型企业与用户导向型企业的混合特征。由于正在爆发的"第四次工业革命"的现代信息基础技术不断地创新和进步以及推广应用,致使顾客导向型企业演变为用户导向型企业需要相当长的时间。也就是说,企业"+互联网"存在的时间将会相当长久。因此,研究企业"+互联网"人本资本会计模式也相当重要,且也是会计学者绕不过的"坎"。为此,我们先来了解"互联网+"对人类会计发展影响的相关研究,为后文构建企业"+互联网"人本资本会计模式奠定基础。

8.2 "互联网+"对人类会计发展的影响研究

方兴未艾的"第四次工业革命"的现代基础信息技术不断地推广应用,促进人类社会进入了"互联网+"时代。代表一种新经济形态的"互联网+",是指将互联网的创新成果深度融合于经济社会各领域之中,形成以互联网为基础设施和实现工具来提升实体经济创新力和生产力的经济发展新形态。因此,"互联网+"与发挥基础性控制作用的会计深度融合,促进了会计信息智能化,增强了人本经济发展动力,提升了国民经济增值效应。鉴于此,先从"互联网+"的六大特征来诠释它对人类会计发展的深远影响。

8.2.1 "互联网+"的尊重人性特征

对人性的尊重是推动科技进步、经济增长、社会进步、文化繁荣的最根本的力量。当人类进入注重交换价值的市场经济阶段,人们对"物"的认知分为两个历史阶段,即物本经济阶段的"物"与人本经济阶段的"物"。前者表现为产权价值运动成为支配"商品化"经济演进的主导力量;后者表现为人权价值运动成为支配"体验化"经济演进的主导力量(丁胜红、韦鹏,2016)[5]。在生产力与生产关系的相互作用过程中,一方面,演绎出人类社会以财产权为本、以产权为本向以人权为本转变之会计思想演进历史(郭道扬,2009)[1];另一方面,演绎出人类追求人性(自身)解放之趋同认知过程(马克思,2004)[98]。

西方学者对人性的看法具有一定相似性,这对人类会计思想的演化也产生了趋同性影响。古代战国时期的荀子,以对心而言性,以人之情欲来说性恶,从经验现象来思考人性,把人的本性理解为人在现实生活中呈现出来的固有状态,习惯把情感欲望和利益需求("利")等以自利为目的的思想或行为作为人的本性。这与伴随着英国资本主义经济发展而形成和发展的功利主义伦理学说具有异曲同工之妙。西方功利主义伦理学认为,趋利避害,求乐避苦是人类的本性。显然,这种典型观点代表了中西方学者对人性的看法具有一定相似性,究其缘由在于他们采用相同的"物性"研究方法来分析人性。因此,在追求"人物化"的物本经济阶段,适应于"物性"的还原论的"隔离法",将"产权为本"的思想推崇到极致,导致了一方面为满足个人无穷私欲已危及社会资源消耗的可持续性,并引发了越来越严重的生态环境问题以及愈陷愈深的社会"增长的极限""瓶颈";另一方面,追求"物性"的还原论的"隔离法"已无法对网络状态下个人或组织的高层次需求价值进行还原,也就是将不能被货币量化的高层次需求价值排除在产权会计系统之外。

古代战国时期,作为传承孔子思想的孟子从"人禽之辨"出发,突破了传统的"生之谓性"的言性方式,从人有"四端①"之心反思逆证"以心善言性善",认为人性善是自我之觉悟而有之人类之本质。而朱熹"以性善言心善",通过"天理即是人性"的正思顺取的方式把天理作为人之价值之本,秉承和发扬孟子的"性善"为"性本善"(陈林,2014)[162]。西方人本主义心理学家大都同意柏拉图和卢梭的理想主义观点,认为人的本性是善良的,恶是环境影响下的派生现象。因此,中西方典型观点表达了对人性的看法具有一定相似性,究其缘由是他们在心理学的基本理论和方法论方面具有一致性。西方人本主义心理学家继承了 19 世纪末 W. 狄尔泰和 M. 韦特海默的传统,主张正确对待心理学研究对象的特殊性,反对用原子物理学和动物心理学的原理和方法研究人类心理,主张以整体论取代还原论,这与南宋朱熹的宇宙本体论颇具有相似性,均采用整体性视野看待世界万物。在以人为出发点的"互联网+"阶段,价值来源于顾客的体验和感知(Priem R L,2007)[163],价值创造的载体从单一的价值链转变成了价值商店(value shop)与价值网络(value network)两种价值经营模式(Charles Stabell、Oystein D、Fjeldstad,1998)[164]。至此,"互联网+"的综合技术促使人们追求价值方式由物本经济阶段单向的价值传递过渡到人本经济阶段双向的价值互动(value interaction)(丁胜红、韦鹏,2016)[5]。因此,对人格尊严的维护与人需求价值的认可必将成为信息对称的人本经济阶段基本的思维方式,它激发出人类社会对人性的最大限度的尊重、对人体验的敬畏、对人的创造性发挥的重视。为了确保对人权价值完成的确认、计量,采用系统论的整体法成为对网络状态下人的需求价值确认、计量的不二的选择。

8.2.2 "互联网+"的开放生态特征

关于"互联网+",生态的本身就是开放的。"互联网+"的生态可以作如下理解:如果将"互联网+"比喻为人,那么移动互联网喻为人的神经中枢,大数据技术喻为人的四肢感官,云计算则喻为人的大脑。大数据主要专注于实际业务,着眼于"数据",通过对数据的采集、挖掘、分析来发现数据中的价值,利用数据存储能力迫使企业从"业务驱动"转变为"数据驱动"。这种转变需要依赖于海量数据存储技术、海量数据管理技术、MapReduce 编程模型等云计算的关键技术。当然这些技术也是大数据的基本技术,它们强调数据存储能力。云计算主要关注"计算",通过移动互联网广泛获取、扩展和管理计算及其存储资源和能力,它们强调数据处理能力。因此,数据存储与数据处理之间的关系决定了大数据与云计算之间相辅相成的作用。

所谓"开放"可理解为:在信息对称的人本经济阶段,借助于使地球成为"地球村"的新一代互联网技术②,利用"互联网+"有边界企业拓展为无边界企业,企业在经济性契约网络资源、社会性网络资源与环境性网络资源的多元属性的基础上,相互结网而形成超大契约网络。

---

① 四端是指恻隐、羞恶、辞让(恭敬)、是非。
② 新一代互联网技术是指移动互联网、物联网、大数据、云计算等信息技术。

在超大契约网络价值生态下,通过"互联网+"把孤岛式会计主体连接起来,形成丛林式的会计主体生态。该生态将传统的主权货币、电子货币、电子数据以及其他等价币量化为超需求价值,借助于"互联网+"包含技术将其汇总导入到以人权为本的虚拟统一的用户导向型企业会计主体之中。

8.2.3 "互联网+"的连接一切特征

连接一切是"互联网+"的目标,连接是有层次的,可连接性是有差异的,连接的价值是相差很大的。迅猛发达的通信技术与网络技术催生出以人为出发点的 Web2.0 以及在此基础上产生以人为本、以应用为本的创新 2.0,它提升人们由低层次需求向高层次需求节节攀升,通过"互联网+"将适应不同消费需求层次的"产品化"与"体验化"的差异性价值进行连接。这种连接一切的特征与在超契约网络资源多元属性的基础上连接而成的超契约企业本质具有内在一致性,而超契约企业本质决定了用户导向型企业人本资本会计主体处理"体验化"与"产品化"交易或事项的范畴,由单元经济性范畴向多元经济、社会与环境综合性范畴拓展,由此而形成具有多需求层次、多元价值属性的用户导向型企业人本资本会计报告内容。

8.2.4 "互联网+"的跨界融合特征

"+"既是跨界,又是一种开放;"+"既是重塑融合,又是一种变革。针对人造会计系统而言,"跨界"就是将物本经济阶段经济范畴内的主权货币量化价值数据"手工"导入平面生产导向型企业物本资本(产权)会计系统中,进而拓展到将信息对称的人本经济阶段经济、社会以及环境综合范畴内的主权与非主权货币(包括电子货币)"量"化价值数据"自动"导入立体用户导向型企业人本资本会计系统中。因此,相对于有边界的生产导向型企业物本资本(产权)会计主体而言,无边界的用户导向型企业人本资本会计主体无论在空间上还是在内容上,均是一种开放,也是一种变革。"重塑融合"就是将虚拟网上交易或事项的确认与计量与实体物流网上交易或事项的确认与计量相互融合,将手工做账产权会计业务流程重塑为大数据技术确认计量、云计算分类存储、互联网技术与物联网技术自动传输的自动智能化用户导向型企业人本资本会计业务流程,实现将阶段性产权会计报告变革为实时性用户导向型企业人本资本会计报告。

8.2.5 "互联网+"的重塑结构特征

信息革命、全球化、互联网以及物联网已打破了原有的社会结构、经济结构、地缘结构和文化结构。在追求人权的"互联网+"阶段,人本经济的网络交换价值在经济结构中处于主导地位,"体验化"需求成为人们追求的主导目标。基于"体验化"需求的交易或事项所建构的人权会计报告,它要把"财产权益"、社会权益与"生态权益"统一起来,实现以公司报告形式为基础的地区、国家乃至全球这类信息编报与披露的一体化,使这类信息成为进行"全球治理"的重要依据之一(郭道扬,2009)[1]。为此,重塑生产导向型企业物本资本(产权)会计报告为用户导向型企业人本资本会计报告:将源于资源经济用途划分的生产导向型企业物本资本(产权)会计账户变革为源于劳动分工划分的用户导向型企业人本资本会计账户;在信息对称的人本经济阶段,基于超需求①的理念重构融完全低层次需求与高层次需求为一体的体验需求,则利用去第三方货币系统论的整体法对体验需求价值进行确认、计量,将其数据沿着"互联网＋"重塑用户导向型企业人本资本会计流程,汇总导入立体型的用户导向型企业人本资本会计报告数据库之中。

8.2.6 "互联网＋"的创新驱动特征

物本经济阶段追求产权为本的资源驱动型增长方式早就难以为继,人本经济阶段追求人类价值为本的创新驱动型人类社会发展,这才是符合人类社会的经济发展规律。这正是互联网的特质,借助于以人类价值为本的Web2.0,用"互联网＋"的思维方式来谋求适应人类社会人本经济发展需要的用户导向型企业人本资本会计的变革。利用大数据技术自动获取"体验化"的交易或事项的终端数据,保证会计信息获取数据的及时性、客观性以及全面性,消除了手工做账所产生的各种弊端;利用云计算的分类、存储、计算的数据处理功能确保会计信息存储的及时性、会计信息分类的重要性和相关性以及会计信息分析的智能性;利用移动互联网技术确保会计信息传递的及时性。因此,以提高效率为特征的用户导向型企业人本资本会计报告机制是实现人本经济阶段创新驱动的根本要素之一。

鉴于前文所论述的"互联网＋"对人本经济主体的影响,作为顾客导向型企业向用户导向型企业过渡的产物——企业"＋互联网","互联网＋"对人类社会企业人本资本会计的影响也会体现在企业"＋互联网"人本资本会计模式的构建上。由于"趋中心化"的企业"＋互联网"满足企业与市场的"二分法",因此,借鉴顾客导向型企业人本资本会计模式,同时结合"互联网＋"对人类社会会计的影响,创新构建企业"＋互联网"人本资本会计模式。

8.3 企业"＋互联网"人本资本会计模式构造

技术创新与制度演进从来都是社会经济体创新生态系统演变的两条并行的主线。就技术层面而言,社会经济主体经历了"手工化""自动化"和"智能化"的生产技术创新的演变,其主导社会经济价值经历了"使用价值""交易价值"和"共享价值"的演变。就制度层面而言,经济主体经历了"所有权与经营权合一""所有权与经营权分离""所有权与经营权合一"的经济主体契约制度创新的演变,其主导经济体价值经历了财产价值、产权价值和人权价值之演变(郭道扬,2009)[1]。就技术和制度的共同层面而言,人类社会经济经历了由物本经济向人本经济的演变,其主导社会经济经历了由供给小于需求的"卖方市场"向供给大于需求的"买方市场"的演变,其市场需求本身也经历了由完全低层次需求、马斯洛层序需求向超需求的演变。在信息非对称的人本经济阶段,基于买方市场的马斯洛层序需求假设构建顾客导向型企业人本资本会计模式。随着方兴未艾的"第四次工业革命"的现代基础信息技术的创新和进步,以及在实践中得以广泛地推广应用,鉴于"互联网＋"对人本经济主体与人类会计的

---

① 超需求是指针对马斯洛层序需求而言,它描述在人类社会中同时存在低层次需求与高层次需求之分,它们不是相互隔离,而是始终存在着由低层次需求向高层次需求攀升的演进,由此而形成由不同需求层次链接而成的超大需求,简称之为超需求(丁胜红、韦鹏,2015)[3]。

影响,企业"+互联网"成为顾客导向型企业向用户导向型企业转变的过渡的人本经济主体。企业"+互联网"具有顾客导向型企业与用户导向型企业的混合特征。

结合上述"互联网+"的六大特征对会计发展影响的分析,选择马克思的人本主义观,按照马克思劳动分工的基本原理构建企业"+互联网"人本资本会计模式。鉴于信息非对称的人本经济阶段顾客导向型企业非完备利益相关者契约所决定的顾客导向型企业制度具有内生性,故将顾客导向型企业生产领域资本划分为人力资本与物力资本,服务领域资本划分为组织资本(内部制度资源的人权有效配置与交易)与关系资本(外部制度资源的人权有效配置与交易)(丁胜红、周红霞,2011)[96]。这种在生产领域体现生产力的资本与在服务领域体现生产关系的资本,通过生产力与生产关系的相互作用原理,直接体现出人本主义与科学主义相互喻为的人本资本,即"人力资本、物力资本、组织资本、关系资本有机组合以达到'资本共振'现象"(丁胜红、盛明泉,2008)[8]。企业"+互联网"在管理领域具有"趋中心化"特征,也就是说,从总体上来说,企业"+互联网"具有一定边界,它符合顾客导向型企业的中心化特征,这是选择顾客导向型企业人本资本会计模式来构建企业"+互联网"人本资本会计模式的依据。

在"互联网+"时代的中国,人们借助于移动互联、物流网、车联网、手机、平板电脑、PC以及遍布地球各个角落的各种各样的传感器,将他们的个性化需求深度融合并汇集形成超网络社会的超需求。因此,利用"互联网+"思维方式,借助于网络空间逐渐实现社会各个主体超需求的愿望,超需求的现实自然而然地抽象为人本资本会计的理论假设前提。然而,中国企业是由政府主导关注国计民生的中国经济支柱,因此,中国企业经营战略只能以国民为导向,这是中国企业的使命,也是社会主义国家赋予中国企业的人民属性。

在"互联网+"时代,方兴未艾的"第四次工业革命"的现代基础信息技术不断地创新和进步,同时也在不断地推广应用,借助于"互联网+"的企业逐渐改革企业组织由企业"+互联网"演变为"互联网+"企业。目前,尽管中国企业面临信息对称的大数据买方市场体验需求,但中国企业的人民属性赋予中国企业坚持以国民为导向的企业经营战略,同时企业组织将在相当长的时期内保持企业"+互联网"组织结构。因为要实现国资委由管国企经营转变为管国企资本,就必须先建立社会诚信体系和网络平台(市场)。就网络平台建立而言,利用"第四次工业革命"的现代基础信息技术搭建信息对称的网络市场,对于世界第二大经济体的中国来说,无须很长的时间。就社会诚信体系建立而言,对于实现技术信任替代人际信任和制度信任,则需要很长的时间来孕育人们形成技术信任的基因。这就说明在中国构建企业"+互联网"人本资本会计模式是完全必要的。

下文将按照顾客导向型企业人力资本会计模式、顾客导向型企业物力资本会计模式、顾客导向型企业组织资本会计模式和顾客导向型企业关系资本会计模式来构建企业"+互联网"人力资本会计模式、企业"+互联网"物力资本会计模式、企业"+互联网"组织资本会计模式和企业"+互联网"关系资本会计模式。

8.3.1 企业"+互联网"人力资本会计模式

在"互联网+"的人本经济阶段,企业借助于网络平台融入信息对称的超网络社会,致使企业边界无限拓展。因此,超大契约企业本质决定了无边界的企业人本资本会计主体对超网络社会状态下人力资本价值的确认、计量,应该采用系统论的整体法。因为人对不同依存环境的需求存在一定差异性，表现出相同的人力资本却有不同的价值创造与转移，而生产导向型企业物本资本会计所采用的还原论隔离法对人力资本价值的确认、计量，要么舍去了它对人力资本价值有所贡献的环境作用价值，要么把环境创造价值"强加"于人力资本本身，显然这些都人为地扭曲了人力资本自身价值的会计确认与计量。譬如，抽象掉人不同层次需求之差异的主流经济学将人力要素"等同"于土地、资本等物力要素的地位。这种"等同"是建立在马斯洛完全低层次需求假设的基础上，即沿生物谱系上升方向逐渐变弱的本能或冲动的完全低层次需求比较容易得到满足。也就是说，在欠发达生产力水平阶段，针对信息非对称的卖方市场完全低层次需求，人们对他们所依存的环境不具备特别需求的能力，这为"等同"提供了现实基础。

作为信息非对称的卖方市场主体之一的生产导向型企业物本资本会计主体也承袭了主流经济的观点，选择还原论的隔离法确认和计量人力资本的价值。然而，信息非对称的买方市场层序需求驱动顾客导向型企业人本资本价值的分层性，作为信息非对称的买方市场主体之一的顾客导向型企业人本资本会计主体，自然而然地选择体系论的分层法对人力资本价值进行确认和计量。在"互联网＋"时代，信息对称的买方市场体验需求驱动用户导向型企业人本资本价值的整体性，作为信息对称的买方市场主体之一的用户导向型企业人本资本会计主体，自然而然地选择系统论的整体法对人力资本价值进行确认和计量。

在"互联网＋"时代，针对企业"＋互联网"适应信息对称的买方市场体验需求，企业"＋互联网"人本资本会计主体采用顾客导向型企业人本资本会计方法——体系论的分层法与用户导向型企业人本资本会计方法——系统论的整体法的混合法，对超网络社会中人力资本价值进行确认和计量。从某种意义上讲，体系论的分层法的本质是系统论的整体法，因此，后文将主要采用体系论的分层法作为企业"＋互联网"人本资本会计核算方法。对于企业"＋互联网"适应信息对称的买方市场体验需求，依据马斯洛层序需求对体验需求进行分割处理。其中，企业"＋互联网"人本资本会计核算方法应该采用系统论整体法，将在研究用户导向型企业人本资本会计模式之后，对企业"＋互联网"人本资本会计核算方法加以补充。

鉴于"互联网＋"综合技术的迅猛发展，市场主体可以采用大数据的互联网遥感成像技术识别出人力资本与其依存环境之间相互分层作用的价值。同时利用移动互联网的数码传感器与云计算来测量、传递与分析人力资本与其依存环境之间的现实关系，并可以将其关系抽象成泛函数或其他数理模型；利用其泛函数或其他数理模型及其相应的算法来间接分层测算人力资本价值与其相应依存的环境价值。其中，根据静态泛函数或其他静态数理模型及其相应的算法，间接分层测算人力资本存量价值及其他所依存的相应环境存量价值；根据动态泛函数或其他动态数理模型及其相应的分层算法，间接测算人力资本流量价值及其他所依存的相应环境流量价值。当然，可以根据马斯洛层序需求理论，对处于完全低层次需求的人力资本价值的确认和计量，仍可采用主权货币量化；而对处于高层次需求的人力资本价值的确认和计量，可采用非主权货币（如电子货币或电子文件等）的电子量化。

由于人与其环境之间的依存关系，可以借鉴权责发生制的配比原则，采用三维或多维度的复式记账法，通过将"会计业务驱动"转换成"数据驱动"的大数据技术与移动互联网、物联网传递技术以及云计算的分类、储存、计算等功能相结合，同时结合马斯洛层序需求理论，对此可直接归类、实时形成人本资本会计中的人力资本会计分层报告。企业"＋互联网"人力资本会计分层报告包括对应于完全低层次需求的企业"＋互联网"人力资本财务状况变动表、企业"＋互联网"人力资本综合收益表与企业"＋互联网"人力资本现金流动表；对应于高低层次需求的企业"＋互联网"人力资本存量价值数据库、企业"＋互联网"人力资本流量价值数据库。因满足企业"＋互联网"高层次需求而促进企业"＋互联网"人力资本价值创造与转移，它不仅给企业"＋互联网"带来经济效益，而且给企业"＋互联网"带来社会效益、环境效益。对此，为企业"＋互联网"带来经济效益的现金流，仍可以建立企业"＋互联网"人力资本现金流数据库。

对企业"＋互联网"人力资本会计科目进行划分，可以按照劳动分工来划分、设计企业"＋互联网"人力资本会计科目，及其不同需求层次所对应的企业"＋互联网"人力资本会计报告；也可以沿袭顾客导向型企业人本资本会计所采用的经济用途法来划分企业"＋互联网"人力资本会计不同报表的会计科目，只是在不同需求层次所对应的企业"＋互联网"人力资本会计报告中摆放形式不同而已。后文对企业"＋互联网"物力资本会计、企业"＋互联网"组织资本会计以及企业"＋互联网"关系资本会计的会计科目划分也是如此，因此，后面将不作赘述。

上述企业"＋互联网"人本资本会计的人力资本会计报告中，各个报表和数据库的基本会计等式均采用复式借贷记账逻辑等式来建立各自等式，只是顾客导向型企业人本资本会计将复式借贷记账逻辑等式以主权货币量化数据展示而已。因此，对应于完全低层次需求的企业"＋互联网"人力资本会计报告，仍可以沿袭顾客导向型企业人本资本会计等式思维方式，来构建企业"＋互联网"人力资本会计报告的人力资本会计等式；而对应于高低层次需求的企业"＋互联网"人力资本会计报告，则采用复式借贷记账逻辑钩稽等式，来建立企业"＋互联网"人力资本存量与流量的会计数据库。在企业"＋互联网"生产领域，人所依存的环境主要表现为物理环境，因此，可将不同具体物理环境抽象为企业"＋互联网"物力资本会计要素，再根据其用途设计企业"＋互联网"物力资本会计科目或会计账户。下面将分析企业"＋互联网"物力资本会计模式。

8.3.2 企业"＋互联网"物力资本会计模式

在物本经济阶段，人们追求"产品化"消费，且崇尚"人物化"的同性化需求，无论是主流经济学还是生产导向型企业物本资本会计，均抽象了消费者不同需求之间的消费者偏好差异。即使环境对物力资本价值的影响有差异，这种影响的差异性也几乎相同，或者极其微弱而忽略不计。因此，在"只见物不见人"的生产导向型企业物本资本会计主体中，采用还原论的隔离法确认和计量物力资本价值转移，这基本符合完全低层次需求假设下有边界企业采用主权货币量化物力资本价值的特征。此时，生产导向型企业大多数采用标准作业及其绩效考核方式，忽视不同环境对人力资本价值的差异性影响。正是这种环境对人力资本价值影响甚微，它才成为确认和计量人力资本价值创造与转移所采用的还原论隔离法的现实基础。显然，在人们追求"物性第一，人性第二"的物本经济阶段，生产导向型企业采取资本雇佣劳动的经营关系，漠视人性的差异性是人们追求"物性第一"的必然结果。因此，在生产导向型企业里人力资本与物力资本同等对待，它们只是企业的一种手段，而非目的。

在"互联网＋"时代，人们利用网络平台追求崇尚"物人化"的体验需求，往往需要借助一定环境来衬托物力资本的人本主体思想。对于具有顾客导向型企业与用户导向型企业混合特征的企业"＋互联网"而言，企业"＋互联网"采用体系论的分层法来确认和计量物力资本价值转移,这也符合马斯洛层序需求假设下顾客导向型企业会计主体采用主权货币量化物力资本价值的基本特征。对此,企业"＋互联网"物力资本转移价值与其所依存的环境贡献价值之间的关系,可以借鉴权责发生制的配比原则,采用三维或多维度的复式记账法,通过将企业"＋互联网""会计业务驱动"转换成"数据驱动"的大数据技术、移动互联网与物联网传递技术以及云计算的分类、储存、计算等功能相结合,并结合马斯洛层序需求理论,对此可直接归类、实时形成企业"＋互联网"人本资本会计中企业"＋互联网"物力资本会计分层报告。只是企业"＋互联网"物力资本会计分层被动地取决于企业"＋互联网"人力资本会计分层而分层。

鉴于企业"＋互联网"物力资本价值具有主权货币量化的特征,不仅对企业"＋互联网"物力资本会计可以不分层报告,而且对企业"＋互联网"物力资本价值转移与其依存环境的贡献价值可以直接测量,并可以舍去测量人力资本与其依存环境贡献价值的间接方法。对于企业"＋互联网"人本资本会计中企业"＋互联网"物力资本会计,仍可沿用顾客导向型企业人本资本会计等式思维模式,来建立企业"＋互联网"物力资本财务状况变动表、物力资本综合收益表与物力资本现金流动表。

8.3.3　企业"＋互联网"组织资本会计模式

关于组织资本概念的研究。彼得·德鲁克(2005)[120]认为,组织资本是现代化大规模生产中最重要的第四种要素;谢德仁(2002)[95]认为,"组织的知识结构并非参与组织的个人知识的简单加总,而是有机的整合,学习与创新,其中包括组织知识创新,形成组织文化,进而创造出要素所有者个人所不具有的组织资本";冯丹龙(2006)[121]认为,"组织资本是依赖于特定组织和社会交往,通过长期组织学习和工作实践积累形成的,存在于个体、团体和组织之间,企业员工共同创造编码化或部分编码化组织共享知识、能力和价值观"。综合上述观点,组织资本是由企业利益相关者共同创造编码化或部分编码化组织共享知识、能力和价值观,经过长期有机的整合,组织学习与工作实践积累形成有效规范及其规范有效安排(丁胜红、盛明泉,2008)[8]。从资源基础理论来看,组织资本是指企业内部制度资源有效的人权配置,"它能有效地降低生产交易成本,促进企业人力资本与物力资本协作效率提高,为企业价值边际递增拓展空间"(谢德仁,2002)[95]。

在信息对称的人本经济阶段,为了满足消费者主动追求信息对称的买方市场中的体验需求,企业"＋互联网"的管理组织借助"互联网＋"的综合技术使得企业"＋互联网"获取各类资源的能力不断增长,这将直接推动企业"＋互联网"不同层次需求融合,促使"组织资本的运作具有完整性、模糊性、并存性与继起性"(丁胜红、盛明泉,2008)[8]。虽然"互联网＋"的"去三化"促使企业"趋中心化"与"去中心化",但在相当长时期内,企业"＋互联网"的组织结构仍呈现管理领域的"趋中心化"和生产领域内的"去中心化"的组织分层结构。也就是说,在企业"＋互联网"里的组织资本呈现出顾客导向型企业组织资本的一般特征,这就决定了企业"＋互联网"组织资本会计主体采用体系论的分层法来确认和计量组织资本价值,也是企业"＋互联网"组织结构特征所决定的。

信息非对称的买方市场马斯洛层序需求驱动顾客导向型企业组织资本价值创造与价值转移,它涉及企业服务领域的物力资本转移价值的确认和计量,仍可采用生产领域物力资本转移价值的确认和计量方法;涉及企业服务领域的人力资本创造及其转移价值的确认和计量,仍可采用生产领域人力资本创造及其转移价值的确认和计量方法。对于由企业"＋互联网"利益相关者共同创造编码化或部分编码化组织共享的知识资本创造及其转移价值的确认和计量,它们是企业"＋互联网"服务领域内物力资本与人力资本共同依存的环境。也就是说,在采用体系论的分层法,利用三维或多维度的复式记账法,确认和计量企业"＋互联网"的组织资本中物力资本转移价值、人力资本创造及其转移价值的同时,对应于它们所依存的知识资本创造及其转移价值也随之确认和计量了。

对于企业"＋互联网"组织资本会计报告而言,它包含物力资本会计报告、人力资本会计报告以及知识资本会计报告。采用复式借贷记账逻辑,借鉴顾客导向型企业人本资本会计等式所建构的物力资本财务状况变动表、物力资本综合收益表与物力资本现金流动表,来构建企业"＋互联网"组织资本会计中物力资本财务状况变动表、物力资本综合收益表与物力资本现金流动表;采用复式借贷记账逻辑等式所建构的对应于完全低层次需求的企业"＋互联网"组织资本会计中人力资本会计分层报告,借鉴顾客导向型企业人本资本会计等式思维方式,来构建企业"＋互联网"组织资本会计中人力资本财务状况变动表、人力资本综合收益表与人力资本现金流动表。而对于高、低层次需求的企业"＋互联网"组织资本会计中人力资本会计报告,则采用复式借贷记账逻辑钩稽等式,来建立企业"＋互联网"组织资本会计中人力资本存量与流量的会计数据库。就知识资本而言,它属于马斯洛的高、低层次需求。对于企业"＋互联网"组织资本会计中的知识资本会计报告,则采用复式借贷记账逻辑钩稽等式,来建立企业"＋互联网"组织资本会计中的知识资本存量与流量会计数据库。

8.3.4　企业"＋互联网"关系资本会计模式

关系资本是指企业与供应商、客户、政府机构以及其他组织之间相互信任、相互依赖、相互关联的社会网络(丁胜红、盛明泉,2008)[8]。根据定义,关系资本包括市场资本和公共资本(吴应宇,丁胜红,2011)[87]。在"互联网＋"时代,"互联网＋"的"去三化"促使企业"趋中心化"与"去中心化"的组织自我结构变革。在此变革过程中,企业"＋互联网"保持管理层组织的"趋中心化"与生产层面组织的"去中心化"。就企业"＋互联网"总体组织结构而言,尽管企业边界变得十分模糊,但它还是存在边界。既然企业"＋互联网"存在边界,那么企业"＋互联网"就存在内部管理重心与外部管理重心的分类。因此,企业"＋互联网"与顾客导向型企业在人本资本分类上具有相似性。由企业"＋互联网"内部管理重心所凝聚的企业"＋互联网"内部制度资源优化配置形成企业"＋互联网"组织资本;由企业"＋互联网"外部管理重心所凝聚的企业"＋互联网"外部制度资源优化配置形成企业"＋互联网"关系资本。

根据企业"＋互联网"超大契约本质,可以推定企业"＋互联网"关系资本包含市场资本和公共资本。其中,市场资本是指在经济性契约范畴内,由企业"＋互联网"与供应商、客户等营利组织和个体之间的关系而形成供应链网络资源与销售链网络资源的有效人权配置形式。因此,市场资本会计主体针对企业"＋互联网"与供应商、客户等营利组织和个体之间关系的分类分层性,决定了对其价值的确认和计量应该采用体系论的分层法。在借鉴权责发生制的配比原则,利用三维或多维度的复式记账法,来确认和计量企业"＋互联网"与供应商、客户等之间具体营利性交易或事项的同时,企业"＋互联网"关系资本会计主体也将被利用的企业"＋互联网"与供应商、客户的经济性网络的市场资本价值也随之被确认和计量。

对应于完全低层次需求的企业"＋互联网"关系资本会计报告中的市场资本会计报告,

采用复式借贷记账逻辑形成顾客导向型企业人本资本会计等式,建立企业"＋互联网"关系资本会计报告中的市场资本财务状况变动表、市场资本综合收益表与市场资本现金流动表;而对于高低层次需求的企业"＋互联网"关系资本会计报告中的市场资本会计报告,则采用复式借贷记账逻辑勾稽等式,建立企业"＋互联网"关系资本会计报告中的市场资本存量与流量的会计数据库。

根据企业"＋互联网"超大契约本质推定关系资本中的公共资本,在社会性契约、环境性契约范畴内,它是指企业"＋互联网"与政府、社会组织等非营利性组织之间的关系所形成的社会价值链网络资源、环境价值链网络资源的有效人权配置形式。由企业"＋互联网"与政府、社会组织等非营利性组织之间的关系分类分层性,决定了对公共资本价值的确认和计量采用体系论的分层法更合适。针对其关系中社会性网络资源、环境性网络资源的创造及其转移价值的确认和计量,在借鉴权责发生制的配比原则,利用三维或多维度的复式记账法,来确认和计量企业"＋互联网"与政府、社会组织等之间具体非营利性交易或事项的同时,企业"＋互联网关系资本会计"主体也将被利用的企业"＋互联网"与政府、社会组织等之间社会性网络、环境性网络的关系价值也随之被确认和计量。当然,也可以依据社会性网络关系、环境性网络关系将公共资本分别划分为社会资本、环境资本。

对应于完全低层次需求的企业"＋互联网"关系资本会计报告中的公共资本会计报告,采用复式借贷记账逻辑并借鉴顾客导向型企业人本资本会计等式,建立企业"＋互联网"关系资本会计报告中的公共资本(社会资本、环境资本)财务状况变动表、企业"＋互联网"关系资本会计报告中的公共资本(社会资本、环境资本)综合收益表与企业"＋互联网"关系资本会计报告中的公共资本(社会资本、环境资本)现金流动表;而对于高低层次需求的企业"＋互联网"关系资本会计报告中的公共资本会计报告,则采用复式借贷记账逻辑勾稽等式,建立企业"＋互联网"关系资本会计报告中公共资本(社会资本、环境资本)存量与流量的会计数据库。

总而言之,借鉴顾客导向型企业人本资本会计模式,上述企业"＋互联网"人力资本会计分层报告、企业"＋互联网"物力资本会计(分层)报告、企业"＋互联网"组织资本会计分层报告,以及企业"＋互联网"关系资本会计分层报告的会计科目划分,仍沿袭了顾客导向型企业人本资本会计所采用的经济用途法。由于会计科目的不同,造成了人为地割裂了资本存量与资本流量之间的内在逻辑。为了从整体上弥补其缺陷,借助于"互联网＋"的综合虚拟功能,将企业"＋互联网"人力资本会计主体、企业"＋互联网"物力资本会计主体、企业"＋互联网"组织资本会计主体、企业"＋互联网"关系资本会计主体在"趋中心化"的基础上,形成企业"＋互联网"人本资本会计主体。当然也可以按照劳动分工原理来划分企业"＋互联网"人本资本会计科目/账户为人力资本、物力资本、组织资本、关系资本四大科目/账户。

将对应于完全低层次需求的企业"＋互联网"人力资本会计报告、企业"＋互联网"物力资本会计报告、企业"＋互联网"组织资本会计报告、企业"＋互联网"关系资本报告的合计数,分别以人力资本、物力资本、组织资本、关系资本的会计科目汇总填入企业"＋互联网"人本资本财务状况变动表、企业"＋互联网"人本资本综合收益表与企业"＋互联网"人本资本现金流动表;对于高低层次需求的企业"＋互联网"人力资本存量与流量的会计数据库、企业"＋互联网"物力资本存量与流量的会计数据库、企业"＋互联网"组织资本存量与流量的会计数据库、企业"＋互联网"关系资本存量与流量的会计数据库,分别以人力资本、物力资本、组织资本、关系资本会计科目汇总填入企业"＋互联网"人本资本存量与流量的会计数据库。

8.4 本章小结

在信息对称的人本经济阶段,因企业"＋互联网"本质混合契约的特殊性,尽管在信息对称的环境下,企业"＋互联网"仍保留以顾客为导向和以用户为导向的混合契约权利与责任。尤其是中国国有企业,它担负起中国公有制经济的支柱作用——维护中国的国计民生权益。正是这种特殊使命才决定了"互联网＋"时代的企业"＋互联网"成为中国企业较长期存在的过渡性人本经济主体。因此,本章研究具有指导过渡性企业人本资本会计模式构建与应用的理论与实践意义。企业"＋互联网"具有顾客导向型企业与用户导向型企业的混合特征,本章主要借鉴顾客导向型企业人本资本会计模式来构建企业"＋互联网"人本资本会计模式,而不是照搬照抄。同时企业"＋互联网"人本资本会计模式也应该具有用户导向型企业人本资本会计模式特征。对此内容将在研究人本经济阶段企业人本资本会计报告分析模式时加以论述补充,本章不作详述论述。本章主要基于马斯洛层序需求假设的前提,对企业"＋互联网"人本资本会计不同会计要素——人力资本、物力资本、组织资本、关系资本,分别进行会计确认、计量、报告以及最终汇总并形成企业"＋互联网"人本资本会计分层报告研究。下面对支撑形成企业"＋互联网"人本资本会计报告的人本资本会计基础理论作总结性分析。

在信息对称的人本经济阶段,以人本主义与科学主义融为一体的马克思人本经济发展观指导新一代互联网技术的基因孕育,而形成以人为本、以服务为导向、以追求用户体验化为灵魂的创新 2.0。它极大地发挥了人力资源在全球资源配置中的主导替代性作用。在"互联网＋"时代,方兴未艾的"第四次工业革命"的现代基础信息技术在"第三次工业革命"的现代基础制造技术的基础上创新融合的过程中,促进顾客导向型企业向用户导向型企业转变。在此转变过程中,企业"＋互联网"成为顾客导向型企业向用户导向型企业转变的过渡性人本经济主体。因此,它具有顾客导向型企业非完备利益相关者契约与用户导向型企业完备超契约的混合契约本质,这就决定了企业"＋互联网"人本资本会计模式是顾客导向型企业人本资本会计模式的衍生品。

企业"＋互联网"人本资本会计本质为顾客导向型企业人本资本会计本质与用户导向型企业人本资本会计本质的混合本质——信息系统论＋超信息系统论。它要求企业"＋互联网"人本资本会计目标——决策有用观,在内涵与外延上也发生极为深刻的革命:资本与劳动和谐观＋资本与劳动共享观(丁胜红、韦鹏,2015)[3]。在人本(主义)决策有用观的企业"＋互联网"人本资本会计目标指导下,彰显未来现金流量计算的价值更为重要,因此公允价值是企业"＋互联网"人本资本会计计量属性的主要假设。注重"人权"的"权责发生制"则成为企业"＋互联网"人本资本会计确认基础的新假设。企业"＋互联网"分层属性决定了企业"＋互联网"人本资本会计主体选择主权货币与非主权货币的计量工具,借助于"互联网＋"的综合技术,一方面,将自己疆域向经济、社会与环境的综合领域无限拓展,由此而形成具有多元属性"丛林式"的企业"＋互联网"人本资本会计主体;另一方面,实现企业"＋互联网"人本资本会计的职能由定量核算向定量分析拓展、由被动控制向主动预测拓展。这种职能的内涵与外延的变化,一方面,要求财务会计与管理会计通过从分开再次走向融合,来奠定人类价值为本的企业"＋互联网"人本资本会计理论基础;另一方面,要求以三维立体会计信息方式来完成对企业"＋互联网"人本资本会计职能的完整展现(丁胜红、韦鹏,2015)[3]。

相对于电算化做账技术对顾客导向型企业人本资本会计主体经营时间长度的描述而言,一方面,"互联网＋"的信息技术使企业"＋互联网"人本资本会计主体的持续经营和时间分期变得更加实时灵活;另一方面,"互联网＋"的信息技术为企业"＋互联网"人本资本会计对象确认和计量选择体系论"分层法"提供了技术基础。至此,在信息对称的人本经济阶段,探索信息非对称的人本经济阶段顾客导向型企业人本资本会计模式的拓展应用,这是由企业"＋互联网"人本资本会计本身的特殊性所决定的。对此进行研究将开启对信息对称的人本经济阶段用户导向型企业人本资本会计理论初步性的探索。

第 9 章
用户导向型企业人本资本会计基础理论架构研究

在20世纪70年代"第三次工业革命"的现代基础制造技术基础上,以21世纪"互联网"等现代网络基础技术为代表的"第四次工业革命",融合创新为"互联网工厂",它引领人本实体经济和人本数字经济融合创新发展。在具有体验化、可视化、透视化的"互联网工厂"中,通过用户与员工共同合作,实现了满足用户体验化需求的企业定制化供给,同时实现了"人人为我,我为人人"的人本经济共享价值。这标志着方兴未艾的"第四次工业革命"的现代基础信息技术广泛应用,促进"产销分离"向"产销融合"的信息对称的人本经济发育日趋成熟,其体验化需求(或超需求)逐渐成为人类社会的主流需求。

这种超需求促使以所有权与经营权合一的专业化劳动分工与合作形成的"互联网+"企业,彻底颠覆以所有权与经营权合一的专业化劳动分工与整合形成的传统企业管理模式:企业平台化颠覆了企业科层制,确立了生态制;用户个性化颠覆了产销分离制,确立了产销融合制;员工创客化颠覆了雇佣制,确立了自主制。同时也改变了企业资源配置交易模式,即企业借助免费互联网模式与用户交易,拓展了交易时间、丰富了交易品类、加快了交易速度、减少了中间环节(李海舰、田跃新、李文杰,2014)[105]。这种免费互联网模式所打造的信息对称的买方市场,驱动信息非对称的企业管理模式及其资源配置交易模式的改变,客观上要求重构体现以人类价值为本的人本实体经济和人本数字经济融合发展规律的人本资本会计理论架构,以满足用户对用户导向型企业人本资本会计信息的个性化需求。

9.1 会计核算理论扫描研究

在商品经济初期的意大利威尼斯民间借贷行为的基础上,产生了"借主贷主说",后来在此学说的基础上,将财产物资统一在人名账户上形成人的"拟人说"(Dicksee L R,1892)[165]。其中"人的一科目说""人的二科目说""直接说""间接说""法权说",这些学说均是对人的"拟人说"的丰富与发展,其会计核算表现出"人格化"的手工核算结构化数据特征。随着意大利经济的衰落,复式簿记发展中心由意大利北部城邦"漂移"到欧洲后起资本主义国家(查特菲尔德,1989)[166]。"资本雇佣劳动观"引导"正财产"和"负资产"来解释借贷记账原理的《簿记新论》,最终使人的"拟人说"发展到"物的理论"阶段。并从"静态会计说"("二账系说""一账系说""贷借对照表说""三账系说")与"动态会计学说"("资本循环说""资产负债表学说")两个方面对"物的理论"进行丰富与发展,形成近代会计核算理论与方法体系,其会计核算表现出"物化"的手工核算结构化数据特征。

随着英国资产阶级革命在世界范围内的胜利,以及"工厂制度"或"公司制度"的建立,以企业理论为基础的工业会计核算理论、制度、方法占主导地位,促使近、现代产权会计的确立(Gomes D,2008)[167]。自此,企业技术进步推动了会计本质以及会计核算的演变,即"会计艺术论"(Previts G J、Merino B D,1998)[168]、"会计方法论"(马卡洛夫,1957)[169]、"会计工具论"(Horvat R、Korošec B,2015)[170]。奉行保守主义、中立主义的会计核算仍承袭"物化"的手工核算流程,只是结构化数据会计报告内容在不断地拓展(Christie I N、Wells J A、Southern P et al,2013)[171]。

随着互联网技术以及计算机技术在会计领域的应用,会计控制论(Parker L D,1986)[172]、会计系统论(Benston G J,1963)[173]和会计信息论(Driver M J、Mock T J,1975)[174]的兴起与融合,在西方会计学派中会计信息系统论逐渐占据了主导地位(Gordon L A、Miller D,2006)[175]。会计"电算化"替代会计"手工化"(Nambisan S、Baron R A,2007)[176],人的价值在会计核算中受到了重视(Naghshbandi N,2017)[177]。随着"互联网+"思维模式与技术的应用和发展,一方面促进了"体验化"互联网人本经济的发展(Nambisan S、Baron R A,2007)[176];另一方面促进"智能化"会计必将取代"电算化"会计(Schneider G、Dai J、Janvrin D et al,2015)[178]。随着社群、平台、跨界等网络配置交易模式的产生(Christiansen J K、Varnes C J、Gasparin M et al,2010)[179],非结构化数据必将催生大数据会计核算(Vasarhelyi M A、Kogan A、Tuttle B M,2015)[180]、业务流程重组(Allender H D,1994)[181]、会计流程重构(Kavousi K,2007)[182]、会计信息个性化需求(Hurbean L、Păvăloaia V D、Fotache D,2015)[183],成为会计核算历史发展中的必然产物。

文明时代中国会计可追溯到西周的《周礼》所载的"会计"含义(郭道扬,1982)[184]。周代官厅会计不仅采用了类似凭证、账簿和"三柱结算法"等专门核算方法,而且有了叙事式会计报告(李孝林,1991)[185]。战国前中期,以"入、出"为记账符号,以"上入下出"为基本特征的单式入出记账法的形成,以"入-出=余"为基本公式的"三柱结算法"的普及运用,以及战国中后期"恒籍""粮籍""苑籍"的分类核算,奠定了中式会计核算方法的基础。秦汉时期,以"收、付"为记账符号,以"上收下付"为基本特征的单式收付记账法的形成,以及对一部分收支以钱币作为会计核算的计量单位,成为中式会计获得初步发展的重要标志(李孝林,1991)[186]。唐宋时期出现的"四柱结算法"和"四柱清册",标志着中国单式簿记发育成熟(侯凌静,2012)[187]。明清时期,资本主义经济关系的萌芽和产生,在民间商界产生了中国固有的复式账法:"龙门账""四脚账"(刘殿庆,1997)[188]。近代中式会计改良了"现金收付复式记账法"(蔡锡勇,1905)[189]和西式会计引进了"借贷复式簿记法"(谢霖、孟森,1907)[190]。中华民国时期,大型工商企业一般采用借贷复式簿记(潘序伦,1956)[191],中小型工商企业一般采用中式收付簿记(徐永祚,1933)[192]。

在新中国会计学的发展历程中,主要围绕会计属性与职能问题竞相争鸣,先后出现本土会计管理思想的"会计管理活动论"(杨纪琬,1980;杨纪琬、阎达五,1982)[193][194]、接受国外的"会计信息系统论"(葛家澍,1999;余绪缨,1983)[195][196]以及"会计控制系统论"(郭道扬,1989)[197]。为了弥合"会计信息系统论"的反映职能与"会计管理活动论"的监督与控制职能的分歧,出现了"二论合并"(吴水澎,1994)[198]。随着"互联网+"时代云会计的兴起,以产权为本的手工化、电算化会计核算正向以人权为本的智能化会计核算转变(徐国君、胡春晖,

2011)[199]。随着社群、平台、跨界等网络配置交易模式的产生(罗珉、李亮宇,2015)[6],探索非结构化数据会计核算(彭超然,2014)[200]、业务流程重组(徐国君、胡春晖,2011)[199]、会计流程重构(王德宇,2015)[201]、会计信息定制化需求(程平、李宁,2015)[202],顺应了"互联网＋"时代对信息对称的人本经济阶段人本经济发展观指导下体现智能化会计核算的人本资本会计理论体系的探索,是对目前这种现实要求作出一种迫切回应。

9.2　用户导向型企业人本资本会计基础理论架构构建

聚焦于市场变化来看待人类社会的发展演变,莫不是需求大于供给的卖方市场阶段和需求小于供给的买方市场阶段。当然,市场出清只是供需平衡的个案,不是一种常态,因此,它谈不上成为一种阶段。当社会生产力处于高度发达水平,完全低层次需求不再稀缺时,随着网络社群、网络平台、跨界协(合)作等新生事物的出现,更激发了人们对马斯洛层序高需求的整体性"俘获"。在信息对称的"互联网工厂"中,在满足客户体验化消费的定制化产品供给的过程中,自然而然地实现了人类价值为本的人本实体经济和人本数字经济的融合发展。至此,信息对称的人本经济阶段超需求的主流需求,替代信息非对称的人本经济阶段马斯洛层序需求,成为人类社会的主流需求。于是超需求也成为信息对称的人本经济阶段用户导向型企业人本资本会计的假设前提。"互联网＋"的嵌入性注入企业具有多元属性超网络资源,它满足了信息对称的买方市场超需求的企业多元化资源供给,最终形成了超(大)契约(丁胜红,2016)[203]企业本质。因此,基于企业超契约(丁胜红,2016)[203]本质的认知与超需求理论体系前提的假定,在信息对称的人本经济阶段,这将深刻地酝酿着用户导向型企业人本资本会计理论体系的形成(丁胜红、韦鹏,2015)[3]。

9.2.1　用户导向型企业人本资本会计人权范式的选择

在物本经济阶段的社会生产力处于欠发达水平,完全低层次需求成为人类社会的主流需求,其信息非对称的卖方市场完全低层次需求的产权价值运动状态表现为主权货币量化价值特征。完全低层次需求成为物本经济阶段物本会计理论体系假设的前提,适用于描述卖方市场的物本经济发展规律的产权范式自然成为会计研究群体所共同接受的一组假说、理论、准则和方法的总和,并内化形成他们的共同信念。产权范式自然成为体现物本经济发展观的生产导向型企业物本资本会计研究范式。随着"第三次工业革命"的现代基础制造技术促进信息非对称的买方市场形成,人们在满足自己基本需求的同时,追求高层次需求成为信息非对称的人本经济"新常态",马斯洛层序需求成为人类社会的主流需求。其需求的人权价值运动状态表现为泛货币量化价值特征,其量化价值特征的内涵由对应于完全低层次需求的主权货币量化结构化数据价值,拓展到对应于超需求的泛货币量化结构化与非结构化数据价值。方兴未艾的"第四次工业革命"的现代信息技术不仅改变了信息非对称性,而且促进了买方市场发育成熟。在信息对称的卖方市场中,用户追求体验化消费成为共享经济"新常态",超需求成为人类社会的主流需求。"需求是判断价值的唯一(真理)标准",只有满足人的全面需求,才能体现人权的价值。

因此,无论是信息非对称的人本经济阶段马斯洛层序需求,还是信息对称的人本经济阶段超需求,均体现了人类价值为本的人本经济发展观,适用于描述买方市场人本经济发展规律的人权范式,自然也成为用户导向型企业人本资本会计的研究范式。

9.2.2 用户导向型企业人本资本会计本质

在信息对称的人本经济阶段,"互联网＋"用户导向型企业以所有权与经营权合一的专业化劳动分工与合作方式形成的全社会人本管理模式,彻底颠覆了信息非对称的人本经济阶段顾客导向型企业以所有权与经营权分离的专业化劳动分工与合作方式形成的顾客导向型企业人本管理模式,进而改变企业本质:由企业的非完备超契约转变为与市场融合的企业完备超契约。这种企业本质的转变也就决定了会计本质的转变:由信息非对称下顾客导向型企业信息系统论转变为信息对称下用户导向型企业人本资本会计的超信息系统论。

相对于信息非对称的会计本质为信息系统论而言,"超"的内涵与外延体现在以下两个方面:一是在信息价值观方面,在完全低层次需求假设下,生产导向型企业物本资本会计信息价值观是物本经济发展观,马斯洛层序需求假设下顾客导向型企业人本资本会计和超需求假设下企业人本资本会计信息价值观是人本经济发展观,在超需求假设下,人本经济发展观成为用户导向型企业人本资本会计价值观。同为人本经济发展观,它们都是马克思的人本主义价值观,但笔者对此区别如下:在信息非对称的人本经济阶段,马斯洛层序需求成为买方市场的主流需求,人本经济发展观指导顾客导向型企业人本经济发展,体现为顾客导向型企业人本资本价值定理及其人本资源配置定理,以及人本管理理论。在信息对称的人本经济发展阶段,超需求成为买方市场的主流需求,用户导向型企业人本经济发展观的内容为用户导向型企业人本资本价值定理(或人本资源配置定理)以及全社会人本管理理论。

二是在信息的量与质方面,完全低层次需求假设下生产导向型企业物本资本会计信息的量与质为主权货币隔离量化有限的结构化数据信息,马斯洛层序需求假设下顾客导向型企业人本资本会计信息的量与质为泛货币分层量化有限的结构化与非结构化数据信息,在超需求假设下,用户导向型企业人本资本会计信息为"海量"的结构化与非结构化数据信息。

9.2.3 用户导向型企业人本资本会计核算的假设

在信息非对称的物本经济阶段,基于产权范式的生产导向型企业物本资本会计核算形成四大基本假设。在信息对称的人本经济阶段,人权范式替代产权范式,用户导向型企业人本资本会计的内涵与外延均发生了根本性演变。

1. 关于信息对称下用户导向型企业人本资本会计核算的主体基本假设

在信息对称的人本经济阶段,用户个性化需求要求用户导向型企业定制化供给。于是所有权与经营权合一的用户导向型企业超越了所有权与经营权分离的顾客导向型(或生产导向型)企业,在优胜劣汰的买方市场竞争中获得更多定制化供给订单的生存机会。适者生存法则决定了"互联网＋"用户导向型企业选择扁平化、碎片化的自我革命方式。用户导向型企业借助"互联网＋"的超网络跨界与整合能力,完成多属性与多类型的专业化劳动分工体系在"互联网＋"用户导向型企业中自动分化组合,实现企业由追求规模经济发展的有界性向追求范围综合发展的无界性转变。以专业化劳动分工与合作方式,完成信息对称下"互联网＋"用户导向型企业所有权与经营权合一的企业组织模式与经营模式的变革。

在信息对称下"互联网＋"用户导向型企业扁平化的自我变革中,以所有权与经营权合一的专业化劳动分工方式,将信息对称下"互联网＋"用户导向型企业利益相关者演变为三类人,即员工、用户、管理者。所有权与经营权合一的信息对称下"互联网＋"用户导向型企业员工与用户,参与共同完成信息对称下"互联网＋"用户导向型企业"产""销"融合的共创共享共赢人本价值创造,实现无边界化的信息对称下"互联网＋"用户导向型企业与虚实相融的买方市场融合。同时,以所有权与经营权合一的专业化劳动分工方式,将信息非对称下服务顾客导向型企业的管理者演变为信息对称下用户导向型企业的管理者。在信息对称下"互联网＋"用户导向型企业碎片化的自我变革中,以所有权与经营权合一的专业化劳动合作方式,将信息非对称下寄生式单一中心顾客导向型(生产导向型)企业变革为信息对称下共生式多中心用户导向型企业。在所有权与经营权合一的方式下,每个生产导向型企业(经济中心)决定的每个信息对称下"互联网＋"顾客导向型企业人本资本会计主体,自然扬弃了信息非对称下寄生式会计核算主体。作为会计职能的一种经营权,应该属于信息对称下服务市场(信息对称下"互联网＋"用户导向型企业)的共生式管理者所拥有。

在信息对称下"互联网＋"用户导向型企业"产""销"融合的人本经济发展过程中,不仅实现了信息对称下"互联网＋"用户导向型企业的"连接一切、跨界融合、重塑结构",而且完成了信息对称下用户导向型企业"去中心化"和"去媒介化"的转变。因此,信息对称下"互联网＋"用户导向型企业的无限性与信息对称下"互联网＋"用户导向型企业的去"两化",决定了信息对称下用户导向型企业人本资本会计主体的无界性和信息对称下用户导向型企业人本资本会计主体的去"主体化"。因此,作为界定信息对称下用户导向型企业人本会计报告内容与边界的人本资本会计主体假设,由面向信息非对称下企业的"去中心化"会计主体假设,演变为信息对称下面向买方市场(用户导向型企业)的"去中心化"会计主体假设。它们都信奉的是人本主义价值观。

2. 关于信息对称下用户导向型企业人本资本会计核算的货币基本假设

在"互联网＋"时代,买方市场中超需求成为人类社会的主流需求,超需求也就成为人本资本会计理论模式假设的前提。在虚实相融的买方市场中,适用于主权货币量化价值特征的完全低层次需求的物本资本会计货币假设,不能满足超需求的人本资本会计货币假设。鉴于超需求是消费者整体性"俘获"买方市场的各层次需求,即超需求是消费者体验化需求,其需求内容是由完全低层次需求＋高层次需求构成。如果能够区分超需求的需求层次构成,那么对完全低层次需求价值可采用主权货币进行结构性数据量化,而对高层次需求价值可采用泛货币进行非结构性数据量化;如果不能区分或无法区分超需求的需求层次构成,那么对超需求价值量化采取数据货币。笔者更倾向于后者,一方面,因为低层次需求＋高层次需求中的"＋"代表不同层次需求的融合,而不是简单整合,它表达用户的一种体验化消费过程;另一方面,数据货币规避了主权货币价值不恒定的缺陷。总之,数据货币计量成为用户导向型企业人本资本会计的货币基本假设。

3. 关于信息对称下用户导向型企业人本资本会计核算的持续经营基本假设

持续经营主要是针对会计主体依附其经济主体存在状态的一种基本假设。无论是生产导向型企业、顾客导向型企业,还是用户导向型企业,这种假设表明它们存在的状态取决于它们自己缔结契约条件的永久性与契约内容的合法性。随着人们对企业契约由完备经济性契约、非完备经济性契约、非完备综合性契约向非完备超契约与完备超契约演变的认知,可推理出经济主体决定会计主体的持续经营范围,由单元经济范围向多元经济社会环境综合范围转变的结论。

在"互联网＋"时代信息对称的人本经济阶段,形成企业超契约的物质基础在于,超需求的多样性借助"互联网＋"的"连接一切、跨界融合"的超网络嵌入功能,在多元属性资源用途多样性的基础上完成了经济性契约、社会性契约与环境性契约的"超连接",从而形成超(大)契约。在多用途资源的基础上,借助互联网的嵌入性,实现将不同属性资源"交易"在一起而形成具有超契约(经济性契约＋社会性契约＋环境性契约)属性的超网络市场。在免费互联网模式打造出信息对称的人本经济阶段,用户导向型企业人本资本会计核算的持续经营假设的持续性不变,但其持续经营范围在不断地多元化。借助用户导向型企业"产""销"一体化,实现用户导向型企业与买方市场融合。就面向超网络市场(用户导向型企业)的共生式多元会计主体而言,完备超契约性决定了奉行人本主义价值观的用户导向型企业人本资本会计核算的持续综合性经营假设(丁胜红、韦鹏,2015)[3]。

4. 关于信息对称下用户导向型企业人本资本会计核算的会计分期基本假设

会计分期假设是对持续经营假设的一种时间维度的基本描述。这种人为性的会计分期假设产生了会计一系列的基本原则、特有的程序和方法。如果没有会计分期假设,在会计上也就无所谓:权责发生制原则与收付实现制原则,资产与费用,收入实现与费用分配,"预收""预付""应收""应付"以及定期编制会计报表。在信息非对称的物本经济阶段,生产导向型企业的生命周期、经营周期主要取决于适应于信息非对称的卖方市场的企业生产方式与管理水平。以蒸汽机为代表的机械化生产方式、以"福特制"为代表的流水线生产方式,以及标准化管理方式共同决定了以少品种、大批量生产与标准化作业为特点的企业持续经营的稳态性。因此,作为描述企业持续经营稳态性的会计分期,自然呈现出它的规律性与标准性。在信息非对称的人本经济阶段,顾客导向型企业的生命周期、经营周期主要取决于适应于信息非对称的买方市场生命周期与产品生命周期。以数字化、信息化和智能化为代表的企业现代化生产方式以及与之相适应的人本管理方式,决定了以定制化制造和快速市场响应为特点的企业持续经营的动态性。因此,作为描述企业持续经营动态性的会计分期,自然呈现出它的实时性。

但是由于信息非对称性成为企业持续经营假设的基础,同时也制约了顾客导向型企业人本资本会计分期的实时性,这种实时性在顾客导向型企业人本资本会计信息质量中表现为及时性。相比于生产导向型企业而言,顾客导向型企业人本资本会计分期更短。

而在信息对称的人本经济阶段,用户导向型企业的生命周期、经营周期主要取决于适应于信息对称的买方市场生命周期与产品生命周期。以"互联网＋"的现代信息技术结合现代制造技术打造出具有信息对称的全球智能化制造方式,以及与之相适应的全社会人本管理方式决定了以定制化制造来满足用户体验化消费为特点的企业持续经营的动态性。因此,作为描述企业持续经营动态性的会计分期,自然呈现出它的实时性。当然,这里会计分期的实时性并非否定前者会计分期的标准性,而是由标准的单一性向标准的多样性转变,否则,就是对企业自身生产与管理的科学性的否定,显然,这是不妥的。在"互联网＋"时代,技术改变了人的习惯、生活方式,进而也改变了人对世界的看法。因此,方兴未艾的"第四次工业革命"的现代基础信息技术的广泛应用,促进了信息非对称的买方市场转变为信息对称的买方市场。就面向买方市场(用户导向型企业)的共生式多元会计主体而言,买方市场的信息对称性决定了奉行人本主义价值观的用户导向型企业人本资本会计核算的实时性会计分期假设。

9.2.4 用户导向型企业人本资本会计目标

在信息非对称的物本经济阶段,生产导向型企业以资本雇佣劳动方式在卖方市场中追求物本资本价值最大化,要求以物本经济发展观指导生产导向型企业物本经济主体,努力实现人类价值归于物类价值的资本增值最大化目标或社会财富增值最大化目标。作为体现生产导向型企业经济主体的物本资本会计主体目标,无论是决策有用观,还是受托责任观,它们都是奉行物本经济发展观。

在信息非对称的人本经济阶段,顾客导向型企业以资本与劳动和谐方式在信息非对称的买方市场中追求顾客导向型企业利益相关者共同价值最大化,要求以信息非对称的人本经济阶段人本经济发展观引导顾客导向型企业人本经济主体,努力实现物类价值归于人类价值的利益相关者共同价值最大化目标。作为体现顾客导向型企业人本经济主体目标的顾客导向型企业人本资本会计主体目标,自然继承信息非对称的人本经济阶段人本经济发展观,来指导有助于实现顾客导向型企业人本经济主体目标的决策有用观。

在信息对称的人本经济阶段,用户导向型企业以资本与劳动和谐方式在信息对称的买方市场追求面向买方市场(或用户导向型企业)所有利益相关者共同价值最大化,要求以信息对称的人本经济阶段人本经济发展观引导买方市场(或用户导向型企业)所有人本经济主体努力实现面向买方市场(或用户导向型企业)全社会共同价值最大化目标。作为体现用户导向型企业人本经济主体目标所决定的用户导向型企业人本资本会计主体目标,自然继承信息对称的人本经济阶段人本经济发展观,来指导有助于实现用户导向型企业人本经济主体目标的决策有用观。

在信息非对称的人本经济阶段,顾客导向型企业人本资本会计目标,与信息对称的人本经济阶段用户导向型企业人本资本会计目标,虽然它们都有决策有用观,但它们的内涵区别在于,前者的人与人关系是功利主义价值观,后者的人与人关系是人本主义价值观;它们的外延区别在于,前者决策所需信息为有限结构化与非结构化数据信息;后者为结构化+非结构化数据信息。也就是说,用户导向型企业人本资本会计目标与顾客导向型企业人本资本会计目标,都是马克思的人本主义价值观所指导的人本资本会计目标——决策有用观(丁胜红、韦鹏,2015)[3]。虽然它们的会计目标一致,但它们的目标范围不同,前者针对全社会;而后者针对企业。

9.2.5 用户导向型企业人本资本会计职能

会计职能演变一方面取决于会计目标的演变;另一方面,也取决于会计范围和对象的变化。在信息对称的物本经济阶段,使用价值在人类社会经济结构中处于主导地位。面对简单的使用价值经济活动,民间商业或手工业作坊的经济管理活动范围与会计主体范围是相同的。在"熟人"的农耕经济主体里,完备经济性契约的经济主体赋予完备性经济契约的人造会计系统的职能是核算与监督(丁胜红,2016)[203]。通过单式簿记的"零星算之为计,总合算之为会"来核算其收支,以便在收支相抵过程中监督经营主体获得收大于支的期望结果(丁胜红、韦鹏,2015)[3]。在信息非对称的物本经济阶段,交换价值在人类社会经济结构中处于主导地位。面对复杂的交易价值经济活动,企业开启了所有权和经营权分离的自身变革加以应对,由此造成企业所有者与经营者之间的信息非对称,成为物本经济(或前工业经济)"新常态"。

鉴于此,奈特将不确定性引入完全竞争理论,企业本质由完备经济性契约演变为非完备经济性契约。此时,科学意义上的受托责任以明确、普遍的形式体现出来。正如杨时展教授所指出的"受托责任",它已成为现代会计控制中的核心问题。人们多样化的需求也引出复杂多样交易商品的多成本核算问题与复杂管理问题。面对如此复杂的经济管理活动,非完备经济性契约的企业赋予生产导向型企业物本资本会计人造会计系统的会计职能应该是控制与反映。

在信息非对称下以"资本增值为本"的物本经济发展观指导下,资本主体一味地拼命追求财产权益,已危及社会环境资源消耗的可持续性,并引发了日趋恶化的生态环境问题,进而引发日趋严重的社会问题。这些问题也最终嵌入或植入企业,进而改变非完备经济性契约的企业本质为非完备综合性契约企业本质。综合性契约企业应该赋予生产导向型企业物本资本会计人造会计系统更为全面地反映与控制的会计职能。就理论上而言,人造会计系统本质演化逻辑应该为完备经济性契约→非完备经济性契约→非完备综合性契约,生产导向型企业物本资本会计主体的范围也应该随着经济主体范围的拓展而延伸。这里要求生产导向型企业物本资本会计职能的全面性是指,生产导向型企业物本资本会计反映职能是在信息确认和会计核算两个阶段的基础上,完成会计信息系统对财务会计信息的优化过程;生产导向型企业物本资本会计控制职能则是通过履行其受托责任使命,来行使生产导向型企业物本资本会计对企业经营活动过程及其结果的控制权力,由过去利用企业内部信息监督转向利用企业内外信息进行全面控制。

随着电子计算机处理技术在会计领域中的应用,决策有用的会计信息显得更为重要。它不仅将生产导向型企业物本资本会计控制职能理论依据扩展到现代经济控制理论方面,如系统论、信息论、控制论、决策论等。而且丰富和发展了生产导向型企业物本资本会计系统的控制方法,在信息确认和会计核算的生产导向型企业物本资本会计反映职能的两个阶段的基础上增加了信息应用阶段。同时将生产导向型企业物本资本会计职能的手工化升级为电算化。

在信息非对称的人本经济阶段,"第三次工业革命"的现代基础制造技术为顾客导向型企业定制化供给奠定了技术基础。在信息非对称的买方市场中,顾客的个性化需求得到满足,更多依赖于顾客导向型企业的管理者对它们的了解,这也驱动了顾客导向型企业人力资本的崛起。在此"土壤"中孕育出顾客导向型企业"资本与劳动和谐观"。在"资本与劳动和谐观"的指导下,顾客导向型企业成为利益相关者的一个集合,其本质为利益相关者契约。鉴于不同属性利益相关者在资源多用途的基础上实现非完备经济、社会以及环境的三种契约联合,形成了顾客导向型企业非完备超契约的本质。它借助于人本管理模式在马斯洛层序需求的人权价值运动的基础上,通过利益相关者共同努力,最终实现顾客导向型企业利益相关者价值最大化。面对信息非对称的顾客导向型企业人本经济管理活动,利益相关者契约赋予顾客导向型企业人造会计系统能动的反映与控制职能。它结束了信息非对称的物本经济阶段生产导向型企业物本资本会计的被动性会计反映与控制职能。顾客导向型企业人本资本会计能动性会计职能对象是,顾客导向型企业完全低层次需求价值运动状态的结构化数据信息和顾客导向型企业高层次需求价值运动状态的非结构化数据信息,而非生产导向型企业物本资本会计被动性会计职能对象的完全低层次需求价值运动状态的结构化数据信息。

在信息对称的人本经济阶段,"互联网+"现代企业催生了全球资源配置的"互联网工厂""云上工业"形成。在交互、可视、透明的"互联网工厂""云上工业"的基础上,借助于企业全社会人本管理模式(丁胜红、周红霞,2015)[204],在用户导向型企业完全低层次需求的人权价值运动的基础上实现高层次需求价值附加,最终完成了满足信息对称的买方市场体验需求的用户导向型企业定制化产品供给。面对用户导向型企业全社会人本经济管理活动,超契约企业应该在赋予用户导向型企业人本资本会计人造会计系统的超全面能动性会计反映与控制职能的基础上增加主动预测职能。鉴于"互联网+"用户导向型企业的边界伴随着互联网平台整合能力的增强而无限拓展,其用户导向型企业人本资本会计主体范围也将无限扩展。这里要求用户导向型企业人本资本会计职能的超全面性是指,在大数据技术对结构化与非结构化数据信息的自动获取,云计算对此数据的存储、计算与分类,以及在互联网高速传输的基础上,打造顾客导向型企业人本资本会计职能升级版。首先,用户导向型企业人本资本会计反映职能对象全面化:能动地反映用户导向型企业体验化共享价值运动状态的结构化数据信息+准结构化数据信息+非结构化数据信息(即完全低层次需求与高层次需求相融合的人权价值运动状态的结构化+准结构化+非结构化数据信息);其次,以资本与劳动和谐观替代资本雇佣劳动观,来泛化履行"互联网+"用户导向型企业的人类价值为本的完备超契约精神,完备超契约用户导向型企业应该赋予用户导向型企业人本资本会计人造会计系统的双向均衡控制职能,实现单向控制的传统会计职能超越;最后,由大数据会计职能实现了会计职能由智能化对电算化或手工化的超越。

当"体验化"网络经济消费成为信息对称的人本经济"新常态"时,智能化地反映与控制大数据的会计职能的履行,能够为用户导向型企业利益相关者提供定制化人本资本会计信息产品。但如何全面地实现人类价值为本的企业全社会人本战略,以满足利益相关者对用户导向型企业人本资本会计信息个性化的需求?只有在以智能方式能动地反映与控制用户导向型企业人本资本会计职能的基础上,增加主动预测的用户导向型企业人本资本会计职能,才能满足用户导向型企业人本资本会计信息消费者需要,用户导向型企业人本资本会计主体利用定制化用户导向型企业人本资本会计信息为其自身进行"把脉"诊断。随着用户导向型企业人本资本会计职能智能化替代传统会计职能手工化或电算化,用户导向型企业人本资本会计主动预测职能将为未来会计人员转岗就业提供更广阔的"用武之地"。

9.2.6 用户导向型企业人本资本会计核算组织程序与方法

会计核算组织程序又称为账务处理程序。截至目前,人类社会会计工作者仍采用信息非对称的物本经济阶段的生产导向型企业物本资本会计核算组织程序。在信息非对称的物本经济阶段,生产导向型企业物本资本会计的核算流程可划分为手工化和电算化的账务处理流程。前者从原始凭证的整理、汇总,记账凭证的填制、汇总,日记账、明细分类账的登记,到生产导向型企业物本资本会计报表的编制,均由生产导向型企业物本资本会计人员采用手工方式完成"凭证—账簿—报表"的核算组织程序。后者除了由生产导向型企业物本资本会计人员采用手工方式,将生产导向型企业物本资本会计各个核算岗位的生产导向型企业物本资本会计数据统一收集后集中输入计算机外,还按照会计软件的要求自动完成会计业务的处理,不受人工干预。显然,生产导向型企业物本资本会计核算,无论是采用手工化会计核算组织程序,还是采用电算化会计核算组织程序,它们的共同点是采用经济业务与会计业务分离方式,将企业一系列交易或事项的结构化主权货币量化数据,以人造的"会计凭证"形式输入人造生产导向型企业物本资本会计系统,以通用会计报告形式输出其财务状况和经营成果。

这种"只见物不见人"的生产导向型企业物本资本会计核算组织程序,不仅很好地解释了信息非对称的物本经济阶段生产导向型企业资本雇佣劳动观,而且传递出以主权货币量化完全低层次需求价值的物本经济运动规律。这种完全低层次需求偏好的微弱差异决定了生产导向型企业物本资本会计确认计量可采用还原论隔离法为企业决策提供事实依据(丁胜红、何丹、周红霞,2017)[2],采用其方法汇集记录企业资本价值存量与流量的结构化主权货币量化价值数据(徐国君,2003)[100],并以通用化的编报方法来供给卖方市场生产导向型企业物本资本会计信息,漠视了投资者对生产导向型企业结构化物本资本会计信息需求的差异性。

在信息非对称的人本经济阶段,顾客导向型企业人本资本会计核算组织程序仍采用电算化会计核算组织程序。但是信息非对称的买方市场马斯洛层序需求决定了顾客导向型企业人本资本会计电算化分层核算组织程序。其中,根据顾客导向型企业人本资本价值定理划定顾客导向型企业人本资本会计要素,基于顾客导向型企业人本资本会计要素划定顾客导向型企业人本资本会计账户,即物力资本、人力资本、组织资本以及关系资本。根据信息非对称的买方市场马斯洛层序需求,遵循需求判断价值的标准,将人本管理运用于顾客导向型企业人本资本会计分层电算化核算组织程序之中。将顾客导向型企业一系列交易或事项的结构化与非结构化泛货币量化数据,以人造顾客导向型企业人本资本"会计凭证"的形式,输入人造顾客导向型企业人本资本会计系统,又以顾客导向型企业人本资本会计分层会计报告形式,输出顾客导向型企业结构化与非结构化数据会计信息。这种"既见物又见人"的顾客导向型企业人本资本会计核算组织程序,不仅很好地解释了信息非对称的人本经济阶段顾客导向型企业资本与劳动和谐观,而且传递出以泛货币量化马斯洛层序需求价值的人本经济运动规律。这种马斯洛层序需求不同偏好的差异性,决定了顾客导向型企业人本资本会计的确认和计量可采用体系论分层法为企业决策提供事实依据。鉴于信息非对称的人本经济阶段人本经济发展观指导顾客导向型企业人本资本会计电算化核算组织程序革新,打造输出定制化顾客导向型企业人本资本会计报告模式,以体现顾客导向型企业人本经济发展观。

在信息对称的人本经济阶段,买方市场体验需求已成为人类社会的主流需求。用户导向型企业可利用大数据技术自动获取海量的体验化人权价值运动信息。然而以手工化或电算化的核算方式,无法完成用户导向型企业经济业务与会计业务同步输入人造用户导向型企业人本资本会计系统。同时在信息非对称的物本经济阶段,高层次需求的非结构化价值数据被排斥在生产导向型企业物本资本会计的人造会计系统之外。为了满足用户导向型企业利益相关者对信息对称的人本经济阶段用户导向型企业人本资本会计信息的个性化需求,重构智能化大数据用户导向型企业人本资本会计核算流程,成为信息对称的人本经济阶段买方市场中用户导向型企业人造人本资本会计系统革新的唯一选择。

利用互联网、物联网,结合大数据技术,自动获取用户导向型企业交易或事项的结构化与非结构化的人权价值数据,并自动输入用户导向型企业人造人本资本会计系统,实现经济业务与会计业务的同步核算。利用云计算的存储、计算与分类技术并结合互联网,完成智能化大数据用户导向型企业人本资本会计核算人权价值数据的处理与输出。这种"既见物又见人"的大数据用户导向型企业人本资本会计核算组织程序,不仅很好地解释了用户导向型企业资本与劳动和谐观,而且传递出以数据币量化超需求价值的人本经济运动规律。

这种超需求的层次差异性及其体验过程中人对匹配环境的敏感性,决定了大数据用户导向型企业人本资本会计的确认和计量可采用体系论分层法为企业决策者提供事实依据(丁胜红、何丹、周红霞,2017)[2]。采用该方法来自动汇集和记录用户导向型企业人本资本存量与流量的结构化与非结构化的数据量化人权价值数据(丁胜红,2016)[203],并以定制化格式的编报方法来满足对会计信息买方市场的海量个性化用户导向型企业人本资本会计信息的需求,认可用户导向型企业利益相关者对海量用户导向型企业人本资本会计信息的需求存在差异性。

9.2.7 用户导向型企业人本资本会计要素与等式

在信息非对称的物本经济阶段,在卖方市场中生产导向型企业以物本资源经济用途对生产导向型企业的会计要素进行分类,基于以生产导向型企业物本资本会计的"物的理论"设置生产导向型企业物本资本会计资本账户的思想,来迎合对生产导向型企业物本经济活动的管理。这种以物类价值为本的生产导向型企业经济管理,以满足信息非对称的卖方市场基本需求驱动生产导向型企业物本经济的发展,强调按照产品或服务的基本经济用途进行"少品种""大批量"的标准化生产产品或提供服务,这已成为生产导向型企业满足信息非对称的卖方市场基本需求的常态化经营内容。因此,应按照生产导向型企业物本资源的经济用途,设计生产导向型企业物本资本会计要素,即资产、负债、权益、收入(利得)、费用(损失)、利润。其中,资产、负债、所有者权益会计要素反映生产导向型企业物本经济管理活动的不同资本存量,而收入、费用和利润会计要素反映生产导向型企业物本经济管理活动的不同资本流量。

这种在不同物本经济状态下物本资源经济用途的差异性,决定了生产导向型企业不同物本资本存量的物本资本会计要素,与生产导向型企业不同物本资本流量的物本资本会计要素,以及对各自生产导向型企业物本资本会计要素的不同物本资本会计科目进行明细划分,然而,由于这种反映企业资本存量与企业资本流量的会计要素的经济用途各异,物本资本会计主体自然无法提供企业资本存量决定企业资本流量的逻辑性物本资本会计信息(丁胜红,2016)[203]。

在信息非对称的人本经济阶段,在信息非对称的买方市场中,顾客导向型企业以所有权与经营权合一的专业化劳动分工原理对顾客导向型企业人本资本会计要素进行分类,基于以顾客导向型企业人本资本会计的"拟人化"理论设置顾客导向型企业人本资本会计资本账户的思想,来迎合对顾客导向型企业人本经济活动的管理。基于专业化劳动分工来对顾客导向型企业人本资本的会计要素进行分类:以生产领域的物力劳动、人力劳动来对物力资本

(资产)、人力资本(资产)的会计要素进行分类;以服务领域的服务内部性劳动、服务外部性劳动来对组织资本(资产)、关系资本(资产)的会计要素进行分类(丁胜红,2016)[203]。这种以尊重人的劳动专业化分工所体现出的以人权为本的思想,即维护人的尊严,实现人之价值,这种专业化劳动分工所形成的顾客导向型企业的组织资本被称之为顾客导向型企业人本资本(丁胜红、盛明泉,2008)[8]。根据企业资本存量决定资本流量的逻辑,物力资本、人力资本、组织资本与关系资本的顾客导向型企业人本资本会计要素,成为顾客导向型企业人本资本存量与人本资本流量的共同基本分类名称(丁胜红、韦鹏,2015)[3]。基于马斯洛层序需求理论,对顾客导向型企业人本资本会计要素及其所产生的会计账户进行分类,以便"核算"顾客导向型企业不同需求层次的人权价值运动状况及其成果。

在信息非对称的物本经济阶段信息非对称的卖方市场中,物本经济在人类社会经济结构中处于主导地位。因此,不同经济用途的物本资源拥有者或控制者与生产导向型企业通过各种交易或事项的方式与之缔结经济性契约,将各自物本资源内置于企业,显示了以"(物本)资产"="(物本)权益"的物本资本会计等式反映生产导向型企业"(物本)价值归属"与"(物本)价值存在"的经济性契约企业本质(丁胜红、韦鹏,2015)[3]。

随着买方市场顾客个性化需求驱动顾客导向型企业人力资本不断崛起,会计学者们承袭基于产权范式的以物类价值为本的会计等式思想,改良了顾客导向型企业人本资本会计等式,如"非人力资本+人力资产投资+人力资产价值=负债+生产者权益+所有者权益"(刘仲文,1999)[101]、"物力资产+人力资源投资+人力资产=负债+所有者权益+劳动者权益"(阎达五、徐国君,1996)[94]。真正体现人力资本崛起以及关注劳动权益的,当属徐国君教授以价值本原形式首次将劳动者的创造价值以"行为"的会计要素引入生产导向型企业物本资本会计等式中,提出了"资产=行为=权益"的三维会计等式(徐国君,2003)[100]。由于他沿袭还原论隔离法对人力资本价值进行确认和计量,无法完整地揭示企业人力资本的全部价值,很难完全反映由信息非对称的买方市场马斯洛层序需求驱动人力资本在企业经济发展中的崛起地位(丁胜红、韦鹏,2015)[3]。

在信息非对称的人本经济阶段,买方市场中顾客导向型企业以"人类价值为本"的人本经济在社会经济结构中处于主导地位。顾客导向型企业人本资本价值定理(或人本资源配置定理)揭示了顾客导向型企业人本经济的发展规律,以所有权与经营权合一的专业化劳动分工与合作方式,实现以物类价值归于人类价值的顾客导向型企业人本资源优化配置,展示了顾客导向型企业利益相关者专业化分工的劳动解放和利益相关者增值。因此,由人本资源"集聚"形成的顾客导向型企业替代由物本资源"捆绑"形成的生产导向型企业,以便它能满足买方市场中顾客的个性化需求的定制化供给。以专业化劳动分工体系聚合形成顾客导向型企业人本资源,以"(人本)资产=(人本)权益"的顾客导向型企业人本资本会计等式,体现出顾客导向型企业的"专业化劳动价值归属"与"专业化劳动价值存在"。即顾客导向型企业人本资本会计基本会计等式为"专业化劳务分工与合作的劳动资产=专业化劳动分工与合作的劳动权益",或者为"物力资产+人力资产+组织资产+关系资产=利益相关者权益"。其中,劳动分工的本身已经代表了企业创造价值的本原。根据马斯洛层序需求理论对顾客导向型企业不同层次需求的人权价值运动状态与结果的顾客导向型企业人本资本会计等式,分别以结构化与非结构化的数据库形式分层表达会计等式的逻辑关系。以期满足信息非对称的人本经济阶段顾客导向型企业人本资本会计分层电算化核算流程重构的需要,最终顾客导向型企业人本资本会计信息定制化供给满足利益相关者的个性化会计信息需求。

在信息对称的人本经济阶段，买方市场中用户导向型企业以"人类价值为本"的人本经济在社会经济结构中处于主导地位。用户导向型企业人本资本价值定理与用户导向型企业人本资源配置定理，揭示了用户导向型企业人本经济的发展规律，以用户导向型企业所有权与经营权合一的专业化劳动分工与合作，体现用户导向型企业以劳动解放为本或以人类增值为本的经济发展观。在信息对称的买方市场中，按照所有权与经营权合一的专业化劳动分工原理对用户导向型企业人本资本会计要素进行分类，基于以用户导向型企业人本资本会计的"拟人化"理论设置用户导向型企业人本资本会计资本账户的思想，来迎合对用户导向型企业人本经济活动管理。基于所有权与经营权合一的专业化劳动分工，来对用户导向型企业人本资本会计要素进行分类，即生产领域的物力资本与人力资本，其中，人力资本分为参与型人力资本（即参与用户人力资本）与生产型人力资本（企业员工人力资本）；服务领域的物力资本、人力资本。这种用户导向型企业人本资本会计要素分类的理论依据为用户导向型企业人本资本价值定理及其人本资源配置定理。

在信息对称的"互联网+"人本经济阶段，"互联网+"企业的"扁平化""碎片化"的结果，与买方市场相融的用户导向型企业进化成三类人，即企业定制化生产的员工、企业平台化的管理者以及参与价值创造的用户。当然，无论是哪一类人，它们的功能就是将"物""人"化，即物类价值归于人类价值。因此，在用户导向型企业生产领域，根据用户导向型企业人本资本价值定理的推论，用户导向型企业人本资本会计的"拟人化"账户可分为物力资本与生产型人力资本（企业员工人力资本）、物力资本与参与生产型人力资本（参与用户人力资本）。用户导向型企业人本资本会计的"拟人化"账户体现了用户导向型企业服务领域的物力资本与管理型人力资本。"拟人化"账户不等于按人员设置账户，它体现了物类价值归于人类价值的以人类价值为本的人本经济发展观。

根据企业资本存量决定资本流量的逻辑，生产型物力资本、生产型人力资本、参与生产型人力资本、服务型物力资本、服务型人力资本的用户导向型企业人本资本会计要素，成为用户导向型企业人本资本存量与人本资本流量的共同基本分类名称。依据超需求理论对用户导向型企业人本资本会计要素及其产生的会计账户进行分类，以便"核算"用户导向型企业超需求的体验价值运动状况及其成果。由信息对称下人本资源"集聚"形成的用户导向型企业替代由信息非对称下人本资源"集聚"形成的顾客导向型企业，以便它能满足买方市场中用户体验化需求的定制化供给。

以所有权与经营权合一的专业化劳动分工体系聚合形成用户导向型企业人本资源，其用户导向型企业人本资本会计等式仍为"（人本）资产＝（人本）权益"。即用户导向型企业人本资本会计基本会计等式为"所有权与经营权合一的专业化劳动分工与合作的劳动资产＝所有权与经营权合一的专业化劳动分工与合作的劳动权益"。其会计恒等式为"物力资产＋人力资产＝所有者权益＋劳动者权益"。其表达式集中反映了用户导向型企业人本经济发展观，体现了资本与劳动和谐观。其中用户导向型企业人本资本会计账户的设计是依据专业化劳动分工原理，针对用户导向型企业人本资本会计要素，设置用户导向型企业人本资本会计资产类明细账户：生产型物力资产账户、参与型人力资产账户与生产型人力资产账户；服务型物力资产账户、服务型人力资产账户；以及设置用户导向型企业人本资本会计权益类明细账户：生产型所有者权益账户、生产型劳动者权益账户，服务型所有者权益账户、服务型劳动者权益账户。由于用户导向型企业人本资本会计资本存量决定用户导向型企业人本资本会计资本流量的逻辑的一致性,决定了基于用户导向型企业人本资本会计资本存量账户设置用户导向型企业人本资本会计资本流量账户,其中人本资本存量与人本资本流量可通过用户导向型企业人本资本会计明细科目加以区分。对此将在后面的章节中作详细阐述,在此不作赘述。

9.3 用户导向型企业人本资本会计方法论分析

在信息对称的人本经济阶段,按照免费互联网模式,利用现代基础信息技术搭建出信息对称的互联网平台,致使互联网颠覆了以往信息非对称的资源配置交易模式。这些变化主要体现在以下几个方面:

(1) 用户利用网络技术聚合成社群,且社群成为企业的异质性资源,它改变了企业配置交易模式,由此也改变了企业经济租金的内涵。

(2) 网络平台是在虚拟网络空间借以沟通社群中的粉丝和潜在粉丝的网络工具,通过供、需双方互动来消除彼此之间的信息不对称性,打破了以往由信息不对称所带来的交易壁垒。这不仅改变了"渠道为王"的信息非对称的人本经济(或物本经济)阶段配置交易模式,而且用户导向型企业借助网络平台实现自身的"扁平化"、去"中心化"和"碎片化",无限拓展了用户导向型企业的资源配置交易边界,同时单一会计主体逐渐演变为多元会计主体。

(3) 跨界协(合)作已成为"互联网+"的人本经济"新常态"。可以说,跨界协(合)作不仅满足了互联网模糊实体与虚体之间的资源配置交易疆界,而且使得很多曾经不相干甚至不兼容的元素得以联结,产生了价值。因此,跨界协(合)作本身就是一种新的配置交易模式,它以联结方式获得集群回报:利用技术跨界,在完成跨界的同时获得社群的建立;凭借已有社群实现再跨界,在跨界的同时吸引新的受众,逐渐将不同竞争关系的社群转化为合作关系的社群,或者相反。

因此,上述在信息对称的网络买方市场中,互联网配置交易实质上是"一种创造性破坏的过程(a process of creative destruction)"(熊彼特,2008)[205],通过新技术、新商业、新供应源和新组织模式的配置交易,获得了网络经济租金。因此,在"互联网+"时代,网络社群、网络平台、跨界协(合)作等新生事物的出现,激发了网络买方市场中人们对更高层次需求向往的"内在动机"(Amabile T,1996)[206],同时也产生了网络买方市场中互联网配置交易模式及其对应网络买方市场中对交易或事件的用户导向型企业人本资本会计确认方法的不同。

9.3.1 信息对称下互联网配置交易模式

在信息对称的网络买方市场中,随着信息对称的人本经济阶段社群、网络平台、跨界协(合)作等新生事物的出现,不仅拓展了用户导向型企业人本资源配置的交易边界,而且改变了顾客导向型企业人本资源配置的交易模式。

1. 社群逻辑下资源配置的交易模式

社群是指聚集在一起且拥有共同价值观的社会单位。在信息对称的互联网平台中,便利、发达的互联网技术将分布于不同地域的消费者、投资者、供应商等个体聚焦在一起,他们自愿在虚拟网络空间集聚成网状关系的各类社群。该类社群是用于自我满足和自我服务的一个自组织过程。正是社群的这种自组织过程改变了信息非对称的人本经济或物本经济阶段,由单向价值传递的品牌与顾客之间的线性关系向双向价值互动(Value Interaction)的品牌与用户之间的网状立体关系的转变。在用户一次次的价值互动过程中完成了用户导向型企业的品牌推广与价值体验,其价值观、文化被赋予了社群的关系属性,实现了用户导向型企业的品牌、价值观、文化转化为社群的品牌、价值观、文化的配置交易。在如用户主导的C2B商业形态的社群逻辑下,由于人们的参与使产品的所有属性都有了显著的提升。产品的寿命不再是有限的,而是因为重要的人们参与使其缩短或延长。

在消费者个体偏好转化为社群偏好的情况下,批量定制化成为产品生产的主流,且价值是在用户导向型企业与用户相互影响或共同参与下创造出来的(Nambisan S、Baron R A,2007)[176]。产品的管理不再需要每个阶段不同的市场、金融、制造、销售和人力资源战略,而转向依靠社群在一个社群网络中持续地使价值结构在重复鉴定过程中保持稳定(Christiansen J K、Varnes C J、Gasparin M et al,2010)[179]。由于服务社群偏好的定制化生产,使产品成本费用"人物化"归集模式也悄悄地转变为"物人化"归集模式,随之成本费用结构也相应发生改变。

产品的买方市场也由现实生活中用户导向型企业与用户双方进行价值交换的场所,演化为用户导向型企业与社群用户合作网络各成员之间的知识碰撞、交流与增值之场所(罗珉、李亮宇,2015)[6]。在价值创造过程中实现价值交易,在价值交易过程中丰富创新价值。然而在此过程中,作为知识创新来源的社群用户,他们是参与者和建设者,也是直接受益方。

一方面,社群用户借助社群自身平台主动地参与产品的创意、研发、设计以及品牌传播,消费自身的"闲置资源",换来了体验化产品定制供给,大幅度地提升"长尾(the long tail)末端需求"。在不经意中改变了信息非对称的人本经济阶段或物本经济阶段的产品销售模式:产品的销量起伏取决于人或网络之间关系的稳定程度,而非被动地服从于产品周期。产品的销售既要满足社群用户心理需求与社会需求,又要满足消费者对产品的功能价值(需要满足)、情感价值(如品牌知觉与忠诚)、学习价值(经验、知识累积的机会)的多元属性价值的需求。而这种社群自身天然的排他性以及社群用户个体的从众心理和马太效应被用户广泛使用、开发与传播,这为"产品市场出清"创造了条件。譬如,C2B这类先有需求再有生产的电子商务交易模式的兴起,使得供需平衡成为现实。

另一方面,社群用户借助社群自身平台,消除了社群用户之间的信息不对称性,打破了以往由于信息不对称所带来的交易壁垒,改变了信息非对称的人本经济阶段信息的流动速度和流动方式。以纳秒为计量单位的互联网信息流动速度打破了原有信息不对称的壁垒,改变了原本所有依托传统信息不对称获利所存在的配置交易模式。譬如,"1秒定律"使得Zetta级的大数据与相关的大数据处理技术效率大幅度提高,按照交易信息流量确认交易或事项成为现实。

在信息对称的互联网社群配置交易模式下,无论是资金流还是物流,其实质上都是信息流。供、需双方价值互动的双向信息流动方式将信息映射到商业的各个环节上,消除了用户导向型企业与社群用户之间的"隔膜",打破了信息不对称的壁垒,在满足社群用户极致的体验和极致差异化需求的情况下,完成了用户导向型企业与社群用户之间的价值互动(value interaction),在此过程中不仅共同创造了价值,而且完成了供、需双方的共享价值交易。譬如,O2O 模式,即通过线下(offline)的不断体验,然后进行线上(online)的不断购买,根本不需要中间环节,直接在供、需双方之间促成交易行为的实现。

2. 网络平台逻辑下资源配置交易的模式

平台就是借以沟通社群中的粉丝和潜在粉丝的工具(迈克尔·哈耶特,2013)[207]。网络平台就是在虚拟网络空间借以沟通社群中的粉丝和潜在粉丝的网络工具。人们借助网络平台可以自由穿梭于自然世界、社会世界与虚拟世界的"三界"之间,促进人力资源随机、高速地流动。网络平台正是借助于人力资源这种随机、高速的流动性,加速网络其他资源的连续集聚、快速规模化的配置交易,加速实体经济与虚体经济一体化进程。一方面,网络平台为供、需双方互动提供了场所和机会,以及提供了体验与学习的场所,致使用户主动参与到产品的研发、设计、生产、包装、物流配送、渠道终端的陈列和销售等环节,不仅消除了信息不对称性,打破了以往由信息不对称带来的商业壁垒,为跨界配置交易创造了条件,而且使社群用户获得了个性化产品的价值体验;另一方面,由于网络平台跨界和联结一切的存在,既有利于在传统产业市场边界以外挖掘潜在需求,尤其是"长尾末端需求",又有利于网络平台多元化交易,收获来自需求方的范围经济,实现消费者之间效用函数的相互依赖,而非相互排斥。

在网络平台逻辑下促进交易规模化。在 2020 年"双十一"一天的交易中,天猫的成交额达到 3 723 亿元,破了去年 2 684 亿元的纪录。同时网络平台也促进了社群规模化的发展。以百度贴吧为例,目前百度贴吧有超过 10 亿的注册用户,在超过 820 万个主题吧下日均话题总量过亿、日均浏览量超过 27 亿次、月活跃用户数近 3 亿。而网络社群平台在相当复杂的网络交易过程中实现了对资源整合和资源多功能性的充分利用。正如熊彼特(2008)[205]、Moran P、Ghoshal S(1996)[208]所讨论的那样,"价值的新来源产生于资源的新利用,特别是通过新方式去交换和组合资源"。因此,在强调社群个性化且突出偏好的网络平台上,社群用户可以通过网络平台参与设计体现自我偏好的创新产品,再加上社群用户的从众心理和马太效应,使得社群用户感知的使用价值最大化、规模化,既满足社群用户的体验化需求,又实现最大程度的"市场出清"。至此以"用户为上帝"的营销理念才能够获得真正的"落地"。

网络平台带来的最大变化就是信息流动的加速和流动方式的变化。在商业环节中的所有东西都离不开信息的描述,通过社群用户的主动参与将网络平台悄悄地嵌入各个商业环节以及各环节的各个方面。信息流动加速打破了以往信息不对称的壁垒,使得原有交易结构中的"黑箱"消失;同时信息流动方式也改变了以往的交易环境、价值主张、用户观念、用户族群、营销渠道、传媒过程,等等。总而言之,信息对称的网络平台促进了信息非对称的传统配置交易模式的颠覆。就交易要素而言,这种改变主要表现在以下两个方面:

(1) 网络平台使得交易的载体发生了改变。在信息非对称的物本经济阶段,交易的载体是产品,其交易的目的是获得产品的销售红利,产品的价值是在价值链模式下由生产导向型企业独自创造出来的,注重产品的使用价值与交易价值,信奉"渠道为王"的物本营销理念;而在信息对称的人本经济阶段,产品的价值是在价值商店(value shop)与价值网络(value network)(Charles Stabell、Oystein D、Fjeldstad,1998)[209]经营模式下,由用户导向型企业与用户在价值互动过程中共同创造的,注重产品的体验价值,信奉"网络平台至尊"的人本营销理念。因此,借助网络平台交易的产品,交易载体可能由产品转移到网络平台。在产品销售红利为0的情况下,用户往往借助网络平台的产品"诱饵"吸引不同用户来参与产品的研发、设计、生产、包装、配送、陈列和销售等环节。在此过程中,用户收获了体验价值,此时网络平台却成为用户导向型企业或营销方获得租金红利的唯一渠道,而非产品本身的零销售红利,甚至负销售红利。当然,在产品销售中用户导向型企业或营销方获得部分销售红利之际,此时交易的载体应该是产品与网络平台的共同体。

(2) 网络平台使得交易双方发生了改变。自互联网时代出现"脱媒"平台以后,供、需双方可在没有渠道的帮助下进行互动。无论是P2P交易模式,还是O2O交易模式,它们直接在供、需双方之间促成交易行为的实现,彻底抛弃了信息非对称的物本经济阶段"渠道为王"的物本资源配置交易模式。在信息对称的人本经济阶段,网络平台的资源整合优势促进了社群的形成与发展,尤其是网络平台提供给社群用户体验的机会与场所,促进了产品定制化的供给社群与需求社群发展壮大。产品的供、需双方社群借助网络平台信息优势实现了快速化、规模化的巨额交易,完成了以用户为本的定制化人本资源配置交易模式。产品交易的双方也由单元用户向集体社群演变,交易方式也由信息非对称的物本经济阶段规模化、随机的方式向信息对称的人本经济阶段碎片化、连续的方式转变。

3. 跨界逻辑下资源配置的交易模式

跨界(crossover)是指跨越行业、领域进行合作,又被称为跨界协作。它往往暗示一种不被察觉的大众偏好的生活方式和审美态度(罗珉、李亮宇,2015)[6]。从超契约(丁胜红、韦鹏,2015)[3]的视角来看,跨界是基于微观资源多属性的基础上,实现经济性契约与社会性契约、环境性契约的联结。也就是使得很多曾经不相干甚至不兼容的不同属性元素通过联结实现跨界协(合)作,产生协同价值。譬如,在移动通信市场上打拼多年的中国移动、中国电信和中国联通,它们所做的"蛋糕"却被腾讯的微信所掠夺,微信成了移动通信的跨界者。2013年,做视频的乐视卖起了电视,阿里巴巴做起了金融,长虹电视做起了互联网……因此,跨界本身就是一种新资源配置的交易模式。

当然,跨界是要具备一定前提条件的:从深层次来分析不难发现,具有跨界和联结一切功能的网络平台模糊了原有多种产业之间的配置交易边界,使得跨界成为可能;从用户导向型企业的层面来看,随着专业分工的日益精细,逐渐发展形成了不同产业链,借助网络平台整合精细化专业分工产业的价值链,使用户导向型企业有了成为跨界桥梁的可能;从知识结构的层面来看,借助网络平台实现用户导向型企业与用户在体验价值互动过程中共同创造价值,打破了原有信息不对称的壁垒,使不同传统产业的跨界人才和产品经理的出现成为现实。因此,在追求以人类价值为本的互联网模式下,"互联网+"的现代基础信息技术必然催生网络平台"跨界"交易的形成,且跨界已成为信息对称下人本经济的"新常态"。

在跨界逻辑下,通过跨界对不同传统产业进行整合,既使得原本不同行业间的合作关系演变成竞争关系,也可以在战略上将竞争关系转化为合作关系,实现了跨界的范围经济。通过跨界实现了用户导向型企业去"中心化"和"碎片化",改变了信息非对称下顾客导向型企业单一"中心化"的人本资源配置交易模式。去"中心化"不是不要"中心化",而是恰恰相反,通过跨界方式创造更多"中心化",扩大顾客导向型企业人本资源配置交易范围。如今很多品牌如小米公司不做广告,而是网上构建消费者族群进行交流,网下进行产品体验,获得更多消费者心理价位,增加了用户导向型企业收入所得。在信息对称的人本经济阶段,随着社群、平台、自媒体的崛起,跨界的人本资源配置交易模式不仅使得传播信息的方式多样、成本降低,传播方式转向碎片化传播,而且将网络的公众性和广泛参与性的特质发挥到了极致,在完成跨界的同时建立社群,借已有社群实现再跨界,同时吸引新的受众。譬如,腾讯的QQ、微信、小米盒子等最为经典。

在跨界逻辑下,跨界往往以"连接方式"实现资源的配置交易,获得连接红利。例如,阿里巴巴把淘宝平台和支付宝平台进行连接,通过吸收零散存款进行金融创新,获得连接金融红利;腾讯把用户和即时通信平台微信进行连接,相对于以往的收费模式,它通过免费的商业模式进行创新,增加用户点击率,拓展信息传播范围,节约了巨额信息交易费用。另外,跨界消除了信息的不对称,很多用户导向型企业利用这一点建立自己的社群,培育了"铁杆"用户社群。如奇虎通过360杀毒软件的免费,从信息服务领域进入杀毒软件市场,打破了收费杀毒软件市场多年的平衡,拥有近3亿的用户群体。因此,通过跨界找到了用户被忽略的需求之后,利用自己已有的社群优势和有别于原来用户导向型企业的新配置交易模式实现巨额连接红利。而巨额接红利能够驱动整个用户导向型企业界,颠覆信息非对称下人本资源(或物本资源)配置的交易模式。其根本缘由是事物的价值创造是建立在个人特征以及个人与环境的交流过程中(Felin T、Hesterly W S,2007)[210],跨界满足了人们整体性"俘获"马斯洛层序需求,实现了"互联网+"用户导向型企业人本资源的有效配置。

因此,在信息对称的人本经济阶段,上述三种互联网配置交易逻辑下的人本资源配置交易模式改变了顾客导向型企业获得经济租金的内涵。基于资源基础观来看,利用竞争性物质异质性资源和知识与管理异质性资源的配置交易,可获取信息非对称的物本经济阶段"李嘉图租金(Ricardian rents)";而利用信息对称的人本经济阶段互联网社群异质性资源,借助社群隔离(isolating)其他用户导向型企业的人本资源配置交易,可获取信息对称的人本经济阶段"李嘉图租金(Ricardian rents)"。利用生产导向型企业内部的资源和能力在管理和生产过程中形成"诀窍",可获取信息非对称的物本经济阶段"彭罗斯租金(Penrosian rents)";而接受信息对称的互联网配置交易模式下适当保护机制的社群用户与用户导向型企业在价值互动过程中通过提供"专用性资产",可获取信息对称的人本经济阶段"彭罗斯租金"。社群利用自身平台使社群用户获得体验化消费,为用户导向型企业提供更多消费者剩余进而使其获得信息对称的人本经济阶段"熊彼特租金(Schumpeterian rents)",以及源于社群跨界使用户导向型企业获得信息对称的人本经济阶段"连接红利(linkage dividend)"。

9.3.2 信息对称下互联网配置交易对象的价值特征分析

基于前文对社群、网络平台以及跨界三种不同逻辑下的互联网配置交易模式进行深入探索,相比于信息非对称的物本经济阶段的物本资源配置交易模式,其信息对称下不同互联网配置交易模式却有着共同的价值特征。

1. 价值共同化特征

人类社会财富的积累有两种方式,一种是价值创造,即通过智慧化劳动主观条件的改进与活劳动复杂程度和强度的提高来实现;另一种是价值转移,即通过智能化劳动客观条件的改进以及活劳动的相对减少或单位劳动时间的缩短来实现。无论是哪一种社会财富积累方式,对于信息非对称的物本经济而言,凹性专属性技术的生产导向型企业采用传统价值链线性思维模式,选择"组织化"协作、"产品规模化"生产、"中心化"传播方式等,注重消费者需要的产品功能价值创造。生产导向型企业将借助各种分销渠道的交易模式来实现生产导向型企业创造社会财富的价值。也就是说,社会财富的创造与价值的实现分别产生于生产与销售的不同领域,社会财富创造者借助源于技术的隔绝机制以及生产与销售的不同领域之间产品价值信息的非对称性,获取更多信息非对称的物本经济阶段经济租金。对于信息对称的人本经济而言,用户导向型企业采用价值网络思维模式,以及"跨界"协作、"用户体验化"生产、"去中心化"和"碎片化"传播方式等,借助网络平台实现与社群用户共同完成社会财富的创造(价值转移与价值创造),消除了信息非对称的人本经济阶段用户导向型企业获取销售红利(经济租金)的现实基础条件,然而异质性社群的排他性决定了用户导向型企业可获得源于社群隔绝机制的信息对称的人本经济阶段经济租金。由于互联网模糊了生产与销售的边界,使得用户导向型企业在与用户互动过程中共同创造产品体验价值,这就形成了互联网配置交易模式下价值共同化特征。产品的价值创造、价值转移与价值实现是在用户导向型企业与社群成员借助网络平台中的价值互动过程得以共同完成的。

2. 用户体验化特征

在信息对称的人本经济阶段,以人为出发点的 Web2.0 以及在此基础上产生以人类价值为本、以应用为本的创新 2.0,这些为社群用户获得体验消费提供了坚实的物质技术基础和动力源。利用 Web2.0 所打造的网络平台改变了以前自上而下的单向信息流为双向信息流,用户在借助网络平台参与价值共创的过程中更加注重价值创造与用户之间的密切关系(罗珉、李亮宇,2015)[6],至此用户的体验被提升到了前所未有的高度。而这种高度体现为以下两个方面:一方面是价值源于给用户带来的体验(Priem R L A,2007)[211],价值是在用户思考下创造出来的(Gourville J T,2006)[212];另一方面是"通过社群用户体验来获取资源"(Lepak D P、Smith K G、Taylor M S,2007)[213],以及"依靠社群创新得来的生态系统"(Adner R、Match,2006)[214]为用户导向型企业创造价值。尤其是在信息对称的人本经济阶段,由被誉为人感知外界信息"五官"的大数据技术、被誉为人传输感知信息"中枢神经系统"的移动互联网技术,以及被誉为人对输入信息思考处理"大脑"的云计算技术共同构成"互联网+",它置整个社会于"互联网+"思维模式之中,使得用户关注的重点由产品的功能价值向产品的情感价值、学习价值转变,追求"体验价值"已成为信息对称的人本经济"新常态"。

3. 产品定制化特征

用户导向型企业在借助网络平台与社群成员一次次价值互动的过程中,将用户导向型企业的品牌或产品赋予了社群关系属性,用户导向型企业品牌或产品转化为社群的品牌与产品,从而实现消费者个体消费偏好向消费群整体一致偏好的转变。这个转变是实现产品定制化的前提条件。社群、网络平台、自媒体的崛起引发全民参与,每个人既是传播受众也是传播者。而移动互联网更是将网络的公众性和广泛参与性的特质发挥到了极致,使社群用户偏好转化为现实需求,这是"产品定制化"的必要条件。源于社群的信息对称的人本经济阶段用户导向型企业的隔绝机制形成价值专属所获得的价值,通过各类社群用户的分类消费,使用户导向型企业获得了信息对称的人本经济阶段"李嘉图租金""彭罗斯租金""熊彼特租金"以及"连接红利"。因此,追求各类经济租金促使用户导向型企业利用网络平台连接一切或跨界协作,迎合了社群用户的偏好,最终实现了用户导向型企业生产的转变:批量定制化生产转向批量共享化生产,这是"产品定制化"的充分条件。因此,在追求以人类价值为本的人本经济阶段,来自需求端的用户要求极致的差异化与来自生产端的用户导向型企业的成本结构要求极致的高效化,在用户导向型企业与用户价值互动的过程中以"产品定制化"形式得以完美组合。

9.3.3 不同类型会计方法论的对比分析

关于会计方法论的研究,截至目前,尚无学者对此作较为深刻的论述,只是在会计学教科书中提及会计计量方法。譬如,历史成本法、现实价值法、公允价值法等,会计确认与会计计量的方法似乎是一样的,这显然不妥!笔者认为,会计方法论是对会计交易或事项的一种普适性看法,是一种方法的世界观,它侧重于会计确认。而会计学教科书中提及的会计计量方法,则是侧重于对会计交易或事项的手段。也就是说,具体会计计量方法是对会计方法论的具体化,同时它也是对会计确认的具体化。还原论和系统论是人们认知世界的两种基本看法。对于具体事物的看法,还原论采用"隔离法",而系统论采用"整体法"。对作为世界或宇宙一部分的会计交易或事项的会计确认,理所当然可采用还原论的"隔离法"或系统论的"整体法",只是这两种会计确认方法所需要的会计交易或事项的背景条件不同而已。

当然,在信息非对称的人本经济阶段,顾客导向型企业人本资本会计方法为体系论分层法,针对信息非对称的买方市场马斯洛层序需求,这种方法论适用于层次需求人权价值的确认。从某种意义上讲,体系论分层法是还原论"隔离法"与系统论"整体法"之间的过渡性方法。就分层法而言,它是根据信息非对称的买方市场不同需求层次进行价值分层确认的,这本身就是在还原,而针对每个层面上需求价值的确认却又采取"整体法"。就体系论而言,它是人们对世界万事万物的分层构成以及形成的一种普遍看法,是还原论与系统论的一种折中观点,或者一种过渡看法。

1. "隔离法"与"整体法"的比较

无论是还原论的"隔离法",还是系统论的"整体法",它们最初应用于对物理问题分析的不同看法。其中,"隔离法"指是对物理问题中的单个物体或单个过程进行分析、研究的方法。譬如,在力学中,就是把要分析的物体从相关的物体体系中隔离出来,只分析该物体以外的物体对该物体的作用力,不考虑该物体对其他物体的作用力。"隔离法"的思维特点是个体到个体的单向思维过程。"整体法"是指对物理世界所发生的问题中的整个系统或整个过程进行分析、研究的方法。譬如,在力学中,就是把几个物体视为一个整体,受力分析时,只分析这一整体之外的物体对整体的作用力(外力),不考虑整体内部之间的相互作用力(内力)。"整体法"的思维特点是从局部到全局的双向思维过程。

2. 用户导向型企业人本资本会计方法论的选择

在信息非对称的物本经济阶段,品牌或商品与消费者之间的关系表现为单向价值传递。无论是价值转移还是价值创造,生产导向型企业借助单一价值链周而复始地进行着单向社会财富积累。然后对于社会财富的价值实现,遵循着"渠道为王"的物本经销理念,借助各种分销渠道单向传递给各自消费者,使得各自产品或服务的自身价值得以被动地实现。显然,在信息非对称的物本经济阶段,生产导向型企业物本资源配置交易过程符合"隔离法"的基本特征。鉴于供给小于需求的买方市场中生产导向型企业以资本增值为本,重视物类价值胜过人类价值,而忽视或否定人类价值。这种仅将人类当作手段而非目的的完全低层次需求的会计交易或事项的确认方法,应该采用单向思维模式的还原论"隔离法"。

在信息对称的人本经济阶段,品牌或商品与消费者之间的关系表现为双向价值协同,在社群的影响下,这种关系被赋予了新的含义——价值互动。互联网模糊了价值转移、价值创造与价值实现的界限,用户导向型企业借助价值商店和价值网络与用户在价值互动过程中完成了价值共同创造。尤其是在"互联网+"思维模式下,用户导向型企业借助互联网平台实现虚拟世界与实体世界之间的价值互动,在此过程中收获更多的体验价值。显然,在信息对称的人本经济阶段,这种共享价值特征成为用户导向型企业人本资源配置交易的价值"新常态"。无论是用户导向型企业与用户之间的价值互动,还是虚拟世界与实体世界之间的价值互动,它们都适合采用双向思维模式的系统论"整体法"。

作为马斯洛层序需求的最高需求——自我实现,这是个人需求的终极目标,也是个人行为最强的驱动力。人的需求来自内在动机所致(Amabile T,1996)[206]。而超自我实现(即所有人的自我实现)则是人类社会的终极目标,也是人类社会集体行为最强的原动力。社会的需求来自社群内在动机所致。在信息对称的人本经济阶段,通过跨界协(合)作的连接,实现以互联网技术将星罗棋布于不同地理区域的社群聚合于虚拟网络空间,注重追求针对社群用户心理需求与社会需求的效用创新,逐渐形成社会需求寓于互联网络社群需求之中。因此,追求信息对称的买方市场体验需求,这已经成为网络共享经济的基本价值特征。为了满足用户的体验需求,"定制化"供给成为用户的唯一选择。互联网平台可以将个人消费偏好转化为社群消费偏好,而社群批量"定制化"的需求确保了用户导向型企业整体性"俘获"买方市场超需求。这不仅能获得原有的人本经济规模发展,而且促进了用户导向型企业借助网络平台在更大的范围获得人本经济的拓展。无论是用户的"体验化"需求,还是用户导向型企业的"定制化"供给,在互联网络平台中不仅完成了个体需求向社会需求的转化,而且实现了虚拟经济主体与实体经济主体之间的价值互动。在这种价值互动过程中,对交易或事项的用户导向型企业人本资本会计进行确认,应该采用体现双向思维特征的系统论"整体法"。因此,在信息对称的人本经济阶段,系统论"整体法"是用户导向型企业人本资本会计的一种量身定做的确认方法。

随着信息对称下人本经济的发展,互联网不仅融合了用户导向型企业的生产领域与销售领域的边界,而且融合了价值互动过程中价值转移、价值创造与价值实现之间的人(产)权界限。如果仍采用还原论的"隔离法",那么必将造成因用户导向型企业人本资本会计信息的残缺,而导致用户导向型企业人本资本会计信息失真。它不仅将商品所依赖的环境价值确认为商品自身的价值,而且会产生匪夷所思的会计结论。譬如,社群用户借助网络平台与用户导向型企业共同创造价值,消除了用户导向型企业依靠产品价值信息不对称所获得的销售红利的壁垒。因此,在信息对称的人本经济阶段,追求"体验化"产品消费的微薄销售红利已成为人本经济的"新常态"。

采用"隔离法"所确认的销售红利为0,甚至为负数的用户导向型企业将商品摆在某个互联网销售平台销售,而互联网销售平台的价值在于,通过用户对该商品的体验来收获该网络平台的经济租金。如果该互联网销售平台的产权属于提供商品的用户导向型企业,那么采用"隔离法"所确认的该用户导向型企业获得的所有收入,则可能为其他业务收入;如果该互联网销售平台的产权不属于提供商品的用户导向型企业,那么对于其他用户导向型企业或个人以"捐赠"形式给予该用户导向型企业的收入,按照"隔离法"应该确认其收入只能为营业外收入。无论确认为哪种收入,供给商品的用户导向型企业都没有主营业务收入,这与用户导向型企业的实际经营情况是不相符合的。

如果采用体系论分层法,用户通过对销售红利为 0 的商品体验而使互联网销售平台收获经济租金,可以把体验化商品看作互联网销售平台自身投资的一部分,获得经济租金是对互联网销售平台自身投资的回报。无论互联网销售平台产权属于谁,它都改变不了体验化商品作为互联网销售平台的投资回报的事实。

在信息对称的人本经济阶段,人的价值创造离不开环境对人的价值创造的作用。显然,采用还原论"隔离法"无法准确地确认人的自身价值,也无法准确地对人力资本价值投资的费用化与资本化的界限进行区分。如果采用体系论分层法,则很容易对人与其所依存环境的整体价值进行确认。由于人与其依存环境之间的相互作用关系可以借助电子量化抽象为人力资本与环境资本之间的函数关系,因而可以间接并准确地测算人力资本价值。对于人力资本与环境资本的具体交易或事项的确认,可比照权责发生制的配比原则。在确认人力资本的具体交易或事项价值的同时,应确认它所依存环境的具体交易或事项的价值。另外,借助于大数据技术打破物理世界的"信息孤岛",互联网超高的流速打破了原有交易信息不对称的壁垒,不仅扩大了交易或事项的范围与规模,而且使离散式的交易或事项通过互联网平台汇集成洪流式的连续交易或事项。因此,网络世界中以交易流量的方式或上网流量的方式形成连续性交易的共享经济租金。显然,选择"整体法"对这种具有连续性的交易或事项进行会计确认,是互联网共享经济发展的必然产物。

因此,"互联网+"的思维模式促进新的商业模式不断地生成,掀起了一场商业模式化的革命。经济运行核心已经从计划经济的政府和市场经济的顾客转向互联网经济下的用户(李海舰、田跃新、李文杰,2014)[105]。人类社会的主流需求也由卖方市场的完全低层次需求转向买方市场的马斯洛层序需求、买方市场的超需求。在信息对称的买方市场超需求下,对不同互联网配置交易模式下交易或事项的用户导向型企业人本资本会计的确认和计量应该选择"整体法"。这种方法一方面是对网络共享经济活动的一种客观描述,另一方面是对信息对称的买方市场超需求体验价值的一种认可。超需求是完全低层次需求与高层次需求的融合,在信息对称的买方市场中,用户在追求体验消费的过程中很难体味需求的层次性。鉴于信息非对称的物本经济阶段卖方市场中完全低层次需求的同质性,以及具有主权货币结构量化的特征,还原论"隔离法"是对信息非对称的卖方市场中完全低层次需求产权价值的认可,符合卖方市场中完全低层次需求者对其需求环境漠视的一种客观描述。

总而言之,在信息对称的人本经济阶段,社群、网络平台以及跨界协(合)作具有极强的生命力,它是"产品化"经济向"体验化"经济转变的根本动力。而这种根本动力一方面促进信息非对称的人本经济(或物本经济)向信息对称的人本经济转变;另一方面,拓展了产品价值的内涵,即由功能价值向情感价值、学习价值外延。在价值互动的人本经济"新常态"基础上,孕育出人本经济的三大特征,即共同化、体验化以及定制化,致使信息对称的人本经济阶段用户导向型企业人本资本会计主体对社群、网络平台以及跨界协(合)作三种不同逻辑下的交易或事项确认和计量的方法发生了重大改变,即由隔离法转变为整体法。

究其缘由如下:① 过去供方的单向输出流动被供、需双方的双向交换流动替代;② 社群改变了过去个体需求向集群需求的转变；③ 网络平台改变了过去"渠道为王"的物本经营模式向"网络平台化至尊"的人本经营模式的转变；④ 跨界协（合）作改变了过去生产导向型企业以物类价值为本向用户导向型企业以人类价值为本的转变。产生的巨大连接红利驱动整个买方市场中用户导向型企业颠覆了信息非对称的生产导向企业物本资源配置的交易模式，确立了信息对称的用户导向型企业人本资源配置的交易模式。进而选择用户导向型企业人本资本会计的体系论分层法，抛弃了信息非对称的物本经济阶段生产导向型企业物本资本会计的还原论"隔离法"，扬弃了信息非对称的人本经济阶段顾客导向型企业人本资本会计的体系论分层法。上述会计方法的演变适应市场及其市场需求的演变。

9.4 本章小结

通过对人类社会会计核算理论的扫描与思考，详细分析了随着人类社会生产力水平由欠发达阶段向发达阶段的演变，进而决定了产权范式向人权范式的转变。因此，在信息对称的人本经济阶段，根据用户导向型企业人本资本理论：人本资本价值定理、人本资源配置定理，以及全社会人本管理理论，归纳出信息对称的人本经济阶段用户导向型企业人本资本会计基础理论架构选择人权研究范式。据其详细对比分析了适应于信息对称的买方市场超需求的用户导向型企业人本资本会计基础理论架构。在此理论架构下，在信息对称的买方市场中，不同互联网配置交易模式以及不同模式下价值互动的交易或事项，通过比较还原论"隔离法"所具有的单向思维特征与系统论"整体法"所具有的双向思维特征，结合不同互联网配置交易模式下具有价值互动特征的交易或事项的双向思维特征，论述了用户导向型企业人本资本会计采用的系统论"整体法"。这是用户导向型企业人本资本会计基础理论架构的重要组成部分之一，只是在信息非对称的人本经济阶段，顾客导向型企业人本资本会计基础理论架构对此会计方法论不够重视，或被生产导向型物本资本会计的还原论隔离法所替代。

上述信息对称的人本经济阶段用户导向型企业人本资本会计基础理论架构，为构造用户导向型企业人本资本会计理论模式提供了理论依据。然而，如何将用户导向型企业人本资本会计理论模式付诸实践，即构建用户导向型企业人本资本会计应用模式，自然而然地需要依据信息对称的人本经济阶段用户导向型企业人本资本会计应用理论架构。这部分将在第10章中作详细论述。

第 10 章

用户导向型企业人本资本会计应用理论架构研究

在信息对称的人本经济阶段,用户导向型企业人本资本价值定理与全社会人本管理理论,为用户导向型企业人本资本会计理论"落地"指明了方向。其中,第 2 章中用户导向型企业人本资本价值定理为:$\beta/P=\alpha/K=\rho/M=\vartheta/U$,这个定理揭示了用户导向型企业人本经济发展处于最佳状况,而这种状况的形成需要靠用户导向型企业人本治理,其目的是通过智能化用户导向型企业制度配置,塑造出用户导向型企业人本资源有效配合的秩序,促进用户导向型企业人本经济有效地发展。由于由用户导向型企业人本治理塑造出的秩序需要通过用户导向型企业全社会人本管理来维护,因此,用户导向型企业人本资本会计应用理论的形成,是源于用户导向型企业人本治理机制促使用户导向型企业人本经济发展。根据科斯定理,市场可替代企业,企业也可替代市场,进而推论出市场机制与企业治理机制可相互替代。作为直接发挥经济基础作用的用户导向型企业人本资本会计应用理论,就此产生并逐渐发育成熟。

根据第 9 章中所论述的用户导向型企业与信息对称的买方市场融为一体,买方市场的区域性决定了用户导向型企业人本资本会计的区域性。作为倡导共享共赢的"一带一路"倡议,它与用户导向型企业人本资本会计所奉行的价值观都是马克思人本经济发展观,因此选择"一带一路"沿线国家形成的互联互通的区域市场,来研究用户导向型企业人本资本会计应用理论。与买方市场融为一体的用户导向型企业人本治理缘起于一个国家,甚至是一个区域对经济发展秩序塑造的区域治理。而用户导向型企业全社会人本管理也是缘起于一个国家,甚至是一个区域对经济发展秩序维护的习惯、规范、文化、规则以及制度。

10.1 用户导向型企业人本资本会计应用理论之缘起:关系治理

作为市场主体之一的企业,它是一个国家主要经济主体之一。作为企业制度配置形式的公司治理,它必然汲取这个国家的治理思想。在中国治理模式演变过程中,作为国家经济基础管理的会计应用理论也随之发生演变。冷战期间,中国的地缘政治经济先后经历了如下演变:"联苏抗美"的"一边倒"与"反美帝和反苏修"的"两条线"以及"联美抗苏"的"一条线"。随后对国内秉持计划经济的极"左"思想的影响予以纠正。在美国主导的"世界经济秩序"中,中国通过学习美国先进经济经验而逐渐融入其中,进入中国经济结构的调整性阶段。在美苏冷战对抗过程中,最终苏联的解体宣告世界冷战结束,"一超多强"取代"两极体制",

世界格局进入了美国主导的"世界经济秩序"——全球经济一体化的相对和平发展阶段。出于对和平与发展两大主题日益成为国际主流的把握,中国改革开放总设计师邓小平同志敏锐地抓住了历史机遇,在中国共产党领导下由中国政府推行先经济后政治的渐进式改革开放政策,从"多强"中和平崛起为世界"次超"。

而充当世界警察的美国却陷入海湾、中东以及阿富汗战争泥潭以及超负荷供给世界性公共产品,掏空了美国既有经济实力,美国在其"次贷危机"袭击下"一超"地位日趋衰落。为确保"世界霸主"地位,美国奥巴马政府延续"世界霸权"的扩张性倡议,在亚洲极力推行"亚太再平衡"倡议和 TPP 倡议来挟制中国和平崛起;以及特朗普政府发起加征关税的贸易战,秉持"冷战思维"遏制中国和平崛起。美国与欧盟一起推行在政治上碾压和在经济上制裁处于世界"次超"地位的俄罗斯,促使中国地缘政治经济倡议进入了联俄联新兴发展国家对抗以美国为特征的三条线("二次超+多强"对"一超")。为了拯救日趋衰落的美国经济以及让美国再次伟大,特朗普总统确定美国优先倡议原则,一方面,推行其盟友承担更多责任(如增加保护费)、减少世界性公共产品输出(如推出《巴黎协定》)以及降低发动战争的代价的政策;另一方面,推行增强自身实力的全球"收缩倡议"和暂让盟友"替代"自身部分世界警察权力的策略。

在这样的国际背景下,追求中国和平崛起的中国地缘政治经济倡议,应该进入追求以中、美、俄与新兴发展国家和谐发展为特征的多极化世界格局。由于世界多极化的和平与发展已经成为国际主流趋势,要想实现中国地缘政治经济的发展,应研究中国治理模式下体现中国企业会计应用理论演变的会计制度(准则),即由照搬照抄苏联行业会计制度,发展到会计准则与会计制度并存、与国际会计准则(美国会计准则)趋同,向具有国际会计准则趋同背景下注重中国会计准则本土化。

10.1.1 中国区域关系治理的历史演化

自从秦王朝开创"陆权帝国"以来,中国历代王朝在中原农业文明与北方游牧文明冲突过程中,围绕着如何安抚并尽可能将北方游牧强邻纳入大一统的"华夷秩序"。而落后的世界海河运输技术极大地降低了中华文明与西方文明发生冲突的可能,形成了"治边"而非"治海"的中国历代地缘政治经济倡议主旋律,塑造了历代王朝根深蒂固的陆权观。在公元前 2 世纪中叶,汉武帝凭借父祖几代 60 年的休养生息政策所积累起来的雄厚国力,果断采取反击匈奴垄断西域丝路的贸易政策,派遣张骞出使西域,开辟陆路丝绸之路。带着军事外交的目的出使匈奴的张骞,不经意间发现了经四川、云南到缅甸而至印度的商贸通道。张骞第二次出使西域携带了更多的物品,分送出使诸国,开启了中国历代王朝奉行的"朝贡体系"的先河。继汉武帝建立河西四郡之后,昭宣时代和东汉王朝建立了西域都护,唐朝设立了安西四镇以及伊西北庭都护府,对葱岭东西地区的羁縻府州,经历朝历代设置各种行政机构,有力地确保了中华与夷狄之间宗藩关系的政治格局(何芳川,1998;韩东育,2008)[215][216]。

因此,这种起源于汉代、成型于隋唐、充实于宋、完善于明清的朝贡制度塑造了稳态"华夷秩序"。早在汉代官方开通丝绸之路交通之前,古波斯帝国和亚历山大帝国时期都很重视葱岭以西的道路建设,后经历朝经略,贯通从长安、中亚、西亚到欧洲,构成了"陆上丝绸之路"经济带。中华帝国的统治者借助其"经济带"以朝贡制度构建了一元化上下秩序:以"中华帝国"为核心,内缘依次为西南地区的土官和土司、北方游牧部落的羁縻地区,中缘依次为最近的朝鲜、双重纳贡的琉球,外缘依次为东南亚朝贡国(如暹罗、占城、满剌加、爪哇、苏门答腊、苏禄)、中亚欧朝贡国(如俄罗斯、荷兰、葡萄牙、英国)①。随着众多朝贡国的加入,不仅实现了"以藩为屏"的自我防御的地缘政治需要,而且维护了"华夷秩序"的有序运转以及自身在朝贡体系中的权威和威望。

在"陆上丝绸之路"之前,已有了起源于东海和南海航线的"海上丝绸(陶瓷)之路"。它形成于秦汉时期,发展于三国隋朝时期,繁荣于唐宋时期,转变于明清时期。历朝历代的中华帝国的统治者利用"予多取少""厚往薄来"的"朝贡体系",以此规范"东人西去"海路上的"华夷秩序"。凭借获取丰厚的中华帝国"贸易利润"与消费品诱惑,塑造了中端控制在伊斯兰教徒手里与西端(整个欧洲的地中海贸易)控制在意大利人手中的"海上丝绸之路"的"垄断秩序",以初步展示萌芽海权帝国的恩泽。随着15世纪欧洲人大航海事业的发展,西班牙和葡萄牙率先扬帆,寻求一条不受意大利人控制,并且避开阿拉伯人要挟的通往东方的航道,清除远东与西欧之间丝绸之路上的所有掮客,开启了西人东来的"海上丝绸之路",不仅冲破了传统"海上丝绸之路"的"垄断秩序",也冲击了中国政府特别是明朝政府在丝路所经南海地区的朝贡体系,泯灭了中华海权帝国的初梦,在一定程度上促进了东、西方自由贸易秩序的发展。1500—1800年期间,中国对外政策的大体趋势为:明末渐趋开放,清初限制性开放,但雍乾日益收缩。总而言之,以朝贡体系所建立的"华夷秩序",终因"予多取少"的朝贡体系制度掏空了中华帝国的国力,换得以"海防"与"塞防"之争而最终回归了长期"闭关锁国"之态。

然而,崛起的工业强国与停滞的农业大国、主张商业自由贸易的海洋帝国与奉行闭关锁国的陆上(农业)帝国、开拓商品市场的资本主义条约体系与维持政治权威的农业社会朝贡体系之间的冲突自然是不可避免的(李晓、李俊久,2015)[217]。中华帝国在这场冲突过程中以鸦片战争辱败而催生了清朝士大夫阶层的海权意识。他们虽然兴起海权帝国的"洋务运动",但仍无法摆脱陆权帝国"重陆轻海"理念的束缚。针对其束缚,民国国父孙中山不仅提出了明确的海权思想(如"惟今后太平洋问题,则实关我中华民族之生存,中华国家之命运者也"),而且提出海陆并重的倡议思想(如"海权与陆权并重,不偏于海,亦不偏于陆,而以大陆雄伟之精神,与海国超迈之意识,左右逢源,相得益彰"),但长期备受西方列强掳掠的积贫积弱的中国很难实现海陆双权强国之梦。

10.1.2 中国区域关系治理的现实抉择

中国的地理位置历史性地决定了中国在东南沿海与西北陆地两个方向,同时作出经济政治地缘倡议的考量与抉择。以习近平总书记为核心的党中央集体提出"一带一路"倡议,不仅有实现海陆双权强国的纵深历史背景,而且着眼于当前国内外政治经济形势的变化,作出为实现中华民族复兴的伟大倡议抉择。这为中国关系治理模式的推广提供了区域空间,在国际会计准则趋同的背景下,为体现马克思的人本主义价值观在中国会计准则中的设计与推广奠定了基础。

1. 应对霸权治理(垄断治理)的倡议抉择

自中国加入WTO以来,中国对美国主导的国际政治、经济和金融秩序的融入程度进一

---

① 转引自:滨下武志,顾琳,塞尔登,等.中国、东亚与全球经济:区域和历史的视角.北京:社会科学文献出版社,2009.

步加深,同时中国的渐进式改革促进了中国快速和平崛起。中国国内生产总量于 2007 年超越德国成为世界第三大经济体,2010 年又超越日本,成为仅次于美国的世界第二大经济体。然而要想在美国主导的霸权(垄断)体系之内赶超美国,作为体系内的"老二",中国因面临着权力与责任的高度不对称而产生"二把手困境"。在中国经济实力位居世界第二之后,与秉持"二元对立"思维模式的美国的权力博弈也将进入长期的僵持阶段,并遭遇美国主导的霸权治理(垄断治理)的盘剥与压榨。一方面,作为"老二",经济等物质资源因承担责任而出现极大耗散,却又无法通过行使现有权力来协调体系中其他成员予以补偿或分摊责任成本,这种长期不公平的"内耗"不仅会延缓"老二"的赶超速度,而且酿成了"老二"衰落的根源;另一方面,美国时刻不忘"遏制"中国和平崛起。

在贸易领域,截至 2015 年 7 月 13 日,美国共对中国发起反倾销诉讼 99 例、反补贴诉讼 31 例,分别占美国反倾销和反补贴诉讼总数的 32.7%、51.7%,均为被发起调查国之最[①]。在金融领域,一方面,美国借助美元霸权,不仅将"汇率操纵国"的帽子强扣于中国,并借助国会议案单边行为强迫人民币升值,而且借助 G20 和 IMF 等多边场合联合向中国施压;另一方面,深陷经常账户赤字和债台高筑的美国利用美元霸权在全世界国家"薅羊毛",借助调控全球金融资源和制定全球金融市场规则的本土化金融市场以及制造不对等的新型国际分工形态,让中国蒙受着美元贬值和外储缩水的系统性风险。在安全领域,美国实施了军事上的"亚太再平衡"倡议,在南海、东海拉帮结派,制造出中国"海海危机",已达到在中国第一岛链内构筑围堵与遏制中国和平崛起的军事包围圈。在规则制定领域,奥巴马政府试图借助获取跨太平洋伙伴关系协定(TPP)主导权来构筑排斥中国分享经济规则制定权,已达到遏制"老二"崛起的倡议目的。迫于制止美国自身经济衰落的需要,新上任的美国总统特朗普政府宣布退出 TPP,但作为美国"跟班"的日本等国仍揪住 TPP 这根救命"稻草",极力完成其前"主人"的凤愿。在这种形势下,中国和平崛起的倡议受到西方霸权(垄断)治理重重打压,迫使中国抉择"一带一路"倡议选择向东北、东南、西北突围方向,充分利用在中华文化共同体中孕育于几千年实践而形成并发展起来的"关系治理模式"优势,作为突出西方霸权(垄断)治理重围的手段。

2. 抓住世界经济政治发展机遇的倡议抉择

以苏联解体而宣告世界冷战胜利的美国,自身也因此背负了不断攀升的超巨额政府财政赤字。但仍秉持冷战思维的美国奥巴马政府,为维持其霸权主义与强权政治,在中东、叙利亚和阿富汗等国,美国继续发动局部战争;在欧洲,美国联合欧盟盟友对俄罗斯实行经济制裁和政治碾压;在亚洲,联合日本、韩国和菲律宾等美国盟友,打着"航行自由"的幌子在南海、东海危害中国国家海空安全,在经济上主导推行 TPP,排斥中国在国际经济规则制定中的参与权。这种在军事、政治以及经济上的全面遏制中国和平崛起,却也掏空了美国最后残存的国家经济实力。为了挽救疲软的美国经济,决心"让美国再次伟大"的特朗普政府宣布退出损人损己的 TPP,摒弃了所谓"亚太再平衡"倡议,确立美国优先倡议原则,其实是美国为增强自身实力在全球实行形式思维"收缩"倡议,这为中国推行"一带一路"倡议赢得了空前的国际空间。

---

① United States International Trade Commission "AD. CVD. Investigations," http://www.usitc.gov/trade—remedy/731-ad-701-cvd/investigations/active/inde3t.htm,登陆实践,2015-8-21。

充当美国"马前卒"的菲律宾阿基诺三世政府发起荒谬的南海国际仲裁案,致使菲律宾不仅丧失了"天然"的中国庞大经济市场,也背离了中国—东盟的南海合作宣言,将原本脆弱的支柱——菲律宾传统农业经济推向濒临破产、崩溃的境地。随着迎合民意的菲律宾杜特尔特总统上台,在政治上搁置南海国际仲裁,在经济上寻求与中国务实合作,中国不仅向菲律宾开放巨大的中国农业市场,而且向原本制约菲律宾经济发展的基础设施、环境治理提供巨额资金和技术,为中国推行"一带一路"倡议获取支撑点。而韩国的朴槿惠政府中途背离中韩建交之初心,梦想借助美国盟友军事庇护而部署损害中、俄、朝三国国家安全的"萨德系统",将中韩友好睦邻关系推到"冰点",伤害了中国人民感情,导致了中国消费者抵制或摒弃韩国商品,取消去韩国旅游,以及中国政府制裁部署"萨德系统"的韩国帮凶公司,原本严重依赖中国市场的韩国外向型经济处于急速崩溃之势。随着挽救韩国生存发展的新总统文在寅上台,似乎极力落实竞选总统时的国民承诺,积极改善中、俄、朝三国的国际关系,并派代表积极参加中国主办的"一带一路"国际合作高峰论坛。此外,极不情愿的美、日最终也派代表赶上搭载"一带一路"末班车,这为推行体现中国关系治理模式的"一带一路"区域会计准则趋同化赢得了机遇。

自 2007 年美国"次贷危机"以及 2010 年欧洲"主权债务危机"相继爆发以来,巨大治理赤字让规则治理(霸权治理或垄断治理)理念、方式及其背后所凝聚的"华盛顿共识"的神话备受质疑,促成了亚洲区域性关系治理意识的觉醒。譬如,经济合作与发展组织(OECD)、亚洲广域经济圈、金砖合作机制等,如雨后春笋般产生。冷战之后,相互依存的关系治理在实体经济领域最先得以扩展和深入,在不同文化、不同体制的经济体之间出现了高度相互依存的状态。这种相互依存的关系治理所产生的外溢效应正在向其他领域蔓延,促使世界权力从美、苏两个超级大国向新兴国家流散,以及促成了由民族国家流向市民社会的转移[①]。这种世界权力的转移促进了滞后于世界权力结构变化的霸权(垄断)治理规则正在向包容各种文明治理思想的治理关系的转变。新上任的美国总统特朗普政府也承认世界价值是多元化的,并且宣告退出围堵中国和平崛起的 TPP,这为中国提倡"一带一路"倡议提供了千载难逢的契机。同时,这也标志着奉行一元主义治理观的强权治理(垄断治理或是霸权治理)向多元主义治理观的中国关系治理模式转变。

在网络虚拟空间中,西方强权治理表现以数字鸿沟(digital divide)的一种虚拟不平等(virtualine quality)形式将国家与社会的不平等治理规则在虚拟空间中得以延伸。他们以互联网名称与数字地址分配机构(ICANN)为核心,以获取数据鸿沟、技能鸿沟为手段,极力推行西方数字殖民主义,强调网络规则治理,推行"网络垄断治理"或是"网络霸权治理"。但对于新出现的政治关切及公共秩序问题,这种治理模式不能有效加以解决,加剧了 ICANN 在互联网领域存在着政治承诺方面的合法性赤字,动摇它在网络空间的权威地位。随着新兴国家在网络空间的兴起,要求改革现有的 ICANN 制度体系,破除"网络垄断治理"或是"网络霸权治理",建立多边、民主、透明、公平的"网络关系治理"的呼声日趋高涨。而迅猛发达的中国"互联网+"的现代网络技术以及世界领先的量子计算机及其通信技术为中国推广和拓展中国人类价值为本的关系治理模式以及"一带一路"区域会计准则及其会计规范等的落实提供了技术性的新机遇与保障。

---

① SusanStrange, *The Retreat of the state*, New York:Cambridge University Press, 1996.

3. 解决中国自身经济发展困境的区域关系治理模式抉择

自 2008 年金融危机以来,西方经济市场消费低迷,基于中国改革开放所主导的资源消耗的外向型高速经济增长方式难以为继,一方面,粗放型经济发展带来的严重环境问题严重威胁到人类生存与发展,中国人口老年化加速了人口红利的快速消失;另一方面,在其经济发展过程中积存的巨量过剩的产能难以自我消化,中国经济发展到了必须升级经济结构、将要素和投资驱动转向创新驱动的阶段。也就是说,中国只有抓住"第三次工业革命"或李克强总理所说的"中国制造 2025",才有可能实现中国经济发展的"弯道超车"。为此,中国工业以全球化个性化制造范式,在经济增长倡议中实现由粗放型经济增长方式向集约型经济增长方式的转变;在全球竞争倡议中实现由个别要素优势向形成综合成本和包容式竞争优势的转变;在产业发展倡议中实现加快产品技术创新的同时,协同推进倡议性新兴产业与先进制造技术融合发展;在技术创新倡议中在强调前沿制造技术突破的基础上,更加注重适用性先进制造技术的联合攻关。

所有这一切倡议的"落地",都需要中国实施"一带一路"倡议,来解决中国经济发展的自身困境。首先,"一带一路"沿线国家存在基础设施严重的供给不足,这为资源消耗型的中国经济发展带来契机。中国为了避免西方爆发金融危机对中国经济发展的影响,中国实施 4 万亿元人民币的内需刺激计划。而这些钱主要都汇聚到与基础设施建设紧密相关的钢铁、水泥等行业,它们拥有巨量的过剩产能,而"一带一路"沿线国家存在基础设施严重的供给不足,这为中国钢铁、水泥等行业的巨量过剩产能找到了出口机会。其次,"一带一路"沿线国家盛产较为廉价的石油、天然气等能源。尽管中国注重发展低碳、环保型经济,但是石油、天然气有限的储量与庞大的市场需求之间严重失衡,除非可燃冰能够成功、大量、及时开采,否则也只能靠进口来解决能源问题。最后,在西方国家贸易保护主义抬头,国内需求不足的情况下,中国出口商品却频遭国外"两反一保"伎俩挤压,同时为了摆脱中国面临的经济转型、"中等收入陷阱"、人口红利消失、自主创新能力缺乏、环境恶化等严峻困境而必须推行"中国制造 2025"。

在这种背景下,实施"一带一路"倡议有助于加强中国与沿线国家的互补性经贸合作,一方面,为劳动密集型和资本密集型的产品在发展中国家找到市场,以便为国内实现中国制造 2025 而"腾笼换鸟";另一方面,为国内数据化、智能化、信息化的"第三次工业革命"发展寻求沿线发达国家技术支持与联合创新,以及抢占创新产品的国际市场空间。方兴未艾的"第四次工业革命"的现代基础信息技术的推广应用,促进了共享经济的发展,这为关系治理模式下,"一带一路"区域的会计准则、规则以及制度等奠定了坚实的制造技术基础。因此,解决中国自身经济发展困境,选择经过中国历史实践证明的"一带一路"倡议,就是选择中国区域关系治理模式,它是中国历史文化的结晶!

4. 确保国家政治经济纵深安全的区域关系治理模式抉择

改革开放 40 多年来,国外投资者利用中国沿海地理区位优势、良好自然资源禀赋、较为发达的基础设施,以及由农村人口进城打工的过剩廉价农村劳动力资源,以贴牌代工形式成就了东南沿海地区的"世界制造工厂"地位。同时也将中国经济牢牢锁定在国际价值链低端,借助市场准入规则垄断霸权和高端技术优势层层盘剥与压榨处于价值链低端的中国劳动者所创造的剩余价值,隔断了上游(中国东北)装备制造技术与下游(东南沿海)消费制造技术之间的"天然价值链"。致使历届国家领导人先后提出的"两步走"倡议、区域协调发展倡议、西部大开发倡议、东北振兴和中部崛起发展倡议,都未能产生东南沿海与西北部区域经济均衡协调发展的效果。同时滞后的西部经济滋生出暴力恐怖主义、民粹主义、极端宗教主义的"三股势力",这已构成中国除了传统安全领域以外的重要威胁,严重制约了中国经济向西北纵深发展的倡议。

因此,中国政府力推"一带一路"倡议的意义在于:① 在"一带一路"沿线发展中国家中寻求与中国天然的上游(中国东北)装备制造技术对接的下游消费制造技术,复活国内原有价值链,拓展中国东北经济纵深空间。② 经过 40 多年改革开放,高速的经济增长积累了雄厚的中国资本和在绝大部分领域培育出国际领先技术。中国可借此与"一带一路"沿线发达国家所拥有的其他国际领先技术之间建立互惠竞争伙伴关系,构建摆脱备受西方(美日)奴役的国际价值链,拓展中国东南沿海经济国际纵深空间,成就国家价值链国际化。③ 发扬古"丝绸之路"绵亘万里、延续千年、直锤当代的"丝路精神",配合中国周边外交倡议转型:由"以经促政""经营周边"向"稳定周边,和谐周边"倡议转型。在凝聚"丝路精神"的周边外交倡议指引下,不断增进沿线各国彼此的"民心相通"与"政治互信",消除"三股势力"的生存土壤,培育出中国与中亚、西亚、欧洲紧密联结为政治经济安全的"命运共同体"和"利益共同体",进而打造出确保中国政治经济安全的陆海兼顾、纵深双权的民主强国倡议。④ 在 40 多年改革开放的过程中,中国国防军事力量进入世界第三位,随着中国第五代隐形战机歼 20、歼 31 相继服役,世界先进水平 052D 核潜艇陆续下水服役,001A 航空母舰下水试航,以及中国太空站有序推进,加速缩小了与美国军事实力的差距。以不断举行各种反恐贩毒军事演习来加强中国与"一带一路"沿线各个国家的军事合作,确保"一带一路"沿线各发展中国家相互依托的经济政治纵深安全。

2017 年 5 月 14—15 日,"一带一路"国际合作高峰论坛在中国成功举办,并发布了《"一带一路"国际合作高峰论坛圆桌峰会联合公报》。中国向亚投行注入资金 1 000 亿美元,这为本次高峰论坛中,中国与"一带一路"沿线各国达成的互利互惠的 270 多个项目的有序推进奠定了坚实的财力基础,进而有力地促进了人民币的国际化。不仅能有效对冲美元的"嚣张特权",而且能对"一带一路"沿线各国释疑中国和平崛起的诚意,增进了中国国际经济政治纵深安全倡议空间。因此,中国历史证明选择"一带一路"倡议,就是选择中国关系治理模式,它是中国安全观的历史结晶。

10.1.3 区域关系治理分析

在"一带一路"国际合作高峰论坛开幕式上,习近平主旨演讲中指出:"和平赤字、发展赤字、治理赤字,是摆在全人类面前的严峻挑战。"在一个新兴大国群体崛起的时代,采用"多元主义治理"模式尝试解开"一元主义治理"模式所未能解决的一系列国际问题及其所伴随着复杂利益纠葛而形成的一个个困难"死结"。显然,在人类社会治理模式演化过程中,"多元主义治理"模式是一种历史必然选择。在"和平合作、开放包容、互学互鉴、互利共赢"的"丝路精神"感召下,更多源于中国思维方式、历经几千年实践孕育而发展起来的关系治理模式,在基础设施、互联互通、产能合作、经贸产业合作区的基础上,"一带一路"倡议赋予了它新时代的内涵。

1. "一带一路"倡议下区域治理要素的构成

谈任何治理都围绕着"为什么治理、如何治理、谁治理、治理什么、治理得怎样"这五个核心问题来展开。回答这五个核心问题，必然相应地聚焦到治理价值观、治理规则（关系）、治理主体、治理客体以及治理效果这五个核心要素上，因此，"一带一路"倡议下区域治理也不例外。

(1) "一带一路"倡议下的区域治理价值。在1997—1998年东亚发生的经济危机中，国际货币基金组织无法提出妥善的解决方案，于是东盟中日韩（"10+3"）机制应运而生。多哈回合长时间陷入僵局，世界贸易组织无力推进，导致双边和小多边自由贸易区的迅速发展。随着美国退出跨太平洋伙伴关系协议（TPP），"一带一路"沿线各国互利合作经济获得了迅猛发展的机遇，其变化现象揭示出理性（功利）主义强调一元规则治理（霸权治理或垄断治理）模式正在弱化，而人本主义强调多元关系治理模式正在悄然兴起。在"一超多强"的多极化世界里，规则和关系不是相互排斥的二元对立，而是相互补充的二元融合。关系治理和规则治理是相互补充的两种治理方式。这正如习近平在2013年4月3日会见美国国务卿克里所强调的："宽广的太平洋两岸有足够空间容纳中美两个大国。"当然，这两种治理方式也有其历史的沉淀，如中国与中亚、西亚、欧洲各国人民开拓创新，共同孕育出东方文明与西方文明的交融结晶体：和平合作、开放包容、互学互鉴、互利共赢的"一带一路"之精神。这种精神也是"一带一路"沿线各国共同期望的治理目标。这种治理目标折射出具有中国智慧的人本主义治理价值观。这种治理价值观凝聚着"一带一路"沿线各国、各组织与各族人民在相互之间和谐关系的塑造、协调和管理过程中实现人本关系治理价值。

(2) "一带一路"倡议下的区域治理规制。治理规制的塑造存在两种形式，一种是以行为体为基本单位来塑造霸权（垄断）治理规制；另一种是以行为体之间的关系为基本单位来塑造关系治理规制。前者强调一元主义治理观的强制治理秩序塑造，其工具理性是治理规制基本理念的支撑，其治理规制主体奉行西方理性（功利）主义世界观，形成强权治理模式；后者强调多元主义治理观的和谐治理秩序塑造，其价值理性是治理规制基本理念的支撑，其治理规制主体奉行东方（马克思）人本主义世界观，形成平（等）权治理模式。

就"一带一路"而言，它不是一个实体和机制，所以强权治理失去霸权（垄断）的依托，因此，"一带一路"倡议下无法实现区域强权型治理规制。但"一带一路"是合作发展的理念和倡议，依靠中国与"一带一路"沿线有关国家已经建立的双、多边机制，形成有效的区域合作平台，在古代"丝路精神"的感召下，高举和平发展的旗帜，聚焦发展问题，释放发展潜力，坚持"三共"[①]原则，积极推进沿线国家互惠发展倡议之间的相互对接，可汇聚出中国新发展理念[②]和中国安全观[③]，可以塑造出"一带一路"倡议下区域以人权为本的平权型治理规制，旨在共同规范与合作发展，塑造与"一带一路"沿线国家经济合作伙伴的良性秩序，共同打造人类命运共同体。

(3) "一带一路"倡议下的区域治理主体。根据"一带一路"倡议，制定和实施"一带一路"倡议下形成的以人权为本的平权型治理规制。沿线各国根据平权型治理规制构建其组

[①] 三共是指共商、共建与共享。
[②] 中国新发展理念是指创新、协调、绿色、开放和共享，它们共同构成了中国新发展理念。
[③] 中国安全观是指共同观、综合观、合作观、可持续观共同构成中国安全观。

织机构,主要有三类:①"一带一路"沿线各国政府部门以及各国政府当局。正如习近平所言,不论是来自亚洲、欧洲、非洲,还是来自美洲、拉丁美洲、大洋洲,都可以建设成为"一带一路"国际合作伙伴。② 国际性组织、区域性组织,如联合国、世界银行、国际货币基金组织、亚投行、南南合作援助基金组织、上海合作组织等。③ "一带一路"沿线各国公有或私有组织,如国有企业、民营企业、社会组织等。

（4）"一带一路"倡议下的区域治理客体。它是指已经影响或者将要影响"一带一路"区域内的、很难依靠单个国家得以解决的区域性问题。它主要包括实体(陆海空)与虚体(网络)基础设施、互联互通、产业投资、资源开发、经贸合作、金融合作、人文交流、生态保护、海上合作等领域。

（5）"一带一路"倡议下的区域治理效果。"一带一路"经济区域路线为:东亚经济圈→亚欧非大陆→欧洲经济圈,其中,亚欧非大陆是由具有潜力巨大的发展中国家构成。因此,围绕人本主义治理价值观推行"一带一路"倡议下的区域治理,将有效地实施"一带一路"区域平权型治理规制,实现区域基础设施更加发达、更加安全高效的实体与虚体通道网络的基本形成,互联互通达到更高水平;投资贸易便利化水平得到进一步提升,高标准"一带一路"区域自由贸易区网络基本形成,经济联系更加紧密,政治互信更加深入;人文交流更加广泛深入,不同文明互鉴共荣,各国人民相知相交、和平友好。关于"一带一路"区域治理绩效的评估,集中体现为"一带一路"区域治理规制的有效性,具体包括"一带一路"区域治理规制的透明度、完善性、适应性、政府能力、权力分配、相互依存和知识基础等方面。建立"一带一路"区域治理绩效评价指标体系,可以第三方的国际评级机构独立评估,或"一带一路"沿线各国共同成立绩效评估机构进行自评,以达到以评促建的效果。

2. "一带一路"倡议下区域治理的概念与内涵

基于"一带一路"倡议下区域治理要素的综合分析,可提炼出"一带一路"区域治理概念,它是指"一带一路"沿线各国政府、国际组织、区域组织、各国组织、个人等共同管理基础设施、互联互通、产业投资、资源开发、经贸合作、金融合作、人文交流、生态保护、海上合作等领域的共同事务,而塑造、协调、管理各方关系的过程。将塑造关系身份视为治理的要素,将协商、管理过程视为治理之根本(秦亚青,2012)[218]。鉴于其概念,"一带一路"倡议下区域治理的内涵包括:一是"一带一路"倡议下区域治理的实质是以"一带一路"区域治理机制为基础,而不是以正式的政府权威为基础。二是在"一带一路"倡议下,由不同层次行为体的多元化和多样性构成具有复杂结构性的区域治理。三是"一带一路"倡议下区域治理的方式是参与、谈判和协调,强调程序的基本原则与实质的基本原则同等重要。四是在"一带一路"倡议下,"一带一路"沿线区域治理与"一带一路"沿线区域秩序之间具有本质的一致性,"一带一路"倡议下的区域秩序包含那些"一带一路"倡议下区域政治不同发展阶段中的常规化安排,其中一些安排是基础性的,而另一些则是程序化的。

3. "一带一路"倡议下区域治理的结构

截至目前,关于治理结构的主流观点有两种,一种是制度安排观;另一种是权力配置观。笔者根据前者观点,结合"一带一路"的"丝绸精神",围绕以人权为本,在"一带一路"沿线区域内由不同治理主体与治理客体构成一种稳定区域关系结构,对此称之为"一带一路"区域治理结构。当然,这种区域性关系是指区域性伙伴关系,它既非现实主义世界的敌对关系,又非自由主义描述的那种仅仅为利益展开合作或是竞争的利益相关方,而是一种基于信任和认同的集体身份再定位,这种信任与认同不是源于个别国家的权威或膜拜,而是越来越依赖区域和谐制度。

(1)"一带一路"倡议下区域治理结构的基础是制度。在国际关系理论中,实力(或权力)被视为认识国家行为的核心概念,国家的实力(或权力)被视为国际政治中最根本的概念。因此,古典现实主义者认为,区域治理的最终目标是区域配置权力的攫取。"以权力界定利益"成为现实主义者的忠实信条。新现实主义与古典现实主义一样,也认为权力是解释国际治理结构的关键要素,因此,将自身经济实力直接或间接地转化为象征实力(软权力)的武器实力(硬权力),这是世界许多国家研究的课题。他们认为强大的武力一方面能够维持本国独立,扩大本国安全空间,尤其是弱国,如朝鲜拼命地研发先进核武器等;另一方面,世界各国在国际利益博弈体系中,为了获得自身更大利益,尽可能地获取更大发言权,甚至可采取单边武力行动,如美国入侵伊拉克等,打着"航行自由"的幌子到中国南海耀武扬威等。

根据华尔兹的理论,结构根据系统的排序原则来界定,实力是行为体的属性,区域行为体之间的实力分配决定了区域治理结构的根本特征。这种基于理性主义的概念,各自追求自身利益最大化的权力简单排序、加减所形成的区域性规则,只能是一种主导者的权力工具,而后来者只能是被规则治理的对象,这样的权力规则是不具合法性的,也不会达到有效治理的效果。这种在行为体权力基础上的治理结构,与"一带一路"的"丝绸精神"显得格格不入。

随着区域经济一体化程度不断加深,区域各国相互依赖的程度也不断地加深,区域社会的权威不再集中在个别国家手中,而是"越来越多地转移到区域制度手中"。因为区域制度不仅能有效地化解区域无政府状态或各国之间零和博弈所产生的复杂问题,而且能更有效地降低信息非对称程度,进而降低各国交易成本,从而加速区域经济一体化进程。

就制度配置观而言,以制度为基础的区域治理结构,既不完全取决于区域内不同民族国家之间的相互依存程度,又不是区域内各个国家之间绝对实力的简单相加减和相对实力的机械分布,而是以一种极其复杂的区域社会网络关系结构反映出来。这种网络关系的载体可演化为形式各异和功能不同的制度。因此,区域性制度成为"一带一路"区域治理结构的基础,它是以尊重《联合国宪章》宗旨原则和国际法为前提,在"一带一路"沿线已有区域性双边或多边准则、规范和机制的基础上,建立"一带一路"区域治理关系结构。一个国家的实力固然重要,但如果没有制度作为依托,任何行为体都难以获得与其实力相适应的影响力;反之亦然。

就实力强大的发达国家而言,以2009年国际综合国力排名为例,日本、德国和加拿大的综合国力分别名列全球第二、第三和第四位,但在处理许多重大国际问题上,这三国的影响力难以与排在他们后面的法国、俄罗斯、中国和英国相提并论。究其缘由:法国、俄罗斯、中国和英国都是联合国的常任理事国,他们可以利用联合国规章制度,治理天下重大国际事务,而日本、德国和加拿大却没有这样制度权力。

就实力相对较弱的石油生产国而言,通过建立石油输出国组织(OPEC)来凝聚力量和增加国际话语权,以致在很大程度上了摆脱了西方大国对石油输出国的干涉和操纵,进而在国际社会上形成大于自身实力的相应影响力。

就新兴经济体而言,"金砖四国"在国际气候谈判中为发展中国家争得更多公平权力,由中国—东盟(1+10)共同制定南海行为准则,这为应对本地区安全问题,甚至全球安全问题、经济发展问题发挥出远超越于自身实力的影响力。正因如此,各国在提升自身综合实力的同时,还必须谋求在国际或区域制度中的地位和发言权,以及在国际或区域社会中的地位。为了应对当前国际治理赤字、发展赤字,以共同发展为理念,以合作共赢为目标,制定"一带一路"区域性制度,这将成为构建"一带一路"倡议下区域治理结构的根基。

(2)"一带一路"倡议下区域治理的关系架构。改革开放后,中国推行韬光养晦的外交政策。但庞大的经济规模和依旧强劲的经济增长速度,让其他大国心生疑虑:怀疑自律型倡议背后隐藏着进取性的谋略,"韬光养晦"的中国倡议被误以为"卧薪尝胆",自然,中国与周边国家的领土领海争议被居心不良的国家炒作为"中国威胁"。为了营造良好的周边发展环境,打消周边各国的疑虑,建立"一带一路"区域治理关系架构势在必行,也是奠定中华民族和平崛起的根基。

倡议对接与政策沟通是构建"一带一路"倡议区域治理关系架构的基础。推进持续倡议对接与密切政策沟通,在"一带一路"沿线国家间(如蒙古国、巴基斯坦、尼泊尔等11个国家)签署一系列"一带一路"合作谅解备忘录,与有关国际组织(联合国开发计划署、联合国工业发展组织、联合国人类住区规划署等9个国际组织)签署一系列"一带一路"合作文件。中国与有关国际组织(联合国欧洲经济委员会、世界经济论坛、国际道路运输联盟等10个国际组织)签署一系列"一带一路"合作文件。其中,中国发改委与希腊经济发展部、捷克工业和贸易部分别签署项目合作计划和备忘录等。中国财政部与相关国家财政部共同核准《"一带一路"融资指导原则》。这些成为"一带一路"国际高峰论坛中取得的重大成果,同时为构建"一带一路"倡议区域治理关系架构奠定了法理基础。为了更好地促进"一带一路"沿线各国倡议对接与政策沟通,中国政府有关部门发布《共建"一带一路":理念、实践与中国的贡献》《推动"一带一路"能源合作的愿景与行动》《共同推进"一带一路"建设农业合作的愿景与行动》《关于推进绿色"一带一路"建设的指导意见》《"一带一路"建设海上合作设想》等文件。为了建立良性互动"一带一路"倡议下区域治理关系架构,这些文件成为凝聚区域治理关系的制度性基础,并为后续的持续推进"一带一路"倡议下区域治理关系架构的制度建设,以及2019年"一带一路"国际高峰论坛的成功举办作前瞻性制度铺垫。

实力整合是构建"一带一路"倡议区域治理关系架构的保障。关系治理将不同行为体之间的关系作为社会的基础,强调和谐关系是治理的重要内涵。强调和谐关系不是忽视实力(权力),而是重视实力,强调实力整合。其理由是,实力(权力)是关系的基础,关系则是权力有效履行的保障。只讲究实力的治理,不注重关系的治理,那是一种霸权思维;同样,只讲究关系的治理,不注重实力的治理,那是一种朝贡思维。区域治理关系是一个区域内各方共同研究、设计和制定的区域规则过程,一个区域内各方对话协商的民主过程,一个区域内各个主体共同分担责任、共同分享权力、共同维护区域公地的过程,一个培育区域社群感或伙伴感和建构区域社群关系或伙伴关系的全过程,一个区域内共同打造区域命运共同体的过程。

"一带一路"沿线国家实力参差不齐决定了区域治理分层关系,结合当今世界地缘经济政治格局,世界治理关系架构总体表现为"一超+二次超+多强"。当然,这里的"+"不是表示简单相加,而是表示关系的整合、创新之意。作为世界一部分的"一带一路"沿线区域,它的治理关系架构也具有多元治理属性的世界治理关系架构的缩影。也就是说,"一带一路"倡议下区域治理关系架构同样具有多样性、包容性和互补性的特征,在其架构体系内,这三个特征之间的关系为:多样性是多元治理的合法性基础,包容性是多元治理的合理性基础,互补性是多元治理的有效性基础。具有中国版权的"一带一路"倡议,其区域治理结构的核心是中国,以其为逻辑起点解构如下"一带一路"倡议下区域治理关系架构:

首先,按照联合国所采用的人类发展指数的世界标准划分,中国属于中等水平新兴发展中国家,尤其是中国具有正在崛起为世界多强的新兴发展中国家属性:发展经济,改善民生作为国家首要要务。因此,"一次超+多强"为中国和新兴发展中国家之间治理关系架构,譬如,中国—东盟(1+10),它的治理关系架构主要是围绕着经济发展构建的,中国与东盟先后签署了《南海各方行为宣言》《中国与东盟全面经济合作框架协议》《货物贸易协议》《争端解决机制协议》《中国—东盟自由贸易区投资协议》。政府之间的协议为"一带一路"倡议的实施奠定了治理关系的法理基础。

其次,按照国内生产总值(GDP)总量排名,中国国内生产总值仅次于美国,似乎中国属于发达国家,但中国军事、科技以及教育等发达程度与美国相差距离较大。因此,笔者认为,目前中国国际综合实力处于次超地位。而目前俄罗斯在国际上的 GDP 排名在 13 位,但其军事、科技、教育实力与美国相差较小,甚至某些方面超越美国。因此,笔者认为,其综合国力也处于"次超"地位。由于中国与俄罗斯在地缘经济政治倡议上具有倡议互补性,以及中国共产党与苏联(俄罗斯)共产党的历史关系沉淀出具有兄弟关系的倡议互信和民族深厚和谐友情,这成为缔结中国与俄罗斯之间的治理关系架构("一次超+一次超")的基础,譬如,中国与俄罗斯共同主导的上海合作组织。无论是地理位置,还是政治互信,"一带一路"沿线极为重要的支点为上海合作组织成员国,"一带一路"倡议下区域治理关系架构的轴心架构为"一次超+一次超"的治理关系架构。其成为轴心架构的理由是,既有历史的中俄渊源亲密关系为纽带的"固化",又有目前中俄成为世界稳态的定海神针的需要。

最后,发达欧洲经济圈作为"一带一路"的一端,它对"一带一路"区域经济转型升级发挥出价值引擎效应。由中国与美国构建"一超强+一次超"的治理关系架构。由于东、西方文化价值观差异,以及由来已久的美国主导的霸权治理模式或垄断治理模式的惯性"固化",因而在"一带一路"倡议下,建立"一超强+一次超"的治理关系架构将变得极为复杂。奉行功利主义价值观的西方国家会按照追求自身利益最大化的原则做事。在"一带一路"区域治理关系中,当美国行为个体认为治理关系对其有利,且对中国行为个体也有利时,依照利益相关方理论,构建具有竞合治理关系的一个"一超强+一次强"架构;当美国行为个体认为对其有利,但对中国行为个体不利时,依据冲突辩证法理论,构建具有一个斗争性零和博弈治理关系的"一超强+一次强"架构;当美国愿意在互惠关系上与中国发展倡议合作时,我们可以基于人本主义理论构建"一超强+一次强"的互利合作治理关系架构。

由于新上任的美国总统特朗普确定美国优先倡议原则,可能在一定程度上造成西方垄断治理体系出现裂痕,美国为了自身利益而与欧盟闹出矛盾。在"一带一路"倡议下,这更有利于中国与欧盟各成员国在互惠关系上构建和谐治理关系,抓住此机遇,利用和谐治理关系来对冲秉持二元对立思维的美国霸权治理对构建"一带一路"区域治理关系架构的危害。

因此,以中国与"一带一路"沿线各国行为体之间的关系为基本单位,一方面,将原分层治理关系结构立体化、协调化、整体化;另一方面,以互利互惠的示范项目聚焦和夯实行为之间的关系单元,最终打造成关系多元的"一带一路"沿线各国的命运共同体。

本文从中国陆权观的视角,来分析中国朝贡治理体系的形成及其对中国文明进程的巨大影响,同时分析了中国水权观下朝贡治理体系的形成。然而,由于承袭陆权观的"重陆轻海"思想的束缚,最终没有形成中国古代海权观,由此酿成了倍受西方海洋列强蹂躏的一段中国近代屈辱历史。为了破除当前西方对中国和平崛起的遏制,本文从应对强权治理、抓住世界经济政治发展机遇、解决中国自身经济发展困境、确保国家政治经济纵深安全,借此基础上从治理要素、治理概念与内涵以及治理关系架构研究"一带一路"倡议下区域治理。在此研究的基础上,得出如下警示性结论:

首先,从过去的"一带一路"发展经验来看,应打造"一带一路"倡议下区域治理体系,而朝贡治理体系及其治理思维模式必须摒弃,否则,"一带一路"倡议就成了掏空中国实力的对外捐赠的升级版;其次,以中国化的马克思人本主义价值观作为"一带一路"倡议下区域治理观,在此价值观指导下的"一带一路"倡议下区域治理模式应该选择源于中国的关系治理模式;最后,"一带一路"倡议不是中国倡议,而是中国版的"一带一路"沿线国家的总体倡议,是中国倡议区域化、国家化的倡议,否则,"一带一路"倡议下区域关系治理等同于中国自身关系治理,最终实现不了面向信息对称的买方市场人本资本会计准则、规则以及制度等会计应用理论。

10.2 用户导向型企业人本资本会计应用理论:区域会计准则

在信息对称的人本经济阶段,世界各国搭乘中美主导的"第四次工业革命"的顺风车,互联网将世界各个网络联为一体,而物联网将世界万物连入网络虚体空间,至此,世界各国市场将借助网络平台融为一体。因此,会计要参与"全球关系治理",须把首要工作放在全球性会计制度适应性变革方面。这类变革应坚持协调与反复协调的方针,要从根本上改变由国际会计准则理事会(IASB)操控变革的现状(郭道扬,2009)[1]。会计制度适应性效率是指制度依据经济社会环境的变化而进行调整,适应经济社会发展要求(曹越、伍中信、张肖飞,2015)[109]。在未来"互联网+"时代,由人为的会计制度适应性演变为人工智能所为的会计制度适应性。方兴未艾的"第四次工业革命"的基础信息技术已推广应用,促进了当今世界经济发生复杂深刻的变化,协调不同国家会计准则必将成为确保区域经济持续健康增长、实现全球化经济再平衡,以及开创地区新型合作平台关键之所在!

鉴于国家一部分的会计法律制度,无论是英美法系,还是大陆法系,其渊源具有同一性,即均源自各自国家的习惯、习俗和惯例(曹越、伍中信、张肖飞,2015)[109]。由习惯、习俗和惯例上升为国家法律工具,英美法系是在自下而上原则中运用"判例法"运作机制"自然"而成;而大陆法系是运用工具理性主义遵循"程序立法"机制"建构"而成。两大法系形成的差异也决定了作为会计法律制度一部分的会计准则也存在一定差异。然而,根据区域关系治理模式,构建包容"一带一路"沿线国家会计准则差异的区域会计准则架构体系,为信息对称的人本经济阶段用户导向型企业会计应用提供了区域型会计准则体系。

10.2.1 "一带一路"区域会计准则求同存异

美国会计史学家迈克尔·查特菲尔德认为:"会计的发展是反应性的,也就是说,会计主要是应一定时期的商业需要而发展,并与经济的发展密切相关。"借助我国"一带一路"的商贸交易思路,打造亚洲命运共同体,促进区域经济持续、快速、健康地发展,会计准则也随着"一带一路"区域市场经济发展之需而不断协调,最终达到求同存异的结果。"一带一路"倡议把上海合作组织、欧亚经济联盟、"中国—东盟10＋1组织"都贯穿起来,形成一个网状的全新的亚太经贸关系(郎咸平,2015)[219],极大地激发了这一地区经济的发展潜能。据世界贸易组织2013年统计的货物贸易数据,"一带一路"国家货物出口占全球的36.8%,进口占33.2%,仅次于APEC的总贸易额,略高于TTIP(美国和欧盟双边自由贸易协定);"一带一路"国家对外直接投资从2006年占全球对外直接投资总额的10%迅速成长至2013年的21%(马岩,2015)[220]。其中,中国与"一带一路"沿线国家的贸易额已经超过1万亿美元,约占中国对外贸易额的25%(李向阳,2015)[221]。2020年,亚洲开发银行数据显示,亚洲在能源、电信与交通基础设施方面的投资需求将达到8万亿美元。据世界银行测算,对基础设施的投资每年增加10%。上述数据说明"一带一路"区域经济市场客观存在,"一带一路"沿线各国在追求网络共享经济的过程中逐渐消除"一带一路"区域内会计准则差异。

如何实现"一带一路"沿线各国会计准则随着共享经济的发展最终达到趋同,笔者从人权视角来寻求"一带一路"沿线各国法律形成的缘起。恰巧"一带一路"沿线各国穿越两大法系,无论是大陆法系的国家,譬如,法国的《人权宣言》、中国的《共产党宣言》,还是英美法系的国家,譬如,美国的《独立宣言》、英国的《自由大宪章》,它们均宣誓"人权神圣不可侵犯"。针对人权,无论是"应然人权观""实然人权观",还是两者兼而有之的"混合人权观";无论是西方人权观,还是东方人权观,它们落实在《宪法》的条文又均宣称"法律面前人人平等"。因此,人权具有普适性,它通过一份没有国际法约束力的建议转变成具有国际习惯法性质文件的《世界人权宣言》,将人权的普适性演化为世界范围内人权普适性原则。无论是基于工具理性主义形成大陆法系的国家,还是基于演进理性主义形成英美法系的国家,形成的各国会计准则均遵循以下逻辑:某宣言—宪法—法律—法规—会计准则。因此,尽管"一带一路"沿线各国国情存在差异,但是制定各国会计准则的逻辑依然为某宣言—宪法—法律—法规—会计准则。无论哪种意识形态,在追求人权上都具有一致性。因此,笔者选择人权视角来研究我国主导的"一带一路"倡议,追求人类命运共同体的中国梦、中国＋东盟梦和亚欧梦,"一带一路"区域会计准则体系趋同终将实现。这不是中国的主观想象,而是人类命运共同体的"宿命"。

10.2.2 "一带一路"区域会计准则求同的人权范式选择

当一个稳定的范式不能提供解决问题的适当方式,它就会变弱,从而就有新的范式出现(丁胜红、韦鹏,2015)[3]。自20世纪以来,以"产权为本"的思想及其行为的演化渐自走向极端,它导致人类社会面临全球经济可持续发展危机与生态环境良性循环可持续运行危机,这两大危机促使会计思想与行为由以"产权为本"向以"人权为本"转变(郭道扬,2009)[1]。随着"互联网＋"的现代基础信息技术的创新融合,促进了信息对称的人本经济形成(丁胜红、韦鹏,2016)[5]。因此,以"产权为本"带来"危机"与以"人权为本"带来"新机",这昭示着人本经济时代的"人权范式"的春天已然到来。

在"互联网＋"时代,由中国力主推行"一带一路"倡议,旨在打造人类命运共同体。随着方兴未艾的"第四次工业革命"的兴起,人类社会借助"互联网＋"打造各种网络共享平台,至此,共享行为演变为共享经济。中国主导的"一带一路"倡议促进了人本经济的发展,顺应了

人类社会追求人人自身解放,实现人人自身价值的历史潮流。究其缘由如下:

(1) 人本主义缘起于意大利文艺复兴时代的人文主义,强调人对自身价值和尊严的追求,"视人为万物之尺度","或以人性、人的有限性和人的利益为主题的任何哲学"。这种追求以人为本的思想传播到欧洲其他国家,逐渐凝聚成现代西方文化的"灵魂"。自此,追求人权为本成为西方孜孜追求的社会价值观。在此历史阶段的人本主义产生于人类社会对生物学意义上的"自然人"向社会学意义上的"社会人"演变的认知。至此,形成认知学说的演变:从人生物化的形而上学唯物主义学说向人社会化的历史唯物主义学说的演变。鉴于人对人本主义价值观的追求演化为人对社会制度的诉求,这种人对社会制度"诉求"的动力集聚所产生的强大动力会导致一些社会主义国家的建立。

(2) 人本主义是中国社会制度的价值观。中国 2 000 多年的集权制历史均传承"人之初,性本善"的孔子、孟子以及朱熹一脉相承之道,它与西方人本主义心理学家大都同意柏拉图和卢梭的理想主义观点是一致的,即人的本性是善良的,恶是环境影响下的派生现象(葛干忠、伍中信、周红霞,2019)[222]。

(3) "一带一路"倡议宗旨体现了人本主义价值观。就人本主义学说的历史演化而言,在相对生物学的人的学说基础上形成了形而上学唯物主义学说,人只是自然之人,人与动物享有同等人权,人本主义学者推崇人权的"应然观",追求"天赋人权"的人本主义价值观,他们更多强调人的个人之人权;在相对社会学的人的学说基础上形成了历史唯物主义学说,人是社会之人,赋予人之社会属性。人本主义学者推崇人权的"实然观",追求"以人权为本"的人本主义价值观,它不仅强调个人之人权,而且更强调作为社会集体之人权。

笔者认为,人最初来源于自然,形成了人类社会,而社会存在于自然。至此,在自然生态系统中因为人类的产生进而逐渐形成不同于自然生态系统的社会系统。而自然生态系统与人类社会系统之间相互作用、相互依存。笔者选择人对自然之"应然观"和人对社会之"实然观"的"混合人权观"。我国目前正在借助"一带一路"打造人类命运共同体,体现了人对自然之人权和人对社会之人权的"混合人权观"。因此,就人权范式而言,工具理性主义遵循着"从凡勃仑、康芒斯到诺思"的演进逻辑,其社会制度和秩序采取的是"自上而下"的演进逻辑:"法律制度→社会规范→群体惯例→群体习俗→个人习惯。"作为社会制度一部分的企业会计制度,自然也沿袭社会制度的演进逻辑,形成了"会计法律制度→会计惯例→会计习俗→会计习惯"的演进逻辑。演进理性主义遵循着"从斯密、门格尔到哈耶克"的演进逻辑。人类社会制度和秩序的演进逻辑是:"个人习惯→群体习俗→群体惯例→社会规范→法律制度。"承袭人类社会制度和秩序的演进逻辑,会计制度和秩序的演进逻辑是:"会计习惯→会计习俗→会计惯例→会计法律准则。"我国信奉马克思的历史辩证唯物主义,因此,我国社会制度和秩序采取"自上而下"+"自下而上"的演进逻辑:"个人习惯→群体习俗→群体惯例→社会规范→法律制度。"继承我国社会制度和秩序演进逻辑的会计制度和秩序演进逻辑为:"会计习惯→会计习俗→会计惯例→会计制度(准则)。"我国会计制度和秩序形塑为以人为本的"会计人际信任→会计制度信任"的演进逻辑。

上述制度演进逻辑以及英美法系与大陆法系的探索均是追求人权为本的产物。因此,上述制度演进体现了"应然人权观""实然人权观"和"混合人权"。它们是人类社会追求以人为本的经济发展的产物。

作为规制市场秩序的会计准则,它属于经济范畴,产生于信息非对称的物本经济阶段,而追求产权为本的物本经济发展,逐渐形成人们分析产权为本的物本经济发展规律。这种人们习惯选择的产权范式一直延续至今。产权是指人对物(财物)的关系形成人与人之间相互认可的经济权利关系(吴宣恭,2000)[110]。人权则是一种人际社会关系中的要求。它表达的就是如何通过主体间的规范共识,保障每个人平等的权利与自由,实现美好生活的理念(严海良,2008)[111]。因此,无论是人权还是产权,它们在本质上都是一致的,即围绕人作为一种关系性存在而形成人与人之间的规范共识,可以将产权视作人权的自然延伸(葛干忠、伍中信,周红霞,2019)[222]。就产权范式而言,微观经济学教科书中将自然界中的竞争规则替代市场主体间的竞争规则,抽象掉不同人的需求差异,将之压缩等同于自然界动物的完全低层次需求。显然,它表达了(前)人本主义的初期学说,即人生物化的形而上学唯物主义学说(丁胜红,2020)[223]。由此形成的西方正统经济学的"效率—制度"标准将人类社会引入了"增长的极限"困境。随着循环经济学、人本主义经济学、人本发展经济学等的逐步探索,追求人权为本的人本经济阶段"人权—制度"标准正推动人类社会"超越增长的极限",此时产权范式逐渐被人权范式所取代,以此表达后人本主义学说,即人社会化的历史唯物主义学说。作为"人权—制度"一部分的"人权—会计制度(准则)",自然选择人权范式对"一带一路"区域内各国会计准则求同存异,正是人本主义中国化的创新体现——人类命运共同体。

10.2.3 人权范式的"一带一路"区域内会计准则体系的构建

作为范式,在库恩看来,它使每一个科学发展阶段都有特殊的内在结构,是科学研究群体所共同接受的一组假说、理论、准则和方法的总和,并内化形成他们的共同信念。从两大法系来看,不同国家会计准则的形成都有着共同的逻辑:某种宣言—宪法—法律法规—会计准则/会计制度。这种逻辑恰好表达了人权范式的形成与演化逻辑之内涵(葛干忠、伍中信、周红霞,2019)[222]。因此,基于人权范式的"一带一路"区域会计准则体系的形成逻辑:世界人权宣言—(公民权利与政治权利国际公约+经济社会文化权利国际公约)—"一带一路"区域经济合作大章—(上海经合组织会计准则体系+欧洲经济联盟会计准则体系+东盟10+1组织会计准则体系)。鉴于此逻辑构建基于人权范式的"一带一路"区域会计应用理论体系架构,如图10-1所示,并对此构思作精简说明。

1. 世界人权宣言

世界人权宣言是联合国宪章之宣言,作为联合国五大常任理事国之一的中国,忠实执行联合国宪章,所主导推行的"一带一路"倡议决定了其高举世界人权宣言所倡导的"以人权为本"的人本主义旗帜。中国作为"世界制造工厂",积累了优质、过剩产能资源与雄厚资金实力,而"一带一路"沿线国家多为发展中国家,它们拥有丰富的自然资源和人口众多的消费市场,但它们的基础设施较为落后,资金较为短缺。因此,这种"天然"供需潜力成就了"一带一路"沿线国家互利共享经济的发展。因而也是世界上最具发展潜力的区域经济合作带。作为维护市场秩序之一的会计准则,构建"一带一路"区域会计准则体系以维护区域内经济要素有序自由流动、资源高效配置和市场深度融合的秩序,这是践行"一带一路"倡议的关键基石之一。根据人权普适性原则以及结合两大法系下形成的会计准则逻辑,世界人权宣言自然成为"一带一路"区域会计准则体系的逻辑起点。而世界人权宣言由联合国下属单位联合国人权委员会起草,并根据《联合国宪章》宗旨和原则,在人权领域进行专题研究,我国可以提出建议和起草国际人权文书并提交联合国大会。

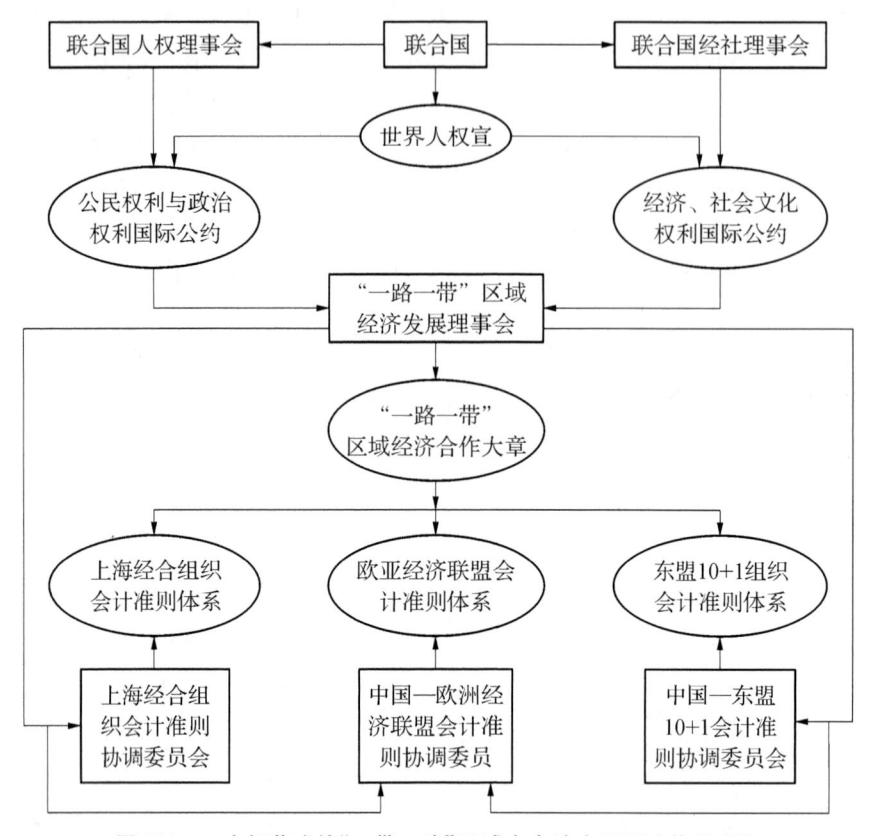

图 10-1 人权范式的"一带一路"区域内会计应用理论体系架构

2. 由公民权利和政治权利缔约国际公约与由经济、社会及文化权利缔约国际公约

对于"一带一路"沿线国家,按照政治意识形态划分为资本主义国家与社会主义国家。其中,《公民权利和政治权利国际公约》侧重于资本主义人权,《经济、社会及文化权利国际公约》侧重于社会主义人权(葛干忠、伍中信、周红霞,2019)[222],尽管它们所关心的人权侧重点存在差异,但它们都坚持人权普适性原则认可人的正面价值,这两份国际公约表达了构建"一带一路"区域会计准则体系的逻辑。另外,《公民权利和政治权利国际公约》是由联合国人权理事会监管,而《经济、社会及文化权利国际公约》是由联合国经济及社会理事会监管(葛干忠、伍中信、周红霞,2019)[222],它们都是联合国下属单位。

3. "一带一路"区域经济合作大章

"一带一路"是合作发展的理念和倡议,它不涉及政治、安全等领域,依赖"丝绸之路"经济、人文、商贸的千年传承,并赋予其新的合作意义。因此,在此基础上可以凝练成人类命运共同体的"一带一路"区域经济合作大章。这个经济合作大章的权威性和形式可接近于《欧洲经济与货币联盟条约》,但在内容上本着"以人权为本"的核心思想,为求同存异的"一带一路"沿线各国会计准则作原则性或指南性规定(葛干忠、伍中信、周红霞,2019)[222]。由于"一带一路"充分依靠中国与有关国家既有的双、多边机制与区域合作平台,可以通过上海合作组织、欧亚经济联盟、"东盟10＋1组织"等区域合作平台,以民主集中制方式选举产生代表"一带一路"区域会计准则求同存异协调员,由他们形成"一带一路"经济发展理事会负责起草《"一带一路"区域经济合作大章》,以及监管它的执行(葛干忠、伍中信、周红霞,2019)[222]。当然这一切都得遵循《联合国宪章》,由联合国人权理事会和联合国经济及社会理事会"双规监管",旨在贯彻"两个人权国际公约",履行"一带一路"区域经济合作大章赋予维护"一带一路"区域市场秩序的法理依据。

4. "一带一路"区域会计准则体系

"一带一路"区域会计准则体系是由上海经合组织会计准则体系、欧亚经济联盟会计准则体系与东盟10＋1组织会计准则体系构成的。这里的会计准则体系是由不同区域平台内各国会计准则构成的求同"集合"。在区域内各国相同的会计准则会有效规制区域市场经济秩序,只有存在差异的各国会计准则,才需要存异,否则会阻碍区域经济市场一体化的进程。为了实现由中国主导的"一带一路"倡议的有效推进,应遵循《"一带一路"区域经济合作大章》,在上海合作组织、欧亚经济联盟、"东盟10＋1组织"等区域合作平台,以民主集中制方式选举产生各自区域合作平台的会计准则求同存异协调员,形成各自区域合作平台的会计准则协调委员会,在各自区域合作平台的会计准则协调委员会均有"一带一路"区域经济发展理事成员做常任协调员,但每个会计准则协调委员会均有中国会计准则求同存异协调员担任主要领导岗位之一(葛干忠、伍中信、周红霞,2019)[222]。其原因如下:

① 规制市场秩序的中国"双规模式"。所谓中国双规模式,是指中国的会计准则与会计制度同时存在(葛干忠,伍中信,周红霞,2019)[222]。中国属于大陆法系的国家,受苏联社会主义会计制度的影响,中国会计制度成为计划经济市场秩序的主要规制方式。随着改革开放的进行,中国推行计划经济向市场经济转轨,一方面,通过与国际会计准则趋同的方式引入英美法系的会计准则;另一方面,仍然保留部分会计制度或通过会计制度方式实现英美法系的会计准则中国化(葛干忠、伍中信、周红霞,2019)[222]。因此,从某种意义上讲,"一带一路"沿线各国会计准则属于英美法系和大陆法系下会计准则/会计制度,成为"一带一路"区域会计准则体系构建的现成模式。

② "一带一路"倡议是中国主导的,且中国是世界第二大经济体,它能够提供巨大市场发展潜力,譬如,优质的基础设施、丰富的人力资源、雄厚的资金支持以及发达的"互联网＋"综合技术等。此外,中国与"一带一路"沿线各国已经建立起较为成熟的双边机制。

鉴于上述原因,在上海合作组织、欧亚经济联盟、"东盟10＋1组织"等区域合作平台,以民主集中制方式选举产生如下会计准则差异协调委员会的组织:上海经合组织、中国—欧亚经济联盟,以及中国—东盟10＋1组织,它们一方面接受"一带一路"经济发展理事会监督;另一方面,协调本平台区域内会计准则差异,促进区域内市场经济的发展。

总而言之,本节尝试从法理的视角来分析英美法系与大陆法系下"一带一路"沿线各国会计准则求同存异,揭示了两大法系下形成会计准则的共同逻辑:某种宣言—宪法—法律法规—会计准则/会计制度。通过其逻辑体现了马克思人本主义(后人本主义)的"一带一路"倡议宗旨,因此,以人权普适性原则为基础,依据形成会计准则的逻辑,构建人权范式的"一带一路"区域会计准则体系及其会计准则求同存异运行机制(葛干忠,伍中信,周红霞,2019)[222]。

本节研究的意义在于,一方面,摆脱了从产权范式视角来分析会计准则差异,尽管能从技术层面上探索诸多会计准则求同存异的措施与方法,但它没有真正改变或领悟主宰技术的意识动因,因此,很难彻底根治会计准则求同存异;另一方面,要想实现"一带一路"倡议的构想[1],并能成功地摆脱中国国家价值链被西方发达国家所主导的国际价值锁定的格局/困境,就必须建立起由中国主导的"一带一路"区域会计准则体系/制度体系,并掌握市场经济发展的主动权/话语权——"一带一路"区域会计准则求同存异。只有这样,中国才能实现和谐亚洲,经略欧洲,复兴伟大的"中国梦"。

10.3 用户导向型企业人本资本会计应用理论:大数据应用的基本原则

在信息对称的人本经济阶段,鉴于用户导向型企业人本资本会计理论尚处于探索阶段,用户导向型企业人本资本会计更谈不上推广应用,因此,无法构建用户导向型企业人本资本会计应用规则。为此,本节尝试探索的区域关系治理下用户导向型企业人本资本会计大数据应用的基本原则,奠定了用户导向型企业人本资本会计应用规则构建的基础。在信息对称的人本经济阶段,用户导向型企业人本资本价值定理决定了与买方市场融为一体的用户导向型企业人本资本会计具有区域经济特征。因此,满足区域关系治理的用户导向型企业人本资本会计智能化核算,要求构建区域关系治理下用户导向型企业人本资本会计大数据应用的基本原则。它维护了人本经济发展的需要,同时,买方市场的区域性也决定了用户导向型企业人本资本会计具有区域性。因此,选择关系治理模式构建区域性买方市场中用户导向型企业人本资本会计应用原则,是塑造人本经济发展秩序的根本性保障措施之一。也就是说,用户导向型企业人本资本会计主体的会计信息市场秩序可以通过用户导向型企业人本资本会计应用原则得以保障、规范以及塑造,同时也要维护政府、企业等买方市场主体的秩序。用户导向型企业人本资本会计应用规则是买方市场不同主体之间合作共赢博弈的游戏规则。

在信息对称的人本经济阶段,在云技术基础上应用大数据技术于会计核算领域中,促使用户导向型企业人本资本会计智能化核算,实现了用户导向型企业人本资本会计大数据应用由概念走向现实。在企业大数据应用开发时,用户导向型企业人本资本会计大数据应用成败的关键因素取决于软件的弹性(resilient)。弹性差的应用无法应对大规模用户导向型企业人本资本会计数据集,在用户导向型企业人本资本会计核算测试和运营中也缺乏透明度,而且也不安全。可以说,开发出弹性大的用户导向型企业人本资本会计数据应用既是一个技术工作,也是一个哲学问题。为了促进用户导向型企业人本资本会计大数据在顾客导向型企业人本经济发展中的应用,应构建如下用户导向型企业人本资本会计大数据应用基本原则:

---

[1] "一带一路"倡议构想是指关于第三代两极世界进程的先经济后政治的合作步骤原则;先中亚俄罗斯后南亚、东南亚,再中东、非洲,最后欧洲的地缘推进原则;先竞争性领域后自然垄断性领域,再公共产品性领域的产业递进原则从理论走向现实的构想。

1. 系统性原则

在信息对称的买方市场中,用户导向型企业人本资本会计将超需求人权价值自动输入人造智能化用户导向型企业人本资本会计系统中,而超需求是由完全低层次需求与高层次需求融为一体,以满足用户体验化消费。这就要求大数据技术既要满足完全低层次需求价值核算,又要满足高层次需求价值核算。这也要求为弹性大的用户导向型企业人本资本会计数据应用描绘一个蓝图:一方面,在用户导向型企业人本资本会计大数据应用的基础上,创建一个系统的技术架构和方法,既要识别、获取买方市场实际交易或事项的业务数据,又要将原始数据加工成符合用户导向型企业人本资本会计专业化要求的数据。同时运用云计算技术对用户导向型企业人本资本会计大数据进行分类、储存、分析,需要相应软件技术架构支撑与承载那些形成用户导向型企业人本资本会计大数据报告、大数据核算、大数据预测、大数据分析以及大数据评价等功能。技术的系统性决定了用户导向型企业人本资本会计大数据应用遵循系统性原则。区域治理关系的复杂性要求区域买方市场的用户导向型企业人本资本会计大数据的应用原则应具有系统性,因为有序的买方市场秩序才能维护人本经济顺利发展,才能树立人本发展观。因此,人与物之间的技术系统性和人与人之间的关系系统性,决定了用户导向型企业人本资本会计大数据的应用原则具有系统性。系统性原则自然成为用户导向型企业人本资本会计大数据应用原则之一。

2. 弹性化原则

如果大数据技术应用无法处理更大规模的用户导向型企业人本资本会计数据集,那么它就缺乏弹性。如果要体现人的能动性,发挥人的应有价值,维护人的劳动自由,那么大数据技术弹性的应用在于,处理任意规模的用户导向型企业人本资本会计数据集(包括数据深度、广度、频度等),包括用户导向型企业人本资本会计数据弹性对新技术的兼容。为了满足买方市场用户体验化消费需求,缺乏弹性的用户导向型企业人本资本会计核算需要不断配置修改核算来适应不断更新的大数据技术。买方市场用户体验化需求的无限性、易变性决定了用户导向型企业人本资本会计核算的大数据技术具有永恒弹性。这种大数据会计核算技术弹性决定了用户导向型企业人本资本会计大数据应用遵循弹性化原则。关系治理的价值观是人本主义,它强调发挥人的主观能动性。因此,维护、塑造买方信息市场秩序的用户导向型企业人本资本会计大数据应用原则具有一定的弹性特征,其目的是使用户导向型企业人本资本会计大数据应用原则满足会计人员的主观能动性。因此,人与物之间的技能弹性以及人与人之间关系治理主体的主观能动性,要求用户导向型企业人本资本会计大数据应用原则具有一定的弹性。弹性原则自然成为用户导向型企业人本资本会计大数据应用原则之一。

3. 透明化原则

利用"互联网+"的现代信息技术打造信息对称的买方市场。大数据技术在会计核算领域的运用,促使用户导向型企业人本资本会计智能化核算,以提供满足会计信息使用者的个性化会计信息需求。对于用户导向型企业人本资本会计核算系统的复杂应用来说,如果要满足用户导向型企业人本资本会计大数据的处理、存储、分析等扩展性弹性相关问题能够实现自动化,那么关键是锁定产生问题的根源之所在:是用户导向型企业人本资本会计核算代码、用户导向型企业人本资本会计大数据,还是用户导向型企业人本资本会计信息系统架构,抑或是用户导向型企业人本资本会计网络问题？并非每个用户导向型企业人本资本会计应用都要具备这种透明度,但大一些的用户导向型企业人本资本会计核算平台,应当具备足够的透明度,让所有用户导向型企业人本资本会计软件开发者和用户导向型企业人本资本会计核算智能化的运营人员,都能在问题发生时立刻找到根源并采取措施。一旦发现用户导向型企业人本资本会计核算问题,最为关键的是找到用户导向型企业人本资本会计核算应用行为对应的用户导向型企业人本资本会计核算代码——最好是通过发现问题的用户导向型企业人本资本会计核算监控应用。

大多数情况下,访问用户导向型企业人本资本会计核算代码,会涉及多个用户导向型企业人本资本会计软件开发人员,执行起来流程将非常曲折。因此,透明化原则要求不断解决用户导向型企业人本资本会计核算问题,促进用户导向型企业人本资本会计核算智能化水平不断提高,以适应买方会计信息市场的用户对会计信息的体验需求。只有在信息对称的环境下,才能满足人人追求价值最大化,也就是实现人类价值为本的根本条件,人性假设才能是具体社会人的价值。如果在信息非对称的环境下,人们只能从自身利益出发,追求自我价值最大化,以自己来代替别人,人性假设自然是抽象的理性经济人假设。物质决定意识,现实决定人的认知。为了维护、塑造信息对称的买方信息市场秩序,用户导向型企业人本资本会计大数据应用原则具有透明性特征。因此,人与物之间的信息技术打造信息对称的买方市场,以及人与人之间关系治理主体对信息对称的人本经济发展的追求与认知,要求用户导向型企业人本资本会计大数据应用原则具有透明性。透明性原则自然成为用户导向型企业人本资本会计大数据应用原则之一。

4. 高效简洁性原则

用户导向型企业人本资本会计核算智能化水平,要求用户导向型企业人本资本会计具有面向未来的弹性应用。通常采用用户导向型企业人本资本会计专业化术语与规则,利用计算机编码对实际交易或事项的原始数据进行抽象,来简化用户导向型企业人本资本会计软件的开发,提升用户导向型企业人本资本会计核算效率,允许采用不同的用户导向型企业人本资本会计核算技术。作为用户导向型企业人本资本会计信息系统架构的一部分,弹性开发用户导向型企业人本资本会计抽象层,能够避免用户导向型企业人本资本会计软件开发者陷入用户导向型企业人本资本会计核算智能化技术实现的细节泥潭中。从而使开发用户导向型企业人本资本会计软件具有高效简洁性,它能够体现更方便用户导向型企业人本资本会计大数据信息使用者访问所有类型的用户导向型企业人本资本会计数据源。在人本经济阶段,信息对称既能够促使买方市场治理机制有效,又能促使用户导向型企业治理机制有效。人本经济发展观指导人与人之间关系治理,自然包括企业治理机制和买方市场治理机制。而有效的内涵包括简洁高效,因此,在信息对称的人本经济发展中,要求维护和塑造具有区域性买方市场的人与人之间关系治理秩序的用户导向型企业人本资本会计应用具有简洁高效性。因此,简洁高效性原则自然成为用户导向型企业人本资本会计应用原则之一。

5. 安全性原则

用户导向型企业人本资本会计核算智能化弹性,要求用户导向型企业人本资本会计核算在应用过程中能自我审计,能够显示谁使用了用户导向型企业人本资本会计核算,谁有权限使用用户导向型企业人本资本会计软件,访问了哪些用户导向型企业人本资本会计数据,以及用户导向型企业人本资本会计核算智能化政策如何实施。在用户导向型企业人本资本会计信息系统应用开发阶段，就将这些功能考虑进去，是应对日益增长的用户导向型企业人本资本会计大数据隐私、安全、治理和控制挑战的关键所在。因此，安全性原则促使多元用户导向型企业人本资本会计主体确保用户导向型企业人本资本会计大数据隐私与安全不断强化。根据人本主义经济学主流观点：需求是判断人的价值的唯一标准。揭示了以需求为本即以人类价值为本。就作为关系治理的人本主义价值而言，安全是作为人的基本需求之一，因此，安全性是关系治理的基本属性。因此，人与物之间的关系技术属性——安全性，以及人与人之间的关系基本治理属性——安全性，决定了维护、塑造买方市场秩序的用户导向型企业人本资本会计应用原则具有安全性。因此，安全性原则自然成为用户导向型企业人本资本会计应用原则之一。

6. 完整性原则

在信息对称的买方市场中，超需求人权价值由完全低层次需求人权价值和高层次需求人权价值，通过用户体验方式得以实现，在用户体验过程中是无法分辨人权价值的高低层次需求的。因此，用户导向型企业人本资本会计智能化核算形成结构化、准结构化以及非结构化用户导向型企业人本资本会计数据集。这也是用户导向型企业人本资本会计智能化核算，对用户导向型企业人本资本会计信息系统弹性应用的一个基本要求，就是不能遗失任何用户导向型企业人本资本会计数据。用户导向型企业人本资本会计数据完整性的丧失，往往会导致严重的用户导向型企业人本资本会计信息失真，例如，在金融企业人本资本会计智能化核算过程中，因为程序代码丢失可能会弄丢一两行交易数据，进而在反洗钱或金融欺诈调查中遭受巨额处罚。所谓关系治理，是指人与人之间关系秩序的维护与塑造。既然是人与人的关系，自然蕴含着完整性，否则就谈不上人与人的关系。因此，人与物之间的关系技术属性——完整性，以及人与人之间的关系治理属性——完整性，决定了维护、塑造买方市场秩序的用户导向型企业人本资本会计应用具有完整性。完整性原则自然成为用户导向型企业人本资本会计应用原则之一。

7. 数据便携性原则

在信息对称的人本经济阶段，大数据技术在会计核算领域的运用，直接导致会计信息市场由卖方市场转变为买方市场。为了满足用户对买方市场会计信息产品的个性化需求，要求智能化用户导向型企业人本资本会计核算业务需求驱动技术不断作出改变。因此，用户导向型企业人本资本会计大数据应用，也应当能够在多个用户导向型企业人本资本会计主体平台上运行。最终目标是让最终用户能够通过 SQL 和标准 API 访问用户导向型企业人本资本会计数据（无论是否实时）。例如，一个先进的用户导向型企业人本资本会计大数据平台，应当允许原本由 Hadoop 存储、MapReduce 处理的用户导向型企业人本资本会计数据，转移到 Spark 或 Tez 中进行处理，而且这个过程不需要或尽可能少地改动代码。因此，数据便携性原则要求开发者对智能化用户导向型企业人本资本会计核算软件不断改进，进而满足用户对买方市场会计信息个性化的需求。鉴于在人与物之间关系的基础上建立一切人与人之间关系，人与物之间的关系技术属性——数据便携性也内化于人与人之间的关系治理属性中，数据便携性也决定了维护、塑造买方市场的用户导向型企业人本资本会计应用具有数据便携性。因此，数据便携性原则自然成为用户导向型企业人本资本会计应用原则之一。

8. 以人为本原则

技术问题,往往就是价值观的问题。用户导向型企业人本资本会计大数据应用的开发,不应依赖某个高手的个人才华,用户导向型企业人本资本会计代码应在多个开发者之间分享、评估和保有。用户导向型企业人本资本会计软件开发策略让整个团队,而不是个人,负责用户导向型企业人本资本会计信息系统的应用质量。以人为本原则要求开发的用户导向型企业人本资本会计软件发挥出人类智慧的虹吸效应,只有这样才能确保上述用户导向型企业人本资本会计大数据应用的基本原则。区域关系治理价值观为人本主义,以人为本自然成为关系治理的本质属性。人与物之间的关系技术属性——以人为本与人,以及人之间的关系治理属性——以人为本,决定了维护、塑造买方市场的用户导向型企业人本资本会计应用具有人本性。因此,以人为本原则自然成为用户导向型企业人本资本会计应用原则之一。从某种意义上讲,技术问题,往往就是价值观的问题,但价值观的问题,不仅仅只是技术问题。

10.4　本章小结

根据第 9 章中信息对称下用户导向型企业人本资本会计基础理论架构研究,得出以下结论:一是用户导向型企业人本资本会计基础理论价值观——人本经济发展观(或马克思人本主义价值观);二是信息对称的买方市场(或区域会计主体)作为用户导向型企业人本资本会计主体;三是用户导向型企业人本资本会计基础理论的前提是买方市场超需求(或体验化需求)。根据上述研究结论,结合用户导向型企业人本资本会计应用原则,对用户导向型企业人本资本会计应用理论架构作一般性总结。

最近美国总统特朗普高举贸易保护主义"大棒"肆意制裁多边贸易主义国家,这是"霸权治理"与"关系治理"之间的较量,国际多边主义要想成功地摆脱美国所主导的霸权治理"魔咒",就必须建立由关系治理主导的全球或区域经济市场秩序规则——区域人本资本会计准则体系/制度体系,并掌握市场经济发展的主动权/话语权。因此,根据英美法系与大陆法系形成会计准则的共同逻辑:某种宣言—宪法—法律法规—会计准则/会计制度。其逻辑是以人权为本的马克思人本主义(后人本主义)贯穿始末。以人权普适性原则为基础,依据形成会计准则的逻辑,构建买方市场的区域人本资本会计准则体系、规则体系、制度以及人本资本会计应用指南等人本资本会计应用理论体系。而中国的历史实践选择了关系治理模式,在推进"一带一路"倡议过程中,获得坚持多边主义国家的支持和响应。因此,根据"一带一路"区域会计准则体系,结合关系治理模式,构建区域人本资本会计应用理论体系架构,如 10-2 图所示。对其与人权范式的"一带一路"区域会计应用理论体系架构的不同部分给予补充说明。

(1) 区域人本资本会计应用理论大章。它是指区域人本资本会计应用大纲,主要说明基于人本经济发展观指导由马克思人本主义价值观贯穿的源于世界不同区域经济发展理事会综合各国或经济体的各种宣言—宪法—法律法规—会计准则/会计制度的宗旨,按照宗旨—区域人本资本会计准则/规则/指南等执行与监管的逻辑,完成关系治理在区域人本资本会计应用理论架构上的设计。

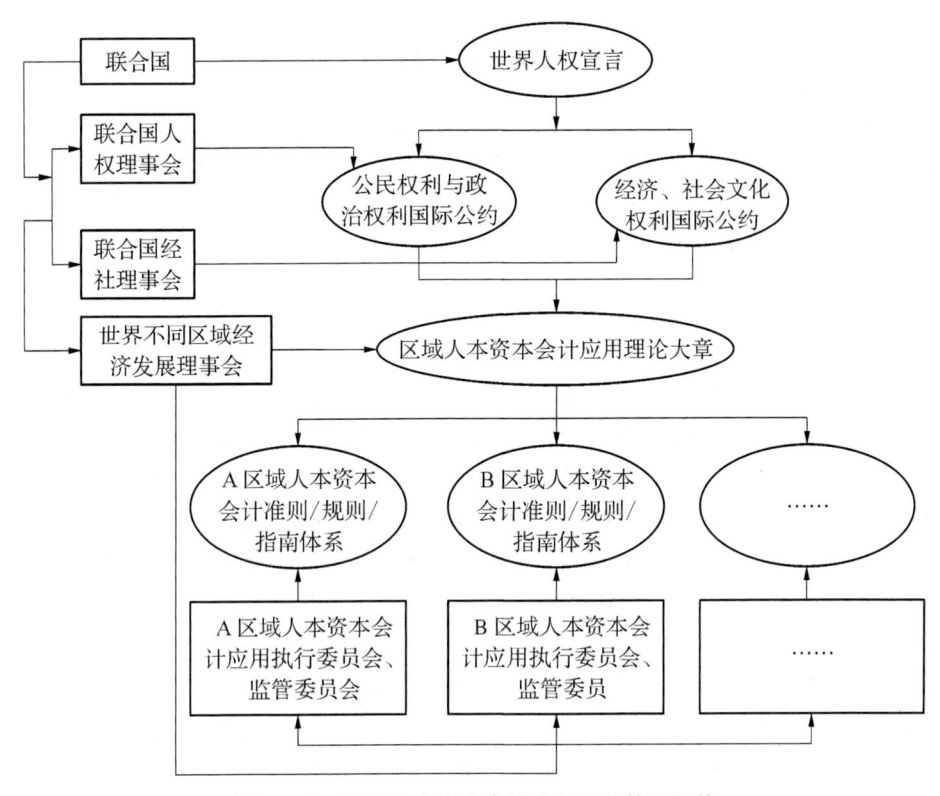

图 10-2　区域人本资本会计应用理论体系架构

（2）A 区域人本资本会计准则/规则/指南体系是指某区域人本资本会计应用理论体系的具体内容。虽然不同区域会计准则/规则/指南体系存在差异，但它们均是采用关系治理模式，奉行人本经济发展观，体现维护多边主义的市场秩序，譬如，维护 WTO 规则。而 B 区域人本资本会计准则/规则/指南体系的内涵，与 A 区域人本资本会计准则/规则/指南体系的内涵相同，只是两个区域人本资本会计应用的手段和方法存在一定差异而已，在此不作赘述。

（3）A 区域人本资本会计应用执行委员会、监管委员会是指某区域人本资本会计应用理论体系的具体化、具体应用，它属于区域关系治理的末端。不同区域在实际应用区域人本资本会计准则/规则/指南体系时虽然存在一定差异，但它们均采用全社会人本管理理论来指导区域人本资本会计准则/规则/指南体系的执行与监督。对此负责的主体为 A 区域人本资本会计应用执行委员会、监管委员会。其中，其执行委员会是 A 区域人本资本会计应用执行主体，而其监管委员会是 A 区域人本资本会计应用监管主体。而 B 区域人本资本会计应用执行委员会、监管委员会的内涵与 A 区域人本资本会计应用执行委员会、监管委员会的内涵相同，只是两个区域人本资本会计应用的全社会管理手段和方法存在一定差异而已，在此不作赘述。

第 11 章

用户导向型企业人本资本会计模式研究

在"互联网+"时代,方兴未艾的"第四次工业革命"的现代基础信息技术打造出信息对称的虚实相融网络买方市场,它驱动"互联网+"企业以所有权与经营权合一的专业化劳动分工与合作方式,颠覆适应于信息非对称的卖方市场企业所有权与经营权分离的专业化劳动分工与整合方式,进而颠覆传统企业管理模式。其颠覆内容归纳为"三化"与"三制":企业扁平化颠覆寄生式的企业科层制,确立了共生式企业生态制;员工创客化颠覆雇佣制,确立了自主制;用户需求个性化颠覆企业产销分离制,确立了企业产销融合制。其具体颠覆内涵如下:

(1) 企业扁平化颠覆内涵。就企业而言,由信息非对称的卖方市场向信息对称的买方市场转变,促使产销分离的科层制企业颠覆成产销融合的生态制企业。就企业目标而言,由寄生向共生的企业生态关系转变,促使追求企业股东价值最大化颠覆成追求企业共享价值极大化(丁胜红、吴应宇,2019)[224]。就企业转型路径而言,由销量向体验的经济转型,促使追求交易价值的串联价值链颠覆成追求共享价值的并联价值网络。

(2) 员工创客化颠覆内涵。就员工而言,由分离向融合的企业所有权与经营权转变,促使雇佣岗位执行者颠覆成动态合伙创业者。就员工目标而言,由自然性人本主义向社会性人本主义的价值观转变,促使员工追求自我价值最大化颠覆成员工追求集体共赢价值极大化。就员工转型路径而言,由整合向合作的专业化劳动分工转变,促使被动雇佣者、执行者颠覆成主动创业者、合伙人。

(3) 用户需求个性化颠覆内涵。就用户而言,"互联网工厂"促使"销量经济"的顾客颠覆成"体验经济"的用户。就用户目标而言,由低层次向高层次的用户需求转变,促使追求顾客交易价值最大化颠覆成追求用户共享价值极大化。就用户转型路径而言,由"渠道为王"向网络商店的商业模式转变,促使用户串联颠覆成用户并联,再到用户群体的生态圈。因此,在上述"颠覆"的"土壤"中催生的信息对称下用户导向型企业人本资本会计模式,将是人本经济发展观的产物之一。

11.1 用户导向型企业人本资本概念的界定

随着代表方兴未艾的"第四次工业革命"的现代基础信息技术广泛推广应用,促进信息非对称的人本经济转向信息对称的人本经济。这种工业革命技术变革首先促进人本经济主体转变:信息对称的买方市场驱动的所有权与经营权合一的用户导向型企业,替代信息非对称的买方市场驱动的所有权与经营权分离的顾客导向型企业。在这种人本经济发展观的指导下,一方面,顾客导向型企业人本资本价值定理,演变为用户导向型企业人本资本价值定理;另一方面,促进企业人本经济发展方式转变的顾客导向型企业人本管理,转变为用户导向型企业全社会人本管理。这种人本经济自身转型的驱动力在于,人类社会主流需求由马斯洛层序需求向超需求的转变。适应于信息对称的买方市场超需求用户导向型企业,其企业人本资本内涵也悄然发生了演变。发生演变的用户导向型企业人本资本内涵在第 2 章的用户导向型企业人本资本价值定理与用户导向型企业人本资源配置定理中已作详细论述。它表达了物类价值归于人类价值的用户导向型企业人本资本是由物力资本与人力资本构成的。

为适应信息对称的买方市场用户体验化需求,所有权与经营权合一的专业化劳动分工与合作方式,促使与买方市场为一体的用户导向型企业形成三类人,即员工、用户与管理者。这三类人都是所有权与经营权合一的专业化劳动分工主体。由这三类人构成的用户导向型企业往往被视为"动态合伙人制"企业,而非顾客导向型企业利益相关者,他们融"职业"与"身份"为一体。为了满足用户对信息对称的买方市场体验的需求,用户导向型企业在研发、设计、制造过程中让企业员工与用户共同参与创造企业价值,在用户体验过程中完成用户个性化需求。也就是说,在满足信息非对称的卖方市场基本需求的过程中实现生产导向型企业物本资本价值;在满足信息对称的买方市场体验需求的过程中实现用户导向型企业人本资本价值。只是奉行人本经济发展观的用户导向型企业人本资本价值创造与实现同步进行(丁胜红,2019)[239]。

鉴于用户导向型企业员工目标旨在完成用户个性化需求的定制化供给,而买方市场中用户目标旨在帮助企业员工完成定制化供给而实现自己个性化需求。显然,按照用户导向型企业员工和参与用户,将人力资本划分为生产型人力资本(员工人力资本)和参与生产型人力资本(参与用户人力资本)。与买方市场融为一体的用户导向型企业管理者目标,旨在完成企业定制化供给与用户个性化需求的买方市场出清。它既是在管理用户导向型企业,又是在管理超需求买方市场。用户导向型企业管理者被划分为服务型人力资本,根据他们服务对象的不同,可划分为服务生产型人力资本(员工人力资本)和服务参与生产型人力资本(参与用户人力资本)。下面对用户导向型企业人力资本的概念逐一进行界定。

1. 生产型人力资本

在信息对称的人本经济阶段,生产型人力资本是指为了满足用户体验化需求,通过用户导向型企业所有权与经营权合一的专业化分工劳动,有效消耗人自身的人力资源,来实现用户导向型企业定制化供给。其中人力资源既有先天性人的禀赋,又有后天性人的投资。由于人的能动性赋予人力资本创新性、创造性与应变性,因而这种人的能动性能获得最大限度的发挥,它既需要源于人自身努力的内因,又需要源于人所依存适应的外在环境的外因。而以共享价值为本的用户导向型企业,它为人的能动性能够获得自由发挥而提供了这种内因与外因的环境。在信息对称的买方市场中,过去因信息非对称而造成无法溯源的智力资本、知识资本等应该属于人力资本范畴。过去因信息非对称而利用编码知识形成的企业规则、规范,在信息对称的与买方市场融为一体的用户导向型企业演变为外生变量。其中,用户导向型企业的规则、规范也是买方市场规则、规范,它们的本质是完备性契约。这种编码知识已经演化为社会资本的一部分,而非人力资本。

2. 参与生产型人本资本

在信息对称的人本经济阶段,为了满足用户个性化需求,用户导向型企业员工与用户一体研发、设计、制造,实现他们的双赢价值。因此,用户参与了用户导向型企业价值创造、价值实现。在信息对称的买方市场中,用户以参与形式一边创造价值,一边实现价值。然而用户参与的基本形式分为体力形式参与和劳力形式参与。而劳力形式参与既可分为智力形式参与与知识形式参与,又可分为显性劳力劳动与隐性劳力劳动。

3. 服务型人力资本

在信息对称的买方市场中,用户导向型企业网络平台管理者管理企业员工与用户,既是管理买方市场,又是管理企业。这种管理不是信息非对称的人本经济阶段的人本管理,而是信息对称的人本经济阶段全社会人本管理,这种管理塑造了企业员工与用户之间共生生态关系的买方市场秩序。而这种秩序一方面促使用户导向型企业劳动自由;另一方面,促使买方市场人类价值为本的实现,进而塑造了人类社会以人类幸福为本的方向、人类满意为本的方针、人类人权为本的方式和人类人力为本的方法。管理者参与基本形式分为体力形式管理与劳力形式管理。而劳力形式管理既可分为智力形式管理与知识形式管理,又可分为显性管理与隐性管理。

11.2 用户导向型企业人本资本会计账户的设计

根据前文对用户导向型企业人力资本概念的界定,结合用户导向型企业人本资本价值定理或人本资源配置定理与全社会人本管理理论,设计用户导向型企业人本资本会计账户。

11.2.1 用户导向型企业人力资本会计账户的设计

任何一个企业的资本运作都存在基本的两个阶段,即资本投入与资本产出。它在状态上表现为资本存量与资本流量。在信息对称的人本经济阶段,无论在企业研发、设计环节,还是企业制造、销售环节,都存在资本的投入与产出。因此,反映用户导向型企业人力资本投入的人力资本存量会计账户为生产型人力资本资产、参与生产型人力资本资产、管理型人力资本资产。这里的人力资产账户揭示了所有权与经营权合一的不同专业化劳动所消耗的不同人力资源。反映用户导向型企业人力资本存量的会计账户为生产型人力资本权益、参与生产型人力资本权益、管理型人力资本权益。然而,在信息对称的人本经济阶段,用户导向型企业人力资本不存在人力负债,一方面,是用户导向型企业奉行资本与劳动和谐观,不存在雇佣关系;另一方面,用户导向型企业奉行以人类价值为本的人本经济发展观。上述用户导向型企业人力资本存量的资本运作结果可分为投入与产出,来设计其人力资本存量会计明细科目。

反映用户导向型企业人力资本流量的会计账户为生产型人力资本收入、参与生产型人力资本收入、管理型人力资本收入;生产型人力资本成本、参与生产型人力资本成本、管理型人力资本成本;生产型人力资本剩余、参与生产型人力资本剩余、管理型人力资本剩余。上述用户导向型企业人力资本存量的资本运作过程可分为收入、成本以及剩余,并进行其明细人力资本流量会计科目设置。这里收入、成本以及剩余是指信息对称的买方市场超需求的人权价值流。对人权价值流确认和计量的工具采用数据货币,而非信息非对称的卖方市场完全低层次需求的产权价值流。对产权价值流确认和计量的工具采用主权货币。反映用户导向型企业人力资本数据货币流量的会计账户为生产型人力资本数据货币现金流入、参与生产型人力资本数据货币现金流入、管理型人力资本数据货币现金流入;生产型人力资本数据货币现金流出、参与生产型人力资本数据货币现金流出、管理型人力资本数据货币现金流出;生产型人力资本数据货币现金结余、参与生产型人力资本数据货币现金结余、管理型人力资本剩余。

11.2.2 用户导向型企业物力资本会计账户的设计

在信息对称的人本经济阶段,用户导向型企业追求以物类价值归于人类价值的人本经济发展观。而由第 2 章中用户导向型企业人本资本价值定理,即 $\beta/P = \alpha/K = \rho/M = \vartheta/U$,形成以下三个基本推论:

(1) $\beta/P = \alpha/K$;
(2) $\vartheta/U = \alpha/K$;
(3) $\rho/M = \alpha/K$。

这三个推论展示了用户导向型企业物类价值归于人类价值的全社会人本管理模式。

推论(1)表达了用户导向型企业生产员工为满足用户个性化需求而对物力资源的有效配置。其中,生产型人力资本价值与其人力资本产出弹性系数的比值和物力资本价值与其物力资本产出弹性系数的比值,表征了用户导向型企业人本治理的有效程度。用户导向型企业生产型物力资本会计账户确认、计量、记录生产型物力资本归于生产型人力资本的交易或事项。在生产型物力资本归于生产型人力资本的过程中,展现用户导向型企业生产型物力资本存量与流量之间的变化关系。用户导向型企业物力资本会计账户体现了生产型物力资本资产和生产型物力资本权益,其目的是体现生产型物力资本价值存量。对生产型物力资本价值存量的会计科目按照所有权与经营权合一的专业化劳动分工来设计明细,即按照用户导向型企业生产型物力资本的投入与产出对生产型物力资本价值存量的会计科目明细进行设计。

为了反映生产型物力资本价值归于生产型人力资本价值的逻辑关系,可采用信息非对称的物本经济阶段生产导向型企业物本资本会计的权责发生制原则,同时确认生产型人力资本价值与生产型物力资本价值。但在信息对称的人本经济阶段,用户导向型企业人本资本会计的权责发生制原则侧重于买方市场超需求人权之"权"的确认和计量,而非信息非对称的物本经济阶段生产导向型企业物本资本会计的权责发生制原则中卖方市场完全低层次需求的"产权"之"权"。前者"人权"价值观是人本经济发展观,而后者"产权"价值观是物本经济发展观。后文在论述用户导向型企业物力资本会计账户的确认和计量时,均采用侧重于"权"的权责发生制原则,对此这里不再赘述。用户导向型企业物力资本会计账户体现了生产型物力资本资产收入、生产型物力资本资产成本,以及生产型物力资本资产结余。其目的是体现生产型物力资本价值流量,对生产型物力资本价值流量的会计科目,按照用户个性化需求或定制化供给设计明细;也可按照用户导向型企业生产型物力资本的投入与产出,设计生产型物力资本价值流量的会计明细科目。

在信息对称的人本经济阶段,智能化劳动转移价值,而智慧化劳动创造价值,因此,作为智能化劳动的物力资本价值能够有效转移变化,其生产型物力资本资产结余为0。如果它不为0,则说明物力资源配置存在部分失效。这提示了用户导向型企业应强化全社会人本管理,提高用户导向型企业生产型物力资源配置的有效程度。根据生产型物力资本投入与产出之间的因果关系,采取用户导向型企业人本资本会计的权责发生制原则,来确认其物力资本价值流量变化。后文在论述用户导向型企业物力资本会计确认、计量、记录其物力资本流量账户时,均采用用户导向型企业人本资本会计的权责发生制原则,对此这里不再赘述。

推论(2)表达了买方市场用户为满足自己体验化需求,而参与用户导向型企业定制化产品或服务供给的人本价值创造,在满足用户体验过程中有效配置物力资源。其中,参与生产型人力资本价值与其人力资本产出弹性系数之间的比值和参与生产型物力资本价值与其物力资本产出弹性系数之间的比值,表征了买方市场人本治理的有效程度。买方市场用户参与生产型物力资本会计确认和计量其物力资本存量账户:参与生产型物力资本资产和参与生产型物力资本权益。对买方市场用户配置参与生产型物力资本价值存量的会计科目明细,可按照所有权与经营权合一的专业化劳动分工来设计;也可按照买方市场用户对参与生产型物力资本的投入与产出来设计生产型物力资本价值存量的明细会计科目。买方市场用户参与生产型物力资本会计确认和计量其物力资本流量账户:参与生产型物力资本资产收入、参与生产型物力资本资产成本,以及参与生产型物力资本资产结余。根据参与生产型物力资本投入与产出之间的因果关系,选择权责发生制原则来确认用户导向型企业人本资本会计中物力资本价值流量的变化。对参与生产型物力资本价值流量的会计科目,可按照用户个性化需求或定制化供给来设计明细;也可按照用户导向型企业参与生产型物力资本投入与产出的因果关系,设计参与生产型物力资本价值流量的会计科目明细。

推论(3)表达了面向买方市场的用户导向型企业管理者,以人类价值为本的目标塑造用户导向型企业员工与买方市场用户之间共创共赢共享的共生生态关系秩序。在此类秩序塑造的过程中,管理型物力资源得到有效配置。其中,管理型人力资本价值与其人力资本产出弹性系数之间的比值和管理型物力资本价值与其物力资本产出弹性系数之间的比值,表征了买方市场+用户导向型企业共同人本治理的有效程度。面向买方市场的用户导向型企业,管理型物力资本会计确认和计量其物力资本存量账户:管理型物力资本资产和管理型物力资本权益。对面向买方市场的用户导向型企业管理型物力资本价值存量的明细会计科目,可按照所有权与经营权合一的专业化劳动分工来设计明细;也可按照管理者对管理型物力资本的投入与产出,来设计明细管理型物力资本价值存量的会计科目。面向买方市场的用户导向型企业管理型物力资本会计确认和计量其物力资本价值流量账户:管理型物力资本资产收入、管理型物力资本资产成本以及管理型物力资本资产结余。根据管理型物力资本投入与产出之间的因果关系,采取权责发生制原则确认用户导向型企业人本资本会计中物力资本价值的流量变化。对管理型物力资本价值流量的会计科目,按照用户个性化需求或定制化供给来设计明细;也可按照用户导向型企业管理型物力资本的投入与产出,来设计参与生产型物力资本价值流的明细会计科目。

总而言之,上述是设计信息对称的人本经济阶段用户导向型企业人本资本会计账户及其会计科目。根据用户导向型企业人本资本会计存量等式:人本资本资产=人本资本权益,以及用户导向型企业人本资本会计流量等式：人本资本收入－人本资本成本＝人本资本结余，构建反映信息对称的买方市场超需求人权价值变化的用户导向型企业人本资本会计报告。由于要满足信息对称的人本经济阶段人本发展观，因而用户导向型企业人本资本会计报告的形成是建立在智能化人本资本会计核算的基础上，对研究用户导向型企业人本资本会计核算云端化的流程进行构建。

11.3　用户导向型企业人本资本会计核算的云端化流程构建

随着"第三次工业革命"的现代基础制造技术的广泛应用，促进了人类社会财富供给大于需求的信息非对称买方市场的形成，这成为信息非对称的人本资本经济形成的标志。在信息非对称的买方市场中，顾客导向型企业为满足顾客个性化需求而促使人力资本不断崛起。以正在爆发的"第四次工业革命"的现代基础信息技术为代表，不断整合、优化"第三次工业革命"的现代基础制造技术，以提升各种经济主体供给能力，促进信息对称的网络虚实相融的买方市场日趋发育成熟。这成为信息对称的人本经济阶段形成的标志。信息对称的买方市场驱动"互联网＋"用户导向型企业的"去三化"，形成由所有权与经营权合一的多个专业化劳动分工体系构成多个中心化用户导向型企业。

相对独立的多中心化用户导向型企业要求多元用户导向型企业人本资本会计主体之间私有产权明晰。相对于某单元用户导向型企业人本资本会计主体私有产权而言，借助互联网平台的超强整合能力，将多元用户导向型企业人本资本会计主体整合为具有准私有产权的总用户导向型企业人本资本会计主体。无论是某单元用户导向型企业人本资本会计主体，还是总人本资本会计主体，它们的中心任务就是将被经济主体"俘获"的超需求人权价值信息自动输入智能化的用户导向型企业人造人本资本会计系统。因此，根据用户导向型企业人本资本会计主体的产权属性以及其智能化核算功能（丁胜红，2019）[225]，选择多云理念重构大数据用户导向型企业人本资本会计核算云端化流程，显得尤为契合。

11.3.1　多云理念的用户导向型企业人本资本会计核算云端化理念重构

多云理念是指用户导向型企业用户基于自身业务和应用负载的特性及需求，为自己选择更适用、更灵活的云平台和云战略。"多云"之"多"的精髓在于，不是指用户一定要同时选择或使用多种云部署方式或云平台，而是在多种选择中选择适合自己不同业务与工作负载需求的云部署方式或云平台（丁胜红，2019）[225]。"多云"之"云"的要义在于，云是网络、互联网的一种比喻说法。过去用云来表示电信网，后来用云来表示互联网和底层基础设施的抽象（丁胜红，2019）[225]。这里所谓的多云，它包括公有云、私有云以及混合云。其中，公有云是指由第三方在客户的专用网络之外提供和管理的虚拟化计算、网络和存储资源。私有云是指支持编排和自动化，并在客户的专有网络中部署的虚拟化计算、网络和存储资源。混合云是指平时以私有云为主，并不依赖公有云，但在需要更大弹性，满足突发需求时，可以无缝切换到公有云。

在信息对称的人本经济阶段，如何准确、快速地"把脉"用户（群）"体验化"消费的市场需求，客观地要求用户导向型企业人本资本会计主体对海量超需求人权价值业务或事项作出智能化大数据用户导向型企业人本资本会计核算,以便对用户导向型企业战略作出及时准确地"把握"。支撑智能化大数据用户导向型企业人本资本会计核算的技术变革,要求一系列用户导向型企业人本资本会计理论体系进行创新。

就用户导向型企业人本资本会计核算的四大基本假设而言,"互联网+"用户导向型企业的去"中心化"要求大数据用户导向型企业人本资本会计核算的多元化用户导向型企业人本资本会计主体假设;"互联网+"的企业"跨界"经营要求大数据用户导向型企业人本资本会计核算的多元化持续经营假设;智能化大数据用户导向型企业人本资本会计核算要求用户导向型企业人本资本会计核算的实时性用户导向型企业人本资本会计分期假设;信息对称的买方市场超需求(体验需求)人权价值业务或事项要求数据货币确认计量。因此,数据货币假设成为用户导向型企业人本资本会计假设之一。

就用户导向型企业人本资本会计主体产权属性而言,"私有云+"单元用户导向型企业人本资本会计主体构成"云用户导向型企业人本资本会计主体",它的智能化核算是指通过编排和自动化,并在单元用户导向型企业人本资本会计主体的专有网络中部署的虚拟化计算、网络和存储资源,以便利用大数据技术自动、快速、连续地获取企业超需求人权价值业务或事项,利用云计算技术对"大数据"进行分类、存储、计算、分析等智能化处理,利用互联网技术迅速智能化地输出定制化用户导向型企业人本资本会计信息:结构化与非结构化数据。当然,"众私有云+"多元用户导向型企业人本资本会计主体也就构成了"众云用户导向型企业人本资本会计主体"。

相对于单元用户导向型企业人本资本会计主体私有产权而言,依附于用户导向型企业总经济主体所形成的总用户导向型企业人本资本会计主体,它们具有公有产权属性。当然,这里总用户导向型企业人本资本会计主体不等于多个单元用户导向型企业人本资本会计主体简单相加(丁胜红,2019)[225]。它仅对多元用户导向型企业人本资本会计主体所提供的用户导向型企业人本资本会计数据进行整合与分析,主要体现用户导向型企业人本资本会计预测职能。显然,单元用户导向型企业人本资本会计主体职能主要是反映与控制。因此,"公有云+"总用户导向型企业人本资本会计主体,也就构成了"总云用户导向型企业人本资本会计主体"(丁胜红,2019)[225]。它的智能化核算是指总用户导向型企业人本资本会计主体在单元用户导向型企业人本资本会计主体的专用网络之外提供和管理虚拟化计算、网络和存储资源,以便对多元用户导向型企业人本资本会计主体提供企业超需求人权价值运动状况的海量数据进行反映、控制和预测。

究竟是选择公有云,还是选择私有云?截至目前,应根据云实施模式的判断标准来确定。即根据特定工作负载及其所涉及的数据量、集成、安全和性能的四个技术特性维度进行评分,然后将其各个维度得分相加,得出其技术特性总分。针对不同工作负载来比较其技术特性得分情况。如果其技术特性得分越高,那么选择私有云的可行性越大;如果其技术特性得分越低,则选择公有云的可行性越大。介于上述两个极端之间的技术特性得分,最佳的选择是混合云。如果"互联网+"用户导向型企业所需决策的用户导向型企业人本资本会计信息,仅仅倚重于众云用户导向型企业人本资本会计主体和总云用户导向型企业人本资本会计主体的供给,那么"互联网+"用户导向型企业人本资本会计核算会呈现分割化,用户导向型企业人本资本会计信息会呈现"碎片化",从而无法实现企业大数据用户导向型企业人本资本会计核算整体智能化和全面云端化。根据选择云实施模式的判断标准,选择混合云可实现"互联网+"用户导向型企业人本资本会计核算云端化,即"总云用户导向型企业人本资本会计主体"的智能化核算"+混合云+""众云用户导向型企业人本资本会计主体"的智能化核算,构成"互联网+"用户导向型企业人本资本会计核算云端化。

11.3.2 大数据用户导向型企业人本资本会计云端化核算的流程重构

在信息对称的人本经济阶段,根据"互联网+"用户导向型企业人本资本会计核算云端化概念和"互联网+"的思维模式,结合以人类价值为本的用户导向型企业人本资本会计规则库,以及用户导向型企业人本资本会计数据库和以人类价值为本的用户导向型企业人本资本会计核算组织架构,重构"互联网+"用户导向型企业大数据企业人本资本会计云端化核算流程。具体用户导向型企业人本资本会计云端化核算流程的结构如图11-1所示。

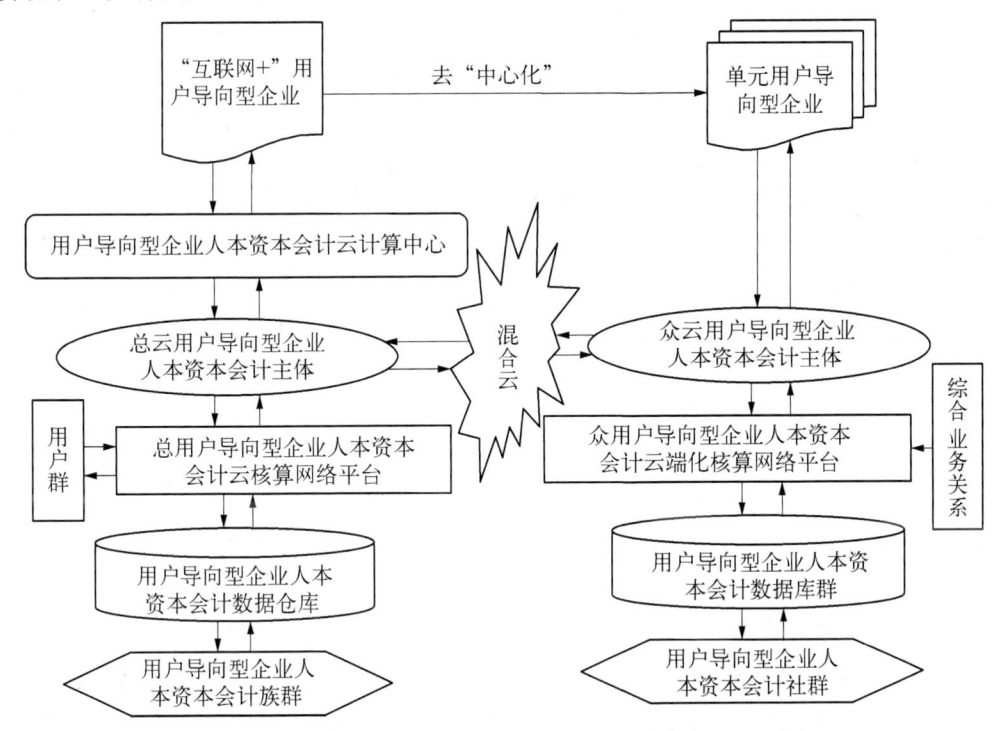

图11-1 用户导向型企业人本资本会计核算云端化流程的结构

根据上述用户导向型企业人本资本会计核算云端化流程的结构,各种类型的人本资本会计均指用户导向型企业人本资本会计。为了表述方便,省去了用户导向型企业。按照流程逻辑分别诠释如下的新名词:

1. 综合业务关系

在信息对称的人本经济阶段,用户导向型企业面对用户"体验化"消费,用户导向型企业人本资本会计确认和计量不再是完全低层次需求下货币量化价值特征的经济业务,而是超需求数据货币量化的经济社会环境综合业务。在物本经济阶段,完全低层次需求成为人类社会的主流需求,交易价值在人类社会经济结构中处于主导地位,因为标准化经济业务所依存的环境对经济业务本身的经济价值影响微乎其微,所以采用还原论的隔离法对生产导向型企业与用户之间所发生的经济业务,进行用户导向型企业人本资本会计确认和计量,采用手工化或电算化方式对经济业务分离的用户导向型企业人本资本会计业务,进行用户导向型企业人本资本会计记录与报告。在信息对称的人本经济阶段,超需求成为人类社会的主流需求,共享价值在人类社会经济结构中处于主导地位,由于用户(群)[①]追求"体验化"的个性消费,这就决定了企业与用户(群)之间所发生的综合业务与它所依存环境之间的关系密切,对其综合业务本身的综合价值影响巨大。显然,采用系统论的整体法(丁胜红,2016)[203]对其综合业务及其所依存的环境(即综合业务关系)进行用户导向型企业人本资本会计确认和计量,为此采用大数据技术以批处理方式获取企业综合业务关系。这里的批处理也包括批处理工作负载中嵌入的正交任务,包括企业研发、生产、物流运输、销售、售后维护等业务,由企业物理世界的生产销售实践与数字化界面上的决策和指令串联在一起,最终实现用户导向型企业人本资本会计的综合业务关系转变为工作负载[②],开启了大数据用户导向型企业人本资本会计智能化核算的关键起点。

2. 众用户导向型企业人本资本会计云端化核算网络平台

由"互联网+"用户导向型企业的去"中心化",形成众元用户导向型企业,再由"私有云+"依附众元用户导向型企业所形成"众云用户导向型企业人本资本会计主体"。独立核算的云用户导向型企业人本资本会计主体要求独立运营的用户导向型企业人本资本会计云端化核算网络平台,因此,"众云用户导向型企业人本资本会计主体"汇集成了众用户导向型企业人本资本会计云端化核算网络平台(丁胜红,2019)[225]。该平台采用联合核算模式,支持众云用户导向型企业人本资本会计主体的用户导向型企业人本资本会计数据生成机构,对用户导向型企业人本资本会计数据进行合理的控制与协调,整合核算诸多用户导向型企业人本资本会计机构,将用户导向型企业人本资本会计核算结果有序、持续地反馈给数据库。该平台对用户导向型企业人本资本会计的硬件和开源软件进行优化,支持用户导向型企业人本资本会计数据的快速分析,并在软件和硬件两个层面实现用户导向型企业人本资本会计数据共享安全;同时设计了可扩展的存储数据库,以及众云用户导向型企业人本资本会计主体以最低成本共享通用用户导向型企业人本资本会计解决方案。

3. 用户导向型企业人本资本会计云计算中心

它是指按照满足用户对用户导向型企业超需求人权价值运动状况的用户导向型企业人本资本会计信息个性化需求,利用"互联网+"等现代网络信息技术,建成集约化、智能化的新一代信息基础设施,支撑总云用户导向型企业人本资本会计主体、众云用户导向型企业人本资本会计主体和混合云的建设。依托用户导向型企业人本资本会计云计算中心,开展用户导向型企业人本资本会计大数据的整合、分析、挖掘和开放,并带动用户导向型企业人本资本会计预测分析业务发展。

4. 总用户导向型企业人本资本会计云端核算网络平台

依附"互联网+"用户导向型企业所形成的"总云用户导向型企业人本资本会计主体",

[①] 顾客群概念是由社群概念演化而来,在这里是指具有相同需求、偏好和价值观或群意识的稳定团体。这里群是社群的简称。

[②] 人本资本会计工作负载包括用于人本资本会计处理和人本资本会计分析海量数据(包括多种类型的结构化和非结构化数据)的技术与架构,以及能够支持高速捕获、发现、高性能与高端人本资本会计综合业务分析和模拟的技术与架构,还包括发现隐藏的互联网资源配置交易模式、未知的关联和其他有用人本资本会计信息的仿真。

在用户导向型企业人本资本会计云计算中心的支持下,总用户导向型企业人本资本会计云核算网络平台才得以体现(丁胜红,2019)[225],通过该平台向"众云用户导向型企业人本资本会计主体"的用户导向型企业人本资本会计社群,传输大数据用户导向型企业人本资本会计核算能力到云端。总用户导向型企业人本资本会计云端核算网络平台的功能如下:首先,该平台将设置的不同安全等级的用户导向型企业人本资本会计工作负载数据存储在不同级别的云中(丁胜红,2019)[225],并设置授予不同权限人员以相应的查看、修改、更新、分析用户导向型企业人本资本会计工作负载数据的权利;其次,设置对用户导向型企业人本资本会计工作负载的结构化、非结构化数据的用户导向型企业人本资本会计确认、计量、记录规则库及其相应的结构化与非结构化数据库;再次,设置对云人本资本会计结构化与非结构化数据库的"用户导向型企业人本资本会计频道①"报告规则库,以及其查看、修改、更新、抽取等用户导向型企业人本资本会计信息的多维权限级别库;最后,"人本资本会计族群"利用混合云获取"众云用户导向型企业人本资本会计主体"的用户导向型企业人本资本会计工作负载中结构性与非结构性数据,在公有云中联合智能化用户导向型企业人本资本会计核算,通过总用户导向型企业人本资本会计云核算平台向用户(群)输出他们所需要的个性化用户导向型企业人本资本会计数据信息。

5. 用户导向型企业人本资本会计数据仓库

用户导向型企业人本资本会计数据仓库是指存放来自"众云用户导向型企业人本资本会计主体"独立来源集成结构化与非结构化数据的中央资料库,以用于支持用户导向型企业人本资本会计报告和用户导向型企业人本资本会计数据分析工作(丁胜红,2019)[225]。用户导向型企业人本资本会计数据仓库包括与用户导向型企业人本资本会计应用数据存储、用户导向型企业人本资本会计智能数据、用户导向型企业人本资本会计快速数据和用户导向型企业人本资本会计海量数据相关的离散工作负载。数据仓库和大数据的嵌入式部分包含在相关的单个用户导向型企业人本资本会计工作负载中。

6. 用户导向型企业人本资本会计数据库群

根据每个用户导向型企业云人本资本会计主体所涉及综合业务关系,通过每个用户导向型企业人本资本会计云端化核算网络平台的大数据技术自动地将综合业务关系转化为用户导向型企业人本资本会计工作负载,通过总用户导向型企业人本资本会计云核算网络平台,将用户导向型企业人本资本会计核算能力,通过总云用户导向型企业人本资本会计主体自动分配、混合元自动传递与切换"众云用户导向型企业人本资本会计主体"自动选择来完成用户导向型企业人本资本会计核算能力传输到云端,通过云人本资本会计主体所赋予用户导向型企业人本资本会计职能的履行以完成用户导向型企业人本资本会计工作负载结构化与非结构化数据的归集某类用户导向型企业人本资本会计数据库。众云用户导向型企业人本资本会计主体借助上述用户导向型企业人本资本会计云端化核算,自然,将不同种类云用户导向型企业人本资本会计主体的用户导向型企业人本资本会计数据库聚合而成用户导向型企业人本资本会计数据库群。

---

① 会计频道是指根据顾客对会计信息产品的定制化需求,以电视频道形式设置满足不同顾客需求的会计核算规则、方法的网络平台界面。

7. 用户导向型企业人本资本会计社群与人本资本会计族群

社群是指具有相同偏好、情感归属、价值认同、自组织的不同区域社会网络关系聚合体。用户导向型企业人本资本会计社群是由社群概念演化而来，它是具有相同用户导向型企业人本资本会计专业背景，遵循相同用户导向型企业人本资本会计职业道德与规则，在不同区域内系于某云用户导向型企业人本资本会计主体的一群会计工作人员。用户导向型企业人本资本会计族群是指对应于总云用户导向型企业人本资本会计主体的不同用户导向型企业人本资本会计社群聚合体（丁胜红，2019）[225]。由于总云用户导向型企业人本资本会计主体是"互联网＋"用户导向型企业下虚拟的云人本资本会计主体（丁胜红，2019）[225]，它的人本资本会计社群就是由众云用户导向型企业人本资本会计主体的用户导向型企业人本资本会计社群共同聚合体——用户导向型企业人本资本会计族群所替代，由它们联合履行总云用户导向型企业人本资本会计主体所通过的云端化赋予用户导向型企业人本资本会计职能——反映、控制和预测。

总而言之，就用户导向型企业人本资本会计核算理论体系形成而言，其独到的理论价值在于：① 用户导向型企业人本资本会计核算理论体系假设前提为超需求假设；② 其用户导向型企业人本资本会计哲学为马克思的"人本主义"价值观；③ 其用户导向型企业人本资本会计人性假设为社会生态人假设；④ 其判断用户导向型企业人本资本会计福利标准为阿罗不可能定理；⑤ 其用户导向型企业人本资本会计云端化核算流程设计理念为多云理念。

就用户导向型企业人本资本会计核算云端化流程重构而言，其独到的应用价值在于：① 由手工化或电算化核算提供通用化结构化用户导向型企业人本资本会计信息数据，转变为智能化核算提供定制结构化与非结构化用户导向型企业人本资本会计信息数据；② 由单一用户导向型企业人本资本会计主体集中核算，转变为多元用户导向型企业人本资本会计主体分散核算；③ 由经济业务与用户导向型企业人本资本会计业务分步的还原论隔离法确认，转变为经济业务与用户导向型企业人本资本会计业务同步的体系论分层法确认；④ 由通用结构化数据用户导向型企业人本资本会计报告，转变为定制结构化与非结构化用户导向型企业人本资本会计数据库；⑤ 由用户导向型企业人本资本会计人员注重用户导向型企业人本资本会计反映与控制职能，转变为用户导向型企业人本资本会计人员注重用户导向型企业人本资本会计分析与预测新增加职能。因此，上述理论与应用价值的"独到"之处在于，实体经济和数字经济融合发展的缘起（丁胜红，2019）[225]。"互联网＋"用户导向型企业彻底颠覆传统企业管理模式的结果，满足决策者对用户导向型企业人本资本会计信息个性化需求，为信息对称的人本经济发展效率的提升奠定基础（丁胜红，2019）[225]。

11.4 "区块链＋"用户导向型企业人本资本会计①应用模式构建

上述探索信息对称的人本经济阶段用户导向型企业人本资本会计核算云端化理念重

---

① "区块链＋"人本资本会计是指根据"区块链"的计算机应用技术研究信息对称的人本经济阶段用户导向型企业人本资本的智能化人本资本会计核算模式。下文研究人本资本会计均是用户导向型企业人本资本会计，而非信息非对称的顾客导向型企业人本资本会计。

构,要在多云理念下实现用户导向型企业人本资本会计核算云端化,它要求计算机应用技术给予一定支持。因此,本节选择目前区块链技术,构建支持用户导向型企业人本资本会计云端化核算的"区块链+"用户导向型企业人本资本会计应用模式。区块链是指点对点传输、共识机制、加密算法、分布式数据存储等计算机技术的一种新型应用模式。它是以分布式数据库账本方式完成比特币(Bitcoin)对网络体验化交易或事项的共享价值记录的一系列底层计算机技术应用。"区块链+"用户导向型企业人本资本会计是指利用区块链技术创新构建体现用户导向型企业人本资本会计应用特征的用户导向型企业人本资本会计区块链。

11.4.1 用户导向型企业人本资本会计的应用特征:区块链

截至目前,国内外学者对比特币底层技术的区块链基本特征概括如下:去"中心化"、开放性、自治性、信息不可篡改性以及匿名性(丁胜红,2019)[225]。在信息对称的人本经济阶段,用户导向型企业人本资本会计根植于区块链的"土壤",其区块链基本特征也反映了用户导向型企业人本资本会计应用特征。

1. 去中心化

在信息对称的人本经济阶段,由信息对称的买方市场驱动"互联网+"用户导向型企业以所有权与经营权合一的专业化劳动分工与合作方式,实现企业满足用户体验化需求的多样定制化供给。在完成定制化供给的过程中,促进用户导向型企业以"扁平化"与"碎片化"的方式完成了去"中心化"用户导向型企业组织变革,实现了"产""销"融合的用户导向型企业变革使命。这种多中心化用户导向型企业决定用户导向型企业人本资本会计主体具有去中心化特征。立足于买方市场,基于这种特征构造用户导向型企业人本资本会计主体智能化系统,它所需要的基础技术特征是,分布式核算和存储,去"中心化"的硬件或管理机构,具有所有权与经营权合一的专业化劳动分工与合作任意节点,面向买方市场用户导向型企业人本资本会计系统中的用户导向型企业人本资本会计数据块,由用户导向型企业人本资本会计人员或智能化工具,以共生生态关系形成维护每个用户导向型企业人本资本会计主体(或节点)。因此,构造去"中心化"的用户导向型企业人本资本会计主体,体现了区块链的去"中心化"基本特征。

2. 开放性

由免费互联网模式打造信息对称的虚实相融的买方市场,由其信息对称的买方市场开放性,决定面向买方市场用户导向型企业人本资本会计系统具有信息高度透明的开放性特征。用户导向型企业人本资本会计的确认和计量属性,要求人造用户导向型企业人本资本会计系统具有开放性特征:除了市场交易各方的私有信息被保护(加密)外,用户导向型企业人本资本会计区块链的数据对所有人公开,任何人都可以通过公开的用户导向型企业人本资本会计接口,查询、利用用户导向型企业人本资本会计区块链数据(丁胜红,2019)[225]。因此,构造面向买方市场的用户导向型企业人本资本会计系统,体现了区块链的开放性基本特征。

3. 自治性

在信息对称的人本经济阶段,由信息对称的买方市场驱动"互联网+"用户导向型企业,彻底颠覆卖方市场生产导向型企业管理模式:用户导向型企业网络平台化颠覆了生产导向型企业寄生式科层制,确立了共生式生态制;用户消费体验化颠覆了"产""销"分离制,确立了"产""销"融合制;员工创客化颠覆了雇佣制,确立了自主制。其颠覆的最终格局是,与买方市场融为一体的用户导向型企业形成了所有权与经营权合一的三类人,即员工、参与用户与管理者。遵循这种所有权与经营权合一的专业化劳动分工与合作规律,制定面向买方市场的用户导向型企业人本资本会计系统中多元用户导向型企业人本资本会计主体之间协商一致的用户导向型企业人本资本会计规范和协议(比如,一套公开、透明的用户导向型企业人本资本会计算法),使得所有用户导向型企业人本资本会计主体(节点)能够在去信任的会计环境中自由安全地交换数据,使得对"人"的信任变成对机器的信任。这种免于任何人干扰的智能化用户导向型企业人本资本会计系统呈现出自治性特征。因此,这种构造的面向买方市场智能化用户导向型企业人本资本会计系统体现了区块链的自治性基本特征。

4. 信息不可篡改性

会计信息质量要求的真实性原则决定了构造人造会计系统具有信息不可篡改的功能特征(丁胜红,2019)[225]。在虚实相融的买方市场中获取体验化交易或事项的共享价值数据,只有采用系统论整体法,利用数据货币才能满足用户导向型企业人本资本会计人员或智能化工具对所有体验价值信息的挖掘提取。这种整体法本身就要求具有信息不可篡改技术,构造出具有信息不可篡改功能的人造用户导向型企业人本资本会计系统。用户导向型企业人本资本会计系统选择区块链技术实现了交易(transactions)与区块(blocks)的两种记录。前者交易是被自动存储在用户导向型企业人本资本会计区块链上的原始数据库中;后者则是利用用户导向型企业人本资本会计整体法记录体验化交易或事项的共享价值,按照用户导向型企业人本资本会计报告逻辑顺序,自动存储在用户导向型企业人本资本会计区块链数据库中。这种会计业务流程既确保了用户导向型企业人本资本会计区块链信息不可篡改的基本特征,又确保了用户导向型企业人本资本会计智能化系统具有高度的稳定性和可靠性(丁胜红,2019)[225]。

5. 匿名性特征

在信息对称的人本经济阶段,网络市场的交易具有匿名性特征。面向买方市场的智能化用户导向型企业人本资本会计系统中不同用户导向型企业人本资本会计主体的交易或事项,遵循固定用户导向型企业人本资本会计准则、规则(或用户导向型企业人本资本会计算法),其数据交互是无须信任的。因此,奉行"规则至上"的智能化用户导向型企业人本资本会计系统,体现了区块链的匿名性基本特征。

11.4.2 用户导向型企业人本资本会计区块链应用模式之构建

在信息对称的人本经济阶段,根据用户导向型企业人本资本会计应用特征,选择数据层、合约层、共识层、网络层、激励层、服务层以及应用层。由它们构成区块链基础架构模型,结合用户导向型企业人本资本会计理论模型与相关计算机技术,分层构建用户导向型企业人本资本会计区块链应用模式。

1. 用户导向型企业人本资本会计区块链数据层应用模式

根据用户导向型企业人本资本会计主体假设理论,在原用户导向型企业生产与服务生产领域,由所有权与经营权分离演变为所有权与经营权合一的专业化劳动分工与合作节点,由一个或多个节点完成满足用户个性化需求的定制化供给的经济中心。在满足用户多样化需求所形成的多个经济中心基础上,构建相应多元用户导向型企业人本资本会计主体:根据每个经济中心内部任何节点创建交易或事项,根据侧重于"权"的权责发生制在一定时间内有效地确认任何节点的交易或事项。根据区块链的交易与区块技术,创建用户导向型企业人本资本会计主体底层数据区块。其中,交易是被存储在区块链上的每个经济中心的实际业务数据;而区块则是根据用户导向型企业人本资本会计确认基础和计量属性,记录某些交易是在何时,以及以何种用户导向型企业人本资本会计逻辑,成为用户导向型企业人本资本会计区块链用户导向型企业人本资本会计数据库的一部分。其中,交易是由员工与参与用户在正常过程中使用系统创建的;而区块则是由用户导向型企业人本资本会计主体中用户导向型企业人本资本会计人员或智能化工具负责创建。根据区块链的数据加密和时间戳等技术,构建用户导向型企业人本资本会计区块链各个用户导向型企业人本资本会计主体认证点。

在原用户导向型企业服务市场领域,由所有权与经营权合一的专业化劳动分工与合作构成节点。在"产""销"融合的网络平台化用户导向型企业中,这些节点以共生生态关系形成服务于由多个经济中心构成的信息对称市场。其中,一部分享有用户导向型企业人本资本会计经营权的管理者们,共同服务所有用户导向型企业人本资本会计主体,而形成区域(或会计市场)用户导向型企业人本资本会计主体。其中,交易是被存储在区块链上的每个经济中心之间发生的实际业务数据;而区块则是根据区域用户导向型企业人本资本会计确认基础和计量属性,记录每个经济中心之间的交易是在何时,以及以何种用户导向型企业人本资本会计合并逻辑,成为用户导向型企业人本资本会计区块链合并用户导向型企业人本资本会计数据库的一部分。根据区块链的数据加密和时间戳等技术,构建用户导向型企业人本资本会计区块链(唯一)区域用户导向型企业人本资本会计主体管理认证点。

总而言之,上述(合并)用户导向型企业人本资本会计数据库是采用数据货币,选择用户导向型企业人本资本会计体系论分层法(丁胜红、何丹、周红霞,2017)[2],将超需求(体验化)交易以区块形式构成(合并)用户导向型企业人本资本会计(结构+非结构)数据库。而赋予用户导向型企业人本资本会计区块链更多智能属性,则可利用具有自治性、主动性、社会性和反应性的软件组件 Agent 智能特点,将用户导向型企业人本资本会计职能任务,分配到用户导向型企业人本资本会计系统中各个用户导向型企业人本资本会计主体 Agent 自动执行,通过区域用户导向型企业人本资本会计主体中用户导向型企业人本资本会计人员或智能化工具协调和管理这些 Agent,来实现每个用户导向型企业人本资本会计主体智能化用户导向型企业人本资本会计业务核算,为形成分布式用户导向型企业人本资本会计数据库奠定基础。

2. 用户导向型企业人本资本会计区块链合约层应用模式

在信息对称的人本经济阶段,为了满足用户体验化需求的用户导向型企业定制化供给任务,根据区块链的各类脚本、算法和智能合约,结合用户导向型企业人本资本会计理论模型与应用特征,构建用户导向型企业人本资本会计区块链合约层应用模式。

首先,根据用户导向型企业人本资本会计理论模式,编制不同用户导向型企业人本资本会计主体中,各类会计业务确认、计量、记录、报告的规则、方法与措施等用户导向型企业人本资本会计脚本。采用XBRL(eXtensible business reporting language)技术规范每个用户导向型企业人本资本会计主体中,区块对交易的实际业务数据所加各类用户导向型企业人本资本会计业务标签脚本,使得实际业务数据能够直接被用户导向型企业人本资本会计数据库接受,进入下一步用户导向型企业人本资本会计数据分析;而且XBRL还能够移驻到用户导向型企业人本资本会计数据库,由用户导向型企业人本资本会计人员或其他智能化工具,实时地进行用户导向型企业人本资本会计智能分析。

其次,根据各类用户导向型企业人本资本会计脚本,结合各类用户导向型企业人本资本会计主体Agent,编制各个用户导向型企业人本资本会计主体认证算法,以及由其认证算法汇编成区域用户导向型企业人本资本会计主体管理认证算法。

最后,结合各类用户导向型企业人本资本会计脚本和不同用户导向型企业人本资本会计主体认证算法,编制各类用户导向型企业人本资本会计智能合约。它们包括(区域)用户导向型企业人本资本会计合约部署与测试、(区域)人权会计日记数据库管理、(区域)用户导向型企业人本资本会计分与总数据库管理、(区域)用户导向型企业人本资本会计个案数据库管理以及各类用户导向型企业人本资本会计合约接口。

同时,智能合约层还包括区块协调规划用户导向型企业人本资本会计主体Agent与接口用户导向型企业人本资本会计主体Agent,与交易协调规划专业化分工与合作Agent、专业化分工与合作接口Agent和视频会议Agent。各Agent通过智能合约相互协作履行各自用户导向型企业人本资本会计主体所赋予的用户导向型企业人本资本会计职能。

3. 用户导向型企业人本资本会计区块链服务层应用模式

在信息对称的人本经济阶段,用户导向型企业人本资本会计区块链服务层是在区块链的共识层、网络层以及激励层基础上,结合相关计算机技术、用户导向型企业人本资本会计理论模型及其应用特征构建而成的。根据区块链共识层的网络节点,构建各类用户导向型企业人本资本会计主体的共识算法,通过Web Service解决了不同用户导向型企业人本资本会计主体之间互访和连接障碍,实现(区域)用户导向型企业人本资本会计数据库集成或相互交换数据,最终形成用户导向型企业人本资本会计区块链共识层的用户导向型企业人本资本会计主体共识机制。

根据区块链网络层分布式组网机制,采用SOA(service-oriented architecture)发布或发现的分布式组网接口,向网络上的用户导向型企业人本资本会计主体提供各种用户导向型企业人本资本会计智能服务。各种用户导向型企业人本资本会计智能服务可采用XBRL技术规范形成软件形式植入(嵌入)到SOA,最终形成具有去中心、开放性特征的用户导向型企业人本资本会计区块链网络层分布式组网机制。根据区块链网络层的数据传播机制,采用以XML(eXtensible markup language)为基础,通过XBRL提供统一的(区域)用户导向型企业人本资本会计数据(库)信息定义与用户导向型企业人本资本会计交换标准,解决了不同来源于交易与区块、异构用户导向型企业人本资本会计系统中数据转换和用户导向型企业人本资本会计数据信息整合问题。最终形成自治性特征的用户导向型企业人本资本会计区块链网络层的数据传播机制。

根据区块链网络层的数据验证机制,采用规则推理RBR(rule-based reasoning)和案例推理CBR(case-based reasoning)相结合的方式,来改进用户导向型企业人本资本会计数验证效率和效果。RBR通过用户导向型企业人本资本会计规则探测出可疑区块与交易的具体业务事项,并决定是否继续检查具体项。而CBR详细查验RBR产生的可疑区块与交易的具体业务事项,通过将新的用户导向型企业人本资本会计问题案例与用户导向型企业人本资本会计案例库中的旧案例进行相似匹配,来解决新用户导向型企业人本资本会计数据问题,并提供用户导向型企业人本资本会计数据验证结果,最终形成具有信息不可篡改性特征的用户导向型企业人本资本会计区块链网络层数据验证机制。根据区块链激励层的经济激励发行机制与分配机制,以XML为基础,通过XBRL提供统一的用户导向型企业人本资本会计主体Agent的经济激励发行标准/规则与分配标准/规则。利用Web Service技术的SOA(service-oriented architecture)发布到各个用户导向型企业人本资本会计主体中,借助用户导向型企业人本资本会计网络层的数据验证机制所提供的查验结果,并赋予智能Agent发行功能与分配功能,最终形成用户导向型企业人本资本会计区块链激励层的经济激励发行机制与分配机制。

4. 用户导向型企业人本资本会计区块链应用层应用模式

根据区块链应用层的各种应用场景和案例,结合具体计算机技术及其用户导向型企业人本资本会计理论模型与应用特征,构建基于用户导向型企业人本资本会计区块链应用层的用户导向型企业人本资本会计主体、用户导向型企业人本资本会计信息数据输出机制,以及用户导向型企业人本资本会计业务管理与服务接入机制。在"互联网+"时代,大数据高度自动获取能力、云计算巨大存储与计算能力,以及互联网、物联网等高速传输能力共同整合,形成了巨大的信息供给能力,促进了供给大于需求的买方会计信息市场日趋成熟。以替代传统通用会计报告模式的定制化用户导向型企业人本资本会计报告模式,满足了用户对用户导向型企业人本资本会计信息的个性化需求,因此,定制化用户导向型企业人本资本会计报告具有开放性与匿名性基本特征。

在用户导向型企业人本资本会计主体中,数据挖掘就是在用户导向型企业人本资本会计数据库中的知识发现KDD(knowledge discovery in database)。因此,采用数据挖掘技术解决用户导向型企业人本资本会计信息超载问题,以提高用户导向型企业人本资本会计职能履行效率。为此,可利用XBRL技术规范将数据挖掘技术功能赋予智能Agent,它可自动从用户导向型企业人本资本会计数据库或其他信息库中获取有效的、新颖的、潜在有用的、最终可理解的用户导向型企业人本资本会计信息数据。为确保用户导向型企业人本资本会计信息数据随机输出,可利用Agent的智能特点,将用户导向型企业人本资本会计系统中的用户导向型企业人本资本会计报告定制任务,交由不同用户导向型企业人本资本会计主体Agent自动执行,最后形成用户导向型企业人本资本会计区块链应用层的(区域)用户导向型企业人本资本会计主体用户导向型企业人本资本会计报告输出机制。然而,在(区域)用户导向型企业人本资本会计主体用户导向型企业人本资本会计报告输出机制的基础上,仅可通过XBRL技术规范补充智能Agent的通用功能:数据验证与查验、历史查询和Agent介绍,即可形成用户导向型企业人本资本会计区块链应用层的除用户导向型企业人本资本会计报告以外的其他(区域)用户导向型企业人本资本会计主体用户导向型企业人本资本会计信息数据输出机制。

为了实现"产""销"融合的用户导向型企业多元用户导向型企业人本资本会计主体之间

共生生态关系,面向市场的区域用户导向型企业人本资本会计主体中用户导向型企业人本资本会计人员或智能化工具,利用 Web Service 提供一种与平台和语言无关的通用机制,实现在不同用户导向型企业人本资本会计主体之间互访和连接,并通过数据相互交换或合并集成,利用智能 Agent 完成对不同用户导向型企业人本资本会计主体的用户导向型企业人本资本会计业务接入管理与服务,最终形成用户导向型企业人本资本会计区块链应用层的(区域)用户导向型企业人本资本会计主体用户导向型企业人本资本会计业务管理与服务接入机制。

总之,根据上述用户导向型企业人本资本会计区块链的数据层、合约层、服务层与应用层的应用模式构造逻辑关系,以及体现用户导向型企业人本资本会计系统的智能化特征,用户导向型企业人本资本会计区块链不同层之间呈交互逻辑关系。根据这些逻辑关系构建用户导向型企业人本资本会计区块链应用模式,如图 11-2 所示。

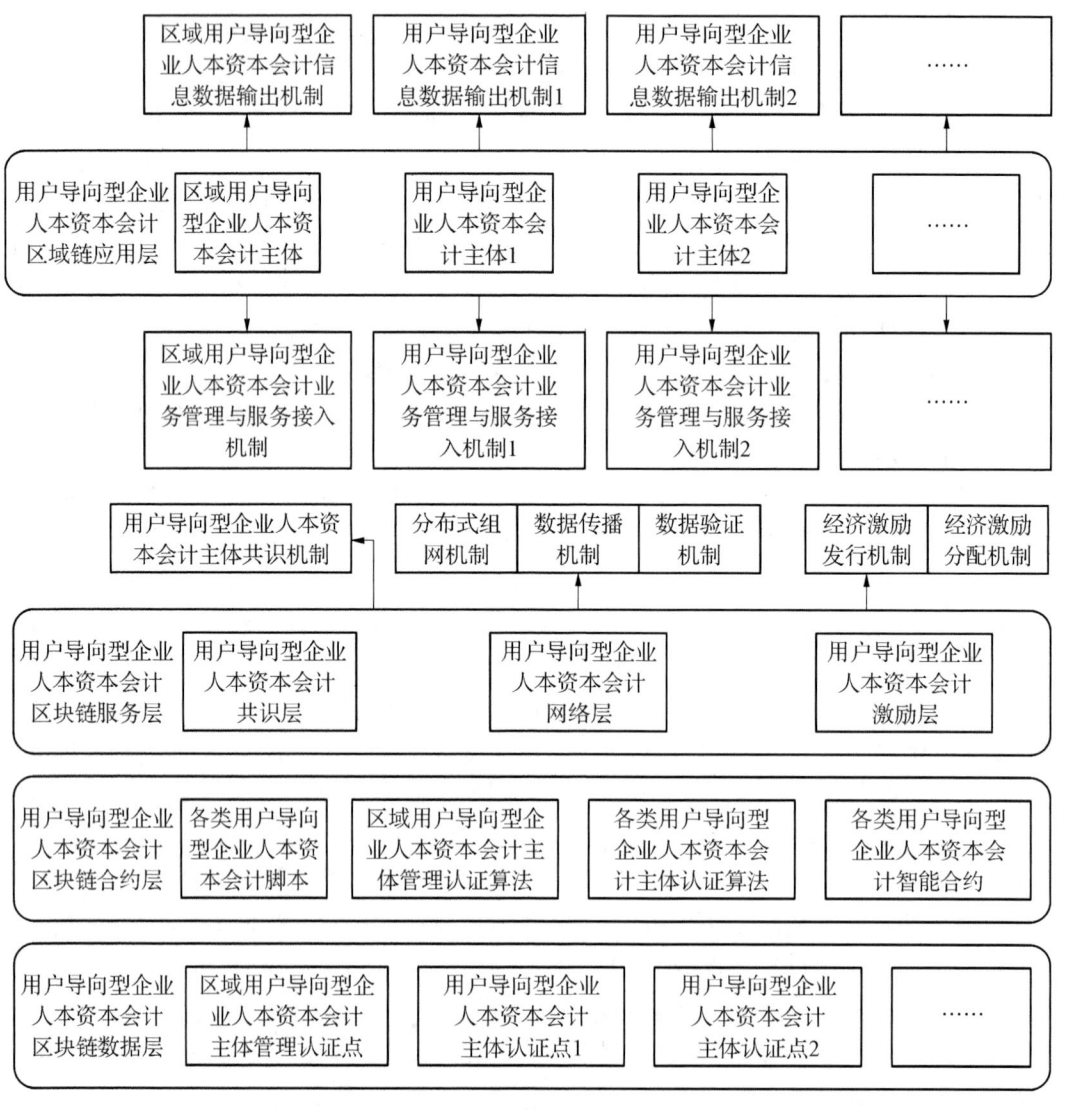

图 11-2　用户导向型企业人本资本会计区块链应用模式

总而言之,截至目前,我国网络购物、移动支付、网络平台等数字经济新业态、新模式蓬勃发展,走在了世界前列。如何瞄准世界前沿科学技术,大胆尝试理论创新,集中优势资源突破大数据核心技术,加快构建高速、智能、安全、泛在的新一代用户导向型企业人本资本会计信息基础设施,促进我国共享经济引擎世界经济发展。本文以信息对称的虚实相融的买方市场超需求的人本资本会计理论体系(模式)假设前提,结合现代信息技术改变虚实相融的网络市场信息非对称性,在产权会计理论体系(模式)基础上推论出用户导向型企业人本资本会计理论模型的形成。以区块链基本特征为切入点,分析促进体验化网络共享经济发展的用户导向型企业人本资本会计应用特征,论证了依据用户导向型企业人本资本会计理论模型及其应用特征,利用区块链基础架构模型,吸纳相关计算机技术,构建智能化用户导向型企业人本资本会计系统的底层技术——用户导向型企业人本资本会计区块链。同时以用户导向型企业人本资本会计理论为指导,以用户导向型企业人本资本会计区块链为基础,分层构建信息对称下"区块链＋"用户导向型企业人本资本会计应用模式。本文基于习近平的信息化和工业化深度融合思想,尝试前沿会计理论＋创新科学技术的研究范式。以用户导向型企业人本资本会计区块链应用模式,探索推动实体经济和数字经济融合,互联网、大数据、人工智能同实体经济深度融合。在用户导向型企业人本资本会计领域,系统推进工业互联网基础设施和用户导向型企业人本资本会计数据资源管理体系建设,发挥用户导向型企业人本资本会计数据的基础资源作用和创新引擎作用,促进数字经济发展。

11.5　本章小结

在"互联网＋"时代,正在爆发的"第四次工业革命"的现代基础信息技术打造出信息对称的买方市场。它驱动"互联网＋"用户导向型企业以所有权与经营权合一的专业化劳动分工与合作方式,替代适应于信息非对称的买方市场顾客导向型企业所有权与经营权分离的专业化劳动分工与整合方式,推进人本经济发展进入新阶段。在信息非对称的人本经济阶段,利用顾客导向型企业人本资本价值定理及其人本管理理论,分别解释顾客导向型企业人本资本会计的形成与发展。它体现了人本经济发展观。在信息对称的人本经济阶段,用户导向型企业人本资本价值定理与用户导向型企业全社会人本管理,解释用户导向型企业人本资本会计形成与发展的趋势。在信息对称的买方市场,它体现了人本发展观。无论哪种看法,追求人类自身解放是永恒不变的,变的只是实现人类自身解放的手段和方式。因此,虽然信息非对称的人本经济阶段顾客导向型企业人本资本会计与信息对称的人本经济阶段用户导向型企业人本资本会计在核算的手段和方式上不同,但它们均是反映不同人类社会阶段人类价值为本的人本经济发展观。根据用户导向型企业人本资本价值定理以及全社会人本管理理论,构建用户导向型企业人本资本会计模式,结合"互联网＋"的现代信息技术构建用户导向型企业人本资本会计云端化核算,实现了会计核算由手工化、电算化向智能化转变。根据"区块链＋"用户导向型企业人本资本会计,将用户导向型企业人本资本会计理论体系推向实践,实现会计由微观经济主体向宏观经济主体的转变,促进人本经济发展。为了用户导向型企业人本资本会计模式在实践中得到大力推广应用,第12章将系统地阐述用户导向型企业人本资本会计报告研究。

第 12 章

用户导向型企业人本资本会计报告研究

依据生产力与生产关系相互作用原理,来划分物本经济与人本经济的不同发展阶段。以蒸汽机基础技术为代表的"第一次工业革命"、以电气基础技术为代表的"第二次工业革命",标志着人类社会进入欠发达生产力水平及其相适应资本雇佣劳动生产关系之间相互作用形成物本经济阶段,源于生产导向型企业所有权与经营权分离与卖方市场需求权与供给权分离而导致信息非对称成为物本经济发展"新常态"。信任离不开信息(张维迎,2002)[226]。信息非对称容易造成信任危机,生产导向型企业一般采用信任产物之一的委托代理契约来克服信任危机。信息对称环境产生信任。信息非对称说明信息对称具有范围性,这种范围性就决定了信任的有限性。也就是说,借助一定范围信息对称环境所滋生的有限人际信任或制度信任克服一定范围信息非对称环境所造成的信任危机,笔者将此称之为信任功能。信任是市场经济最重要的基础(张维迎,2002;曹越、孙丽,2019)[226][227]。财务会计在市场经济的有序运转中处于最基础、最重要和最具有操作性的地位(郭道扬,2004)[228]。财务会计信息有用性问题的起因是委托代理关系下的信息不对称(雷宁,2012)[229]。利用可信而相关的财务会计信息帮助委托人评估代理人的行为,从而缓解属于信任的问题——事前逆向选择和事后道德风险。财务会计信息作用展示出财务会计信任具有信任功能(刘峰、司世阳、路之光,2009)[230]。

"第三次工业革命"标志着人类社会进入发达生产力阶段,它和与其相适应的生产关系之间相互作用,由此形成信息非对称的人本经济阶段。信奉人本经济发展观的顾客导向型企业人本资本会计信任功能,替代信奉物本经济发展观的生产导向型企业物本资本会计信任功能。"第四次工业革命"标志着人类社会进入更发达生产力阶段,它和与其相适应的生产关系之间相互作用,由此形成信息对称的人本经济阶段,即共享经济阶段。技术信任替代人际信任和制度信任。去中心化信任结构下用户导向型企业人本资本会计信任功能,替代中心化信任结构下顾客导向型企业人本资本会计信任功能。

总而言之,在信息非对称的物本经济阶段,尽管生产导向型企业物本资本会计信任功能已经被明确提出,但是在信息对称的人本经济阶段,用户导向型企业人本资本会计信任功能是什么、如何形成,以及如何实现,截至目前,鲜有文献涉及。根据倡导人本主义与科学主义相互融合的马克思人本经济发展观,探析信息对称的人本经济阶段用户导向型企业人本资本会计信任功能内涵的形成,以及选择人工智能构建助力用户导向型企业人本资本会计信任功能实现的用户导向型企业人本资本会计信息系统。

12.1　用户导向型企业会计信任功能内涵的形成

信任概念在社会学、心理学、营销学、经济学、管理学等不同领域,其定义也不尽相同。但它们达成共识的观点:信任是一种基础性关系,它也是涉及交易或交换关系的基础。信任是信息对称环境产物之一。在有限信息对称环境下所滋生的人际关系与制度关系基础上,信任可划分为人际信任和制度信任。根据人际关系存在方式的不同,人际关系一般可划分为人际寄生关系、人际合作关系和人际共享关系。根据制度关系所体现的经济发展观的不同,制度关系一般可划分为物本制度关系和人本制度关系。基于契约理论视角看待由人际关系和制度关系构成企业本质的不同,企业本质一般可划分为委托代理契约、利益相关者契约和智能超契约。不同企业本质是不同经济阶段经济主体信任的结晶。然而,在信息非对称环境下容易造成人际关系和制度关系的信任危机,企业可利用委托代理契约、利益相关者契约和超契约,消除属于不同经济阶段企业人际关系和制度关系的信任危机,因此,产生了不同经济阶段企业信任功能。

笔者认为,道德是社会的基础,信任是道德的基础,诚信是信任的基础。也就是说,就个人而言,讲究诚信。就人与人之间关系而言,讲究信任。就社会关系而言,讲究道德。如果违背信任,这将丧失道德和诚信,最终丧失在整个社会的立足基础。因此,无论是演进理性主义,还是工具理性主义,它们都得出相同推论:这种不讲信任所产生的负面影响将赋能信任具有"天然"的约束性作用,进而形成借助信任消除信任危机的信任功能。当然,如果讲究信任,则会产生相反的信任功能。这里要说明的是,本文所论述的企业信任功能,仅仅指前者。因此,企业信任功能就是借助企业信任产物——委托代理契约、利益相关者契约和超契约,消除企业人际关系和制度关系的信任危机。作为企业一部分的会计,当然也具有会计信任功能。因此,笔者承袭信息非对称的物本经济阶段生产导向型企业财务会计信任功能论证逻辑(雷宁,2012;曹越、孙丽,2019)[229][227],来论述人本经济阶段企业会计信任功能的内涵与演变。

人本经济发展观指导信息非对称的人本经济发展,在人本经济"土壤"中培育出顾客导向型企业所信奉的资本与劳动和谐观信念,以其信念凝练成以人为本的顾客导向型企业信任内涵。也就是说,马克思的人本主义成为信息非对称的人本经济阶段顾客导向型企业信任的灵魂或价值观。资本与劳动和谐关系构成顾客导向型企业信任内容。在有限信息对称的环境下,资本与劳动和谐关系凝聚成顾客导向型企业有限完备利益相关者契约。也就是说,非对称信息却造成顾客导向型企业利益相关者契约非完备性,这种非完备性利益相关者契约极易造成顾客导向型企业利益相关者之间的信任危机,甚至造成顾客导向型企业人际与制度的信任危机。要克服这些信任危机通常采用顾客导向型企业信任功能之一的会计信任功能。

因此,顾客导向型企业人本资本会计信任内涵依然是以人为本,其灵魂为马克思的人本主义。就信任产生的条件而言,顾客导向型企业人本资本会计信任功能是指借助一定范围信息对称环境所滋生的有限顾客导向型企业人本资本会计信任,克服一定范围信息非对称环境所造成的顾客导向型企业信息危机。就汉语字典中功能的定义而言,顾客导向型企业人本资本会计信任功能是指顾客导向型企业人本资本会计信任所发挥的有利作用。显然，它们之间具有异曲同工之妙。在信息非对称的物本经济阶段，就非完备性委托代理契约而言，生产导向型企业财务会计信任功能是指增加或维护委托方对受托方的信任（雷宁，2012）[229]；就产权理论而言，生产导向型企业财务会计信任功能是指生产导向型企业物本资本会计信息的界定与受托责任的解除（曹越、孙丽，2019）[227]。

总而言之，它们都表达了利用生产导向型企业财务会计信任，消除因未完备性委托代理契约造成的生产导向型企业委托人与受托人之间，以及资本雇佣劳动制度的信任危机。在信息非对称的人本经济阶段，顾客导向型企业人本资本会计信任功能，就是利用顾客导向型企业人本资本会计信任，消除因未完备性利益相关者契约造成的顾客导向型企业利益相关者之间，以及资本与劳动和谐制度的信任危机。在方兴未艾的"第四次工业革命"中，利用大数据技术打破"信息孤岛"，利用5G＋物联网技术建立万物互联的虚实相融共享信息空间，利用深度学习的人工智能促进体验需求与定制化供给平衡的信息对称市场形成。也就是说，利用免费"互联网＋"模式可打造出信息对称的人本经济或共享经济，利用技术信任替代人际信任与制度信任，实现去中心化信任结构替代中心化信任结构。因此，去中心信任结构下用户导向型企业信任功能颠覆中心企业信任结构下企业信任功能。至此，基于无限对称信息所缔结的用户导向型企业无限完备智能超契约，替代基于有限对称信息所缔结的企业有限完备的委托代理契约或利益相关者契约。用户导向型企业智能超契约无限完备性依赖于信息技术的无比先进性。也就是说，信息技术的先进程度决定了技术的信任程度。因此，信息对称的人本经济阶段，用户导向型企业人本资本会计信任功能利用用户导向型企业人本资本会计信任，消除因信息技术改进造成的用户导向型企业技术信任危机。

信任离不开信息，无论是信息非对称的人本经济阶段，还是信息对称的人本经济阶段，企业利用会计信息作用展示企业会计信任功能。在信息非对称的物本经济阶段，刘峰、司世阳、路之光（2009）[230]基于信息实验结果，推论出生产导向型企业物本资本会计具有信任功能。雷宁[225]将生产导向型企业物本资本会计信息作用概括为生产导向型企业物本资本会计信息定价功能和治理功能。曹越和孙丽[227]将生产导向型企业物本资本会计信息作用概括为生产导向型企业物本资本会计信息界定功能和解除受托责任功能。为了更深入透析用户导向型企业会计信任功能，笔者从历史演变角度来探析信息对称的人本经济阶段用户导向型企业会计信任功能的形成。

12.2　用户导向型企业会计信任功能的形成

人类社会科学技术的创新进步促进了市场转型与社会制度创新。不同类型市场选择不同类型企业，不同社会选择不同制度。这也恰如马克思通过生产力与生产关系相互作用揭示出人类社会进步和经济转型升级的发展规律。在进步社会与转型升级经济的"土壤"中孕育社会信任功能的演变。

在信息非对称的物本经济阶段，尽管"第一次工业革命"与"第二次工业革命"的基础制造技术不断地创新进步，但人类社会创造的财富供给满足不了人们社会需求的现象仍未改变，因此，卖方市场基本需求成为人类社会的主流需求。信息非对称性成就了拥有财富禀赋的所有者获得更多寻租可能,而赢家通吃的卖方市场规则成就了大量社会资本有更多可能集中到少数人的手中。卖方市场基本需求驱动拥有大量资本所有者通过委托代理契约"孵化"出一个个卖方市场供给主体。因此,追求资本所有者财富最大化的生产导向型企业本质为委托代理契约。委托代理契约也是生产导向型企业资本拥有者与劳动雇佣者之间信任及其制度信任的产物。

根据企业管理领域的功能定义,作为生产导向型企业资本所有者或控制者的需求,对卖方市场尽可能获得生产导向型企业产品定价垄断权,对生产导向型企业尽可能榨取劳动者的剩余价值。因此,为满足生产导向型企业资本所有者或控制者这些需求属性,生产导向型企业信任功能应该包括垄断定价功能和霸权治理功能。作为生产导向型企业雇佣劳动者的需求,尽可能降低自己被剥削的程度,维护自己正当合法权益。因此,为满足生产导向型企业雇佣劳动者这些需求属性,生产导向型企业信任功能应该包括经济绩效功能。从某种意义上讲,生产导向型企业经济绩效考核属于生产导向型企业劳动者信任功能检测的一种基本手段。作为生产导向型企业一部分的会计,它自然继承生产导向型企业信任功能。

总而言之,信任功能离不开信息作用。因此,在信息非对称的物本经济阶段,中心化信任结构下生产导向型企业物本资本会计信任功能一般通过结构化会计信息,来展示其垄断定价功能、霸权治理功能和经济绩效功能。

在信息非对称的人本经济阶段,"第三次工业革命"的基础制造技术创新进步,人类社会创造财富供给满足不了人们社会需求,转变为人类社会创造财富供给大于人们社会需求,买方市场马斯洛式层序需求成为人类社会的主流需求。这种买方市场马斯洛式层序需求驱动劳动市场人力资本崛起,信息非对称性和赢家通吃的买方市场规则同样成就了劳动者拥有或控制自己的人力资本。买方市场马斯洛式层序需求驱动财务资本所有者与人力资本所有者通过利益相关者契约,"孵化"出一个个买方市场供给主体。利益相关者契约也是顾客导向型企业利益相关者之间信任及其制度信任的产物。

根据顾客导向型企业管理领域内的功能定义,就顾客导向型企业内部利益相关者的需求而言,对于买方市场,它们尽可能获得顾客导向型企业产品定价公平权。对于顾客导向型企业,它们尽可能获得内部各方利益相关者价值最大化,因此,为满足顾客导向型企业内部利益相关者这些需求属性,顾客导向型企业信任功能包括平权定价功能、和谐关系治理功能和经济绩效功能。就顾客导向型企业外部利益相关者的需求而言,对于顾客导向型企业产品需求者,买方市场赋予他们马斯洛层序需求,为满足它们这些需求属性,顾客导向型企业信任功能应该包括生理功能、安全功能、社交功能、尊重功能和自我价值实现功能。作为政府、行业协会等非营利组织可以为顾客导向型企业外部利益相关者,它们拥有追求生态环境保护、社会公平正义的需求权力,为满足非营利组织这些需求属性,顾客导向型企业信任功能也应该包括环境绩效功能和社会绩效功能。

总而言之,信息非对称的人本经济阶段,继承顾客导向型企业信任功能的顾客导向型企业人本资本会计信任功能,一般通过结构化与非结构化的会计信息展示它的平权定价功能、关系治理功能和综合绩效功能。

在信息对称的人本经济阶段,方兴未艾的"第四次工业革命"的基础信息技术创新进步,极大提升了满足人们体验需求的人类社会创造财富供给能力,买方市场体验需求成为人类社会的主流需求。信息对称性消除一切用户导向型企业资本所有者的寻租可能,而机会均等的市场竞争规则促使资本均等化和分散化。"互联网＋"的"去三化"促使用户导向型企业供给方、参与用户网络社群组成的市场需求方和自主完成用户导向型企业制度使命的网络共享平台三方组成对等网络关系（Benoit S、Baker T L、Bolton R N，2017；Frenken K、Schor J，2017）[231][232]。至此，上述"互联网＋"的"去三化"促使用户导向型企业在"扁平化"与"碎片化"的组织变革过程中逐渐融于买方市场。用户导向型企业平台为共享注入了互联网基因，将基于强关系的小范围共享扩展为基于弱关系的大规模共享（Ranjbari M、Morales-Alonso G、Carrasco-Gallego R，2018）[233]。至此，共享行为演变为共享经济（Belk R，2014）[234]。由对等网络关系的三方通过缔结智能超契约"孵化"出一个个共享经济主体。因此，用户导向型企业本质为智能超契约。智能超契约是用户导向型企业技术信任的产物。

根据用户导向型企业管理领域内的功能定义，企业员工与参与用户通过网络平台共享匹配，在满足他们交互网络体验需求的同时，各自相对闲置资源得到有效利用，实现各自共享价值最大化。就用户导向型企业商品供给方需求而言，员工与参与用户在"互联网工厂"交互过程中满足他们共享需求属性，这种需求属性赋予用户导向型企业员工与参与用户的共享功能。就用户导向型企业商品需求方需求而言，员工与参与用户在网络共享过程中满足他们体验需求属性，这种体验需求属性赋予用户导向型企业员工与参与用户的体验功能。就网络平台（管理方）需求而言，用户导向型企业管理方通过网络共享平台共享匹配完成自己共享管理的网络体验，以智能化劳动方式实现自我网络共享的价值。网络平台（管理方）这种体验需求属性和共享需求属性，赋予用户导向型企业其他利益相关者的网络体验功能和网络共享功能。体验需求是马斯洛层序需求融为一体的需求，因此，马斯洛层序需求属性决定用户导向型企业利益相关者体验功能。它包括用户导向型企业网络生存功能、用户导向型企业网络安全功能、用户导向型企业网络社交功能、用户导向型企业网络名誉功能和用户导向型企业网络自我价值实现功能。

总而言之，在共享经济阶段，网络共享功能和网络体验功能构成用户导向型企业技术信任功能。继承用户导向型企业技术信任功能的用户导向型企业人本资本会计技术信任功能，一般通过结构化＋非结构化人本资本会计信息，来展示人本资本会计技术信任功能，即体验功能和网络共享功能。

截至目前，会计信息供给模式仍采用通用会计报告模式，无论是信息非对称的人本经济阶段顾客导向型企业人本资本会计信任功能，还是信息对称的人本经济阶段用户导向型企业人本资本会计技术信任功能，它们均要求采用满足不同决策者所需要的定制化企业会计信息，以展示出企业会计信任功能的多样性。多样性企业会计信任功能需要指导形成企业会计信息的会计制度也要随之发生演变。

12.3　企业会计制度的演变

纵观人类社会信任功能的演变规律，根据演进理性主义、工具理性主义以及历史唯物主义，探析不同经济阶段社会信任功能形塑不同社会制度，进而揭示不同经济阶段不同类型企业会计信任功能所形塑的不同类型企业会计制度。

12.3.1 生产导向型企业物本资本会计制度的演进

演进理性主义遵循着"从斯密、门格尔到哈耶克"的演进逻辑。斯密的两大经典理论是"棋子原理"和"看不见的手"。前者论述在信息非对称的对弈情景下,把对手想象成和自己一样,内心盘算对自己最有利的下一步或几步棋子布局,在这种双方棋局博弈机会均等(50%)的情况下,追求各自最大可能赢局的结果。斯密将这种下棋游戏"看得见的手"想象成整个人类社会的"大棋盘",每个棋子都有它自己的行动原则(Smith A,1976)[235]。按照棋子原理,人类社会每个人可假设为完全理性"经济人",遵循机会均等的博弈行动原则,形塑机会均等的公平竞争市场规则,至此,将下棋这种"看得见的手"无限虚拟放大为"看不见的手"。斯密的论述表明,通过这种自生自发的社会秩序,能更有效地促进社会利益改进(Smith A,1880)[236]。

随后,它被帕累托总结为人类社会福利判断标准——帕累托改进。至此,形成了主流经济学两大观点,即完全理性"经济人"假设和帕累托标准。Menger(1883)[237]也明确指出,社会制度和秩序是从逐利人的"自私交往"中生发而来的,而非集体设计的产物。人们这种行动和交往中所表现出来的常规性(regularity)和划一性(uniformity),可形塑为"个人主义"英雄对人类社会历史进程的影响(哈耶克,2000)[238]。进而演绎出人类社会制度和秩序的演进逻辑:"个人习惯→群体习俗→群体惯例→社会规范→法律制度。"这种自生自发性社会制度和秩序形塑于人际信任→制度信任的演进逻辑。承袭人类社会制度和秩序的演进逻辑,生产导向型企业会计制度和秩序的演进逻辑为"会计习惯→会计习俗→会计惯例→会计法律准则"。这种自生自发性生产导向型企业会计制度和秩序的演进逻辑,形塑于生产导向型企业会计人际信任→生产导向型企业会计准则信任。这类演进逻辑在西方英美法系中得到了印证。

根据经济基础决定上层建筑的观点,笔者溯源了在"第一次工业革命""第二次工业革命"中兴盛的英美国家,探析其信息非对称的物本经济阶段生产导向型企业信任功能演变为社会信任功能的演进逻辑。适应卖方市场基本需求的生产导向型企业以资本雇佣劳动方式,维系着生产导向型企业委托代理契约。信息非对称提供资本所有者寻租机会和赢家通吃市场规则,成就了少数委托人拥有越来越多的巨量资本雇佣越来越多的受托人提供廉价劳动。如此复制下去,最终演绎成拥有巨量社会财富的资产阶级利益集团和受剥削的无产阶级利益集团。资产阶级委托代理人掌控国家工具,以其维护剥削无产阶级的社会制度和秩序。至此,生产导向型企业信任功能演化为资本主义社会信任功能,其中最为典型的是英美国家的霸权治理功能。因此,自生自发性社会制度和秩序借助国家工具的使用,使国家或社会信任功能得到维护,等同于自生自发性生产导向型企业物本资本会计准则(制度)和秩序,通过生产导向型企业物本资本会计信息,来维护生产导向型企业物本资本会计信任功能。仅仅满足委托方一方需求的会计信息,决定了它仅仅依据统一性生产导向型企业物本资本会计准则(制度)和秩序,就会产生通用的生产导向型企业物本资本会计报告模式,从而供给标准化生产导向型企业物本资本会计信息。

12.3.2 顾客导向型企业人本资本会计制度的演进

工具理性主义遵循着"从凡勃仑、康芒斯到诺思"的演进逻辑。今天竟是通过一个淘汰的、强制的过程来形塑明天的制度,从而改变或强化他们从过去遗留下来的观点和心智态度(Veblen T,1899)[239]。他的观点是社会制度和秩序非自发性,它可以是人类主观设计的。随后 Commons J R[240]认为,社会制度就是集体行动控制个人行动,拥有强势的制度群体通过集体行动程序决定什么是合理的东西,无关乎个人意愿如何。这种程序性社会制度是人为所设计的规则、道德伦理规范、法律等,旨在追求集体福利最大化(North D,1981)[241]。因此,工具理性主义倾向于集体主体,其核心观点为社会制度是人类为了实现自身目的而主观设计出来的。显然,它与"自下而上"的演进逻辑理性主义恰恰相反,其社会制度和秩序采取的是"自上而下"的演进逻辑:"法律制度→社会规范→群体惯例→群体习俗→个人习惯。"这种设计性社会制度和秩序形塑于制度信任→人际信任的演进逻辑。作为社会制度一部分的顾客导向型企业人本资本会计制度,自然也沿袭社会制度的演进逻辑,形成了"顾客导向型企业人本资本会计法律制度→顾客导向型企业人本资本会计惯例→顾客导向型企业人本资本会计习俗→顾客导向型企业人本资本会计习惯"的演进逻辑。这种设计性顾客导向型企业人本资本会计制度和秩序形塑于顾客导向型企业制度信任→顾客导向型企业人本资本会计人际信任的演进逻辑。这类演进逻辑在西方大陆法系中得到了印证。

根据经济基础决定上层建筑的观点,笔者溯源了在"第三次工业革命"中兴盛的德国、日本,探析其信息非对称的人本经济阶段顾客导向型企业信任功能演变为社会信任功能的演进逻辑。信息非对称提供各类资本所有者寻租机会和赢家通吃市场规则依然成就了少数拥有各类越来越多巨量资本的所有者。然而,买方市场马斯洛层序需求驱动被雇佣劳动力人力资本不断地崛起。适应买方市场马斯洛层序需求的顾客导向型企业,自然选择以资本与劳动和谐方式维系着利益相关者契约。无论是日本还是德国,顾客导向型企业推行工会制度逐渐取代生产导向型企业委托代理制度。如此复制下去,最终演绎成拥有巨量社会财富的资产阶级利益集团和拥有优势人力资本劳动者阶级利益集团。就日、德国家而言,尽管资产阶级利益集团掌控国家工具,但作为劳动者阶级利益集团的代表也积极参与并影响国家制度的制定与实施。至此,顾客导向型企业信任功能演化为资本主义社会(国家)信任功能。其中最为典型的是日、德关系治理功能。因此,设计性社会制度和秩序借助国家工具的使用,使国家或社会信任功能得到维护,等同于设计性顾客导向型企业人本资本会计制度和秩序,通过顾客导向型企业人本资本会计信息,来维护顾客导向型企业人本资本会计信任功能。

为了满足各方顾客导向型企业利益相关者对顾客导向型企业人本资本会计信息多样性的需求,依据合理的顾客导向型企业人本资本会计制度和秩序,就会产生定制化顾客导向型企业人本资本会计报告模式,从而供给定制化会计信息。截至目前,在强调各国会计准则(制度)国际趋同的背景下,仍然采用通用的生产导向型企业会计报告模式,而将非结构化顾客导向型企业人本资本会计信息排斥在顾客导向型企业人造会计系统之外。在信息非对称的人本经济阶段,为了满足利益相关者对结构化与非结构化的顾客导向型企业人本资本会计信息的需求,亟待新的信息技术来改革生产导向型企业人造会计信息系统,提供定制化结构化与非结构化顾客导向型企业人本资本会计信息。

纵观西方演进理性主义和工具理论主义,从哲学视角审视它们,前者为朴素的、形而上学的唯物主义,后者为唯心主义。秉持马克思的历史辩证唯物主义,我国社会制度和秩序采取"自上而下"+"自下而上"的演进逻辑:"个人习惯→群体习俗→群体惯例→社会规范→法律制度。"这种贯彻马克思历史辩证唯物主义的中国特色社会主义制度和秩序,形塑于以人为本的人际信任→制度信任的演进逻辑。继承我国社会制度和秩序演进逻辑的顾客导向型企业人本资本会计制度和秩序的演进逻辑为"顾客导向型企业人本资本会计习惯→顾客导向型企业人本资本会计习俗→顾客导向型企业人本资本会计惯例→顾客导向型企业人本资本会计制度(准则)"。我国顾客导向型企业人本资本会计制度和秩序,形塑于以人为本的顾客导向型企业人本资本会计人际信任→顾客导向型企业人本资本会计制度信任的演进逻辑。这类演进逻辑在我国会计双轨制和中国特色社会主义会计准则中得到了印证。

根据经济基础决定上层建筑的观点,笔者探析了信息非对称的人本经济阶段我国顾客导向型企业信任功能演变为我国社会信任功能的演进逻辑。与仅仅依靠自由市场驱动经济增长的西方经济发展模式不同的中国经济发展模式,依靠双轮驱动,即地方政府驱动的计划资源配置方式和经济主体运营驱动的市场资源配置方式。计划配置资源的主体为地方各级政府主导计划投资驱动经济发展,市场配置资源的主体为国有企业、民营企业以及混合制企业,它们在迎合市场需求的同时,其经营驱动经济发展。无论是"看得见的手"的计划,还是"看不见的手"的市场,它们都在努力践行着马克思人本经济发展观,促进中国人本经济的发展。

在我国社会主义初级阶段,国有经济处于主导地位,国有企业经济性质决定企业推行以人为本的经营战略,因此,以资本与劳动和谐方式维系着以人为本的国有企业利益相关者契约。如此复制下去,最终演绎成人民成为中国特色社会主义国家的真正主人。至此,以人为本的顾客导向型企业信任功能演化为中国特色社会主义社会(国家)信任功能。其中,最为典型的是中国和谐(人本)治理功能。作为中国顾客导向型企业一部分的会计,继承以人为本的顾客导向型企业信任功能,并以顾客导向型企业人本资本会计信任功能为基础,结合中国国情创新中国会计制度(准则)和秩序,急需信息技术革新通用生产导向型企业物本资本会计模式的人造会计系统,形成定制化中国特色顾客导向型企业人本资本会计报告模式,以满足各类利益相关者对顾客导向型企业会计信息的个性化需求。

12.3.3 用户导向型企业人本资本会计制度的演进

纵观我国的人工智能、大数据、5G、量子通信以及物联网等信息技术,正在促进"第四次工业革命"爆发。"互联网+"的"去三化"促使"互联网+"用户导向型企业融于买方市场,信息对称的买方市场体验需求,驱动具有对等网络关系的用户导向型企业以资本与劳动共享方式维系着智能超契约,实现用户导向型企业技术信任替代用户导向型企业人际信任和制度信任。如此复制下去,最终演绎成由网络共享经济"土壤"所滋生的人类社会命运共同体。无论是西方国家,还是东方国家,国家已经不再是某个或某些利益集团的代理私器,而是人类社会的公器,天下为公,世界大同。至此,"互联网+"用户导向型企业技术信任功能演化为人类社会(国家)技术信任功能。正如习近平总书记所倡导的人类命运共同体系的治理功能——共同治理功能。因此,智能性社会制度和秩序通过国家公器维护着国家或社会技术信任功能,等同于智能性会计制度和秩序通过用户导向型企业人本资本会计信息,来维护用户导向型企业人本资本会计技术信任功能。

马克思人本经济发展观仍指导共享经济发展。这就意味着,马克思的历史辩证唯物主义仍是型构"自上而下"+"自下而上"的社会制度和秩序,只是一切社会制度和秩序形塑于网络关系，形成智能社会制度和秩序的演进逻辑："网络个人体验习惯→网络群体体验习俗→群体智能惯例→智能社会规范→智能法律制度。"这种贯彻马克思历史辩证唯物主义的智能社会制度和秩序，形塑于以人为本的技术人际信任→技术制度信任的演进逻辑。继承智能社会制度和秩序的演进逻辑的用户导向型企业人本资本会计制度和秩序演进逻辑为"用户导向型企业人本资本会计习惯→用户导向型企业人本资本会计习俗→用户导向型企业人本资本会计惯例→用户导向型企业人本资本会计制度（准则）"。用户导向型企业人本资本会计制度和秩序，形塑于以人为本的用户导向型企业人本资本会计人际信任→用户导向型企业人本资本会计制度信任的演进逻辑。

随着正在爆发的"第四次工业革命"的现代基础信息技术的创新与推广应用，网络共享经济的成熟发育正在形塑智能社会的制度和秩序，进而也正在促进社会制度智能化革新。作为用户导向型企业人本资本会计制度和秩序也正在踏入形构的征途中，急需信息技术创新用户导向型企业智能人造会计系统，提供用户导向型企业人本资本会计报告模式，以满足第三方的利益相关者对用户导向型企业人本资本会计信息的体验需求。

12.4 用户导向型企业人本资本会计制度的顶层设计

在共享经济阶段，"互联网+"的跨界功能和连接一切的功能，促使信息对称的大数据买方市场中各类体验经济业务（即所谓线上各类交易）呈现连续性特征，从而立足于信息非对称的物理世界中离散性经济业务所形成的中心化信任结构下的会计准则或规则，无法保障去中心化信任结构下会计信任功能得以实施。为此，需要先分析去中心化信任结构下用户导向型企业人本资本会计信任功能，对用户导向型企业人本资本会计制度顶层设计的影响，然后尝试以去中心化信任结构下的用户导向型企业人本资本会计信任功能为核心，进行用户导向型企业人本资本会计制度顶层设计。用户导向型企业人本资本会计信任功能对用户导向型企业人本资本会计制度顶层设计具有影响。在共享经济阶段，用户导向型企业人本资本会计信任的基本功能为网络体验功能和网络共享功能；而用户导向型企业人本资本会计信任的具体功能为用户导向型企业网络生存功能、用户导向型企业网络安全功能、用户导向型企业网络社交功能、用户导向型企业网络名誉功能和用户导向型企业网络自我价值实现功能。

就用户导向型企业人本资本会计信任基本功能而言，网络体验功能要求采用计算机语言逻辑，进行用户导向型企业人本资本会计制度的顶层设计，使用户导向型企业人本资本会计制度具有智能属性；否则，无法维护满足信息对称的大数据买方市场体验需求的用户导向型企业智能化供给秩序。就网络共享功能而言，网络共享功能要求采用以人为本的共享关系逻辑，进行用户导向型企业人本资本会计制度顶层设计，使用户导向型企业人本资本会计制度具有共享属性；否则，无法维护由用户导向型企业员工、参与用户和网络平台三方构成的对等网络关系下用户导向型企业共享经济行为的秩序。

就用户导向型企业人本资本会计信任具体功能而言，按照马斯洛层序需求理论，用户导向型企业网络生存功能和用户导向型企业网络安全功能属于用户导向型企业人本资本会计信任低层次功能。低层次需求属性要求采用标准化逻辑，进行用户导向型企业人本资本会计制度顶层设计,使用户导向型企业人本资本会计制度具有定量属性。用户导向型企业网络社交功能、用户导向型企业网络名誉功能和用户导向型企业网络自我价值实现功能属于用户导向型企业人本资本会计信任高层次功能。高层次需求属性要求采用个性化逻辑进行用户导向型企业人本资本会计制度顶层设计,使用户导向型企业人本资本会计制度具有定性属性。

总而言之,上述用户导向型企业人本资本会计信任功能对用户导向型企业人本资本会计制度顶层设计的影响分析,为下文用户导向型企业人本资本会计制度顶层设计提供了理论依据。

12.4.1　用户导向型企业人本资本会计准则的顶层设计

根据用户导向型企业人本资本会计信任基本功能对用户导向型企业人本资本会计制度设计的影响,沿袭技术信任替代人际信任和制度信任的路径,本文结合以人为本的用户导向型企业人本资本会计制度信任的演进逻辑,在中心化信任结构下的会计准则基础上,探析去中心化信任结构下用户导向型企业人本资本会计准则的顶层设计。其具体思路如下:

首先,依据马克思的历史辩证唯物主义,结合用户导向型企业人本资本会计制度和用户导向型企业人本资本会计秩序演进逻辑,即"用户导向型企业人本资本会计习惯→用户导向型企业人本资本会计习俗→用户导向型企业人本资本会计惯例→用户导向型企业人本资本会计制度",利用计算机语言逻辑对用户导向型企业人本资本会计合约、会计共识机制和会计激励机制进行顶层设计。

其次,以共享经济中的对等网络关系,作为用户导向型企业人本资本会计合约顶层设计的依据,以用户导向型企业人本资本会计信任的基本功能,作为用户导向型企业人本资本会计合约顶层设计的核心,利用计算机语言逻辑设计由"去中心化"用户导向型企业人本资本会计主体自主缔结的遵守用户导向型企业人本资本会计准则的用户导向型企业人本资本会计合约。用户导向型企业人本资本会计准则顶层设计是遵循用户导向型企业人本资本会计信任功能的演进逻辑,利用计算机语言逻辑改进"中心化"信任下的会计准则,使之满足去第三方的用户导向型企业人本资本会计主体实施用户导向型企业人本资本会计信任基本功能的需要。

再次,截至目前,鉴于区块链分布式存储数据安全性和大数据存储数据容量海量性的结合,实现了将极其复杂和不确定的物理世界通过物联网和互联网在 5G 以上技术的基础上,转变为海量大数据买方市场。同时,借助自动搜寻的大数据技术打破物理世界的"信息孤岛",建立信息对称的大数据买方市场。基于逻辑思维、形象思维和灵感思维,分别设计符号主义人工智能、联结主义人工智能和行为主义人工智能的标准逻辑、模糊逻辑和符号逻辑。在此逻辑基础上,开发符号主义人工智能和联结主义人工智能,来替代会计人员履行程序性用户导向型企业人本资本会计职能,开发行为主义人工智能并与会计人员的创新进行融合,来履行非程序性用户导向型企业人本资本会计职能。并在区块链基础上,建立履行用户导向型企业人本资本会计信任基本功能的用户导向型企业人本资本会计共识机制,利用人工智能等技术驱动"去中心化"信任结构下的用户导向型企业人本资本会计准则维持用户导向型企业人本资本会计秩序,以其来体现用户导向型企业人本资本会计信任的基本功能。

最后，在用户导向型企业人本资本会计合约和用户导向型企业人本资本会计共识机制的基础上，针对用户导向型企业人本资本会计信任基本功能设计用户导向型企业人本资本会计币（折叠协议），建立积极自主履行用户导向型企业人本资本会计准则合约的用户导向型企业人本资本会计激励机制。

12.4.2　用户导向型企业人本资本会计规则的顶层设计

在共享经济阶段，要让用户导向型企业人本资本会计信任的基本功能得以完全体现，除了"去中心化"信任结构下的用户导向型企业人本资本会计准则顶层设计外，还需要用户导向型企业人本资本会计规则顶层设计。其具体思路如下：

首先，分析网络世界中各类经济主体的形成特征，以及去第三方界定用户导向型企业人本资本会计主体的用户导向型企业人本资本会计规则的顶层设计。鉴于信息对称的大数据买方市场体验需求驱动网络平台产生虹吸效应，集聚着具有各类消费偏好的网络用户社群，形成个性化与规模化的体验需求力量。同时借助"第四次工业革命"的现代基础信息技术，整合"第三次工业革命"的智能化、数据化和信息化基础制造技术，形成了"互联网工厂"的体验化制造范式，催生了定制化且规模化的智能供给力量。这两种力量在区块链、云技术、5G等现代基础信息技术应用的基础上迅速催生出多个供需平衡的经济中心（经济主体）。这些经济中心或经济主体将随着网络用户社群消费偏好变化所决定的信息对称的大数据买方市场体验需求的快速形成与消失而自生自灭。这些经济主体在网络世界中具有快速形成与消失的特征。对于网络世界中的这些经济主体，当前物理世界中的第三方无法利用中心化信任结构下的《公司法》对其加以界定，进而无法确定其经济主体中的会计主体。因此，这需要制定智能公司法规以满足去第三方智能界定网络世界中的这些经济主体的需求。同时设计界定这些经济主体中的用户导向型企业人本资本会计主体的规则，这将成为未来在计算机学科与会计学科交叉领域，探索"去中心化"信任结构下用户导向型企业人本资本会计规则的新领域。

其次，"分析去中心化"信任结构下用户导向型企业人本资本会计体验规则的顶层设计。前文所论述的"去中心化"信任结构下用户导向型企业人本资本会计准则，主要适用于体现用户导向型企业人本资本会计网络共享功能对网络世界中连续性结构化共享经济业务价值属性的赋能，致使用户导向型企业人本资本会计得以定量化反映、控制、监督、分析和预测等。然而，对于连续性非结构化共享经济业务物理属性的赋能，以及使用用户导向型企业人本资本会计得以定量化反映、控制、监督、分析和预测等，则需要实施用户导向型企业人本资本会计信任网络体验功能。为此，需要基于用户导向型企业人本资本会计网络体验功能，对"去中心化"信任结构下用户导向型企业人本资本会计体验规则进行顶层设计。这将成为未来在自然科学学科与会计科学学科交叉领域内，探索"去中心化"信任结构下用户导向型企业人本资本会计规则的新领域。

最后，分析"去中心化"信任结构下用户导向型企业人本资本会计勾稽规则的顶层设计。鉴于免费的"互联网＋"模式所打造的信息对称的大数据买方市场中各类共享经济业务本身具有双重属性——价值属性与物理属性，而各类共享经济业务的价值属性与物理属性具有内在一致性，决定了用户导向型企业人本资本会计信任的基本功能——网络共享功能与网络体验功能也具有一体性。用户导向型企业人本资本会计信任基本功能的内在一体性，决定了"去中心化"信任结构下用户导向型企业人本资本会计准则与用户导向型企业人本资本会计规则之间也具有内在一致性。因此,依据它们之间的内在一致性逻辑,可对"去中心化"信任结构下的用户导向型企业人本资本会计勾稽规则进行顶层设计。

12.4.3 用户导向型企业人本资本会计制度内容与方法的顶层设计

根据满足用户导向型企业人本资本会计信任基本功能的需要,对用户导向型企业人本资本会计准则与用户导向型企业人本资本会计规则进行顶层设计的具体思路,结合满足用户导向型企业人本资本会计信任具体功能的需要,对用户导向型企业人本资本会计制度具体内容与方法进行顶层设计。根据马斯洛层序需求理论,网络市场低层次需求属性,赋予用户导向型企业网络生存功能和用户导向型企业网络安全功能,也由此构成了用户导向型企业人本资本会计信任低层次功能。鉴于网络市场低层次需求具有结构化数据量化价值特征,依据满足用户导向型企业人本资本会计信任低层次功能的需要,对"去中心化"信任结构下的标准化用户导向型企业人本资本会计制度进行顶层设计。依据满足用户导向型企业网络生存功能的需要,对"去中心化"信任结构下的标准化用户导向型企业人本资本会计生存制度进行顶层设计。依据满足用户导向型企业网络安全功能的需要,则对"去中心化"信任结构下的标准化用户导向型企业人本资本会计安全制度进行顶层设计。

网络市场高层次需求属性,赋予用户导向型企业网络社交功能、用户导向型企业网络名誉功能和用户导向型企业网络自我价值实现功能,由此构成用户导向型企业人本资本会计信任的高层次功能。鉴于高层次需求具有非结构化数据量化价值特征,依据满足用户导向型企业人本资本会计信任高层次功能的需要,对"去中心化"信任结构下的个性化用户导向型企业人本资本会计制度进行顶层设计。依据满足用户导向型企业网络社交功能、用户导向型企业网络名誉功能和用户导向型企业网络自我价值实现功能的需要,对"去中心化"信任结构下的个性化用户导向型企业人本资本会计社交、名誉和自我价值实现的制度进行顶层设计。

因为信息对称的大数据买方市场的体验需求为马斯洛层序需求融为一体的综合需求,所以体验需求属性=低层次需求属性+高层次需求属性。满足用户导向型企业人本资本会计信任基本功能的需要,结合"去中心化"信任结构下的标准化用户导向型企业人本资本会计制度与个性化用户导向型企业人本资本会计制度之间具有的内在系统性逻辑,依据它们之间内在的系统性逻辑,对"去中心化"信任结构下的用户导向型企业人本资本会计勾稽制度进行顶层设计。

总而言之,无论是用户导向型企业人本资本会计信任基本功能,还是用户导向型企业人本资本会计信任具体功能,都源于体验需求属性的赋能,而体验需求本身也具有系统属性。它要求用户导向型企业人本资本会计制度顶层设计的方法为系统论整体法。系统论整体法也将成为未来在自然科学学科与会计科学学科交叉领域,探索"去中心化"信任结构下用户导向型企业人本资本会计制度方法新领域的新方法。

12.5 基于人工智能的企业会计信息系统构建

人本经济发展历经信息非对称买方市场马斯洛层序需求阶段,转向信息对称买方市场体验需求阶段。买方市场需求属性转变驱动中心信任结构下顾客导向型企业信任功能,演变为去中心信任结构下用户导向型企业技术信任功能。承袭企业信任功能转变的企业会计信任功能,要求展示企业会计信任的会计信息,由信息非对称的人本经济阶段顾客导向型企业人本资本会计报告模式,转变为信息对称的人本经济阶段用户导向型企业人本资本会计报告模式。

信息对称的人本经济阶段,即共享经济阶段,处于"互联网+"时代。根据第8章中的论述,"互联网+"的"去三化"促使顾客导向型企业"去中心化"和"趋中心化"的组织自我解构变革,也就是人们常说的企业"碎片化"和"扁平化"。在顾客导向型企业发生组织解构变革的过程中,存在企业"+互联网"向"互联网+"企业演变。其中,企业"+互联网"成为"互联网+"时代用户导向型企业的过渡形式。随着"去中心化"与"趋中心化"的平台化企业已有企业员工与用户网络社群的存量越来越多,也就越能吸引更多新企业员工与用户网络社群的加入,并借助企业员工与用户网络社群的路径依赖心理产生"锁定效应",进而融入"超链接社会(hyper-linked society)"和"超联结社会(hyper-connected society)"。

至此,在以算法支撑的超网络社会中的算法成为新的权力代理人。以算法为核心的人工智能技术赋权生成的权力形态,正如同福柯(Michel Foucault)所描述的现代权力,它不是从某个核心源泉发散出来的,而是遍布社会机体的每一个角落和最细小的末端;它也并不是中央集权式的环状结构,而是错综复杂、多中心存在的网状结构(Foucault M,1980)[242]。由此产生了本质为算法权力(algorithmic power)的"超级权力",这种"超级权力"不仅重新定义个人与个人、个人与组织、组织与组织,甚至组织与国家之间的关系,而且使以人为本的人工智能悄然地嵌入各种组织之中。这种在对客观环境自主反应的人工智能与人重塑超网络社会关系的过程中,潜移默化地驱动着个人行为决策、组织行为决策,甚至政府行为决策。通过以人为本凝聚的以感知体系、思考体系和行动体系为一体的人工智能技术得以广泛应用,催生了主导正在爆发"第四次工业革命"的共享经济发展新技术范式,将导致国家综合国力平衡的新变动,这已成为国际竞争的焦点。因此,谁优先掌握融于信息对称的大数据买方市场的"去中心化"与"趋中心化"的平台化企业人本资本财务行为决策权,谁将优先赢得"第四次工业革命"的共享经济发展主导权。

因此,在"互联网+"时代,作为提供决策信息的用户导向型企业人本资本会计信息系统的构建显得尤为重要。针对第8章中对企业"+互联网"人本资本会计模式论述所或缺的用户导向型企业人本资本会计模式的部分,采用不同功能的人工智能创新构建用户导向型企业会计信息系统进行补偿论述。

12.5.1 人工智能之演变

人工智能是研究计算机模拟人的某些思维过程和智能行动的学科,使计算机具有智能性。该定义传递出人工智能与思维科学的关系是实践与理论的关系。从人的思维观点来看,它包括逻辑思维、形象思维和灵感思维。基于这三种思维产生了人工智能的符号主义、联结主义和行为主义,以及人工智能的标准逻辑、模糊逻辑和符号逻辑。在标准逻辑基础上开发弱人工智能,而在模糊逻辑和符号逻辑基础上开发强人工智能。人工智能技术从适用于因果关系驱动的符号主义人工智能与相关关系驱动的联结主义人工智能,向反应关系的行为主义人工智能发展。符号主义人工智能、联结主义人工智能和行为主义人工智能适用于"去中心化"信任结构下用户导向型企业人本资本会计的职能范围。因此,在"互联网+"时代,基于人工智能构建用户导向型企业人本资本会计信息系统,其中,企业"+互联网"属于过渡性用户导向型企业。

12.5.2 企业"+互联网"人本资本会计信息系统+人工智能

在信息非对称的人本经济阶段,以顾客为本的顾客导向型企业利益相关者契约本质决定了以人为本的顾客导向型企业人本资本会计信息系统论(丁胜红、吴应宇,2019)[224]。根据第8章中论述的企业"+互联网"人本资本会计模式,企业"+互联网"的"趋中心化"使得企业"+互联网"人本资本会计模式具有顾客导向型企业人本资本会计模式,而企业"+互联网"的"去中心化"使得企业"+互联网"人本资本会计模式具有用户导向型企业人本资本会计模式。因此,依据第6章中顾客导向型企业人本资本会计模式和第11章中用户导向型企业人本资本会计模式,构建如图12-1所示的企业"+互联网"人工智能人本资本会计信息平台。

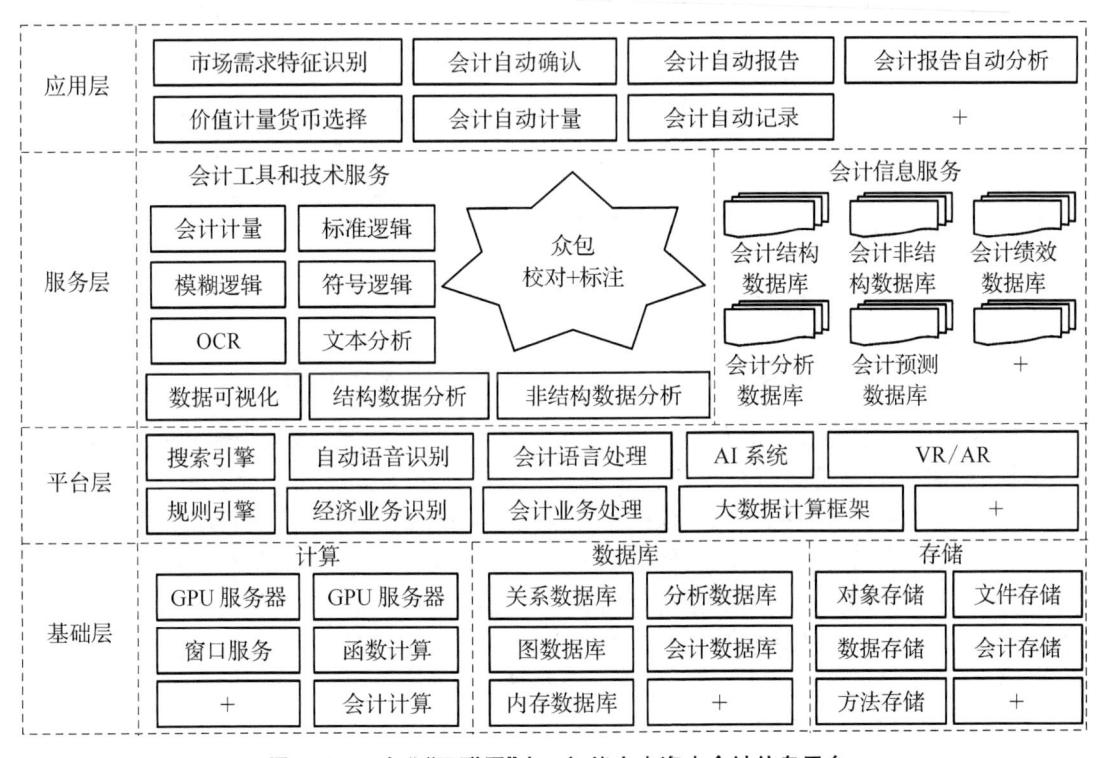

图 12-1 企业"互联网"人工智能人本资本会计信息平台

从图12-1中可以看出,企业"+互联网"人工智能人本资本会计信息平台是在"互联网+"时代企业"+互联网"+区块链的基础上构建而成的。在基础层中,计算模块增加了会计计算子模块,数据库模块增加了会计数据库子模块,以及存储模块增加了会计存储子模块。在平台层中,增加了经济业务识别、会计语言处理和会计业务处理三个子模块。在服务层中,会计工具和技术服务增加了会计计量及其标准逻辑、模糊逻辑和符号逻辑的三个人工智能确认工具,以及在会计信息服务模块增加了体现会计信息作用的会计结构数据库、会计非结构数据库、会计绩效数据库、会计分析数据和会计预测数据等。在应用层中,增加了市场需求特征识别、价值计量货币选择,以及会计自动确认、计量、记录、报告和分析的工具和技术。上述构建的企业"＋互联网"人工智能人本资本会计信息平台,奠定了完成企业"＋互联网"人本资本会计信息系统的定制化会计信息供给基础。

如图12-2所示,在无冲突定制会计信息方案下,多个会计人员和机器人的定制任务输入企业"＋互联网"人工智能人本资本会计信息平台,同时接收外界对会计信息的需求和实时经济信息。根据满意度模型计算各种定制会计信息方案满意度的计算结果,选择最佳定制会计信息方案由企业"＋互联网"人本资本会计职能模型,按照最佳定制会计信息方案执行定制任务。

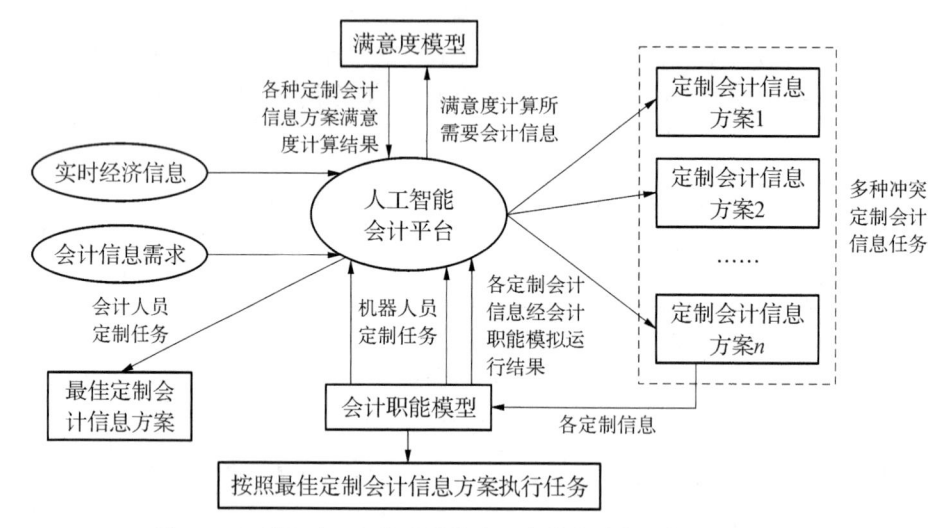

图12-2 基于人工智能会计信息平台的会计人员协调信息系统

在存在冲突定制会计信息方案下,各定制会计信息输入企业"＋互联网"人本资本会计职能模型,模拟会计职能运行结果输入企业"＋互联网"人工智能人本资本会计信息平台。再根据满意度模型计算各种定制会计信息方案的满意度,由企业"＋互联网"人工智能人本资本会计信息平台选择最佳定制会计信息方案,并由企业"＋互联网"人本资本会计职能模型按照最佳定制会计信息方案执行定制任务。至此,企业"＋互联网"人本资本会计信任功能通过如图12-2所示的体现和谐治理功能的会计人员＋机器人的多种定制会计信息方案,来协调和体现综合绩效功能的最佳定制会计信息方案的选择,以及为满足企业"＋互联网"利益相关者供给最佳定制会计信息。

12.5.3 人工智能＋用户导向型企业人本资本会计信息系统

正在爆发的"第四次工业革命"的基础信息技术的创新和进步促进了共享经济替代信息非对称的人本经济。"去中心化"信任结构下以人为本的会计理论及其指导的用户导向型企业人本资本会计信息系统,替代"中心化"信任结构下以人为本的会计理论及其指导的会计信息系统。在共享经济阶段,以用户为本的用户导向型企业智能超契约本质决定了以人为本的用户导向型企业超会计信息系统论(丁胜红,2016)[203]。在"去中心化"共享经济主体的基础上,形成了"去中心化"用户导向型企业共享会计主体假设。"去中心化"共享经济主体的存在持续性形成了"去中心化"用户导向型企业人本资本会计持续共享经营假设。买方市场体验需求价值计量属性决定了去第三方用户导向型企业人本资本会计数据货币假设。共享经济的体验特征形成了用户导向型企业实时会计分期假设。由于会计本质决定会计目标,以人为本的用户导向型企业超会计信息系统论决定了以人为本智能决策有用观的用户导向型企业人本资本会计目标。根据会计目标决定会计职能,以人为本的智能决策有用观的会计目标决定了智能反映与智能控制的以人为本的用户导向型企业人本资本会计职能。适应会计信息体验需求价值的会计核算形成了智能化会计组织程序与方法。以智能化与智慧化的劳动分工划分以人类价值为本的会计要素,所形成的用户导向型企业人本资本会计等式为物力资产＋人力资本＋数据资产＝物力资本权益＋人力资本权益＋数据资本权益。

在信息对称的人本经济阶段,买方市场体验需求价值具有去第三方数据货币量化价值特征,它适应非程序化的用户导向型企业人本资本会计职能(丁胜红,2019)[225]。只有非程序化的用户导向型企业人本资本会计职能决定作为人类大脑延伸部分的强人工智能与用户导向型企业人本资本会计人员工作创新融合,才能产生结构化＋非结构化用户导向型企业人本资本会计数据。至此,依据上述以人为本的用户导向型企业人本资本会计理论指导,构建如图 12-3 所示的人工智能＋用户导向型企业人本资本会计信息系统。

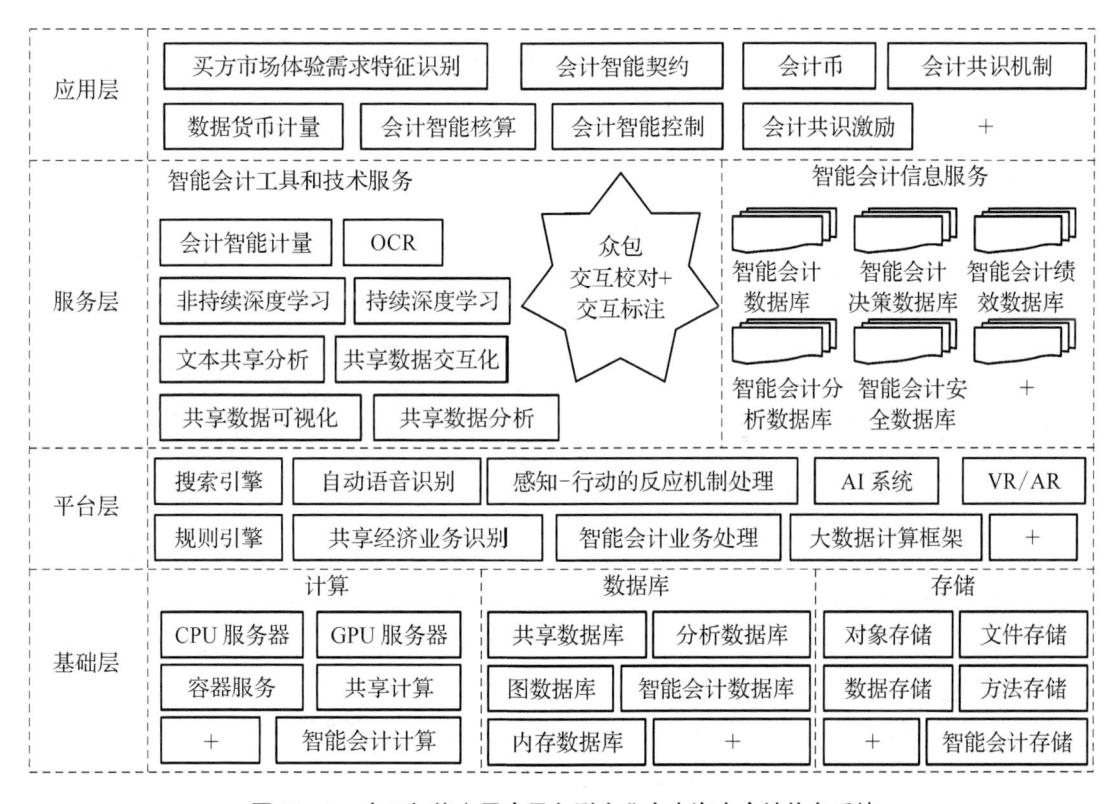

图 12-3 人工智能＋用户导向型企业人本资本会计信息系统

买方市场体验需求往往产生于人与环境之间的反应关系,因此,笔者选择行为主义人工智能和联结主义人工智能,依据信息对称的人本经济阶段用户导向型企业人本资本会计信任功能,在区块链＋用户导向型企业基础上布局人工智能。

如图12-3所示，就基础层而言，针对共享经济关系，计算模块嵌入共享计算模块和用户导向型企业人本资本会计计算模块；针对共享经济业务，数据库模块嵌入共享数据库模块；针对用户导向型企业人本资本会计业务，数据库模块嵌入用户导向型企业人本资本会计数据库模块；在存储模块中嵌入包括共享经济的数据存储模块和针对会计数据的用户导向型企业人本资本会计数据存储模块。

就平台层而言，用户导向型企业人本资本会计主要选择行动主义人工智能技术路线，局部感知—行动的反应机制处理模块，确保强人工智能与会计人员工作创新融合。这是根本性区别于信息非对称的人本经济阶段用户导向型企业人本资本会计人员工作与强人工智能之间的并存方式。因为信息非对称的人本经济阶段用户导向型企业人本资本会计选择联结主义人工智能技术路线，强调把人的大脑做成形式模型。在以区块链为共享经济技术的基础上，通过区块获取共享经济业务，以此布局共享经济业务识别模块，确保用户导向型企业人本资本会计自动获得会计业务，并在此基础上布局用户导向型企业人本资本会计业务处理模块。

就服务层而言，在用户导向型企业人本资本会计工具和技术服务模块中，布局适应于非持续体验经济环境下共享价值确认计量的非持续深度学习模块，以及适用于持续体验经济环境下共享价值确认计量的持续深度学习模块；布局适应于共享经济环境下会计智能计量、文本共享分析、共享数据交互化与透视化，以及共享数据分析的模块。它们借助众包方式，采取交互校对与交互标准创新融合措施，审视用户导向型企业人本资本会计工具和技术服务模块中各个子模块功能的有效发挥。在用户导向型企业人本资本会计信息服务模块中，布局体现信息对称的人本经济阶段体现用户导向型企业共享与体验信任功能的用户导向型企业人本资本会计数据库、用户导向型企业人本资本会计决策数据库、用户导向型企业人本资本会计绩效数据库、用户导向型企业人本资本会计分析数据库，以及用户导向型企业人本资本会计安全数据库等。

就应用层而言，布局买方市场体验需求特征识别、会计智能契约、会计币、会计共识机制、(去第三方的)数据货币计量、会计智能核算与控制，以及会计共识激励等模块，使得在信息对称的人本经济阶段，用户导向型企业人本资本会计定制化供给满足利益相关者对用户导向型企业人本资本会计信息体验的需求。

总而言之，人类科学技术的创新进步推动了人类社会生产力水平的提升及其生产关系的改进。根据不同经济阶段企业信任功能决定企业会计信任功能的演变，得出如下结论：① 信息非对称的人本经济阶段，顾客导向型企业人本资本会计的信任功能，即平权定价功能、关系治理功能和综合绩效功能。② 信息对称的人本经济阶段，用户导向型企业人本资本会计的信任功能，即网络体验功能和网络共享功能。

根据演进理性主义、工具理性主义以及历史辩证唯物主义，探析不同经济阶段社会信任功能形塑不同社会制度，进而揭示不同经济阶段企业会计信任功能形塑不同企业会计制度，得出如下研究结论：① 信息非对称的人本经济阶段，顾客导向型企业人本资本会计人际信任→顾客导向型企业人本资本会计制度信任的演进逻辑，形塑"顾客导向型企业人本资本会计习惯→顾客导向型企业人本资本会计习俗→顾客导向型企业人本资本会计惯例→顾客导向型企业人本资本会计制度（准则）"的顾客导向型企业人本资本会计制度和秩序演进逻辑。② 信息对称的人本经济阶段，用户导向型企业人本资本会计人际信任→用户导向型企业人本资本会计制度信任的演进逻辑,形塑"用户导向型企业人本资本会计习惯→用户导向型企业人本资本会计习俗→用户导向型企业人本资本会计惯例→用户导向型企业人本资本会计制度(准则)"的用户导向型企业人本资本会计制度和秩序演进逻辑。

作为顾客导向型企业向用户导向型企业过渡的企业"＋互联网"的人本经济主体之一,它遵行上述顾客导向型企业与用户导向型企业的信任与制度(秩序)混合演进逻辑。根据方兴未艾的"第四次工业革命"的现代基础信息技术在"第三次工业革命"的现代基础制造技术的基础上不断地创新融合,促进"互联网＋"时代企业"＋互联网"向"互联网＋"企业演变,结合创新进步的人工智能,构建展现"互联网＋"时代企业"＋互联网"人本资本会计信息系统和用户导向型企业人本资本会计信息系统,得出如下结论:① 信息对称的人本经济阶段,在企业"＋互联网"＋区块链的基础上,创新构建企业"＋互联网"人本资本会计信息系统＋人工智能。② 信息对称的人本经济阶段,在区块链＋用户导向型企业的基础上,创新构建人工智能＋用户导向型企业人本资本会计信息系统。

12.6 用户导向型企业人本资本会计报告分析模式构建

在人本经济阶段,人类社会的发达生产力水平造就了买方市场主导人本经济发展的基本格局,要适应买方市场个性化需求就需要个性化决策,个性化决策决定了决策所依赖的会计信息也必须是个性化的。因此,通用生产导向型企业物本资本会计报告要被信息非对称的人本经济阶段定制化顾客导向型企业人本资本会计报告和信息对称的体验化用户导向型企业人本资本会计报告所替代。这就需要将信息非对称的物本经济阶段标准化生产导向型企业物本资本会计信息系统改造为信息非对称的人本经济阶段顾客导向型企业人本资本会计信息系统和信息对称的人本经济阶段用户导向型企业人本资本会计信息系统。

根据前文论述的企业会计信任功能的发挥在于利益相关者对个性化企业会计信息需求的满意程度。要加工利益相关者满意的企业会计信息商品,就需要对企业会计信息载体的企业会计报告,按照利益相关者需求进行分析,进而打造利益相关者满意的定制化企业会计报告,再通过个性化企业会计信息系统输出企业会计分析报告。在"互联网＋"时代,为了提供科学性、有效性的用户导向型企业人本资本会计分析报告,笔者从历史演化的视角,构建用户导向型企业人本资本会计报告分析模式。

12.6.1 用户导向型企业人本资本会计报告分析的本质

理论来源于实践。它是指通过对实践存在的一些发展问题或瓶颈问题的探索解决,取得一些经验,并对成功经营和失败经验进行总结,形成一些共识,以此采取一定方法论进行吸收和萃取,最终形成一些理论概念或要素。但这还谈不上构成理论体系。理论指导实践。它是指通过一定范式对所取得的理论概念或要素进行规范形塑和实证检验,最终形构成具有结构严谨、逻辑严密的一套理论体系。利用此理论体系更好地指导实践发展。国内外学者将本质作为形构一套理论体系的逻辑起点。为此,企业人本资本会计报告分析模式的构建也不例外。要向利益相关者提供定制化企业人本资本会计报告,就必须依据企业人本经济发展规律,结合企业人本资本会计信任功能,针对不同利益相关者的不同需求,进行企业人本资本会计报告分析。作为企业人本资本会计报告分析的依据,它也是挖掘企业人本资本会计报告分析本质的依据。

在信息非对称的人本经济阶段,顾客导向型企业人本经济的发展规律可总结为顾客导向型企业人本资本价值定理及其推论。同时,顾客导向型企业人本资本价值定理及其推论也是顾客导向型企业信任功能的结果。因此,顾客导向型企业人本资本会计报告分析本质是指全面透彻地揭示顾客导向型企业人本资本价值定理及其推论,体现了顾客导向型企业信任功能。

在信息对称的人本经济阶段,用户导向型企业人本经济的发展规律是用户导向型企业人本经济发展规律的总结。同时用户导向型企业人本资本价值定理及其推论也是用户导向型企业信任功能的结果。因此,全面透彻地揭示用户导向型企业人本资本价值定理及其推论是用户导向型企业人本资本会计报告分析本质,体现了用户导向型企业信任功能。

12.6.2　用户导向型企业人本资本会计报告分析的假设

对企业人本资本会计报告进行分析,首先必须界定一系列前提假设。因此,作为分析对象的企业人本资本会计报告的会计假设,自然也成为企业人本资本会计报告分析的对象。在信息非对称的人本经济阶段,顾客导向型企业人本资本会计假设:① 中心化顾客导向型企业人本资本会计主体假设;② 顾客导向型企业人本资本会计持续综合经营假设;③ 顾客导向型企业人本资本会计固定分期假设;④ 顾客导向型企业人本资本会计泛货币假设。顾客导向型企业人本资本会计假设源于顾客导向型企业假设,而顾客导向型企业假设源于顾客导向型企业人本经济假设。因此,顾客导向型企业人本经济假设也成为顾客导向型企业人本资本会计报告分析假设,即理性"社会人"假设和马克思的按照劳动分配的福利判断标准。

在信息对称的人本经济阶段,用户导向型企业人本资本会计假设:① "去中心化"用户导向型企业人本资本会计主体假设;② 用户导向型企业人本资本会计持续共享经营假设;③ 用户导向型企业人本资本会计实时分期假设;④ 用户导向型企业人本资本会计去第三方的数据货币假设。用户导向型企业人本资本会计假设源于用户导向型企业假设,而用户导向型企业假设源于用户导向型企业人本经济假设。因此,用户导向型企业人本资本会计报告分析假设,即具体"社会人"假设和马克思的按需求分配的福利判断标准。

12.6.3　用户导向型企业人本资本会计报告分析的目标

企业人本资本会计报告分析的目的在于,满足企业利益相关者对企业会计信息的有效需求。而企业需求属性赋予企业信任功能,企业会计信息需求属性也赋予企业会计信任功能。在信息非对称的人本经济阶段,顾客导向型企业会计信任功能是由平权定价功能、关系治理功能和综合绩效功能构成的。因此,顾客导向型企业人本资本会计报告分析目标是通过顾客导向型企业人本资本会计信息作用预期,来实现顾客导向型企业会计的平权定价功能、关系治理功能和综合绩效功能。在信息对称的人本经济阶段,用户导向型企业会计信任功能包括体验功能和网络共享功能。而体验功能是由用户导向型企业网络生存功能、网络安全功能、网络社交功能、网络名誉功能和网络自我价值实现功能构成的。用户导向型企业人本资本会计报告分析目标是通过用户导向型企业人本资本会计信息作用预期,来实现用户导向型企业网络生存功能、网络安全功能、网络社交功能、网络名誉功能、网络自我实现功能和网络共享功能。

12.6.4　用户导向型企业人本资本会计报告分析的对象

企业人本资本会计报告产生于企业人本发展现状,体现了企业人本经济规律,具体体现了企业人本资本价值定理及其推论。企业人本资本会计报告分析对象,即企业人本资本会计报告分析的主体和客体。

在信息非对称的人本经济阶段,顾客导向型企业人本资本会计报告分析主体是由会计人员与人工智能以并存方式构成的。顾客导向型企业人本资本会计报告分析主体的分布,取决于顾客导向型企业人本资本会计程序性职能与非程序性职能。顾客导向型企业人本资本会计程序性职能,可由符号主义的人工智能采用遗传算法完全替代会计人员工作,或由联合主义的人工智能采用神经网络法完全替代会计人员工作。顾客导向型企业人本资本会计非程序性职能,可由行动主义的人工智能采用非持续深度学习法与会计人员工作创新融合。

顾客导向型企业人本资本会计报告分析客体,包括直接客体为顾客导向型企业人本资本会计报告和间接客体为顾客导向型企业人本经济规律。所谓顾客导向型企业人本资本会计报告分析直接客体,就是企业人本资本会计报告分析主体直接分析企业人本资本会计报告。顾客导向型企业人本资本会计报告分析直接客体就是企业人本资本会计报告。由此,可以推论出顾客导向型企业人本资本会计报告分析间接客体,是顾客导向型企业人本资本价值定理及其推论。

在信息对称的人本经济阶段,用户导向型企业人本资本会计报告分析主体的分布,取决于智能用户导向型企业人本资本会计职能。买方市场体验需求价值具有去第三方数据货币量化特征,由此决定了智能用户导向型企业人本资本会计职能,可由行动主义的人工智能,采用非持续深度学习法使人工智能与会计人员工作创新融合。用户导向型企业人本资本会计报告分析主体,是由会计人员与人工智能以创新融合方式构成的。智能用户导向型企业人本资本会计报告分析客体,包括直接客体智能用户导向型企业人本资本会计报告和间接客体"互联网+"用户导向型企业人本经济规律。所谓智能用户导向型企业人本资本会计报告分析间接客体,就是智能企业人本资本会计报告分析主体直接分析智能企业人本资本会计报告。智能企业人本资本会计报告直接客体是"互联网+"用户导向型企业人本经济规律。智能用户导向型企业人本资本会计报告分析直接客体就是智能企业人本资本会计报告。由此,可以推论出顾客导向型企业人本资本会计报告分析间接客体是指"互联网+"用户导向型企业人本经济规律,即用户导向型企业人本资本价值定理及其推论。

12.6.5　用户导向型企业人本资本会计报告分析的职能

职能是指人、事物与机构所应有的职责与功能(作用)。在自然科学和社会科学中,它也称为功能。向企业利益相关者提供各种有用的会计信息,这是企业人本资本会计报告分析所应有的职责与作用,可概括为实现企业会计信任功能的责任。在信息非对称的人本经济阶段,顾客导向型企业人本资本会计报告分析所应有的职责与作用,可以概括为实现顾客导向型企业会计的平权定价功能、关系治理功能和综合绩效功能的责任。在信息对称的人本经济阶段,用户导向型企业人本资本会计报告分析所应有的职责与作用,可以概括为实现用户导向型企业会计的网络生存功能、网络安全功能、网络社交功能、网络名誉功能、网络自我价值实现功能和共享功能的责任。

12.6.6 用户导向型企业人本资本会计报告分析的程序与方法

为了满足不同利益相关者对企业会计信息多样化的需求,通常安排定制化企业人本资本会计报告来分析先后秩序,构成企业人本资本会计报告分析程序。针对不同企业人本资本会计报告分析程序,采取不同分析方法。在信息非对称的人本经济阶段,顾客导向型企业人本资本会计信息系统+人工智能是顾客导向型企业人本资本会计信息"加工厂"。至此,顾客导向型企业人本资本会计信息加工程序,即顾客导向型企业人本资本会计报告分析程序。在信息非对称的人本经济阶段,顾客导向型企业与买方市场存在"二分法",买方市场马斯洛层序需求驱动具有主权货币量化价值特征的经济业务,利用顾客导向型企业+区块链的区块模块获取各种经济业务,通过交易模块嵌入联结主义的人工智能和符合主义的人工智能,采用历史成本法或公允价值法,确认、计量、记录和报告顾客导向型企业人本资本会计业务,形成顾客导向型企业人本资本会计报告。顾客导向型企业根据利益相关者对会计信息的需求,采用遗传算法或神经网络法,分析顾客导向型企业人本资本会计报告。

在信息对称的人本经济阶段,人工智能+用户导向型企业人本资本会计信息系统,由此构成智能用户导向型企业人本资本会计信息"加工厂"。至此,智能用户导向型企业人本资本会计信息加工程序,即智能用户导向型企业人本资本会计报告分析程序。在信息对称的人本经济阶段,用户导向型企业与买方市场借助网络平台融为一体。买方市场体验需求驱动具有去第三方数据货币量化价值特征的共享经济业务,利用区块链+用户导向型企业的区块模块+大数据技术自动模块获取各种共享经济业务。通过交易模块嵌入行动主义的人工智能,构成用户导向型企业人本资本会计处理模块,采用非持续深度学习法,将共享经济业务智能化转变为会计业务。实现用户导向型企业人本资本会计报告分析程序智能化,是通过会计币解决共享经济业务,转换成用户导向型企业人本资本会计业务之间价值的确认与计量。会计智能契约是对用户导向型企业人本资本会计业务的确认、计量、记录与报告,会计共识机制是对用户导向型企业人本资本会计业务的确认、计量、记录与报告给予"公示"。依据法律意义上的认可,确定所有用户导向型企业人本资本会计业务合法律、合规则与合准则,最终形成用户导向型企业人本资本会计报告。

针对会计信息的体验需求,在人工智能+用户导向型企业人本资本会计信息系统中搭建平台层。通过平台层感知—行动反应机制处理子模块,将不同利益相关者对会计信息的体验需求转换为计算机代码指令,进入服务层中用户导向型企业人本资本会计工具和技术服务模块,通过共享数据可视化、共享数据交互化等模块,结合共享数据分析模块和文件共享分析模块,形成共享数据分析模块。通过众包中交互校对和交互标注,采用非持续深度学习法,在用户导向型企业人本资本会计信息服务模块中,利用用户导向型企业人本资本会计分析库模块对不同决策者所需求的会计信息进行智能化分析,产生满足不同利益相关者所需求的会计信息。由此,构成用户导向型企业人本资本会计报告分析的程序与方法。

总而言之,上述根据顾客导向型企业/用户导向型企业人本资本会计报告分析的本质、假设、目标、对象、职能和程序与方法,采用对比分析方法,既构建了顾客导向型企业人本资本会计报告分析模式,又构建了用户导向型企业人本资本会计报告分析模式。

12.7 本章小结

在信息非对称的物本经济阶段,生产导向型企业物本资本会计报告主要分析企业反映财务状况的资产负债表、反映经营成果的损益表和现金流量表。这种分析主要服务于企业资本所有者。截至目前,生产导向型企业物本资本会计报告分析主要集中于偿债分析、营运分析、盈利分析、发展分析的财务状况和经营成果的相对指标体系。这些指标体系对如何解释生产导向型企业物本经济发展规律,几乎没有涉及,然而企业投资者最需要了解生产导向型企业物本经济发展规律。

本章首先探索顾客导向型企业/用户导向型企业人本资本会计报告分析模式所依赖的基础,即顾客导向型企业/用户导向型企业人本资本会计信息依赖基础——顾客导向型企业/用户导向型企业人本资本会计信任、顾客导向型企业/用户导向型企业人本资本会计信息作用依赖基础——顾客导向型企业/用户导向型企业人本资本会计信任功能。其次,探索维系顾客导向型企业/用户导向型企业人本资本会计报告分析模式所依赖的基础,即顾客导向型企业/用户导向型企业人本资本会计制度。再次,为了输出顾客导向型企业/用户导向型企业人本资本会计报告以及顾客导向型企业/用户导向型企业人本资本会计报告分析报告。基于人工智能探索"互联网+"时代企业"+互联网"人本资本会计信息系统和用户导向型企业人本资本会计信息系统。最后,根据利益相关者个性化需求驱动企业人本经济发展规律,结合顾客导向型企业/用户导向型企业人本资本会计信任功能、"互联网+"时代企业"+互联网"人本资本会计信息系统,以及用户导向型企业人本资本会计信息系统,构建顾客导向型企业/用户导向型企业人本资本会计报告分析模式。

顾客导向型企业/用户导向型企业人本资本会计报告分析模式,向利益相关者提供企业人本经济发展现状以及人本经济发展规律,同时展示顾客导向型企业/用户导向型企业人本资本会计信任功能现状及其维护情况。它不仅通过偿债分析、营运分析、盈利分析、发展分析的财务状况和经营成果的相对指标体系,揭示顾客导向型企业/用户导向型企业人本经济发展现状,而且围绕顾客导向型企业/用户导向型企业人本资本价值定理及其推论,分析顾客导向型企业/用户导向型企业人本资本会计信任功能,以及维护顾客导向型企业/用户导向型企业人本资本会计信任功能的顾客导向型企业/用户导向型企业人本资本会计制度。

本文之所以探索顾客导向型企业/用户导向型企业人本资本会计报告分析模式,除了弥补传统企业物本资本会计报告分析的不足之外,主要在于满足利益相关者对顾客导向型企业/用户导向型企业人本资本会计信息的需求,对顾客导向型企业/用户导向型企业人本资本会计报告进行挖掘,展示顾客导向型企业/用户导向型企业人本资本会计信任功能的现状。在信息非对称的人本经济阶段,揭示了顾客导向型企业会计人员与人工智能并存;而在信息对称的人本经济阶段,用户导向型企业会计人员与人工智能创新融合。这就要求我们一方面根据专业化劳动分工原理设计会计工作方式,改革传统会计学科,建立用户导向型企业人本资本会计专业;另一方面,根据人本经济发展规律以及顾客导向型企业/用户导向型企业人本资本会计信任功能,建立顾客导向型企业/用户导向型企业人本资本会计理论体系,引领未来企业会计组织的变革。这也是作为本书最后小结的内容,即系统创新构建顾客导向型/用户导向型企业人本资本会计理论新体系,开拓人本经济发展观指导人本经济发展的理论产物之一——顾客导向型/用户导向型企业人本资本会计理论体系,为未来会计学科的改革以及学科内容的设计提供理论基础,为未来会计组织变革以及会计人员工作方式与就业模式提供发展指南。

参考文献

[1] 郭道扬.人类会计思想演进的历史起点[J].会计研究,2009(8):3-13.

[2] 丁胜红,何丹,周红霞.互联网配置交易模式及会计确认方法选择研究[J].财经问题研究,2017(5):72-78.

[3] 丁胜红,韦鹏.人权范式的人本资本会计基础理论架构形成研究[J].湖南科技大学学报(社会科学版),2015,18(3):131-136.

[4] Nosoohi I, Nookabadi A S. Designing a supply contract to coordinate supplier's production, considering customer oriented production[J]. Computers & Industrial Engineering, 2014,74(1):26-36.

[5] 丁胜红,韦鹏.人权范式的人本资本财务理论架构形成研究[J].湖南财政经济学院学报,2016,32(1):56-63.

[6] 罗珉,李亮宇.互联网时代的商业模式创新:价值创造视角[J].中国工业经济,2015,57(1):95-107.

[7] Cobb C W, Douglas P H. A Theory of Production[J]. American Economic Review, 1928,18(1):139-165.

[8] 丁胜红,盛明泉.基于产权行为研究的人本资本会计模式构造[J].会计研究,2008(4):11-18.

[9] Keynes J M. William Stanley Jevons 1835—1882: A Centenary Allocation on his Life and Work as Economist and Statistician[J]. Journal of the Royal Statistical Society, 1936,99(3):516-555.

[10] Schultz T W. Investment in Human Capital[J]. Economic Journal,1961,82(326):787.

[11] King E M, Montenegro C E, Orazem P F. Economic Freedom, Human Rights, and the Returns to Human Capital: An Evaluation of the Schultz Hypothesis[J]. Economic Development & Cultural Change,2012,61(1):39-72.

[12] 黄少安.产权·人权·制度[M].北京:中国经济出版社,1998.

[13] 丁胜红,吴应宇,周红霞.企业人本资本结构特征的实证研究[J].山西财经大学学报,2011(12):88-99.

[14] Modigliani F, Miller M H. The Cost of Capital, Corporation Finance and the Theory of Investmient[C]// Comment, American Economic Review. 1959:261-297.

[15] Wernerfelt B. A resource-based view of the firm[J]. Strategic Management Journal, 1984,5(2):171-180.

[16] Salancik G R, Pfeffer J. Uncertainty, Secrecy, and the Choice of Similar Others[J]. Social Psychology, 1978, 41(3): 246-255.

[17] Giziene V, Simanaviciene Z, Palekiene O. Evaluation of Investment in Human Capital Economical Effectiveness[J]. Engineering Economics, 2012, 23(2): 106-116.

[18] Brennan N, Connell B. Intellectual capital:, current issues and policy implications[J]. Open Access Publications, 2000, 1(3): 206-240.

[19] Mouritsen J, Larsen H T, Hansen A. "Be Critical!" Critique and Naivete—Californian and FrenchConnections in Critical Scandinavian Accounting Research[J]. Critical Perspectives on Accounting, 2002, 13(4): 497-513.

[20] Bontis N, Dragonetti N C, Jacobsen K et al. The knowledge toolbox:: A review of the tools available to measure and manage intangible resources[J]. European Management Journal, 1999, 17(4): 391-402.

[21] Maslow, Abraham. "Motivation and Personality," published by New York Harper and Row. 1970.

[22] 李冬琴.智力资本与企业绩效的关系研究[D].浙江大学,2005.

[23] 徐鸣.论人力资本的哲学基础及其与智力资本的分界[J].当代财经,2004(11):10-14.

[24] 张文贤.人力资本产权的实现机制[J].新资本,2004(5).

[25] 谭劲松.智力资本会计研究[M].北京:中国财政经济出版社,2001.

[26] 丁胜红,盛明泉."讨论稿"下的人本资本会计报表列报研究——基于利益相关者理论视角[J].山东财经大学学报,2011(1):59-65.

[27] 张凤林.人力资本理论及其应用研究[M].北京:商务印书馆,2006.

[28] 饶淑华.智力资本驱动因素及其信息披露研究[D].复旦大学,2005.

[29] Prowse S D. Institutional investment patterns and corporate financial behavior in the United States and Japan[J]. Journal of Financial Economics, 1990, 27(1): 43-66.

[30] 徐笑君.智力资本管理[M].北京:华夏出版社,2004.

[31] 原毅军,孙晓华,柏丹.我国软件企业智力资本价值创造潜力的评估[J].中国工业经济,2005(3):44-50.

[32] Titman S, Wessels R. The Determinants of Capital Stucture Choice[J]. 1988, 43(1): 1-19.

[33] 王志强,洪艺珣.中国上市公司资本结构的长期动态调整[J].会计研究,2009(6):50-57.

[34] 徐莉萍,辛宇,陈工孟.控股股东的性质与公司经营绩效[J].世界经济,2006(10):78-89.

[35] 李宝元.人本发展经济学要义——阿马蒂亚·森"以自由看发展"思想的一个理论拓展[J].财经问题研究,2006(9):3-9.

[36] Abraham H Maslow. Eupsychian management[M]. Homewood, Illinois: Irwin and Dorsey, 1965.

[37] 李伟阳,肖红军.全面社会责任管理:新的企业管理模式[J].中国工业经济,2010(1):114-123.

[38] Drucker P F. The emerging theory of manufacturing[C]// Harvard Business Review, Mayjune. 1990:94-102.

[39] Kant A. Dissociation Energies of Diatomic Molecules of the Transition Elements. I. Nickel[J]. Journal of Chemical Physics,1964,41(6):1872-1876.

[40] 德鲁克.管理的前沿[M].上海:上海译文出版社,1999.

[41] 李佐军.借鉴创新型产业集群发展的国际经验[J].对外经贸实务,2008(3):9-12.

[42] 罗珉.组织间关系理论研究的深度与解释力辨析[J].外国经济与管理,2008,30(1):23-30.

[43] Roethlisberger F J, Dickson W J. Management and the Worker: An Account of a Research Program Conducted by the Western Electric Company[J]. American Sociological Review,1939,2(1):39-45.

[44] 郑积源.科学技术简史[M].上海:上海人民出版社,1987.

[45] 易庭源.资金运动会计理论[M].武汉:湖北科学技术出版社,1986.

[46] 郭道扬.会计史研究:历史•现时•未来(第三卷)[M].北京:中国财经出版社,2008.

[47] 易庭源.资金运动会计理论——新战略会计学[M].北京:中国财经出版社,2001.

[48] 许家林.会计理论发展通论(上册)[M].北京:经济科学出版社,2010.

[49] 陆善炽.复式簿记源流考[J].会计杂志(第3卷),1934.

[50] 易庭源.喜读《物资会计学》[J].财务与会计,1987(4):65.

[51] William Andrew Paton. Accounting Theory-With Special Reference to the Corporate Enterprise[M],New York:The Ronald Press Compan. 1922.

[52] Roy Bernard Kester. Advanced Accounting:Accounting Theory and Practice.3th ed[M],The Longmans Book Inc. 1933.

[53] 徐国君.从物本会计到人本会计[J].会计之友,2004(10):4-7.

[54] 徐国君,马广林.论从静态会计到动态会计的提升[J].中国海洋大学学报(社会科学版),2004.(6):42-51.

[55] 李觉鸣.理论簿记学[M].上海:李辟会计师事务所出版,1944.

[56] 约拉姆•巴泽尔.国家理论——经济权利、法律权利和国家范围.钱勇,曾咏梅,译.上海:上海财经大学出版社,2006.

[57] 姜素红.发展权论[M].长沙:湖南人民出版社,2006.

[58] 陈信元.保持适度自有资金提高企业生存能力[J].财经研究,1993(6):53-58.

[59] Littleton A C. A Reply[J]. Accounting Review,1953.

[60] 刘红红.人本主义经济理论的本质及其方法论意义[J].经济评论,2008(4):105-110.

[61] 丁胜红,吴应宇.略论人本资本价值的形成路径——基于有限理性人假设视角[J].经济问题,2012(04):10-15.

[62] 周定奎,邱泽新.资金运动会计理论[J].财贸中专通讯,1985(3-4):23-27,32-36.

[63] 施先旺.财务会计学原理与实务[M].上海:立信会计出版社,2004.

[64] 郭道扬.二十世纪会计思想演进概说[J].财会通讯,1999.(10):6-9.

[65] Hicks J R. Value and Capital[J]. 1946.

[66] AAA. Committee on Accounting Concepts and Standards, Accounting and Reporting

Standards for Corporate Financial Statement. Sarasota[R], American Accounting Association,FL.1957.

[67] Edgar O. Edwards & Philip W Bell. The Theory and Measurement of Business Income[M],California University Press. 1961.

[68] Solomons David. Economic and Accounting Concepts of Income[J]. The Accounting Review. 1961,Vol.44,No.2.

[69] Corbin D A. The Revolution in Accounting[J]. The Accounting Review. 1962,Vol.39,No.3.

[70] Lemke S P. Capital market Research in Accounting[J]. Journal of Accounting and Economics. 1966,Vol.41,No.1.

[71] Dichens&Blackburn. Holding Gains on Fixed Assets: An Element of Business Income? [J] The Accounting Review. 1964,Vol.39,No.4.

[72] Robert Raymond Sterling. Theory of the Measurement of Enterprise Income. Lawrence,Kansas[M]. The University Press of Kansas. 1970.

[73] 黄世忠.后危机时代公允价值会计的改革与重塑[J].会计研究,2010(6):201-203.

[74] 刘永泽,孙嵬.我国上市公司公允价值信息的价值相关性——基于企业会计准则国际趋同背景的经验研究[J].会计研究,2011(2):16-22.

[75] FASB. Elements of Financial Statements of Business Enterprises[R]. 1980.SFAC No.3

[76] Kothari S P. Capital markets research in accounting [J]. Journal of Accounting & Economics,2001,31(1-3):105-231.

[77] 陈国辉.会计理论研究[M].大连:东北财经大学出版社,2007.

[78] 吴季松.科学发展观与中国循环经济战略[M].北京:新华出版社,2006.

[79] Immanuel Kant. Groundwork of the Metaphysics of Morals[M].New York:Harper Torchbooks. 1964.

[80] Fritz J Roethlisberger,William J Dickson. Management and the Worker: An account of a research program conducted by the Western Electric Company (Chicago)[M]. Cambridge,Massachusetts: Harvard University Press. 1939.

[81] Peter F Drucker. The Practice of Management[M]. New York: Harper & Row Press. 1954.

[82] Simokde de Sismodi J L. Political Economy and the Philosophy of Government[M]. (1847) Reprint. New York: A. M. Kelly. 1965.

[83] Ruskin,John. Unto This Last[M]. New York:John Wiley. 1888.

[84] 洪远朋.经济理论的过去、现在和未来:洪远朋论文选集[M].上海:复旦大学出版社,2004.

[85] 葛家澍.关于公允价值会计的研究——面向财务会计的本质特征[J].会计研究,2009(5):6-13.

[86] 杨纪琬,阎达五.开展我国会计理论研究的几点意见——兼论会计学的科学属性[J].会计研究,1980(1):2-10.

[87] 吴应宇,丁胜红.企业关系资本:价值引擎及其价值管理研究——基于利益相关者理论视角[J].东南大学学报,2011.(5):43-51.

[88] 陈良华.价值管理:一种泛会计概念的提出[J].会计研究,2002(10):56-57.

[89] 翁世淳.从价值创造到市值管理:价值管理理论变迁研究评述[J].会计研究,2010(4):42-47.

[90] 王立行.人权论[M].济南:山东人民出版社,2003.

[91] FASB. Objectives of Financial Reporting by Business Enterprise[R]. 1978. SFAC No.1

[92] 李觉鸣.理论簿记学[M].李辟会计师事务所,1944.

[93] 吕炜.基于中国经济转轨实践的分析方法研究——兼作对"北京共识"合理逻辑的一种解释[J].经济研究,2005(2):16-25.

[94] 阎达五,徐国君.关于人力资源会计的框架:以劳动者权益会计为中心[J].会计研究,1996(11):19-24.

[95] 谢德仁.企业的性质:要素使用权交易合约之履行过程[J].经济研究,2002(4):84-91.

[96] 丁胜红,周红霞.人本资本形成与内生经济增长[J].经济问题,2011(8):20-24.

[97] 恩格斯.家庭、私有制和国家的起源[M].见:马克思恩格斯选集(第四卷)[M].北京:人民出版社,1995a.

[98] 马克思.资本论(第一卷)[M].北京:人民出版社,2004.

[99] 迈克尔·查特菲尔德.会计思想史[M].文硕,董晓柏,译.北京:中国商业出版社,1989.

[100] 徐国君.三维会计研究[M].北京:中国财政经济出版社,2003.

[101] 刘仲文.人力资源会计[M].北京:首都经济贸易大学出版社,1997.

[102] 阎达五.关于人力资源会计的框架——以劳动者权益会计为中心[J].会计研究,1996(11):13-26

[103] 伍中信,周红霞.人本资本形成的机理研究——基于新制度经济学视角[J].经济问题,2012(1):4-8.

[104] 黄群慧,贺俊."第三次工业革命"与中国经济发展战略调整——技术经济范式转变的视角[J].中国工业经济,2013(1):5-18.

[105] 李海舰,田跃新,李文杰.互联网思维与传统企业再造[J].中国工业经济,2014(10):135-146.

[106] European Commission. Directorate-General for Employment, Industrial Relations, and Social Affairs. The social situation in the European Union. [M]. Office for Official Publications of the European Communities,2000.

[107] 杜兴强.构建具有中国特色的会计理论体系[J].财经研究,1998(11):51-57.

[108] 吴水澎,龚光明.关于会计基本理论的若干观点[J].当代财经,1998(1):43-48.

[109] 曹越,伍中信,张肖飞.会计法律制度体系优化研究[J].会计研究,2015(12):17-23.

[110] 吴宣恭.产权理论比较[M].北京:经济科学出版社,2000.

[111] 严海良.从主体性到关系性:人权论证的范式转向[J].法制与社会发展,2008(5):109-117.

[112] 林德宏.科学思想史[M].南京:江苏科学技术出版社,2004.

[113] Brennan N, Connell B. Intellectual capital: current issues and policy implications[J]. Open Access Publications. 2000,1(3):206-240.

[114] Roos, Johan. Intellectual capital : navigating the new business landscape / Johan Roos. [et al.][J]. Business Process Management Journal. 1997,4(1):85-88.

[115] Sanchez R, Hirshman S P, Whitson J C, et al. COBRA: an optimized code for fast analysis of ideal ballooning stability of three-dimensional magnetic equilibria[J]. Journal of Computational Physics. 2000,161(2):576-588.

[116] Stewart. Current trends in coal combustion product (CCPs) production and use [C]// 1998.

[117] Edvinsson L & Malone M. Intellectual capital: Realizing your company's true value by finding its hidden brainpower. New York: Harper Business. 1997.

[118] Bontis N, Dragonetti N C, Jacobsen K, et al. The knowledge toolbox:A review of the tools available to measure and manage intangible resources [J]. European Management Journal. 1999,17(4):391-402.

[119] 吴泷.基于产权行为研究的人力资源会计模式再造[J].会计研究,2007(1):10-14.

[120] 彼得·德鲁克.现代管理宗师德鲁克文选(英文版)(珍藏版)[M].北京:机械工业出版社,2005.

[121] 冯丹龙.论知识经济时代企业组织资本的增长机制[J].管理评论,2006(2):44-49

[122] 王德礼,杜建菊.产权视角下的会计理论[M].合肥:合肥工业大学出版社,2006.

[123] 约瑟夫·熊皮特.经济发展论[M].北京:商务印书馆.1990.

[124] 黄晓波.基于广义资本的财务报告[J].会计研究,2007(10):3-10.

[125] 丁胜红,盛明泉.人本资本信息披露研究[J].财会月刊,2009(4):7-8.

[126] 刘伟,李绍荣.转轨中的经济增长与经济结构[M].北京:中国发展出版社,2005.

[127] 陈良华.价值管理:一种泛会计概念的提出[J].会计研究,2002(10):53-56.

[128] Benbasat I, Dexter A S. Value and Events Approaches to Accounting: An Experimental Evaluation[J]. The Accounting Review. 1979,54(4) :735-749.

[129] Lieberman A Z, Whinston A B. A Structuring of an Events-Accounting Information System[J]. The Accounting Review. 1975,50(2) :246-258.

[130] McCarthy W E. The REA Accounting Model: A Generalized Framework for Accounting Systems in a Shared Data Environment[J]. The Accounting Review , 1982,57(3):554-578.

[131] Wallman SMH. The Future of Accounting and Financial Reporting Part II: the Colorized Approach[J].Accounting Horision. 1996 (6): 138-148.

[132] 薛云奎.财务呈报:会计革命[M].大连:东北财经大学出版社,1999.

[133] 肖泽忠.论大规模按需报告财务报告模式[J].会计研究,2000(1):43-49.

[134] 徐国君.论会计计量观念的创新[J].财会通讯,2000(8): 14-15.

[135] 翁世淳.从价值创造到市值管理:人本价值管理理论变迁研究评述[J].会计研究,2010(4):74-80.

[136] Donaldson T, Preston L E. The Stakeholder Theory of the Corporation: Concepts,

Evidence,and Implications[J]. Academy of Management Review. 1995(1):65-91.

[137] Jensen M C,Mecking W H. Theory of the Firm: Managerial Behavior, Agency Costs, and Ownership Structure[J]. Int Journal of Financial Economics. 1976, 24(3):305-360.

[138] IASB & FASB.The Objective of Financial Reporting and Qualitative Characteristics and Constrains of Decision-useful Reporting Information[R]. IASB/FASB. 2008:29.

[139] Gibbons R. Incentives in Organizations [J]. Journal of Economic Perspectives. 1998, 12(4):115-132.

[140] Jensen M,Meckling W. Theory of the firm: managerial behavior, agency costs and ownership structure Michael C. Jensen and William H. Meckling[J]·Journal of Financial Economics. 1976(3):305-360

[141] Freeman R E,Evan W M. Corporate governance: A stakeholder interpretation[J]. Journal of Behavioral Economics. 1990,19(4):337-359.

[142] Shaffer H G. Investment in Human Capital: Comment[J]. American Economic Review. 1961,51(5):1026-1035.

[143] Coase R H. The Nature of the Firm[J]. Economica. 1937,4(16):386-405.

[144] 李心合.嵌入社会责任与扩展公司财务理论[J].会计研究,2009(1):67-75.

[145] Hermanson R H. Accounting for human assets[M]. Business Pub. Division,College of Business Administration,Georgia State University. 1986.

[146] 西奥多·舒尔茨.经济增长与农业[M].北京:中国人民大学出版社,2015.

[147] 丁胜红,周红霞.人本资本价值计量的整合模型研究——基于契约理论与新制度经济学视角[J].天津商业大学学报,2010,30(2):28-34.

[148] 葛家澍.试评 IASB/FASB 联合概念框架的某些改进[J].会计研究,2009(4):3-11

[149] 张金若,宋颖.关于企业财务报表分类列报的探索[J].会计研究,2009(9):35.

[150] 温青山,何涛,姚淑瑜,陈姗姗.基于财务分析视角的改进财务报表列报效果研究——来自中石油和中石化的实例检验[J].会计研究,2009(10):10-11.

[151] 于增彪.管理会计研究[M].北京:中国金融出版社,2007.

[152] Kaplan R S,Norton D P. The Balanced Score-card-measures that Drive Performance [J]. Harvard: Harvard Business Review,1992(1):71-79.

[153] 斯坦纳.战略规划[M].李先柏,译.北京:华夏出版社,2001.

[154] Marr Bernard, Dina Gray, Andy Neely. Why do firms measure their intellectual capital? [J]. Journal of Intellectual Capital. 2003,4(4):441-464.

[155] 姚玉珠.资本潜力论[M].北京:中国科学技术大学出版社,2003.

[156] 杨政,董必荣,施平.智力资本信息披露困境评析[J].会计研究,2007(1):15-22.

[157] 赵德武.资本市场与公司财务有关问题的理论分析与实证研究[M].成都:西南财经大学出版社,2006.

[158] 李维安.现代公司治理研究:资本结构、公司治理和国有企业股份制改造[M].北京:中国人民大学出版社,2002.

[159] 丁胜红,曾峻.人本资本结构形成及其在公司治理中的应用[J].中南财经政法大学学

报,2016(6):85-91.
[160] 何佳,何基报,王霞,等.机构投资者一定能够稳定股市吗?——来自中国的经验证据[J].管理世界,2007(8):35-42.
[161] 毛志荣.深圳证券交易所发布2006年度股票市场绩效报告[J].深交所,2007(5):13-14.
[162] 陈林."性善"与"性本善":孟子朱熹人性论的两条理路[J].理论月刊,2014(2):38-44.
[163] Priem R L. A Consumer Perspective on Value Creation[J]. Academy of Management Review. 2007,32(1):219-235.
[164] Charles Stabell,Oystein D. Fjeldstad.Configuring Value for Competitive Advantage: On Chains,Shops,and Neteorks[J]. Strategic Management Journal. 1998,19(4):413-437.
[165] Dicksee L R. Auditing: A Practical Manual for Auditors[M].Gee & Co,1892.
[166] 查特菲尔德.会计思想史[M].北京:中国商业出版社,1989.
[167] Gomes D. The interplay of conceptions of accounting and schools of thought in accounting history[J]. Accounting History. 2008,13(4):479-509.
[168] Previts G J, Merino B D. A History of Accountancy in America: The Cultural Significance of Accounting[M]. 1998.
[169] 马卡洛夫.马克思"资本论"中的辩证法[M].北京:中共中央高级党校出版社,1957.
[170] Horvat R,Korošec B. The Role of Accounting in a Society: Only a techn(olog)ical solution for the problem of economic measurement or also a tool of social ideology? [J]. Naše Gospodarstvo/our Economy. 2015,61(4):32-40.
[171] Christie I N,Wells J A,Southern P et al. FMRI response to blue light delivery in the naïve brain: Implications for combined optogenetic fMRI studies[J]. Neuroimage. 2013,66(6):634-641.
[172] Parker L D. Communicating financial information through the annual report[J]. Institute of Chartered Accountants in England and Wales. 1986,(12):24-342.
[173] Benston G J. The role of the firm's accounting system for motivation[C]// The Accounting Review. 1963:347-354.
[174] Driver M J,Mock T J. Human Information Processing,Decision Style Theory,and Accounting Information Systems[J]. Accounting Review. 1975,50(3):490-508.
[175] Gordon L A,Miller D. A contingency framework for the design of accounting information systems[J]. Accounting Organizations & Society. 2006,1(1):59-69.
[176] Nambisan S,Baron R A. Interactions in virtual customer environments: Implications for product support and customer relationship management [J]. Journal of Interactive Marketing. 2007,21(2):42-62.
[177] Naghshbandi N. Measuring Employees Value: A Critical Study on Human Resources Accounting in India[J]. Social Science Electronic Publishing. 2017.
[178] Schneider G,Dai J,Janvrin D et al. Infer,Predict and Assure: Accounting Opportunities in Data Analytics[J]. Accounting Horizons. 2015,29(3):263-286.
[179] Christiansen J K,Varnes C J,Gasparin M et al. Living Twice: How a Product Goes

through Multiple Life Cycles[J]. Journal of Product Innovation Management. 2010, 27(6):797-827.

[180] Vasarhelyi M A, Kogan A, Tuttle B M. Big data in accounting: An overview[J]. Accounting Horizons. 2015,29(2):381-396.

[181] Allender H D, Is reengineering compatible with total quality management[J]. 1994,(9): Viladsen B. 1994.

[182] Kavousi K. An Architectural Designing of a Adaptive Intelligent Agent for Search of Commercial Information, Using the Theory of Information Fusion [J]. Global Media Journal Persian Edition. 2007,2(2):5.

[183] Hurbean L, Păvăloaia V D, Fotache D. Improving Graduates' Employability in It Field. The Case of Accounting and Information Systems Study Program[J]. Review of Economic & Business Studies. 2015,8(2):135-148.

[184] 郭道扬.中国会计史稿[M].北京:中国财政经济出版社,1982.

[185] 李孝林.旧居延汉简中的统计史料初探[J].统计与信息论坛,1991,(1):89-98.

[186] 李孝林.我国古代对世界会计、审计史的贡献[J].北京工商大学学报(社会科学版),1991(2):59-66.

[187] 侯凌静.晚唐五代宋初敦煌会计文书记帐方法研究[D].西北师范大学,2012.

[188] 刘殿庆.简谈"四政特别会计"[J].会计之友,1997(5):4-7.

[189] 蔡锡勇.连环帐谱[M].上海:立信会计出版社,1905.

[190] 谢霖,孟森.银行簿记学[M].上海:立信会计出版社,1907.

[191] 潘序伦.立信会计丛书[M].上海:立信会计出版社,1956.

[192] 徐永祚.改良中式簿概[M].上海:人文印,1933.

[193] 杨纪琬.当前成本管理工作中的几个问题——在中国成本研究会成立大会上的发言[J].会计研究,1980(4):4-13.

[194] 杨纪琬,阎达五.论"会计管理"[J].经济理论与经济管理,1982,V(4):53-54.

[195] 葛家澍.会计学导论[M].上海:立信会计出版社,1999.

[196] 余绪缨.现代管理会计是一门有助于提高经济效益的学科[J].中国经济问题,1983(4):51-52.郭道扬.会计百科全书[M].沈阳:辽宁人民出版社,1989.

[197] 郭道扬.会计控制论(下)[J].财会通讯,1989(8):8-13.

[198] 吴水澎.我国会计理论研究的有关问题[J].财会通讯,1994(11):9-11.

[199] 徐国君,胡春晖.伦理导向会计的人文机理与框架研究[J].当代财经,2011(3):110-119.

[200] 彭超然.大数据时代下会计信息化的风险因素及防范措施[J].财政研究,2014(4):73-76.

[201] 王德宇.财务共享服务与企业管理研究[J].山东社会科学,2015,(5):160-163.

[202] 程平,李宁.云会计环境下 AIS 内部控制问题探析[J].中国注册会计师,2015(4):78-81.

[203] 丁胜红."互联网+"对会计发展的影响及其人本资本会计模式构建[J].广东财经大学学报,2016,31(6):46-54.

[204] 丁胜红,周红霞.全社会人本管理:新的企业管理模式[J].湖南财政经济学院学报,2015,31(1):130-145.

[205] 熊彼特.经济发展理论(经典通读第2辑)[M].北京:北京出版社,2008.

[206] Amabile T. Creativity in Context: Update to the Psychology of Creativity[J]. High Ability Studies. 1996(2):100-101.

[207] 迈克尔·哈耶特.平台:自媒体时代用影响力赢取惊人财富[M].赵杰译.北京:中央编译出版社,2013.

[208] Moran P, Ghoshal S. Value Creation by Firm[A]. J. Barnard Keys, and Dozier L., Academy of Management Best Paper Proceedings[C].1996.

[209] Charles Stabell, Oystein D. Fjeldstad. Configuring Value for Competitive Advantage: On Chains, Shops, and Networks[J]. Strategic Management Journal. 1998,19(4):413-437.

[210] Felin T, Hesterly W S. The Knowledge-based View, Heterogeneity, and New Value Creation: Philosophical Considerations on the Locus of Knowledge[J]. Academy of Management Revie. 2007(32):195-218.

[211] Priem R L A. Consumer Perspective on Value Creation[J]. Academy of Management Review. 2007,32(1):219-235.

[212] Gourville J T. Eager Sellers and Stony Buyers[J]. Harvard Business Review, 2006, 84(6):98-106.

[213] Lepak D P, Smith K G, Taylor M S. Value Creation and Value Capture: a Multilevel Perspective[J]. Academy of Management Review. 2007,32(1):180-194.

[214] Adner R, Match. Your Innovation Strategy to Your Innovation Ecosystem[J]. Harvard Business Review. 2006,84(4):98-107.

[215] 何芳川."华夷秩序"论[J].北京大学学报(哲学社会科学版),1998,Vol. 35(6):30-45.

[216] 韩东育."华夷1秩序"的东亚构架与自解体内情[J].东北师大学报(哲学),2008(1):45-54.

[217] 李晓,李俊久."一带一路"与中国地缘政治经济战略的重构[J].世界经济与政治,2015(10):30-59.

[218] 秦亚青.关系与过程:中国国际关系理论的文化建构[M].上海:上海人民出版社,2012.

[219] 郎咸平.中国经济的理制度与新常态(第1版)[M].北京:东方出版社,2015:185-186.

[220] 马岩."一带一路"国家主要特点及发展前景展望[J].国际经济合作,2015(5):28-33.

[221] 李向阳.亚太地区发展报告(第1版)[M].北京:社会科学文献出版社,2015:12-78.

[222] 葛干忠,伍中信,周红霞."一带一路"区域会计准则协调问题研究[J].财会月刊,2019(5):157-163.

[223] 丁胜红.智能会计前沿理论创新研究[M].北京:中国财政经济出版社,2020.

[224] 丁胜红,吴应宇.基于人本经济发展观的管理会计理论体系与计量方法创新探讨[J].会计研究,2019(1):53-58.

[225] 丁胜红.大数据会计核算理论体系创新与核算云端化流程重构[J].中南大学学报(社

会科学版),2019,25(05):99-107.
[226] 张维迎.法律制度的信誉基础[M].北京:生活·读书·新知三联书店,2002:6-14.
[227] 曹越,孙丽.产权保护导向的财务会计信任功能研究[J].财贸研究,2019,30(01):91-102.
[228] 郭道扬.论产权会计观与产权会计变革[J].会计研究,2004(2):8-15.
[229] 雷宁.财务会计的信任功能[J].会计研究,2012(3):26-30.
[230] 刘峰,司世阳,路之光.会计的社会功用:基于非历史成本研究的回顾[J],2009(1):36-42.
[231] Benoit S, Baker T L, Bolton R N, Gruber T, Kandampully J. A Triadic Framework for Collaborative Consumption (CC): Motives, Activities and Resources & Capabilities of Actors[J].Journal of Business Research.2017,79(1):219-227.
[232] Frenken K, Schor J. Putting. The Sharing Economy Into Perspective[J]. Environmental Innovation and Societal Transitions. 2017,23(1):3-10.
[233] Ranjbari M, Morales-Alonso G, Carrasco-Gallego R. Conceptualizing The Sharing Economy through Presenting a Comprehensive Framework[J].Sustainability. 2018,10(7):1-24.
[234] Belk R. You are What You Can Access: Sharing and Collaborative Consumption Online[J]. Journal of Business Research. 2014,67(8):1595-1600.
[235] Smith A. The theory of moral sentiments[M]. Oxford: Oxford press. 1976:233-302.
[236] Smith A. An inquiry into the nature and causes of the wealth of nation[M]. Oxford: Oxford press.1880:27.
[237] Menger C.Problems of economics and sociology[M]. Urbana:University of Illinois Press. 1883:147.
[238] 哈耶克.法律、立法与自由[M].邓正来,张守东,李静冰,译.北京:中国大百科全书出版社,2000:56.
[239] Veblen T. The theory of leisure class:an economic sturdy of institutions[M].New York:Vanguard Press.1899:190-191.
[240] Commons J R. Institutional economics:the place in political economy[M]. [S.1.] MacMillan.1934:438.
[241] North D. Structure and change in ecnomics history[M]. New York:Norton Press. 1981:225-226.
[242] Foucault M. Power/Knowledge: Selected Interviews and Other Writings, 1972—1977[M]. New York: Pantheon Books, 1980.